Ägypten und Altes Testament

Band 31

ÄGYPTEN UND ALTES TESTAMENT

Studien zu Geschichte, Kultur und Religion Ägyptens
und des Alten Testaments

Herausgegeben von
Manfred Görg

Band 31

1995

HARRASSOWITZ VERLAG · WIESBADEN

Günter Burkard

SPÄTZEITLICHE OSIRIS-LITURGIEN IM CORPUS DER ASASIF-PAPYRI

Übersetzung
Kommentar
Formale und inhaltliche Analyse

1995

HARRASSOWITZ VERLAG · WIESBADEN

Als Habilitationsschrift auf Empfehlung der Fakultät für Orientalistik und Altertumswissenschaft der Ruprecht-Karls-Universität Heidelberg gedruckt mit Unterstützung der Deutschen Forschungsgemeinschaft.

Die Deutsche Bibliothek – CIP-Einheitsaufnahme

Burkard, Günter:
Spätzeitliche Osiris-Liturgien im Corpus der Asasif-Papyri :
Übersetzung, Kommentar, formale und inhaltliche Analyse /
Günter Burkard. – Wiesbaden : Harrassowitz, 1995
(Ägypten und Altes Testament ; Bd. 31)
Zugl.: Heidelberg, Univ., Habil.-Schr., 1988 zusammen mit 1 anderen
Werk des Verf.
ISBN 3-447-03715-6
Ne: GT

Druck und Verarbeitung: MZ-Verlagsdruckerei GmbH, Memmingen

ISSN 0720-9061
ISBN 3-447-03715-6

meiner Frau

meiner Mutter

dem Andenken meines Vaters

Inhalt

Vorwort

Die vorliegende Schrift wurde im Sommersemester 1988 zusammen mit dem Grundwerk: "Die Papyrusfunde. Grabung im Asasif 1963-1970, Band 3, Mainz 1986 (Archäologische Veröffentlichungen 22)" der Fakultät für Orientalistik und Altertumswissenschaft der Universität Heidelberg als Habilitationsschrift vorgelegt und angenommen. Für die Drucklegung wurde der Text redaktionell überarbeitet; inzwischen erschienene Literatur zu dieser Thematik wurde, soweit möglich, eingearbeitet.

Mein Dank gilt in erster Linie Jan Assmann, der mir für die Jahre 1984-1988 die Vertretung einer Stelle am Ägyptologischen Institut der Universität Heidelberg anvertraut hatte; dadurch, und nur im Rahmen dieser Tätigkeit, war es mir möglich, die notwendige Zeit für die Erarbeitung dieser Schrift aufzubringen. Manfred Görg danke ich sehr für die Bereitschaft, die Arbeit in die Reihe "Ägypten und Altes Testament" aufzunehmen. Der Deutschen Forschungsgemeinschaft bin ich für einen Druckkostenzuschuß zu Dank verpflichtet.

Was ich schließlich über all die Jahre an Geduld, Zuspruch und Verständnis durch meine Frau erfahren durfte, kann die Widmung dieses Buches nur unvollständig ausdrücken.

Weinheim, im März 1995 Günter Burkard

Einleitung

Beinahe 20 Jahre sind seit Poseners Appell vergangen, zunächst das zutage Liegende und damit um so mehr dem Verfall Preisgegebene an ägyptischen Denkmälern adäquat zu publizieren, bevor man daran gehe, weiteres Material anzuhäufen.[1] Man mag die Zwänge, denen die ägyptologische Arbeit ausgesetzt ist, teilweise differenzierter sehen; die grundsätzliche Richtigkeit dieser Forderung kann keinem Zweifel unterliegen.

Posener nannte unter anderem zwei Bereiche:

1. Den archäologisch-epigraphischen. Hier wurden und werden immer neue Denkmäler zutage gefördert, obwohl zu viele längst bekannte nicht oder nur ungenügend publiziert sind. Ein eindrucksvolles Beispiel belegt diese Beobachtung: Die monumentalen "Denkmäler aus Ägypten und Äthiopien", Ergebnis der Arbeit der preußischen Expedition der Jahre 1842-1845, dokumentieren - naturgemäß auf dem Stand der Zeit - eine Fülle von archäologischen und insbesondere epigraphischen Objekten. Eine Überprüfung von deren weiterer Publikationsgeschichte ergab nun, daß insgesamt nicht weniger als 1462 der dort erfaßten Objekte nie wieder bearbeitet worden sind. Dies ist eine Zahl, die zum Nachdenken veranlassen muß, zumal es sich dabei nicht etwa ausschließlich um kleine Objekte handelt. Auch zu den bislang gänzlich unpublizierten Objekten gehören solche von monumentaler Größe: als Beispiele benennt Posener etwa die Tempel von Deir el Medine oder von Tôd.

2. Den Bereich der Museen. Auch für sie gilt, daß eine Vielzahl von Objekten in den Magazinen oder den Ausstellungsräumen aufbewahrt wird, die der Bearbeitung noch harren. Und es gilt ebenfalls, daß es sich dabei keineswegs um relativ unbedeutende, marginale oder redundante Objekte handelt. Man muß nicht gleich an das Kairener Museum und das Grabinventar des Tutanchamun denken; auch die europäischen und amerikanischen Museen bieten diesbezüglich Anlaß genug zum Nachdenken.

Dieser Befund gilt für den Bereich der ägyptischen Denkmäler insgesamt, d.h. für Tempel ebenso wie für Großplastik, Kleinplastik, Stelen etc.; und er gilt auch für den Bereich der Handschriften, d.h. für die zahllosen Papyri und Ostraka, die uns erhalten

[1] Im Rahmen des Ersten Internationalen Ägyptologenkongresses in Kairo 1976; inzwischen veröffentlicht; s. Posener (1979) .

sind. Posener - der, was seine Person anbetrifft, in dieser Hinsicht vorbildlich gewirkt hat; es sei nur an die entsagungsvolle Publikation der Deir-el-Medine-Ostraka erinnert - benennt auch für dieses Teilgebiet einige Negativbeispiele, etwa die veralteten Publikationen der papyrologischen Bestände der Museen in Leiden und in Turin.

Die religiösen Texte der Spätzeit, deren kommentierte Übersetzung im folgenden vorgelegt wird, sind beiden von Posener benannten Bereichen zuzurechnen:

1. Archäologischer Bereich: Ausgangsbasis sind die Texte bzw. Bruchstücke von Texten, die im Verlauf der Grabungen des Deutschen Archäologischen Instituts in den Jahren 1963-1970 im Asasif geborgen worden waren, d.h. die im folgenden so genannten Asasif-Papyri. Bei ihnen handelt es sich zwar ausschließlich um Totenbücher,[2] aber einige von diesen enthalten - zusätzlich oder ausschließlich - Texte, die nicht dem üblichen, kanonisierten Spruchgut des Totenbuchs angehören, sondern dem Bereich des in der Spätzeit so bedeutenden Osiriskultes. Dieses besonderen Gewichtes wegen waren sie bereits in der Textpublikation[3] in hieroglyphischer Transkription wiedergegeben und mit ersten, meist textkritischen Anmerkungen versehen worden.

2. Bereich der Museen: Die Asasif-Papyri selbst sind mit wenigen Ausnahmen nur in stark fragmentiertem und unvollständigem Zustand erhalten. Einige der dort belegten Texte sind jedoch aus - meist sehr viel besser erhaltenen - Parallelhandschriften bekannt, die in verschiedenen Museen und Sammlungen aufbewahrt werden. Auf eine beträchtliche Anzahl dieser Parallelhandschriften trifft nun aber der von Posener kritisierte Befund zu: Sie sind noch nicht oder nur ungenügend publiziert worden.

Bevor aber im folgenden die Aufmerksamkeit ganz den in den Asasif-Papyri belegten Texten gelten kann, muß in aller gebotenen Kürze der Blick auf die gesamte Textgattung gerichtet werden, von der die Asasif-Papyri nur einen kleinen und durch den Zufall des Erhaltenen bedingten Ausschnitt bilden. Diesem Blick sei zudem eine terminologische Präzisierung vorangesetzt: Wenn im folgenden von den "Asasif-Papyri" die Rede ist, dann sind damit ausschließlich die oben erwähnten Zusatztexte aus dem Osiriskult bezeichnet, da hier speziell diese Texte Gegenstand der Untersuchung sind.

Vor 20 Jahren hat Goyon zuletzt den Stand der Publikation der spätzeitlichen Jenseitsliteratur zusammengefaßt.[4] Abgesehen von der rein äußerlichen Unterscheidung in demotische und hieratisch bzw. hieroglyphisch geschriebene Texte teilt er letztere ein in 1. eigentliche Totenliteratur ("ouvrages funéraires")[5] und in 2. sekundär als Totentexte verwendete Ritualbücher ("livres rituels 'usurpés'").[6] Beide Gruppen sind vor der

[2] Hier allgemein im Sinne von "den Toten ins Grab mitgegebene Papyrusrollen" verstanden.
[3] Burkard (1986).
[4] S. Goyon (1974).
[5] S. Goyon (1974), 75-77.

Spätzeit nicht belegt; seit bzw. nach dem Neuen Reich ist den Toten i.d.R. abgesehen vom eigentlichen Totenbuch gelegentlich das Amduat beigegeben worden,[7] oder, als Sonderentwicklung der 21. Dynastie, die sogenannten "mythologischen Papyri".[8] In der Spätzeit kamen weitere Textgattungen hinzu, ohne daß die anderen Texte, insbesondere das Totenbuch selbst, ihre Bedeutung eingebüßt hätten.

Zur Gattung der eigentlichen Totenliteratur sind mit Goyon die beiden "Bücher vom Atmen", das "Buch vom Durchwandeln der Ewigkeit" und die Texte der Totenpapyri Rhind I und II zu rechnen.[9]

Die zweite Gruppe von Texten, die "usurpierten Ritualbücher", ist mit Goyon ihrerseits mehr formal in zwei Gruppen einzuteilen: 1. die königlichen bzw. osirianischen Rituale und die *sꜣḫw*, die Bücher mit "Verklärungen" für Osiris. Diese beiden Gruppen von Texten sind teilweise in den Asasif-Papyri vertreten und seien deshalb im folgenden einer näheren Betrachtung unterzogen. In den Fällen, in denen durch die Asasif-Papyri weitere Belege hinzukamen, ist dies jeweils vermerkt.

1. Die Ritualbücher

Abgesehen von der oben genannten formalen lassen sich hier auch zwei inhaltliche Gruppen unterscheiden: Einmal die "Abwehr"-Rituale, die der Abwehr bzw. Vernichtung der Feinde des Königs oder des Osiris dienen sollen, und zum anderen die Gruppe der "Ritual-Begleit-Texte",[10] die im Verlauf von Osiris-Festen rezitiert wurden. Die bekanntesten Abwehr-Rituale, auf die Goyon verweist, sind das Apophisbuch, das im P. Bremner-Rhind belegt ist,[11] und die von Schott in Urk. VI publizierten Rituale gegen Seth und seine Genossen. Außerdem benennt Goyon drei Rituale, die ursprünglich aus dem Königskult stammen und für die Verwendung als Totenbuch dadurch adaptiert wurden, daß jeweils *pr-ꜥꜣ* "Pharao" durch "Osiris NN" ersetzt wurde.[12]

Diesen drei Ritualen ist gemeinsam, daß sie alle in einer einzigen Handschrift, dem P. BM 10.081, belegt sind, daß diese Handschrift bislang der einzige Beleg für diese

6 Goyon (1974), 77ff.
7 Vgl. etwa Hornung (1963), VIII.
8 Publiziert von Piankoff/Rambova (1957).
9 Vgl. Goyon (1974), 75-77. Der Beitrag von Goyon ist im folgenden zugrundegelegt, so daß hier, insbesondere für die nicht in den Asasif-Papyri belegten Texte, knappe zusammenfassende Hinweise genügen können.
10 S. dazu unten im Abschnitt "Inhaltliche und formale Gliederung" zur "Osirisliturgie".
11 Publiziert von Faulkner (1932 und 1937); zu weiteren Literaturangaben s. Goyon (1974), S. 77 n. 4.
12 S. hierzu insbesondere Schott (1956), 181.

Texte war, und daß diese Rituale - sieht man von einem Beitrag Schotts ab,[13] der einige Teile übersetzt hat -, bislang unpubliziert geblieben sind.

Inzwischen ist in den Asasifpapyri ein weiterer Beleg für einen dieser Texte, das "Ritual zur Vernichtung von Feinden", wenn auch in stark fragmentiertem Zustand, aufgetaucht. Dieser Text wird demzufolge hier erstmals in Übersetzung vorgelegt.

An "Ritual-Begleit-Texten" benennt Goyon die folgenden:

1. Die Gesänge der Isis und Nephthys, belegt im P. Bremner-Rhind, und, fragmentarisch, im P. BM 10.332.[14] Auch die Asasif-Papyri enthalten Fragmente dieses Textes; eine Neuübersetzung des Gesamttextes wird unten vorgelegt.

2. Das Sokaris-Ritual.[15] Auch dieser Text ist in den Asasif-Papyri fragmentarisch belegt und demzufolge unten neu übersetzt.

3. Das Buch zum Schutz der Götterbarke (*dp.t-nṯr* bzw. *nšm.t*).[16] Dieser Text ist in den Asasif-Papyri zwar nicht belegt und wird hier somit nicht weiter berücksichtigt; es läßt sich aber mit Sicherheit sagen, daß er innerhalb dieser Papyri vertreten war, jedoch vollständig verloren ist: ein Fragment enthält ein Bruchstück des zu diesem Text gehörenden Ritualvermerks, der bislang nur im Tempel von Dendera belegt war.[17]

4. Das Buch zum "Talfest" (*jn-rꜣ n ḥb jn.t*).[18]

Von Goyon nicht genannt, aber sicher in diesen Zusammenhang gehörend, ist noch die "sortie en procession de Ptah-Sokar-Osiris" des P. Louvre N. 3176 (S).[19] Von diesem Text sind in den Asasif-Papyri ebenfalls Fragmente belegt, so daß eine Neuübersetzung vorgelegt wird.

Außer diesen benennt Goyon eine zweite Gruppe gleichartiger Texte, denen wiederum die Tatsache gemeinsam ist, daß sie, zumindest bis zum Erscheinen von Goyons Beitrag, unpubliziert geblieben waren, obwohl sie teilweise schon sehr lange bekannt sind. Im einzelnen sind dies die folgenden Texte:

1. Das "rituel du lancer de quatre boules d'argile pour la protection d'Osiris". Dieses Ritual ist u.a. im P. New York 35.9.21 sowie in einigen spätzeitlichen Tempeln belegt.[20] Dieser Text wurde inzwischen publiziert.[21] Damit ist aber die Zahl der publizierten Texte dieser Gruppe bereits erschöpft, wie die folgenden Anmerkungen zeigen werden.

[13] S. Schott (1956).
[14] S.o. Anm. 11.
[15] S. Goyon (1968).
[16] In Fortsetzung von Urk. VI von Goyon (1968) publiziert.
[17] S. dazu Burkard (1986), 54.
[18] S. Haikal (1970) und (1972).
[19] S. Barguet (1962).
[20] Zu den Quellen s. Goyon (1974), 78, n.3..
[21] S. Goyon (1975).

2. Das "décret pour établir la souveraineté d'Osiris dans le nome d'Igeret". Dieser Text ist ebenfalls im P. New York 35.9.21 und in Teilstücken auf verschiedenen Stelen belegt. Goyon kündigt die Publikation dieses Textes an;[22] dies ist aber bislang noch nicht geschehen.

3. Die "grande cérémonie de Geb". Dieser Text, die *jrw ꜥꜣ n Gb*, findet sich im P. Berlin 3057 ("Schmitt") und im P. BM 10.252. Beide Handschriften sind seit langem bekannt,[23] aber die "großen Zeremonien" sind bislang unpubliziert; Schott arbeitete an ihrer Publikation, konnte diese aber nicht mehr abschließen.

Dieser außerordentlich schwierige Text ist nunmehr zu einem Teil auch in den Asasif-Papyri belegt. Die demzufolge hier vorgelegte Übersetzung beschränkt sich freilich auf den in den Asasif-Papyri belegten Teil, bzw., genauer gesagt, auf das Textstück, das auf dem großen, in der Publikation abgebildeten Fragment teilweise erhalten ist.[24] Diese Beschränkung war unumgänglich, da eine komplette Bearbeitung dieses so problematischen Textes den hier gegebenen Rahmen bei weitem überschritten hätte. Vgl. im übrigen weiter unten die Vorbemerkung zur Übersetzung der "Osirisliturgie".

4. Die "introduction de la foule au dernier jour du mois de Thot". Dieser Text ist in verschiedenen Handschriften belegt: im P. Berlin 3057, P. BM 10.081 und P. New York 35.9.21. Eine Publikation liegt bisher nicht vor; sie wurde zwar ebenfalls von Goyon angekündigt,[25] ist aber ebenfalls noch nicht erschienen.

Soweit die von Goyon bereits erfaßten Texte. Unter anderem durch das corpus der Asasif-Papyri sind weitere Texte belegt, die ebenfalls zu dieser Gruppe gehören:

1. Spruch 168 und 169 der "chapitres supplémentaires" des Totenbuchs. Diese Texte sind längst bekannt und von Pleyte (1881), wenn auch ungenügend, publiziert worden.[26] Goyon erwähnt sie in seiner Zusammenstellung noch nicht.

Beide Sprüche sind - fragmentarisch - auch in den Asasif-Papyri belegt und wurden deshalb hier neu übersetzt. Sie sind, da bisher grundsätzlich gemeinsam überliefert, hier auch als Einheit behandelt, obwohl Spruch 168 eigentlich der Gattung der "Verklärungen" angehört.

2. Die *mḏꜣ.t nt psḏn.tjw*. Dieser Text, das "Buch vom Neumondfest", ist mit den Asasif-Papyri erstmals belegt und wird demzufolge hier erstmals in Übersetzung vorgelegt.

[22] S. Goyon (1974), 78, n. 4.
[23] Vgl. hierzu Goyon (1974), 78, n. 5.
[24] S. Burkard (1986), Taf. 43.
[25] S. Goyon (1974), 78, n. 6.
[26] Zu neueren Übersetzungen s. unten bei den Einzel-Vorbemerkungen.

3. Der Osirishymnus (*dwꜣ Wsjr*). Auch dieser sehr ausführliche Hymnus war bislang nicht belegt und wird hier somit ebenfalls erstmals in Übersetzung vorgelegt.

2. Die "Verklärungen" für Osiris

Bedeutung und Funktion dieser Textgattung hat zuletzt Assmann zusammenfassend erläutert.[27] Es ist in diesem Zusammenhang somit nicht erforderlich, erneut ausführlich zu dieser Thematik Stellung zu nehmen. Form und Funktion der Verklärungen lassen sich am besten mit den Worten Assmanns zusammenfassen: "Die Verklärung beschreibt in der Form von Wunschsätzen die ersehnte jenseitige Daseinsform eines 'Verklärten' (Ach) .... Als Generalthema läßt sich der Aufbau einer Personalität feststellen, die sowohl physisch, durch Wiederherstellung aller Körperfunktionen, als auch sozial, durch Einbindung in spezifische 'Konstellationen' der Götterwelt, integriert ist. Dahinter steht der Gedanke einer Aufhebung des Todes als der absoluten Desintegration und Isolation."[28]

Abgesehen von immer wieder begegnenden Einzelsprüchen sind die Verklärungen in festen Spruchfolgen, "Verklärungsliturgien", zusammengefaßt, die seit dem Mittleren Reich und dann bis in die - und vor allem in der - Spätzeit belegt sind.[29] In dieser Zeit unterscheidet man - neben weiteren - vier Verklärungsbücher, die als "Verklärungen I" bis "IV" zitiert werden.[30]

Im Unterschied zu den vorher benannten Ritualen und Hymnen sind diese Verklärungen keine "Ritual-Begleit-Texte", sondern selbst Sprech-Riten, d.h. in der Rezitation selbst vollzieht sich die kultische Handlung.[31]

Insgesamt handelt es sich bei den "Verklärungen" um jeweils recht umfangreiche Textsammlungen. In den Asasif-Papyri findet sich nur ein Beleg für diese Gattung, im Papyrus des *Psmṯk*, der allerdings gleichzeitig vom sonst üblichen Schema abweicht: Der in dieser Handschrift erhaltene Text ist nicht, wie dies sonst meist der Fall ist, eine eigene, Verklärungen enthaltende Papyrus-Rolle, die als - oder zusammen mit einer - Totenbuchrolle dem Leichnam beigegeben war. Hier wird vielmehr in einem zunächst konventionellen Totenbuch mitten im Text, d.h. innerhalb von Spruch 125, dieser Kontext beendet; es folgen zwei Verklärungssprüche, mit denen der beschriftete Teil der

27 Assmann in: LÄ VI, 998-1006, s.v. "Verklärung".
28 S. Assmann in: LÄ VI, 1000, s.v. "Verklärung".
29 Assmann in: LÄ VI, 999, s.v. "Verklärung".
30 S. Goyon (1974). 79 ff. und Assmann in: LÄ VI, 999, s.v. "Verklärung".
31 S. Assmann in: LÄ VI, 1002, s.v. "Verklärung".

Handschrift endet (im einzelnen s. im Abschnitt "inhaltliche und formale Gliederung" zu diesem Papyrus). Derartige Übernahmen von einzelnen Sprüchen sind zwar seit dem Neuen Reich belegt, i.d.R. aber vor allem auf Grabwänden, Stelen, Särgen u.a., weniger in Totenpapyri.[32]

Die Frage nach dem Stand der Publikation dieser Textgruppe muß ein weiteres Mal, zumindest zum gegenwärtigen Zeitpunkt, im großen und ganzen negativ beantwortet werden. Zwar sind einzelne Texte, die zu dieser Gattung gehören, gelegentlich publiziert worden, etwa die "Klagen der Isis und Nephthys" u.a. von Faulkner,[33] oder der oben S. 4, Nr. 4 bereits genannte P. BM 10.209 von Haikal.[34] Gerade aber die genannten vier großen Verklärungsbücher sind größtenteils noch nicht publiziert worden.[35]

Die beiden im Papyrus des *Psmṯk* erhaltenen Sprüche gehören zu dem von Szczudlowska (1972) veröffentlichten Teil von *sꜣḫw* I; sie werden hier in einer Neuübersetzung vorgelegt.

Faßt man diese Übersicht zusammen, so läßt sich feststellen, daß das corpus der Asasif-Papyri für alle Gruppen und Untergruppen der spätzeitlichen "rituels usurpés" weitere Belege enthält und darüber hinaus Texte, die diesen "rituels usurpés" zuzurechnen sind, bislang aber noch nicht belegt waren.

Die hier vorgelegten Übersetzungen sollen, über die Publikation im Sinne der "tâche prioritaire" Poseners hinaus, ein erster Schritt zu ihrem inhaltlichen Verstehen und damit zum besseren Verständnis der recht komplizierten Theologie der Spätzeit, insbesondere der Osiris-Theologie, sein. Die teilweise beklagenswerte Situation hinsichtlich der Veröffentlichung dieser Texte war schon mehrfach genannt worden. Sie liegt zum einen gewiß darin begründet, daß sich erst in den letzten Jahrzehnten das Interesse verstärkt der Theologie der Spätzeit zugewendet hat. Zum anderen ist aber auch die Tatsache zu berücksichtigen, daß zumindest ein Teil dieser Texte außerordentlich schwierig zu verstehen ist, ja daß zum Teil - ein besonderer Höhepunkt ist hier die "Osirisliturgie" - schon der Versuch einer reinen Wort-für-Wort-Übersetzung mit großen Schwierigkeiten und teilweise mit noch unüberwindlichen Barrieren belastet ist.

32 S. Assmann in: LÄ VI, 1000, s.v. "Verklärung".

33 S. Faulkner (1935-1938).

34 S. Haikal (1970). Weitere Literaturangaben s. Goyon (1974), 79-81. Der P. BM 10.209, von Goyon zu der Gruppe der Rituale gerechnet und deshalb oben S. 4 mit aufgeführt, ist in Wahrheit den Verklärungen zuzurechnen, vgl. etwa Assmann in: LÄ VI, 999 s.v. "Verklärung".

35 Einen kleineren Teil von "Verklärungen I" hat Szczudlowska (1972) veröffentlicht, s. unten zum Papyrus des *Psmṯk*. Die Publikation des Gesamtcorpus der *sꜣḫw* durch Assmann ist geplant.

So mag in diesen Übersetzungen vieles in der Tat nur ein erster Schritt sein, der aber vielleicht wenigstens die Konsequenz nach sich zieht, daß diesen Texten vermehrte - und ihnen gebührende - Aufmerksamkeit zuteil wird.

Der Übersetzung und der inhaltlichen und formalen Analyse der Einzeltexte sei zunächst eine kurze, nach einheitlichem Schema erfolgte, Einzelbeschreibung aller Texte vorangestellt. In dieser werden, in Zusammenfassung der und als Ergänzung zur Publikation von 1986, die Parallelbelege benannt, über den bisherigen Stand der Veröffentlichung berichtet und ein kurzes inhaltliches Resumee gegeben. Außerdem wird im Bedarfsfall "zur vorliegenden Übersetzung" Stellung genommen.

Für die Übersetzungen insgesamt gilt, daß sie sich hinsichtlich der Textgestalt grundsätzlich an die überlieferte Form halten: Eine stichische Schreibung der Handschrift wird berücksichtigt, ein fortlaufend geschriebener Text in ebenfalls fortlaufender Übersetzung gegeben; eine etwa vorhandene bzw. bei der Analyse erarbeitete Versgliederung wird im zweiten Fall im der Übersetzung jeweils folgenden Abschnitt "inhaltliche und formale Gliederung" durch die nach Versen abgesetzte phonetische Transkription deutlich gemacht.

Die Texte im einzelnen

1. Papyrus des *Jrj-jrj*
Totenbuch Spruch 168 und 169 (Pleyte)

Publikation: vgl. Burkard (1986), S. 25-32, Papyrus 3; Tafel 20 und 21.

Parallelbelege: Für diese beiden Texte sind zwei weitere Belege bekannt: P. Louvre N. 3248 und P. Leiden T. 31. Wie im Papyrus des *Jrj-jrj* sind sie auch in diesen beiden Handschriften unmittelbar aufeinanderfolgend überliefert. Dieser Befund zeigt sehr deutlich die enge Zusammengehörigkeit der beiden Texte, trotz ihrer inhaltlichen und auch gattungsbedingten Unterschiede.

Textumfang, Stand der Veröffentlichung und Inhalt: Die beiden genannten Parallelhandschriften sind erstmals von Pleyte veröffentlicht worden,[36] dies allerdings in einer Art, die heutigen Ansprüchen in keiner Weise mehr genügt: die Texte sind nicht in hieroglyphischer Transkription wiedergegeben, auch nicht als getreue Kopie der hieratischen Vorlage, sondern in einer Art von "genormtem" Hieratisch mit vereinheitlichten Zeichenformen. Die Übersetzung ist nurmehr von wissenschaftshistorischem Interesse.

[36] S. Pleyte (1881).

Trotz dieser großen Unzulänglichkeit ist Pleytes Publikation bislang die einzige Veröffentlichung des Textes geblieben. Aus diesem Grund wurde seine Zitierweise hier in Publikation und Übersetzung beibehalten. Der P. Louvre N. 3248 wird demnach im folgenden als Par. 77 zitiert, der P. Leiden T. 31 als L. 31.

Übersetzungen dieser beiden Texte sind in neuerer Zeit von Barguet (1967) und Allen (1974) jeweils im Rahmen von Gesamtübertragungen des Totenbuchs publiziert worden, ansonsten blieben die "chapitres supplémentaires", von gelegentlichen Erwähnungen in anderen Zusammenhängen abgesehen, wenig beachtet.

Im Papyrus des *Jrj-jrj* beginnt der Text von Spruch 168 auf col. x+1.1; Spruch 169 endet mit col. x+4.32. Leider sind aber insbesondere die beiden ersten Kolumnen stark zerstört und auch die beiden anderen weisen große Lücken auf. So kann diese Handschrift nur zusätzlich zu den beiden schon bekannten, erheblich vollständigeren Hss herangezogen werden.

Spruch 168 ist formal der Gattung "Litanei" zuzurechnen, inhaltlich der Gattung "Verklärungen".[37] Die anaphorischen Zeilenanfänge durch *ṯs ṯw* "erhebe dich" bezeigen auch deutlich den räumlichen Kontext ihrer Rezitation: Es ist die Balsamierungshalle, in der der tote und aufgebahrt liegende Osiris aufgerufen wird, sich wieder zu erheben.

Damit ist natürlich evident, daß Spruch 168 in den Kontext der Osirisfeste gehört. Am nächstliegenden ist die Vermutung, daß diese "Erhebe-Dich"-Litanei - zumindest auch - im Rahmen des großen Osirisfestes des Monats Choiak (IV. *ꜣḫ.t*) rezitiert wurde: Zumindest ein Großteil der hier vorgelegten Texte ist in diesen Festzyklus einzubauen, s. dazu im folgenden die Bemerkungen zu den einzelnen Texten.

Allerdings findet sich im vorliegenden Fall kein direkter Hinweis für diesen Zusammenhang, etwa in Form eines Ritualvermerks oder einer Erwähnung im P. Louvre N. 3176 (S), der auf den Kolumnen 5 und 6 eine Reihe von Ritualtexten zitiert, die im Rahmen des (thebanischen) Choiakfestes rezitiert wurden.[38] Die Zusammenstellung dieser Texte und ihre Einbettung in den Festablauf, die Barguet unternommen hat,[39] zeigt immerhin, daß - vorausgesetzt, Spruch 168 gehört tatsächlich in diesen Kontext - er dann wohl in den ersten Tagen des Festes rezitiert worden sein dürfte: Vom 18. bis zum 23. Tag ist der Tempel der Isis der Schauplatz, der im P. Louvre N. 3176 (S) für diesen Zeitraum genannte Text ist der *sꜣ ḥnkj.t*, der "Schutz des Bettes"; dort ist also die gleiche Situation zugrundegelegt wie in unserem Text: der auf seiner Totenbahre liegende Osiris.

37 S. hierzu und zum folgenden ausführlich in den Abschnitten "formale und inhaltliche Gliederung" zu den Sprüchen 168 und 169.

38 S. dazu unten die Einleitung zur "sortie en procession de Ptah-Sokar-Osiris".

39 S. Barguet (1962), 48-49.

In diesen Nächten, d.h. vom 18. bis zum 23. Choiak, könnte somit auch Spruch 168 rezitiert worden sein. Der Louvre-Papyrus benennt im übrigen noch zwei weitere Male den *sꜣ ḥnkj.t*: einmal in der Nacht zum 25. Tag und noch einmal in der darauffolgenden Nacht. Hier sind allerdings schon jeweils Festprozessionen vorausgegangen; am 25. Tag etwa fand das Sokaris-Ritual statt, das durch den Festruf *ḥb ḥr ḥb jtj* "triumphiere, Herrscher" bereits einen wiedererwachten Osiris voraussetzt. Die Ansetzung in die Nächte vom 18. bis zum 23. Choiak erscheint somit wohl doch plausibler. Diese Annahme muß jedoch, wie gesagt, lediglich als Möglichkeit gesehen werden.

Spruch 169 setzt sich formal aus zwei Teilen zusammen: einer Litanei und einem durch *jnḏ ḥr=k* eingeleiteten Hymnus. Die Situation hat sich gegenüber Spruch 168 gewandelt: Beide Teile von Spruch 169 setzen den wiedererwachten Osiris voraus; im einzelnen s. weiter unten im Abschnitt "formale und inhaltliche Gliederung" zu Spruch 169.

War bereits die exakte zeitliche und räumliche Einbettung von Spruch 168 innerhalb des Festgeschehens um Osiris schwierig, so ist dies bei Spruch 169 um so mehr der Fall: Eindeutige Hinweise fehlen, es läßt sich lediglich die Feststellung wiederholen, daß hier vom wiedererwachten Osiris die Rede ist. Innerhalb des Choiakfestes käme somit wohl kein Termin vor dem 25. Tag in Frage, da dort nach Ausweis des P. Louvre N. 3176 (S) erstmals vom triumphierenden, d.h. eben vom wiederbelebten Osiris die Rede ist. Doch muß bereits dies Vermutung bleiben, auf weiterführende Spekulationen sei daher um so mehr verzichtet.

Zur vorliegenden Übersetzung: Wie schon erwähnt, sind die beiden Sprüche im Papyrus des *Jrj-jrj* nur sehr unvollständig überliefert. Als Grundlage dienten daher die beiden genannten Papyri aus Paris und Leiden und natürlich die Übersetzungen von Allen und Barguet. Diese sind der Einfachkeit halber im Kommentar i.d.R. jeweils lediglich mit Namen, aber ohne Seitenangabe zitiert. Die in unserer Handschrift zerstörten Passagen sind in der Übersetzung zur Kennzeichnung zwischen eckige Klammern gesetzt.

Wie auch für die "Osirisliturgie" (s. dort), standen mir für diese beiden Texte hieroglyphische Transkriptionen der beiden Hss Par. 77 und L. 31 von Schott zur Verfügung, für deren Vermittlung ich Jan Assmann sehr zu Dank verpflichtet bin. Diese Transkriptionen führen an einer Reihe von Stellen über die ungenügende "Transkription" Pleytes hinaus. Auf abweichende Lesungen Schotts ist ggf. im Kommentar verwiesen. Zusätzlich wurden neuere Fotografien der Leidener Handschrift benutzt.

2. Papyrus des *Jrj-jrj*
Ritual zur Vernichtung von Feinden

Publikation: vgl. Burkard (1986), S. 25-26 und 32 - 34, Papyrus 3; Tafel 23.

Parallelbelege: Bislang ist lediglich eine weitere Handschrift für diesen Text bekannt: der Papyrus BM 10.081. Er enthält dieses Ritual auf den Kolumnen 33 und 34.

Textumfang, Stand der Veröffentlichung und Inhalt: Wie bereits zu den Sprüchen 168 und 169 festgestellt werden mußte, weist der Papyrus des *Jrj-jrj* starke Beschädigungen auf. Dies gilt auch für das Ritual zur Vernichtung von Feinden, für das somit der P. BM 10.081 als Haupthandschrift zu gelten hat. Allerdings ist auch diese Hs nicht frei von Zerstörungen, doch in weit geringerem Umfang als die vorliegende Hs; im einzelnen s. jeweils den Kommentar zur Übersetzung.

Zum im P. BM 10.081 erhaltenen Text hat sich Schott (1956) ausführlich geäußert: er erörtert allgemein den Inhalt und gibt Teile des Textes in Übersetzung sowie einen geringen Teil in Paraphrase. Eine vollständige Publikation hat dieser Text bislang freilich noch nicht erfahren.

Inhaltlich wie formal unterscheidet sich das "Ritual zur Vernichtung von Feinden" deutlich von fast allen hier vorgelegten Texten in einem wichtigen Punkt: Dieser Text ist ein "echter" Ritualtext, der sich von den übrigen, die als "Ritual-Begleit-Texte"[40] einzustufen sind, dadurch unterscheidet, daß sein Text zu konkreten, einzelnen Ritualhandlungen rezitiert wurde.[41] Dies zeigt besonders deutlich der P. BM 10.081, wo in col. 34 ein ausführlicher Ritualvermerk erhalten ist; aus diesem wird der enge Bezug zwischen Text und Ritualhandlung bzw. -zubehör sehr klar: Die verschiedenen Wortspiele etwa, die innerhalb des Textes auf einzelne Vogelarten Bezug nehmen, finden ihre Fortsetzung bzw. Auflösung im Ritualvermerk, der eben diese Tiere als erforderliches Zubehör benennt.

Zur vorliegenden Übersetzung: Die starken Zerstörungen im Papyrus des *Jrj-jrj* machen es auch hier wieder erforderlich, die Parallelhandschrift, in diesem Fall den Papyrus BM 10.081, als Grundlage zu nehmen. Die im Papyrus des *Jrj-jrj* zerstörten, in BM 10.081 aber erhaltenen Passagen sind in eckige Klammern gesetzt; in beiden Hss zerstörte Stellen sind wie üblich durch [...] gekennzeichnet.

Soweit Schott Teile dieses Textes bereits übersetzt hat, ist diese Übersetzung naturgemäß Grundlage der hier vorgelegten. Abweichungen werden, soweit sie substantiell sind, jeweils im Kommentar erörtert.

40 S. dazu insbesondere die Einleitung zu den Gesängen der Isis und Nephthys.

41 S. hierzu im einzelnen den Abschnitt "inhaltliche und formale Gliederung" dieses Rituals.

3. Papyrus des *Jrj-jrj*
Das Buch zum Neumondfest

Publikation: vgl. Burkard (1986), S. 25-26 und 34-35, Papyrus 3; Tafel 22.

Parallelbelege: Wie bereits in der Publikation S. 26 vermerkt, enthält der Papyrus des *Jrj-jrj* den bislang einzigen Beleg für die *mḏꜣ.t nt psḏn.tjw*. Dies ist - auch unter Berücksichtigung des Zufalls der Überlieferung - insofern überraschend, als das Neumondfest bekanntermaßen eine bedeutende Rolle im ägyptischen Kult spielte; es ist bereits in den Pyramidentexten belegt.[42]

Textumfang, Stand der Veröffentlichung und Inhalt: Die *mḏꜣ.t nt psḏn.tjw* nahm ursprünglich mindestens die gesamte Kolumne x+6 im Papyrus des *Jrj-jrj* ein. Dies läßt sich trotz der Zerstörungen feststellen. Diese Zerstörungen betreffen den linken Kolumnenrand und insbesondere die Mitte der Kolumne: dort sind abgesehen von den Teilzerstörungen wohl zwei Zeilen komplett verlorengegangen; s. im übrigen unten im Abschnitt "inhaltliche und formale Gliederung" zum Neumondfest. Inwieweit der Text ursprünglich über col. x+6 hinausreichte, ist nicht mehr sicher zu bestimmen; immerhin läßt ein kleines spatium am Ende der letzten Zeile gemeinsam mit den vorausgehenden Worten *jnk sꜣ=k Ḥr* "ich bin dein Sohn Horus" an die Möglichkeit denken, daß der Text hiermit endet, s. dazu ebenfalls unten a.a.O.

Der Inhalt der *mḏꜣ.t nt psḏn.tjw* ist, wie der Titel besagt, ein im Zusammenhang mit dem Neumondfest zu rezitierender Text. Die Frage, ob er als echter Ritualtext oder als "Ritual-Begleit-Text" zu qualifizieren ist, kann nicht ganz sicher beantwortet werden, s. unten a.a.O.: Die Kriterien sind nicht ganz eindeutig, die unten vorgenommene Zuweisung zu der Gattung der echten Ritualtexte geschah daher unter Vorbehalt.

Zur vorliegenden Übersetzung: Da Paralleltexte nicht bekannt sind, muß sich die Übersetzung mit dem im Papyrus des *Jrj-jrj* vorgegebenen fragmentarischen Zustand begnügen. Dem Abschnitt "inhaltliche und formale Gliederung" folgt ein Exkurs zum Neumondfest in griechisch-römischer Zeit, insoweit es in den Tempelinschriften dieser Epoche belegt ist. Aus diesen recht zahlreichen Belegen geht die Bedeutung des Neumondfestes in der griechisch-römischen Zeit klar hervor; um so schmerzlicher wird dadurch der Verlust an mit diesem Fest in Verbindung stehenden Ritualtexten deutlich, von denen wir mit dem Papyrus des *Jrj-jrj* nun erstmals einen kleinen Beleg besitzen.

[42] S. im einzelnen unten den Abschnitt "inhaltliche und formale Gliederung" zu diesem Text.

4. Papyrus des *Psmṯk*, col. x+5 - x+6
Verklärungen I

Publikation: vgl. Burkard (1986), S. 38-41, Papyrus 7; Tafel 35 und 36.

Parallelbelege: In der Publikation wurden als weitere Belege für diesen im Papyrus des *Psmṯk* belegten Text die Papyri Berlin 3057 ("Schmitt"), Louvre N. 3129, BM 10.252 und BM 10.317 benannt; zu Detailangaben s. die Publikation a.a.O. Dem ist als zusätzlicher Beleg der P. Krakau ("Sekowski"), col. 20.6 - 23.7 hinzuzufügen; das entspricht im Papyrus des *Psmṯk* dem Text von col. x+5.7 - x+5.18.

Textumfang, Stand der Veröffentlichung und Inhalt: Der Papyrus des *Psmṯk* enthält einen sehr kleinen Ausschnitt: einen vollständigen und den größten Teil eines weiteren Spruches aus dem "Verklärungsbuch I"; zu dieser Gattung s. bereits oben S. 6-7. Ursprünglich Zeremoniale des Osiriskultes, wurden diese Verklärungen ebenso wie die weiteren Texte aus diesem Kult häufig sekundär als Totenbücher benutzt. Dies geschah entweder dadurch, daß eine originale Tempelrolle später diesem Verwendungszweck zugeführt wurde, oder daß eigens eine Kopie für eine Bestattung angefertigt wurde. Im Fall des Papyrus des *Psmṯk* liegt eindeutig der letztere Fall vor, da nur ein kurzer Ausschnitt als direkter Anhang an das Totenbuch des *Psmṯk* gefügt wurde, zudem unter gleichzeitiger Einfügung des Namens des Besitzers.

Einen Ausschnitt aus "Verklärungen I" und damit auch des Textes, der im Papyrus des *Psmṯk* belegt ist, hat, mit sämtlichen ihr bekannten Belegen, erstmals A. Szczudlowska veröffentlicht.[43] Diese Publikation und insbesondere auch die dort beigegebene hieroglyphische Transkription der Parallelhandschriften dienten als Grundlage für die hier vorgelegte Neuübersetzung.

5. Papyrus des *Ns-bꜣ-nb-ḏd* I (?)
Gesänge der Isis und Nephthys

Publikation: vgl Burkard (1986), S. 44-46, Papyrus 11; Tafel 41 fr. 2, 3, 15 und Tafel 42 b.

Parallelbelege: Die Haupthandschrift für diesen Text ist nach wie vor der Papyrus Bremner-Rhind (BM 10.188), der auf den Kolumnen 1-17 den kompletten Text (abgesehen von einigen marginalen Zerstörungen) enthält. Eine weitere, fragmentarische Parallele enthält der noch unpublizierte P. BM 10.322.[44]

[43] Szczudlowska (1972); zu den im Papyrus des *Psmṯk* belegten Texten s. besonders S. 60 ff.

Textumfang, Stand der Veröffentlichung und Inhalt: Die insgesamt fünf Fragmente bzw. Fragmentkomplexe aus diesem Text, die den Papyrus 11 der Asasif-Papyri bilden, enthalten nur einen sehr kleinen Ausschnitt aus den Gesängen der Isis und Nephthys: aus den Kolumnen 6-8 und evtl. col. 10 des P. Bremner-Rhind; zu detaillierten Angaben s. Burkard (1986), 44, Nr. 14.

Die grundlegende Veröffentlichung dieses Textes stammt von Faulkner aus den Jahren 1933 und 1936.[45] Spätere Übersetzungen stammen von Donadoni[46] und Roeder.[47]

Auch die Gesänge der Isis und Nephthys gehören zu der Gruppe von Texten, die in Verbindung mit Osirisfesten stehen, insbesondere mit den im Monat Choiak begangenen großen Osiris-Mysterien.[48] Von den Texten der Asasifpapyri gehören zu dieser Gruppe etwa noch die "Osirisliturgie", das Sokaris-Ritual und die "sortie en procession de Ptah-Sokar-Osiris" (zur möglichen Zugehörigkeit des Spruches 168 zu diesem Kontext s. oben S. 10). Den drei erstgenannten Texten ist gemeinsam, daß sie sich durch Ritualvermerke selbst als Rituale qualifizieren. In den Gesängen der Isis und Nephthys (und ähnlich in den mit diesem Text eng zu verbindenden "Klagen der Isis und Nephthys" des P. Berlin 3008) ist dies ebenso; hier werden detaillierte Angaben über die beiden Frauen gemacht, die Isis und Nephthys verkörpern, und es wird der Zeitpunkt für das Fest genannt: Tag 22-26 des Choiak. Das sind fünf Fest-Tage, und übereinstimmend damit besteht der Text aus fünf deutlich getrennten Hauptabschnitten, s. dazu unten die Übersetzung und auch den Abschnitt "inhaltliche und formale Gliederung" zu diesem Text. Auch wenn dies nirgends gesagt wird, liegt doch der Gedanke nahe, daß einem Fest-Tag ein Abschnitt der "Gesänge" entspricht.

Im Gegensatz aber zu Ritualtexten wie dem "Ritual zur Vernichtung von Feinden" im Papyrus des *Jrj-jrj*, das in direktem Zusammenhang zu einzelnen Ritualhandlungen steht, ist den hier genannten Texten das Fehlen dieses Zusammenhangs gemeinsam: Es wird kein direkter Bezug auf bestimmte Ritualhandlungen genommen, etwa durch Anweisung im Vermerk oder auch durch den Text selbst, z.B. durch Wortspiele, wie sie das "Ritual zur Vernichtung von Feinden" so prägen. In den "Gesängen" wird vielmehr durch den einleitenden Vermerk "Anfang der Gesänge (wörtlich: "Kapitel") für das Fest ...", oder auch durch den Titel der einzelnen Abschnitte (soweit diese eigene Titel haben): "Abwehrzauber", "Großer Abwehrzauber", eher ein "Ritual-begleitender" Charakter dieses Textes deutlich gemacht. Anhand eines im Kern vergleichbaren Textstückes

44 S. Goyon (1974), 78, n. 2.

45 Hieroglyphische Transkription: Faulkner (1933); Übersetzung und Kommentar: Faulkner (1936), 21-140.

46 Donadoni (1959), 197-213.

47 Roeder (1960), 190-214.

48 S. dazu Goyon (1974), 78.

aus den Pyramidentexten (wo ebenfalls Isis und Nephthys die Trägerinnen der Handlung sind) verweist Assmann auf die Funktion solcher Texte, die "keine Geschichte" erzählen, sondern "kultische Handlungen und ihren situativen Rahmen auf ein götterweltliches Ereignis hin" ausdeuten, zeitlich "in eine Vor- und eine Folgegeschichte" ausgreifen und sich "zu einem mythischen Handlungsaufbau" ausweiten.[49]

Zur vorliegenden Übersetzung: Wie oben erwähnt, ist dieser Text in den Asasif-Papyri nur sehr fragmentarisch überliefert. Eine Übersetzung ausschließlich dieser Fragmente wäre, zumal diese auch keinen besonderen Eigenwert etwa durch markante Textvarianten besitzen, nicht sinnvoll gewesen. Allein sinnvoll erschien somit nur eine vollständige Neuübersetzung des Textes anhand des P. Bremner-Rhind. Dies ist hier erfolgt; die Kolumnen- und Zeilenzählung folgt dementsprechend auch der des P. Bremner-Rhind. Die Übersetzungen Faulkners und Roeders liegen der eigenen Übersetzung zugrunde, wobei darauf verzichtet wurde, jede einzelne Abweichung zu verzeichnen; wo es notwendig erschien, wurde eine abweichende Übersetzung dagegen im Kommentar begründet. Die Übersetzung Faulkners als die für die hier vorgelegte Wiedergabe grundlegende wird i.d.R. jeweils nur als "Faulkner" zitiert; nur in Einzelfällen ist zusätzlich auf die Seitenzahl verwiesen.

6. Papyrus des *Ns-bꜣ-nb-ḏd* I (?)
Die "Osirisliturgie"

Publikation: vgl. Burkard (1986), S. 46-53, Papyrus 12; Tafel 43 (Haupttext), Tafel 40 und Tafel 42a (zusätzliche Fragmente). Im folgenden zitiert als A.

Parallelbelege: Dieser im corpus der Asasif-Papyri nur sehr bruchstückhaft erhaltene Text ist bislang in zwei weiteren Handschriften belegt: im P. Berlin 3057 ("Schmitt"), im folgenden zitiert als S, und im P. BM 10.252, im folgenden zitiert als B. Der Gesamttext umfaßt in S die Kolumnen 1-10; da mindestens eine weitere Kolumne am Anfang zu ergänzen ist, betrug sein ursprünglicher Umfang in S mindestens 11 Kolumnen. In B umfaßt der Text die Kolumnen 24-35. In A und S ist der Text grundsätzlich, in B gelegentlich stichisch geschrieben.

Textumfang von A: Der Haupttext von A enthält einen Teil des Textes, der in S in etwa den Kolumnen 3-6 entspricht; die zusätzlichen kleineren Fragmente entsprechen Teilen von col. 10 der Handschrift S; zu detaillierten Angaben s. Burkard (1986), 47, Nr. 14. Die Zitierung des Textes richtet sich im folgenden nach S: dort ist der hier

[49] S. Assmann (1984), 152 f.

übersetzte Text fast komplett erhalten und die stichische Schreibung dort entspricht der in A.

Inhalt und Stand der Veröffentlichung: Wie die Parallelhandschriften zeigen, stammt der in A belegte Text aus dem Komplex der "Großen Zeremonien des Geb" (*jrw ꜥꜣ n Gb*). Dieser Titel ist in S 6.18 vollständig genannt; am Ende des Textes in S findet sich zudem der Vermerk *[... jrw] ꜥꜣ;* das Determinativ  hinter *ꜥꜣ* läßt die Ergänzung zu *jrw ꜥꜣ* als sicher erscheinen.[50]

Der Ritualtitel *jrw ꜥꜣ n Gb* ist auch im P. Louvre N. 3176 (S), col. 5.19 belegt.[51] Dieser Handschrift ist zudem zu entnehmen, daß das Ritual in Karnak zu den im Verlauf der Osirismysterien des Monats Choiak begangenen Riten gehörte. Es fand dort in der Nacht vom 24. bis 25. Choiak statt,[52] und zwar im Verlauf einer Prozession, die vom Heiligen See zur "Esplanade" des Amun führte, d.h. zu dem Gelände westlich des 4. Pylons des Amuntempels.[53]

Die "Großen Zeremonien des Geb" sind durch die beiden Hss B und S schon lange bekannt, gleichwohl wurden sie bisher noch nicht publiziert. Wie Goyon berichtet,[54] hat Schott an ihrer Publikation gearbeitet, diese Arbeiten aber nicht mehr beenden können.

Der bislang ausführlichste Hinweis auf diesen Text stammt von Schott, der im Rahmen seiner "Deutung der Geheimnisse des Rituals für die Abwehr des Bösen" auch kurz auf die *jrw ꜥꜣ n Gb* eingeht. Er verweist dort darauf, daß diesem Text, ähnlich wie im "Ritual für die Abwehr des Bösen" in B teilweise - teils neben der Kolumne, teils an entsprechender Stelle auf der Rückseite der Handschrift -, eine neuägyptische "Übersetzung" beigegeben worden war. Schott bemerkt dazu, daß diese Übersetzungen "im allgemeinen die Lesung von Texten und Textstellen" beträfen, "die in ptolemäischem Schriftstil knapp und rätselvoll geschrieben" seien. Wo der Sinn dagegen klar war, begnügte sich der Schreiber gelegentlich mit einem daneben geschriebenen *ntf pw* "das ist es".[55]

Diese Tatsache einer Übersetzung innerhalb der Handschrift selbst zeigt, daß ein Benutzer der ägyptischen Spätzeit offensichtlich nicht mehr ohne weiteres imstande war, diesen Text zu lesen bzw. zu verstehen. Um wieviel schwerer muß es da der heutige "Leser" haben, wenn er einen solchen Text zu übersetzen bzw. zu verstehen sucht!

50 Die Bezeichnung "Osirisliturgie" wird für den hier übersetzten Abschnitt aus den "Großen Zeremonien" beibehalten, da die Texte in der Übersetzung prinzipiell in der gleichen Weise wie in der Publikation: Burkard (1986), zitiert werden.

51 Vgl. Barguet (1962), 54.

52 Vgl. Barguet (1962), 48.

53 Vgl. Barguet (1962), 38.

54 Vgl. Goyon (1974), 78. n. 5.

55 S. hierzu Schott (1954), 8-10.

Tatsächlich ist dieser Text auch von allen anderen hier übersetzten Texten mit großem Abstand der schwierigste, der sich an einer betrüblich großen Zahl von Stellen einem Verständnis noch widersetzt; s. zu dieser Problematik auch weiter unten die Vorbemerkung zur Übersetzung.

Zur vorliegenden Übersetzung: An Hilfsmitteln standen neben Fotografien der Parallelhandschriften B und S auch Notizen Schotts zur Verfügung, die mir durch die freundliche Vermittlung Jan Assmanns zugänglich gemacht wurden. Diese Notizen bestehen aus einer vollständigen hieroglyphischen Transkription von S, mit - danebengeschriebenen - Teilen einer ersten, flüchtigen und noch sehr unvollständigen Übersetzung des Textes. Auf diese Notizen wird, wo erforderlich, jeweils unter dem Hinweis "Notizen Schotts" verwiesen. Diese Hinweise werden sich aber angesichts des provisorischen Charakters der Übersetzung Schotts auf Einzelfälle beschränken.

Zu einigen zusätzlichen Hinweisen auf den Umfang des hier übersetzten Textes vgl. die Vorbemerkung zur Übersetzung und die Einleitung oben S. 5, die hieroglyphische Transkription aller Versionen findet sich im Anhang.

7. Papyrus des *Ns-bꜣ-nb-ḏd* I (?) "La sortie en procession de Ptah-Sokar-Osiris"

Publikation: vgl. Burkard (1986), S. 55-59, Papyrus 14; Tafel 44 a und b.

Parallelbelege: Die "sortie en procession de Ptah-Sokar-Osiris" war bisher nur aus einer einzigen, ebenfalls nicht ganz vollständigen,[56] Handschrift bekannt, dem P. Louvre N. 3176 (S).

Textumfang, Stand der Veröffentlichung und Inhalt: Der Papyrus Nr. 12 der Asasif-Papyri enthält nur Bruchstücke der "sortie en procession", die vor allem den Kolumnen 2-4 der Louvre-Handschrift entsprechen. Wenn auch einige Fragmente (auf Tafel 44 b) nicht sicher zuzuweisen sind, so ist der Befund doch insoweit eindeutig, als der vorliegende Papyrus nur den Text dieser "sortie en procession" enthielt. Die in der Louvre-Handschrift auf den Kolumnen 5 und 6 noch folgenden, mit dem Ablauf des Orisisfestes vom 22. - 26. Choiak in Verbindung stehenden Texte sind hier nicht belegt; jedenfalls ist hier keine Spur dieses Textes erhalten.

Der Papyrus Louvre N. 3176 (S) wurde von Barguet publiziert.[57] Wie oben bereits angedeutet, besteht diese Handschrift aus zwei inhaltlich getrennten Teilen, der "sortie en procession" und dem das Choiakfest betreffenden Teil.

[56] S. dazu unten zur formalen und inhaltlichen Gliederung dieses Textes.

[57] Barguet (1962).

Die Frage, wie diese beiden Teile zusammenhängen, d.h. die Frage nach der genauen Zweckbestimmung der "sortie en procession" hat Barguet ausführlich erörtert.[58] Er sieht einerseits eine Verbindung zum Choiakfest durch den Vermerk in col. 6.1-2: *jnj r pꜣ sḫꜥj Skr j ḥb ḥb jtj* : "Introduction au rituel de 'la Sortie en procession de Sokar' (en disant): 'Ah! Sois triomphant, sois triomphant, prince!'"[59] Dieser Vermerk, so Barguet, beschreibe exakt den Inhalt des ersten Teiles.

Andererseits erörtert Barguet aufgrund textinterner Beobachtungen die Möglichkeit, daß das Ritual im Monat Thot gefeiert wurde:[60] in col. 3.1-2 ist Osiris als der das Land überschwemmende Vegetationsgott angesprochen; der Monat Thot als erster Monat der Überschwemmungszeit würde dem eher entsprechen als der Monat Choiak, also der 4. Monat dieser Jahreszeit.

Eine sichere Entscheidung ist hier ohne weitere Belege nicht möglich; der eine Termin muß zudem den anderen nicht ausschließen: allein die Ritualvermerke der Asasif-Papyri enthalten genügend Belege dafür, daß ein Ritual zu verschiedenen Terminen stattfinden konnte. Daß aber ein Zusammenhang mit dem Choiak-Fest besteht, kann wohl keinem Zweifel unterliegen: allein die Tatsache, daß die "sortie en procession" und die Angaben zum Festverlauf in ein und derselben Handschrift stehen, macht dies genügend klar.

Andererseits ist die von Barguet angeführte, oben zitierte Stelle aus col. 6.1-2 eben kein direkter Hinweis: dieses Zitat entstammt ursprünglich dem Sokarisritual, Z. 72, s. unten die Übersetzung dieses Textes.

Die "sortie en procession" setzt sich aus zwei grundverschiedenen Teilen zusammen, s. ausführlich unten das Kapitel "formale und inhaltliche Gliederung" zu diesem Text. Der erste Teil ist erneut vergleichbar mit Texten wie den Gesängen der Isis und Nephthys und der "Osirisliturgie", d.h. er ist als "Ritual-Begleit-Text" einzustufen. Im vorliegenden Text wird dies durch den Ritualvermerk in 3.19ff. sogar sehr deutlich gesagt: "Nach diesem: die Riten vollziehen ...". Die eigentliche Ritualhandlung folgt also hier der Rezitation.

Die dann (3.24ff.) anschließende Litanei wird zum Ritualabschluß rezitiert: der anschließende Ritualvermerk in 4.27 bestätigt, daß das Ritual nunmehr beendet ist. Die Litanei ist quasi per definitionem kein Text, der mehrere oder verschiedene Ritualhandlungen begleitet; sie wird rezitiert, wozu i.d.R. geräuchert wird.[61]

[58] S. Barguet (1962), 13-14.

[59] Übersetzung nach Barguet (1962), 22.

[60] S. Barguet (1962), 14.

[61] S. Assmann in: LÄ III, 1062, s.v. "Litanei".

Zur vorliegenden Übersetzung: Grundlage ist angesichts des fragmentarischen Zustandes der Asasif-Handschrift der Papyrus Louvre N. 3176 (S). Seine Kolumnen- und Zeilenzählung findet daher in der Übersetzung Anwendung. Diese Übersetzung umfaßt den gesamten Ritualtext, also die Kolumnen 1-4 der Louvre-Handschrift. Der in den Asasif-Papyri nicht belegte und auch ganz anders geartete zweite Teil des P. Louvre N. 3176 (S) bleibt hier unberücksichtigt.

8. Papyrus des *Ns-bꜣ-nb-ḏd* II
Das Sokarisritual

Publikation: vgl. Burkard (1986), S. 60-64, Papyrus 15; Tafel 47.

Parallelbelege: Von allen hier bearbeiteten Texten ist das Sokarisritual der mit großem Abstand am besten belegte Text: ganz oder teilweise findet er sich auf mittlerweile sieben spätzeitlichen Papyri, dazu in Auszügen im Tempel von Medinet Habu im Neuen Reich und im Tempel von Dendera aus der griechisch-römischen Zeit: s. hierzu weiter im folgenden unter "Stand der Veröffentlichung".

Textumfang, Stand der Veröffentlichung und Inhalt: Das Sokarisritual umfaßte im Papyrus des *Ns-bꜣ-nb-ḏd* II ursprünglich die Kolumnen x+1.1 - x+3.24. Von diesen ist col. x+1 größtenteils zerstört; nur vom oberen Drittel ist der linke Rand der Zeilen erhalten, darunter auch der Rest des Ritualtitels in Z. 1. In col. x+2 sind knapp drei Viertel des Textes erhalten, am unteren Ende der Kolumne fehlen 9 Zeilen. In col. x+3 endet der Text des Sokarisrituals in Z. 24; diese 24 Zeilen sind, von kleineren Beschädigungen abgesehen, vollständig erhalten.

Dieser guten Beleglage entspricht, wiederum im Vergleich mit den übrigen hier untersuchten Texten, auch der Stand der Veröffentlichung. Hier ist zunächst und vor allem die Publikation des Textes durch Goyon zu nennen.[62] Sie basiert einerseits auf vorausgegangenen Publikationen, etwa der des P. Bremner-Rhind durch Faulkner,[63] und andererseits auf sämtlichen damals bekannten Parallelversionen, einschließlich derjenigen der Tempel. Sie ist damit die Basis für jede weitere Beschäftigung mit diesen Texten, und das ist naturgemäß auch hier der Fall.

Neben dieser Textedition sind als besonders wichtig die Arbeiten von Wohlgemuth (1957) und Gaballa-Kitchen (1969) zu nennen, die dem Sokarfest als Ganzem gewidmet sind und sich in diesem Rahmen auch, wenn auch nur teilweise, mit den Versionen der spätzeitlichen Papyri auseinandersetzen.

[62] Goyon (1968), 63-96.
[63] Faulkner (1933), 35-41 und ders. (1937), 12-16.

Das Sokarfest, in dessen Rahmen der hier übersetzte Ritualtext rezitiert wurde, ist seit dem Alten Reich und dann bis in die Römerzeit faßbar.[64] Ursprünglich ein Fest des bzw. für Sokar, wurde es schon sehr früh mit diesem Gott in den Osiriskreis einbezogen; dieser Vorgang war bereits im Alten Reich abgeschlossen.[65]

Die Bedeutung, die das Fest im Neuen Reich besaß, läßt sich an den Darstellungen im Tempel von Medinet Habu ablesen, die Bedeutung in der Spätzeit nicht zuletzt an der Zahl der erhaltenen Festrollen (und späteren Totenbücher), denen jetzt auch der Papyrus des *Ns-bꜣ-nb-ḏd* II zuzurechnen ist.

Das Hauptfest fand seit alters am 26.4. *ꜣḫ.t*, d.h. am 26. Choiak statt; bereits dieses Datum zeigt die enge Verbindung zu Osiris, dessen Fest eben auch an diesen Tagen des Choiak begangen wurde. Im Laufe der Zeit kamen zusätzliche Festhandlungen hinzu; in Medinet Habu etwa ist es der Zeitraum vom 22. - 26. Choiak, über den sie sich erstreckten.

Der Ritualtext selbst, der hier Gegenstand der Betrachtung ist, wurde in Medinet Habu am 26. Choiak im Rahmen des Rituals rezitiert, in dessen Verlauf die Sokarbarke "um die Mauern" gezogen wurde.[66] Der Text wird von insgesamt vier Hymnen, teilweise in Litaneiform, gebildet.[67] Allein dieser Gattungstyp zeigt, daß diese Texte nicht einzelne Ritualhandlungen begleiteten, sondern insgesamt als ritualbegleitend gedacht sind. Im vorliegenden Fall wird dies durch den Ritualvermerk in Z. 93f. auch bestätigt: Diesem ist zu entnehmen, daß nach 16maliger Rezitation[68] der Schrein geöffnet wurde und der Gott "erschien": Die Rezitation erfolgte somit vor dem Beginn des Prozessionszuges.

Zur vorliegenden Übersetzung: Wie schon erwähnt basiert diese Übersetzung vor allem auf der Bearbeitung des Textes durch Goyon. Von dort wurde auch die Einteilung in insgesamt 95 Zeilen übernommen; angesichts der Zahl der Parallelbelege ist dies die sinnvollste Zitierweise, zumal der Text i.d.R. - auch in den Asasif-Papyri - in stichischer Schreibung tradiert wurde.

Im auf die Übersetzung folgenden Abschnitt wird dann wie üblich die formale und inhaltliche Gliederung analysiert; zusätzlich folgen einige Überlegungen zum Ablauf des Sokarisrituals.

[64] S. dazu im einzelnen die genannten Publikationen.

[65] S. Wohlgemuth (1957), 6f.; Gaballa-Kitchen (1969), 36.

[66] S. zusammenfassend Helck in: LÄ V, 1074f., s.v. "Sokarfest".

[67] S. im einzelnen hierzu unten den Abschnitt "formale und inhaltliche Gliederung" zum Sokarisritual.

[68] Nach Goyon (1968), 96, n. 73 alternierend zwischen Vorlesepriester und Chorsängern.

9. Papyrus des *Ns-bꜣ-nb-ḏd* II
Hymnus an Osiris

Publikation: vgl. Burkard (1986), S. 60-68, Papyrus 15; Tafel 46 und 47.

Parallelbelege: Wie bereits in der Publikation S. 61 vermerkt, ist von diesem Hymnus m.W. bislang kein weiterer Beleg bekannt, die vorliegende Handschrift ist somit die einzige Quelle für diesen Text.

Textumfang, Stand der Veröffentlichung und Inhalt: Der Hymnus beginnt in col. x+3.25 und endet in col. x+6.26. Wie schon zum Sokarisritual vermerkt, fehlt ungefähr ein Drittel vom unteren Ende der Rolle, d.h. in den Kolumnen x+3 bis x+5 sind jeweils ca. 9 Zeilen verlorengegangen. Das Textende in x+6.26 ist vermutlich mit dem tatsächlichen Textende gleichzusetzen - ein allfälliger Schlußvermerk ist dabei nicht berücksichtigt: In x+6.20 beginnt, mit einer ausführlichen Opferliste, das Schlußgebet, das mit den Worten "du bist göttlich dort in Ewigkeit" in x+6.26 einen angemessenen Abschluß findet. Im einzelnen s. hierzu unten den Abschnitt "formale und inhaltliche Gliederung" zu diesem Text.

Durch das einleitende *dwꜣ Wsjr* "den Osiris anbeten" eindeutig als Hymnus qualifiziert, erweist sich der Text durch das in der gleichen Zeile folgende *sꜥr bꜣ=f r ḥtpw=f ...* "seinen Ba aufsteigen lassen zu seinen Opfern ..." ebenso eindeutig als Kulthymnus (im Gegensatz zum Totenhymnus; s. dazu unten im Abschnitt "formale und inhaltliche Gliederung" dieses Textes, mit Anm. 55): Der ungenannte Sprecher - sicher der Vorlesepriester in der Funktion als Horus[69] - tritt auf und ruft den Gott in einer Reihe von Epitheta immer wieder auf, "zu kommen". Er preist den Gott, schildert den Jubel über sein Erscheinen und versichert ihm abschließend, daß "der Feind" gefallen und er, Osiris, als Herrscher installiert ist. Es folgt die (in den rezitierten Text eingebaute, s. dazu auch die "Osirisliturgie" 5.13 - 5.22) Versicherung, daß das Ritual für ihn vollzogen wird und schließlich die schon erwähnte ausführliche Opferliste.

Ein Vermerk über Rezitationsort und -zeitpunkt ist nicht erhalten. Die gemeinsame Überlieferung mit dem Sokarisritual in unserer Handschrift legt naturgemäß den Gedanken nahe, daß dieser Hymnus zumindest auch während des Choiakfestes rezitiert werden konnte. Vielleicht - dies aber unter allem Vorbehalt, da die hierfür sprechenden Indizien nur sehr allgemeiner Art sind - enthält ein Passus des P. Louvre N. 3176 (S) einen Hinweis. Dort heißt es in col. 5, 3-6:[70] *hrw 24 j.jr Skr-Wsjr ḥtp n tꜣ ḫꜣj.t n ꜣḫ-mnw jrr nt-ꜥ ... dwꜣ Wsjr jn jrj-tp pꜣ wdn n Wsjr ...* "Am 24. Tag, wenn Sokar-Osiris in der *ḫꜣj.t* des *ꜣḫ-mnw* ruht: vollziehen der Riten ..., der 'Anbetung des Osiris durch den *jrj-*

[69] Vgl. dazu Assmann (1975), 76.
[70] Vgl. Barguet (1962), 15-16 und 18.

tp'[71] der Opferlitanei für Osiris ...". Der - natürlich allgemeine - Titel *dwꜣ Wsjr* steht auch am Beginn unseres Textes, vor allem aber ist die abschließende Opferliste in Übereinstimmung zu bringen mit der "Opferlitanei" am 24. Choiak.

Es könnte also sein, daß dieser Osirishymnus am 24. Choiak rezitiert wurde, doch fehlt bislang ein sicherer Hinweis für diese Vermutung.

Zur vorliegenden Übersetzung: Da Parallelen bislang nicht bekannt sind, kann die hier vorgelegte Übersetzung nur den unvollständigen Zustand der Vorlage wiedergeben; in den drei ersten Kolumnen sind insgesamt zwischen 25 und 30 Zeilen verlorengegangen. Der sich anschließende Abschnitt "formale und inhaltliche Gliederung" berücksichtigt neben der Analyse der Teilabschnitte auch die die Gattung "Hymnus" charakterisierenden Bestandteile, die Barucq[72] und Assmann[73] herausgearbeitet haben.

71 Barguet (1962), 18: "gardien te la Tête".
72 Barucq (1962).
73 Assmann in: LÄ III, 103-110, s.v. "Hymnus".

Papyrus des *Jrj-jrj*, col. x+1 - x+3
Totenbuch Spruch 168 (Pleyte)
Übersetzung

x+1.1 Das 'Erhebe [dich'. Den Osiris anbeten durch den Osiris *Jrj-jrj*].[1]

[Seine Erscheinungsformen[2]] anbeten, [seine Gefolgschaft[3] anbeten, seine Mumie aufstellen],

[seinen Ba] erheben, [sein Herz erfreuen, seinen Ka zufriedenstellen, seinen großen Leichnam dauern machen]

im Sarkophag, ⌊Atem geben dem 'Verstopften'⌋.

x+1.5 Preis [sei dir! Erhebe dich, Osiris, Herr der Thronempore,[4] über dem, was er beherrscht;[5] Deba Demedj,[6]]

[1] Ergänzungen nach den Parallelhandschriften; neben der Publikation Pleyte's konnte auch die unveröffentlichte Transkription dieser Texte aus der Hand Siegfried Schotts zu Rate gezogen werden; zu weiteren Übersetzungen vgl. insbesondere Allen (1974), 218ff. und Barguet (1967), 246ff.

[2] Zu *ḫprw* s. Osirishymnus Anm. 12.

[3] Allen übersetzt "(adoring his) musicians"; aber es ist nicht klar, wer diese Musikanten sein sollen, die angebetet werden; Barguet übersetzt "adorer ses jhyou" und bemerkt dazu: "mot de sens inconnu". Beide lesen also offensichtlich *jḫjw*, das in der vorliegenden Schreibung jedoch nicht belegt ist. Die obige Übersetzung geht von der Lesung *js.t* "Truppe" aus (also  statt ); dieses Wort ist als Bezeichnung der "Mannschaft" des Osiris mindestens einmal belegt, auf einer Statue des Chaemwese aus Abydos, vgl. KRI III, 889, 15.

[4] Es ist hier wohl *tnṯꜣ.t* "Thronestrade" o.ä. zu lesen bzw. zu emendieren, s. zu diesem Wort Wb V, 384, 14 - 385, 9; vgl. auch die folgende Anmerkung.

[5] Allen übersetzt die ganze Passage: "lord of the throne (of) the Sky." Barguet übersetzt: "maitre de l' escalier, qui est sur son ...". Die richtige Lesung und Übersetzung läßt sich anhand einer Stelle der Sonnenlitanei wiedergewinnen, vgl. hierzu Hornung (1975), 224 und ders. (1977), 90 und 146. Diese Stelle lautet: *ṯꜣṯꜣj.tj ḥrj ḥqꜣ.t=f*, sie wird von Hornung a.a.O. 90 übersetzt: "du von der Thronempore über dem, was er beherrscht" (es folgt im übrigen in der Sonnenlitanei *nswt dꜣ.t ḥqꜣ jgr.t*, wie hier in Z. 6). *ṯꜣṯꜣj.tj* ist im Zusammenhang mit *tnṯꜣ.t* zu sehen, vgl. die Variante bzw. Schreibung *ṯꜣtn* für *tnṯꜣ.t*, s. Wb V, 356. Die Lesung *ḥrj ḥqꜣ.t=f* ist nach der Parallele in der Sonnenlitanei jetzt auch in den hier nicht sehr klaren Papyri L. 31 und Par. 77 zweifelsfrei zu erkennen.

[6] Die Lesung ist nicht sicher, möglich scheint auch *jw=f r bꜣ dmḏ* "er wird sein (bzw. der

der entstanden ist aus Re; [König[7] der Unterwelt, Herrscher der Igeret; ehrwürdiger Großer, Großer der ägyptischen Krone,[8] Strahlender][9]

der in seiner Höhle ist.[10]

Erhebe dich doch, Osiris, Ba[11] des Re, [er hat zugewiesen deine Gestalten[12]].

Erhebe dich, der auf seiner Bahre[13] liegt, die Sonnenscheibe ist ausgebreitet [auf] der Brust deiner Mumie.

x+1.10 Erhebe dich, der den Tag im Sarkophag verbringt, Re spricht zu dir,[14] wenn er dich erweckt.

Erhebe dich, Chontamenti, dein Sohn Horus hat dir(?)[15] dein Angesicht geschützt.

Erhebe dich, Stier,[16] Herr des Westens, Isis bringt dir dar deinen Ba[17].

sein wird) ein Ba-Demedj". Zu *dmḏ* als spezieller Bezeichnung für die Verbindung von Re und Osiris zu einer Gestalt bzw. zu *bꜣ dmḏj* sowie zur Verbindung *dbꜣ dmḏ* s. Hornung (1977), 99, Anm. 16; Hornung deutet diese Verbindung als "Der den Vereinigten umhüllt". Dieser Name nimmt in der Sonnenlitanei eine zentrale Stellung ein; dargestellt wird Deba-Demedj als mumiengestaltiger Gott mit oberägyptischer Krone und Götterbart, s. Hornung a.a.O. - Die geringe Zeilenlänge im Papyrus des *Jrj-jrj* kann nicht den gesamten Text enthalten haben; was im einzelnen wegfiel, ist allerdings nicht mehr festzustellen.

7 Die Ergänzung *nswt* ist nur vermutet, diese Stelle ist in keiner der Hss erhalten; s. aber oben Anm. 5.

8 *wr špsj ꜥꜣ wrr.t* zweifelsfrei in Par. 77; die anderen Hss sind hier teilweise zerstört. Die Verbindung *sr ꜥꜣ wrr.t* "Fürst mit großer Krone" findet sich in der Sonnenlitanei und auch im Totenbuch (Naville) Spruch 180,7, s. Hornung (1975), 225, vgl. auch oben Anm. 6.

9 Auch hier scheint die Zeile im Papyrus des *Jrj-jrj* nicht lange genug für diesen gesamten Text zu sein, ohne daß feststellbar wäre, welche Textteile fehlen.

10 Diese Zeile ist auch im Papyrus des *Jrj-jrj* vollständig erhalten.

11 Meine Transkription ist hier zu verbessern: statt  lies  .

12 Zu *jrw* s. Osirishymnus, Anm. 13. Die Hss variieren an dieser Stelle; Par. 77: *... jrw=k*, L. 31: *... jrw ꜥꜣ ẖꜥ [...]*: ob *ꜥꜣ ẖꜥw* groß an Gestalten"?

13 Sicher so von der Bedeutung "Ruheplatz" abzuleiten; auch Allen übersetzt "bier"; Barguet: "terrasse".

14 *rꜣ=k* ist nur im Papyrus des *Jrj-jrj* überliefert und gehört sicher nicht in den Kontext; möglicherweise handelt es sich um ein verderbtes *r=k*.

15 Diese Übersetzung unter der Voraussetzung, daß hier tatsächlich *nḏ.n r=k* zu lesen ist; die übrigen Hss schreiben *nḏ.n sꜣ=k ...* Allen übersetzt: "... has lived on thy behalf"; doch ist die dann vorauszusetzende Lesung *ꜥnẖ* statt *nḏ* sicher falsch.

16 Sicher so; Allen übersetzt: "... Spirit, Lord of the West", wohl wegen der Schreibung in L. 31; doch ist auch *kꜣ* "Stier" mit dieser Schreibung belegt, s. Wb V, 94.

17 In meiner Transkription (Burkard (1986), 27) ist *sꜣ* in *bꜣ* zu emendieren.

Erhebe dich, Großer im Heiligtum; Re geleitet dich zu [deinem Schiff].

Erhebe dich, Großer im Heiligtum, du, der in seinem Grab ist(?)[18]; die [Sonnenscheibe] des Re erleuchtet deine Unterwelt.[19]

x+1.15 Erhebe dich doch, du Herrscher der Unterwelt, dein Sohn Horus hat dir deine Gestalten zugewiesen.

Erhebe dich doch, Osiris, du [Herzensmüder], im Lobpreis des Re.

[Erhebe dich doch, Verborgener von *Rd.t*(?)[20]], Ältester; die Götter haben dir [dein Szepter] dauernd gemacht, die

[großen Götter], sie beten dich an.

[Erhebe dich,] Verklärter, Dauernder, [Mächtiger], Starker, der [Re-Osiris] geworden ist [in alle Ewigkeit].

x+1.20 [Erhebe dich,] erwache, Osiris; Re streckt [seine Arme zu dir aus, Ptah schmückt dich].[21]

[Erhebe] dich, damit du triumphierst; <oh>[22] Schweigender, Re [fällt deinen Feind.]

Erhebe dich doch, Osiris, die beiden Schwestern [weisen ihn ab(?)][23].

18 Ich lese mit Par. 77 *ḫr.tj*, das ich als Nisbe zu *ḫr* "Grab, Nekropole" verstehe; Barguet: "la tombe du disque solaire", aber das ist m.E. inhaltlich nicht möglich; Allen: "tombdweller". - Zu *jtn (n) Rꜥ* vgl. Zivie (1976), 66, Z. 4 - 5.

19 Ich lese im Papyrus des *Jrj-jrj* jetzt auch *sḥḏ=f dwꜣ.t*; das *m* in meiner Transkription ist zu streichen; der Schrägstrich dürfte eher vom , vom , evtl. auch von einer Überlagerung beider Zeichen stammen.

20 *jmn* "Verborgener" mit Par. 77; L. 31 schreibt *Jmn* "Amun"; Barguet übersetzt: "Amun dont la jambe est cachée"; aber dann wäre zweimaliges *jmn* erforderlich; Allen: "hidden one of Rdt"; diese Deutung habe ich übernommen, wenn auch *Rd.t* im Wb nicht belegt ist; die Schreibung scheint jedoch keinen Zweifel zuzulassen.

21 In L. 31 steht versehentlich *Skr* (nach *Ptḥ*) statt des richtigen *sḫkr*.

22 *j* ist aus *jw* emendiert, das alle Hss schreiben; dieses ist vor *gr* aber wohl sinnlos und vermutlich versehentlich in Anlehnung an das folgende *jw* vor *Rꜥ* entstanden.

23 *wn=sn* ist problematisch; mit dem Determinativ des fallenden Mannes ist es dem Wb nicht bekannt; vielleicht liegt eine besondere Schreibung von *wnj* "vorbeigehen, abweisen" vor, s. Wb I, 313,10 - 314,6, das vom Sinn her dem Kontext entsprechen würde. Barguet übersetzt: "(Tes) deux seurs, elles se prosternent" und merkt dazu (n. 17) an: "sens possible". Das am Ende ist in jedem Fall zu zu ergänzen bzw. zu emendieren. Allens "<tear their hair>" ist nicht recht verständlich.

Erhebe dich doch, Osiris, damit du die [Klage] [deiner Schwester Isis] hörst.

Erhebe dich doch, Osiris, die beiden roten Rinder[24] [klagen] um dich.

x+1.25 Erhebe dich doch, Osiris; es klagt(?)[25] [Isis um dich, sie weint um dich,] während dein Ba jubelt und dein Leichnam verklärt wird.

Erhebe dich, Horus-[Osiris,[26] Re leuchtet auf deinem Haupt[27]].

Erhebe dich, du König [der Unterweltlichen, großer Stern, Herrscher] der <Westlichen(?)>[28].

Erhebe dich, [Re] betet [dich an, wenn er aufgeht; er ist das Sonnenlicht] am Eingang deiner Höhle.

[Erhebe dich doch, die große Überschwemmung] ruht auf deiner Statue.[29]

x+1.30 [Erhebe dich, Müder, nicht soll dein Herz müde werden; Re] gibt dich auf deinen Platz an deiner Stätte, die du nicht kennen kannst(?)[30].

x+2.1 Erhebe dich doch, Osiris; Re betet deinen Leichnam an, wenn er [dich sieht als <Ermatteten(?)>[31]].

24 *dšr.tj* ist nicht im Wb verzeichnet; vgl. aber Wb V, 492, 12: *dšr* "Rind, das zum Opfern bestimmt ist". An der Bedeutung "Rinder" kann aufgrund der Determinative kein Zweifel bestehen; die Rede ist von Isis und Nephthys.

25 *hj* bedeutet "jauchzen, jubeln"; vom Sinn her muß aber das Gegenteil erwartet werden; eine Verschreibung aus *jhj* "klagen" ist somit die plausibelste Annahme. Barguet: "des clameurs ...", Allen: "Isis exclaims ...".

26 So mit Barguet; Allen übersetzt "Horus raises thee, Osiris". Das scheint auf den ersten Blick sinnvoller zu sein als die Götterverbindung Horus-Osiris. Aber auf der anderen Seite wäre dies die einzige Stelle im ganzen Spruch 168, an der *ts ṯw* nicht ein an Osiris gerichteter Imperativ wäre. Zu der direkten Verbindung Horus-Osiris vgl. etwa Vernus (1978), 422 mit n.1 .

27 Bzw. "über dir".

28 Es steht *mn.tjw*; wenn man nicht annehmen will, daß die *mnṯw* (Wb II, 92, 4-6: Bezeichnung für die im Nordosten wohnenden Stämme Ägyptens) gemeint sind, ist die wahrscheinlichste Erklärung der Wegfall eines *j* und damit die Ergänzung zu *jmn.tjw*.

29 So mit Barguet; Allen: "raise thyself, pray, Great Inundation, at rest on (thy) Image". Zu *n.t-wr.t* als Gottheit s.a. Sonnenlitanei 180 - 181, vgl. Hornung (1977), 138, Anm. 409.

30 *ẖm=k rẖ=k* mit Barguet und Allen übersetzt; die Übersetzung ist allerdings nicht ganz sicher. Möglicherweise stand das Ende der Zeile im Papyrus des *Jrj-jrj* in einer - nicht erhaltenen - Z. 31, da der Raum für den gesamten Text in Z. 30 wohl nicht ausreichte.

31 Das Zeilenende ist verderbt; der liegende Mann in den anderen Hss könnte auf *nnj* deuten; die Schreibung *ḏd* im Papyrus des *Jrj-jrj* wäre in diesem Fall eine aus dem liegenden Mann entstandene Verderbnis.

Erhebe [dich doch, Verborgener] an Geheimnissen,[32] der die Unterwelt erleuchtet mit dem Licht seiner [Augen].

Erhebe dich [doch, du, dessen Name verborgen ist]; Horus hat das Kopftuch auf deinem Haupt befestigt.

Erhebe [dich], Orion, Herr des Lebens, dein Sohn Horus gibt dir [dein Szepter.]

x+2.5 [Erhebe dich,] *ṯnj* (?)[33] der Unterwelt, in der Gestalt [deines Sohnes Horus, damit er zufrieden ist mit dir].

Erhebe dich, der im Sarkophag aufscheint, du *nbḥḥ*-Pflanze [der verborgenen Stätte], den Horus geschützt hat mit

seinen beiden Flügeln.

Erhebe dich, Osiris, dein Feind [geht] heraus, das Messer des Chentj-jrtj ist auf seinem Haupt.[34]

[Erhebe dich, Osiris, Seth ist gefallen], du gibst ihn unter dich in Ewigkeit; <oh(?)>[35] mögest du triumphieren; er wird nicht (mehr) gerufen

x+2.10 [durch den Preis eines Gottes].

[Erhebe dich, Ältester des] Geb; er hat dir die Herrschaft über die Ufer gegeben und du hast Preis erworben im Triumph.

[Erhebe dich, Kind, Chepri][36], es hat dich Nut als Re geboren.

[32] Zu *jmn (s)št3w* vgl. Assmann (1969), 84-86, Nr. 9: mit *(s)št3w* ist der Leichnam des (Sonnen-)Gottes = Osiris bezeichnet.

[33] Allen übersetzt "Thinite", leitet das Wort also von *Ṯnj* "This" ab; dies muß jedoch fraglich erscheinen, ein Parallelbeleg ist mir nicht bekannt; ob an *Ḏn.tj* "Djenti" zu denken ist? Dieses Wort ist an sich nur als Bezeichnung des Sonnengottes belegt, etwa in der Sonnenlitanei 77, s. Hornung (1977), 71 und 119, Anm. 187; ob in Parallele zum dortigen "Djenti des Himmels" Osiris hier als "Djenti der Unterwelt" bezeichnet ist?

[34] Allen übersetzt die Stelle: "... from before the Great one whose knife is at his head." Er liest also offenbar *m ḫnt ꜥ3* anstelle von *Ḫntj-n-jr.tj*. Barguet liest diese Stelle nicht: "... est sorti de devant ..., son couteau dans sa tête." Die Passage ist nur in L. 31 vollständig erhalten;die Lesung *Ḫntj-n-jr.tj* kann danach nicht bezweifelt werden. Die wörtliche Übersetzung der Stelle lautet: "..., Chentj-jrtj, sein Messer ist auf seinem (=des Feindes) Haupt." Zu Chentj-jrtj als Beschützer des Osiris - mit dem Messer! - s. etwa Junker (1942), 33.

[35] Im Papyrus des *Jrj-jrj* steht hier *Ḏḥwtj*, das an dieser Stelle allerdings etwas plötzlich käme; da eine Kurzschreibung dieses Namens mit dem Schilfblatt leicht mit *j* "siehe" verwechselt werden kann, erscheint die Emendation zu *j* (so in L. 31) möglich und sinnvoll.

[Erhebe dich, Hapi, Osiris], der am Anfang herausgekommen ist, [der das Land erfüllt hat mit seinen Ausflüssen].

[Erhebe dich, den Nun ernährt hat, der[37] die Erde ernährt, der selbst eintritt(?); er hat geschaffen] den Bedarf

[der Götter in eigener Person].

[Erhebe dich, du Großer an Gestalt im Gau von Abydos, siegreicher Held(?)[38]], der die Rebellen [zurücktreibt].

[Erhebe dich, der aus Peqer(?)[39] kommt, dein ehrwürdiges Haupt ist umwunden] mit Triumph.

[Erhebe dich, der erschienen ist als(?)[40] Flut; die große *nšm.t*-Barke ist schwanger mit] deinem Bild und

[die Westlichen beten] deine Schönheit an.

[Erhebe dich, es leuchten(?)[41] die Strahlen] der Sonne auf deine Schönheit [...] auf deine linke Seite.

[Erhebe dich, der hoch ist auf seiner Standarte[42]], du ehrwürdiger Gelobter(?)[43]; der [dich] harpunierte[44], ist (jetzt) unter deiner Mumie.

36 Allen übersetzt: "child of Khepri"; das ist jedoch aus inhaltlichen Gründen wenig wahrscheinlich: Chepri selbst ist ja das Kind, das Nut am Morgen gebiert.

37 Sicher so und nicht "thou whom the earth nurses" (Allen).

38 Pleyte's Kopie ist *pr* "herauskommen" zu lesen; Schott transkribiert *hkr* und schreibt dazu "Sieger, Held"; entsprechend unterschiedlich übersetzen auch Allen ("victorious hero") und Barguet ("qui sors intrépide"); die Alternativübersetzung lautet somit "der siegreich herauskommt".

39 In den Hss steht offensichtlich der Dual *pqr.tj*; Barguet übersetzt daher auch "des deux sanctuaires-peqer", die er mit Ober- und Unterägypten gleichsetzt. Aber im Wb ist der Dual nicht belegt; mit Allen ("from Peqer") übersetze ich daher singularisch.

40 "Als" mit Allen; möglich wäre auch "in" bzw. "aus der", so Barguet.

41 In der Lücke ist neben den sicheren Ergänzungen wohl ein Verbum der Bedeutung "strahlen, leuchten" o.ä. zu rekonstruieren; eine gesicherte Ergänzung aller Lücken ist hier nicht möglich, da der Satz nur im Papyrus des *Jrj-jrj* überliefert ist.

42 Die Schreibung von *jꜣ.t* mit ist durch eine im Hieratischen mögliche graphische Verwechslung mit entstanden; am Anfang ist wohl *qꜣ ḥr jꜣ.t=f* zu lesen.

43 Es ist wohl *ḥs.tj* und nicht *mr.tj* zu lesen; im Papyrus des *Jrj-jrj* ist die Schreibung sicher so, meine Transkription ist von zu zu verbessern.

44 Lies zweifelsfrei ; meine Transkription ist entsprechend zu verbessern.

[Erhebe dich, du reich Geschmückter], die Tempel und Gaue enthalten deine geheime Gestalt.

[Erhebe dich, Ertrunkener[45]; es bringen dich ans Ufer] die Götter als Priester(?)[46] deines Bildes.

[Erhebe dich], Nil, [Meer; Babylon ist froh über dein Geheimnis(?).][47]

x+2.25 Erhebe dich, du Heiliger in Heliopolis, den Re erzeugte [in *Ḥw.t-bnbn*].

Erhebe dich, du von Busiris im Gau von Athribis, [die Verhüllende[48] verhüllt dein Bild].

Erhebe dich, du Djedpfeiler, in Busiris, der Hauptverhüller [hat deine Gestalt verborgen].

(27a) [Erhebe dich, du großer Löwe im *Ṯnn.t*-Heiligtum; Anubis, der auf seinem Geheimnis ist, ist dein Gefährte.][49]

Erhebe dich, Sokaris, im *štȝj.t*-Heiligtum, angefüllt mit[50] [dem Schlachtrind, das durchbohrt wurde unter]

deinem Bild; die Horuskinder wehren es ab von ihm(?)[51].

x+2.30 Erhebe dich in *Ṯpḥ.t-ḏȝ.t*, Tatenen, er [richtet dich auf --?--][52]

45 Mit Barguet lese ich *mḥw* "Ertrunkener"; Allen übersetzt: "this harbor of the gods is filled ..."; aber nach dem Kontext der hier verwendeten Syntax wäre dann zu erwarten: *mnj tw n(!) nṯrw mḥw m*; im übrigen bedürfte der "Hafen der Götter" einer inhaltlichen Erklärung.

46 Diese Übersetzung (mit Barguet) von *m wʿbw* ist nur tentativ; Allen übersetzt "the purifications".

47 Die Lesung *sštȝ* von 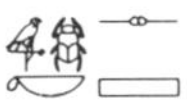 (mit Barguet) ist im Wb nicht belegt, erscheint aber gut möglich; Allen liest *sš ḫpr=k* und übersetzt: "thy being brought into being".

48 *ḥbsj.t* ist in dieser Schreibung im Wb nicht belegt, aber s. Wb III, 67, 1: dort ist *ḥbs.t-nṯr* als Beiname der Göttin Chuit von Athribis belegt; s. dazu auch Barguet (1967), 248, Anm. 29.

49 Diese Zeile fehlt im Papyrus des *Jrj-jrj*.

50 Das *=k* nach *ḫr* im Papyrus des *Jrj-jrj* ist wohl zu streichen.

51 ob *jnd* "trauern" oder *jntj* "zurücktreiben"? Die Schreibung im Papyrus des *Jrj-jrj* sieht wie letzteres aus, die in L. 31 eher wie ersteres; allerdings ist *jntj* mit der Präposition *r* und nicht mit *m* belegt. Allen: "the children of Horus grieved over him"; Barguet: "les fils d'Horus l'écartent de lui."

52 Sehr unklare Passage; Barguet übersetzt: "Ta-tenen établit tes incantations"; damit wäre aber das in Par. 77 überlieferte *ṯw* nicht übersetzt; Allen: "Raise thyself in the Tomb-Pit, Tatenen. Thy reviler sets thee upright". Aber in diesem Kontext wäre es ungewöhnlich, wenn Tatenen so weit hinten im Satz stünde; es wäre dann eher zu erwarten: *ṯs ṯw Tȝ-ṯnn*

[Erhebe dich, Edler in Theben, Osiris], Herr der beiden Throne der beiden Länder; die 'Seienden' sind [in deiner Hand, die 'Nicht-Seienden' sind bei dir],

[jedes Land kommt zu dir in Verneigung][53].

x+3.1 Erhebe dich, Ältester der Ältesten, Osiris, [Herr des Triumphes; Maat ist] bei dir, Isis ist

dein Schutz, dein Sohn Horus ist der Erste der Götter.

Erhebe dich, du Gott, zahlreich an Gestalten; die Erde ist im Besitz deiner geheimen Gestalt, die Unterwelt ist im Besitz deiner Mumie,

der Himmel ist erfüllt mit deiner göttlichen Sternen[seele(?)]; stehe doch auf, ehrwürdige Mumie,

x+3.5 Osiris, [König von Oberägypten], lebender [Ka].

Erhebe dich, damit du [deine Ruhe] vertreibst, damit du den Schlaf aus deinen beiden Augen verjagst.

Erhebe dich, [Chontamenti]; dein *jb*-Herz gehört dir, es ist dauernd an seinem Platz[54]; dein *ḥꜣ.tj*-Herz,

seine Müdigkeit ist geschwunden, dein Abscheu ist der Schlaf, nicht gehört zu dir die Erschöpfung;

du gehörst zu deinem Leib[55] und zu deinem ersten Bild bei deinem Erscheinen aus dem Leib der Nut.

m ... Das Zeilenende ist völlig unklar; Allen setzt *šnṯ.t* "Streit" o.ä. voraus; das ist nicht unmöglich, die Schreibung der Hss ließe sich so erklären; der Sinnzusammenhang bedürfte dann allerdings einer Deutung.

53 Der gesamte Text von Z. 31 und 32 kann im Papyrus des *Jrj-jrj* nicht innerhalb einer einzigen Zeile Platz gefunden haben; er wurde deshalb hier auf eine ganze und eine Halbzeile verteilt, wobei von letzterer keinerlei Rest erhalten ist.

54 Im Papyrus des *Jrj-jrj* ist 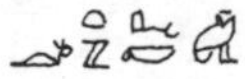 zu lesen.

55 Meine Übersetzung weicht von denen Allens und Barguets ab, hält sich aber strikt an den überlieferten Text; Allen übersetzt das Ende von Z. 8 und den Anfang von Z. 9: "- thy weakness of thy body and of thy form that was upon thee ..."; Barguet: "tu ne seras plus sans force de corps; ton image ...". Sinn der Aussage ist: Osiris soll wieder in den Besitz der Gestalt kommen, die er bei seiner Geburt durch Nut hatte. - In meiner Transkription (Burkard 1986, 30) ist vor *tj.t=k* ein zu ergänzen.

x+3.10 Erhebe dich, Millionenfacher(?)[56], der die beiden Länder umkreist; Same[57], der am Beginn des Jahres kommt;

alles, was in deinen Armen ist, versammelt sind sie[58] für dich mit Opfern: [ihre] Länder,

[ihre] Städte, ihre Gaue; wünsche doch, daß es dort getan wird(?)[59].

x+3.13 Es ist zu Ende gekommen.

56 Allen übersetzt "moon", Barguet "éternel"; ersteres würde die Schreibung *jꜥḥ* erfordern, letzteres *nḥḥ*.

57 Wie Barguet anmerkt, könnte *mwj* "Same", aber auch *mwj.t* "Feuchtigkeit" = "Überschwemmung" - oder beides - gemeint sein.

58 *twt=sn* ist sicher so zu übersetzen, vor allem in Verbindung mit dem nur im Papyrus des *Jrj-jrj* überlieferten *ẖr ḥtpw*.

59 Die Übersetzung des Zeilenendes ist unsicher; Barguet läßt die Stelle offen, Allen übersetzt: "thou wilt that he act for himself"; ob "es" = das Opfer?

Totenbuch Spruch 168 (Pleyte)

Formale und inhaltliche Gliederung

Der Spruch 168 in der Zählung Pleyte's ist bislang m.W. nur in den bereits von Pleyte veröffentlichten Hss P. Leiden T 31 und P. Louvre 3248 belegt. Diese beiden Hss sind in die Ptolemäerzeit zu datieren, gehören zeitlich also etwa der gleichen Stufe an wie der Papyrus des *Jrj-jrj.*

Die Publikation Pleytes ist naturgemäß nach nunmehr mehr als 100 Jahren veraltet; eine Neubearbeitung der "Chapitres supplémentaires", längst ein Desiderat, ist bislang nicht vorgelegt worden. Sie kann natürlich auch in diesem Rahmen nicht erfolgen, der sich auf die in den Asasif-Papyri belegten Texte beschränkt.

Die Thematik des Spruches 168 zeigt klar, daß dieser Text nicht zum corpus des Totenbuchs gehört, sondern in den Zusammenhang der spätzeitlichen Osirisliturgien, wie alle hier behandelten Texte. Die anaphorischen Satzanfänge bezeigen ebenso klar die formale Zugehörigkeit zur Gattung Litanei, bzw., genauer, der Satzlitanei oder besser des "anaphorischen Strophengedichts".[60] Die Satzlänge beträgt i.d.R. zwei Verse, sie kann aber auch gelegentlich drei, seltener vier oder mehr Verse umfassen.

Diese gattungsmäßige Zuweisung betrifft, wie gesagt, nur die äußere Form. Die inhaltliche Einordnung läßt sich über die allgemeine Aussage "Zusammenhang mit den spätzeitlichen Osirisliturgien" sehr viel genauer fassen:

Zum einen gehört der Spruch, wie sein Titel besagt, zur Kategorie der "Erhebe dich"-Sprüche, die seit den Pyramidentexten bekannt und die über unsere Belege hinaus in griechisch-römischer Zeit belegt sind; der umfangreichste Text dieser Art befindet sich auf dem Dach des Dendera-Tempels, in einer der beiden Osiris-Kammern, s. Mariette (1873), Tafel 64 - 65.[61]

Die diesen Texten zugrundeliegende Situation ist die des auf der Bahre liegenden Toten, der durch den Anruf wieder aufgerichtet werden soll. Diese Anrufung des Toten ist vermutlich älter als die Bezugnahme auf Osiris und hat erst sekundär in dessen Mythos Eingang gefunden.[62]

[60] S. hierzu zuletzt zusammenfassend Assmann in: LÄ III, 1062-1066 s.v. "Litanei".

[61] S. hierzu ausführlicher Assmann (1984), 155f.

[62] S. Assmann (1984), 155f.

Innerhalb des Mythos und im Rahmen der Osiris-Liturgien gehören diese "Erhebe dich"-Sprüche räumlich/zeitlich in den Kontext der Balsamierungshalle und der Einbalsamierung, wo sie wohl im Rahmen der Nacht- oder Stundenwachen rezitiert wurden. Inhaltlich sind sie der Gattung der Verklärungen (*sꜣḫw*) zuzurechnen.[63]

Rein äußerlich bietet der Text, bedingt durch die anaphorischen Satzanfänge, ein homogenes Bild, das nicht von vornherein auf eine detaillierte Binnenstruktur schließen läßt. Eine nähere Untersuchung zeigt jedoch, daß eine solche innere Gliederung sehr wohl vorhanden ist, m.a.W. daß sich inhaltlich zusammengehörende und damit vom Kontext abgrenzbare Einheiten sehr klar und meist auch eindeutig abgrenzen lassen.

Um diese Einteilung und den so erschlossenen formalen Aufbau deutlicher zu machen, sind die einzelnen Abschnitte im folgenden jeweils in stichischer Schreibung den Bemerkungen zu ihrer Gliederung vorangestellt. Die Verseinteilung ist i.d.R. offensichtlich, eine Begründung wird nur in Einzelfällen erforderlich sein. Wie auch weiter unten im Rahmen der formalen Untersuchung der Verklärungssprüche im Papyrus des *Psmṯk* (s. dort) sind der besseren Übersichtlichkeit halber die Verse in den einzelnen Teilabschnitten mit 1ff. durchnumeriert; zusätzlich werden jeweils beim ersten Vers die Zeilennummern aus dem Papyrus des *Jrj-jrj* angegeben. Wie bei *Psmṯk* sind die Verse hier auch in "bereinigter" Form, d.h. ohne Angabe fraglicher oder zerstörter Stellen wiedergegeben.

Titel (*pꜣ ṯs ṯw*) und Einleitung (*dwꜣ Wsjr*, x+1.1 bis *rdj tꜣw n gꜣw*, x+1.4) gehen dem eigentlichen Text voraus,[64] ebenso die Anrede *jnḏ ḥr=k* in x+1.5.

Teilabschnitt 1: x+1.5 - x+1.7

x+1.5 1 *ṯs ṯw Wsjr nb ṯnṯꜣ.t ḥrj hqꜣ.t=f*
dbꜣ dmḏ ḫpr m Rꜥ
nswt dꜣ.t ḥqꜣ jgr.t
wr špsj ꜥꜣ wrr.t
stj jmj qrr.t=f

63 S. Assmann (1977), 101f. und ders. in: LÄ VI, bes. 1000-1003 s.v. "Verklärung".

64 Zum formalen Aufbau bzw. zur Struktur der Hymnen, zu denen auch die *sꜣḫw* zu zählen sind - vgl. etwa Assmann in: LÄ III, 106, s.v. "Hymnus", und insbesondere ders. (1975), 26ff. s. ausführlich unten die Bemerkungen zum formalen und inhaltlichen Aufbau des "Osirishymnus".

5 Verse. Die Einheit dieses Teilabschnitts ergibt sich aus inhaltlich-formalen Gründen: Inhaltlich besteht der Text aus einer Abfolge von Epitheta des Osiris, formal hebt ihn eben diese Reihung von Epitheta - ohne Verbalformen - von der erst mit x+1.8 beginnenden "Satzlitanei" deutlich ab. Die Verseinteilung ergibt sich aus der Zusammengehörigkeit etwa der Begriffe *dbꜣ dmḏ* - *ḫpr m Rꜥ* oder, besonders deutlich, *nswt dꜣ.t* - *ḥqꜣ jgr.t*.

Teilabschnitt 2: x+1.8 - x+1.9

x+1.8 1 *ṯs ṯw jrk Wsjr bꜣ n Rꜥ*
sjp.n=f jrw=k ꜥꜣ ḫꜥw

ṯs ṯw ḥrj ḫtjw=f
jtn sš ḥr šnb.t sꜥḥ=k

4 Verse. Mit v. 1 beginnt die "Satzlitanei", die nunmehr, mit wenigen Ausnahmen, den Spruch bis zum Ende prägt. Die inhaltliche Zusammengehörigkeit ergibt sich daraus, daß ungeachtet der Satzform weitere Epitheta des Osiris aufgeführt werden bzw. dieser weiter "beschrieben" wird, im Gegensatz zu der mit Teilabschnitt 3 beginnenden Schilderung von für ihn durchgeführten Handlungen.

Teilabschnitt 3: x+1.10 - x+1.15

x+1.10 1 *ṯs ṯw wrš m ḏbꜣ.t*
mdw n=k Rꜥ ṯs=f ṯw

ṯs ṯw Ḫntj Jmntjw
nḏ.n sꜣ=k Ḥr ḥr=k

5 *ṯs ṯw kꜣ nb jmnt.t*
jw Js.t sꜥr=s n=k bꜣ=k

ṯs ṯw wr m šṯj.t
jw Rꜥ mꜣꜥ=f ṯw r wjꜣ=k

ṯs ṯw ꜥꜣ m šṯj.t ẖr.tj
jtn Rꜥ sḥḏ=f dꜣ.t=k

ṯs ṯw jrk ḫntj dꜣ.t
sꜣ=k Ḥr sjp.n=f jrw=k

12 Verse, die, wie in der Transkription bereits kenntlich gemacht, deutlich in zwei Unterabschnitte zu je 6 Versen zerfallen. Inhalt sind Handlungen, die verschiedene Götter für Osiris ausführen: Die ersten sechs Verse lassen sich unter dem Begriff "Osiris wird erweckt" zusammenfassen, Stichwörter sind "erheben" (v. 2), "schützen" (v. 4) und "aufrichten" (v. 6), die restlichen sechs Verse unter dem Begriff "Osiris ist erweckt", Stichwörter sind hier "geleiten" (v. 8), "erleuchten" (v. 10) und "zuweisen" (v. 12). Die handelnden Götter dieses Teilabschnitts sind Re, Horus und Isis, bei deutlicher Dominanz des Re (dreimal genannt) vor Horus (zweimal) und Isis (einmal).

Teilabschnitt 4: x+1.16 - x+1.19

x+1.16 *ṯs ṯw jrk Wsjr*
wrḏ jb m ḥknw n Rꜥ

ṯs ṯw jrk jmn Rd.t smsw
smn n=k nṯrw ḏꜥm=k
nṯrw ꜥꜣw dwꜣ=sn ṯw

ṯs ṯw ꜣḫ.tj ḏd.tj sḫm.tj wsr.tj
ḫpr.tj m Rꜥ-Wsjr ḏ.t nḥḥ

7 Verse. Die Einteilung des letzten Verspaares ist nicht ganz sicher, aber doch die wahrscheinlichste Lösung: v. 7 ist sicher so abzugrenzen, und auch die Reihe der vier Epitheta in v. 6 ist wohl als (Vers-)Einheit zu betrachten; eine zusätzliche Caesur wäre kaum zu begründen.

In diesem Teilabschnitt halten sich Epitheta des und Handlungen für Osiris (v. 4 und 5) die Waage, wobei zudem im Gegensatz zum vorausgehenden und zum folgenden Teilabschnitt nicht bestimmte, einzeln genannte, sondern "die Götter" (*nṯrw*, v. 4) Träger der Handlung sind.

Hauptthema sind Preis und Anbetung des Osiris, gipfelnd im letzten Vers, wo die Gleichsetzung bzw. Verbindung Re - Osiris an den eben diese Verbindung bezeichnenden Deba Demedj (Teilabschnitt 1, v. 2) erinnert.

Teilabschnitt 5: x+1.20 - x+1.25

x+1.20 *ṯs ṯw rs ṯw Wsjr*
jw Rꜥ dj=f ꜥ.wj=f r=k
Ptḥ sẖkr=f ṯw

ṯs ṯw mꜣꜥ-ḫrw=k j gr
jw Rꜥ sḫr=f ḫftjw=k

ṯs ṯw jrk Wsjr
jw sn.tj wn=sn sw

ṯs ṯw jrk Wsjr
sḏm=k sbḥ n sn.t=k Js.t

ṯs ṯw jrk Wsjr
dšr.tj sbḥ=sn n=k

ṯs ṯw jrk Wsjr
jhj n=k Js.t rmj=s n=k
ḥꜥꜥ bꜣ=k ꜣḫ ẖꜣ.t=k

14 Verse, die sich wieder deutlich in zwei Unterabschnitte zu je 7 Versen gliedern lassen, bei symmetrischer Versfolge: 3-2-2 / 2-2-3. Mit dieser Zweiteilung, mit der Aufzählung verschiedener Götter als Handlungsträger und allgemein durch die Schilderung verschiedener Handlungen für Osiris erinnert dieser Teilabschnitt an den Teilabschnitt 3. Unterschiedlich ist hier freilich die Thematik: Die Verse 1-7 lassen sich unter dem

Begriff "Besiegung der Feinde" zusammenfassen, die Verse 8-14 unter "Trauer um Osiris". Unterschiedlich auch die Personen und die Gewichtung der hier handelnden Gottheiten: Re, Ptah, Isis und Nephthys, wobei das Hauptgewicht Isis bzw. Isis und Nephthys zukommt, die im zweiten Unterabschnitt die einzigen Handelnden sind. Erst in zweiter Linie folgt Re und einmal (v. 3) ist Ptah genannt.

Teilabschnitt 6: x+1.26 - x+1.28

x+1.26 1 *ṯs ṯw Ḥr Wsjr*
jw Rʿ psḏ=f ḥr tp=k

ṯs ṯw nswt dȝ.tjw
sbȝ ʿȝ ḥqȝ jmntjw

5 *ṯs ṯw dwȝ ṯw Rʿ wbn=f*
ntf stw.t m rȝ n qrr.t=k

6 Verse, in denen Osiris als Herrscher geschildert ist. Verbindendes Element der Verse dieses Teilabschnitts sind darüber hinaus Begriffe, die Osiris als unterweltlichen König mit dem Licht in Verbindung bringen: v. 2: *psḏ* "leuchten"; v. 4: *sbȝ* "Stern"; v. 6: *stw.t* "Strahlen".

Die Zuordnung der folgenden Zeile erwies sich als problematisch:

x+1.29 *ṯs ṯw jrk n.t wr.t ḥtp.tj ḥr sšm=k*

Diese Zeile ist zum einen inhaltlich isoliert, sie läßt sich weder zum vorausgehenden noch zum folgenden Text in Verbindung setzen. Auch formal erscheint der Satz ungewöhnlich: eine Unterteilung in zwei Verse ist hier nicht möglich, da das erste Element im Vergleich zu allen anderen Stellen dieses Spruches unvollständig scheint, die Bildung eines selbständigen Verses sich daher verbietet: nirgends sonst begnügt sich die Anrede mit einem einfachen *ṯs ṯw jrk*: entweder folgt noch *Wsjr*, oder es ist nach *ṯs ṯw (jrk)* Osiris mit einem Epitheton belegt.

Beide Indizien deuten auf eine Verderbnis der Überlieferung hin, die jedoch nicht genauer faßbar ist.

Teilabschnitt 7: x+1.30 - x+2.1

x+1.30 1 *ṯs ṯw wrḏ nn wrḏ jb=k*
jw Rꜥ dj=f ṯw ḥr mk.t=k
m s.t=k ḫm=k rḫ=s

ṯs ṯw jrk Wsjr
5 *jw Rꜥ dwꜣ=f ẖꜣ.t=k*
jw mꜣꜥ=f ṯw m nnj

6 Verse; die beiden Anrufungen dieses Teilabschnitts verteilen sich auf je drei Verse; sein Thema, an signifikanter Stelle - im ersten und im letzten Vers - durch *wrḏ* bzw. *nnj* ausgedrückt, ist der "müde", d.h. der tote Osiris, um den sich, auch das ein verbindendes Element, Re besorgt.

Teilabschnitt 8: x+2.2(?) - x+2.7

x+2.2 1 *ṯs ṯw jrk jmn sštꜣw*
sḥḏ dꜣ.t m stw.t jr.tj=f

ṯs ṯw jrk jmn rn=f
Ḥr smn.n=f nms m tp=k

5 *ṯs ṯw sꜣḥ nb ꜥnḫ*
sꜣ=k Ḥr dj=f n=k ḏꜥm=k

ṯs ṯw ṯnj dꜣ.t
m jrw sꜣ=k Ḥr ḥtp=f jm=k

ṯs ṯw wbn m ḏbꜣ.t
nbḥḥ n jꜣ.t jmn.t
ṯꜣr.n Ḥr m ḏnḥ.wj=f

11 oder 9 Verse: Die Zuordnung der beiden ersten Verse ist nicht ganz sicher. Einerseits sind sie durch das *jmn sšt3w* mit dem *jmn rn=f* in v. 3 verbunden, andererseits ist in ihnen noch nicht Horus der prägende Begriff, der er ab v. 3 ist. Dennoch wurde wegen der morphologisch-semantischen Parallele und auch aufgrund der Tatsache, daß zum vorausgehenden Kontext keine Verbindung besteht, die obige Zuordnung vorgenommen.

v. 3-11 sind dann eindeutig durch Horus geprägt und zu einer Einheit verbunden: Horus als Beschützer und vor allem als derjenige, der Osiris mit den Insignien seiner Königswürde: Kopftuch und Szepter, ausstattet.

Teilabschnitt 9: x+2.8 - x+2.10

x+2.8 *ṯs ṯw Wsjr ḫftj=k pr*
Mḫntj-jr.tj ds=f m tp=f

ṯs ṯw Wsjr Stš ḫr
dj=k sw ḫr=k ḏ.t
j smꜣꜥ-ḫrw=k n njs.tw=f m ḥknw nṯr

5 Verse, die sich unter dem Stichwort "der Feind ist besiegt" zusammenfassen lassen.

Teilabschnitt 10: x+2.11 - x+2.12

x+2.11 *ṯs ṯw smsw n Gb*
rdj.n=f n=k ḥqꜣ.t jdbw
jṯj.n=k ḥknw m mꜣꜥ-ḫrw

ṯs ṯw nnj Ḫprj
ms.n ṯw Nw.t m Rꜥ

5 Verse; verbindender Begriff ist hier das Stichwort "Kind": Osiris als Sohn von Geb (v. 1-3) und Nut (v. 4-5).

Teilabschnitt 11: x+2.13 - x+2.15

x+2.13 1 *ṯs ṯw Ḥꜥpj Wsjr*

pr m ḥꜣ.t mḥ tꜣ m rḏww=f

ṯs ṯw rnn.n nww rnn tꜣ

nꜥj m ḏ.t=f

5 *jrj.n=f ẖrw.t nṯrw m ḥꜥw=f*

5 Verse, die Osiris als Ernährer der Erde und auch der Götter charakterisieren.

Teilabschnitt 12: x+2.16 - x+2.17

x+2.16 1 *ṯs ṯw ꜥꜣ ḫprw m tꜣ-wr*

hkr nḫt ḥm ẖꜣk-jbw

ṯs ṯw jj m pqr

tp=k šps mḏḥ m mꜣꜥ-ḫrw

4 Verse, deren Thema Osiris, der Sieger über seine Feinde und der Triumphator ist.

Teilabschnitt 13: x+2.18 - x+2.21

x+2.18 1 *ṯs ṯw ḫꜥw m n.t*

nšm.t wr.t bkꜣ.tj m sšm=k

jmntjw ḥr dwꜣ nfrw=k

ṯs ṯw [...] stw.t jtn ḥr nfrw=k

5 *[...] ḥr jꜣbt.t=k*

ṯs ṯw qꜣ ḥr jꜣ.t=f
ḥs.tj špsj msn ṯw ẖr sꜣḥ=k

7 Verse, in denen vor allem die Schönheit des Osiris gewürdigt wird; nicht nur durch das Wort *nfrw* selbst (v. 3,4), sondern auch durch Be- bzw. Umschreibungen wie "die große Neschmet-Barke ist schwanger mit deinem Bild" oder "der hoch ist auf seiner Standarte".

Die nun folgende, längere Passage von x+2.22 bis zum Ende der Kolumne in x+2.32 bildet eine übergeordnete Einheit, die man mit der Überschrift "Osiris als Gott in Ägypten" o.ä. versehen kann. Genau dies wird in x+2.22 ausgedrückt:

ṯs ṯw ꜥšꜣ ẖkrw
rꜣw-prw spw.t ẖr bs=k

Ich sehe diese beiden Verse daher tatsächlich in der Art einer Überschrift, d.h. den eigentlichen, folgenden Teilabschnitten vorangestellt.

Teilabschnitt 14: x+2.23 - x+2.24

x+2.23 1 *ṯs ṯw mḥw*
mnj ṯw nṯrw m wꜥbw n tj.t=k

ṯs ṯw Ḥꜥpj wꜣḏ wr
Ḫrj-ꜥḥꜣ ḥtp ḥr sštꜣ=k

4 Verse. In diesem und in den folgenden Teilabschnitten sind, jeweils in inhaltlich verwandten Gruppen zusammengefaßt, die verschiedenen Elemente, die zusammengenommen den Begriff "Ägypten" ergeben, im Zusammenhang mit Osiris benannt. Zentraler Begriff, und gewiß ebenso mit Bedacht am Beginn der Passage stehend wie "Theben" unten am Ende, ist in diesem Teilabschnitt *Ḥꜥpj*, "der Nil", direkt genannt als Epitheton des Osiris, aber natürlich auch in v. 1-2 als Fluß, in dem Osiris ertrunken ist.

Teilabschnitt 15: x+2.25 - x+2.27

x+2.25 *ṯs ṯw dšr m Jwnw*
wtṯ.n Rꜥ m Ḥw.t-bnbn

ṯs ṯw ꜥnḏ.tj m Km-wr
ḥbsj.t ḥr sḥꜣp ꜥẖm=k

ṯs ṯw ḏdj m Ḏdw
ḥbsw tp jmn.n=f jrw=k

6 Verse, die sich unter dem Sammelbegriff "Orte und Gaue" zusammenfassen lassen, wie die Namen "Heliopolis, Busiris, Gau von Athribis" belegen.

Teilabschnitt 16: x+2.27a - x+2.30

x+2.27a *ṯs ṯw rw ꜥꜣ m Ṯnn.t*
Jnpw ḥrj sštꜣ=f jrj=k

ṯs ṯw Skr m štꜣj.t
mḥ ẖr smꜣ wnp ẖr tj.t=k
msw Ḥr ḥr jntj=f jm=f

ṯs ṯw m Ṯpḥ.t-ḏꜣ.t
Tꜣ-ṯnn sꜥḥꜥ=f ṯw šnṯ.t=k

7 Verse, deren gemeinsames Thema verschiedene bedeutende Heiligtümer sind: *Ṯnn.t*-Heiligtum, *štꜣj.t, Ṯpḥ.t-ḏꜣ.t,* mit denen bzw. mit deren Göttern (etwa Sokaris im *štꜣj.t*-Heiligtum) Osiris gleichgesetzt wird.

Teilabschnitt 17: x+2.31 - x+2.32

x+2.31 *ṯs ṯw sr m Wꜣs.t*
Wsjr nb ns.tj tꜣ.wj

wnnw m ꜥ=k jwṯjw ẖr=k
jw n=k tꜣ nb m ksw

4 Verse, die alle zu einem einzigen "Erhebe dich"-Ruf gehören. Es ist sicher kein Zufall, daß ein so ausführlicher Anruf an dieser Stelle steht und in Verbindung mit Theben: Dies ist der Höhepunkt und Abschluß der größeren Texteinheit "Osiris als Gott in Ägypten".

Der sorgfältige Gesamtaufbau dieser Einheit ist bereits in den Teilabschnitten klar geworden: die Zusammenfassung verwandter Gruppen wie "Orte und Gaue", "Heiligtümer" etc. oder die sich daraus ergebenden Parallelen im Aufbau der einzelnen Teilabschnitte (etwa durch parallele Konstruktionen, vgl. z.B. Teilabschnitt 16, v. 1, 3, 7: *m Ṯnn.t / m štꜣj.t / m Ṯpḥ.t-ḏꜣ.t*, oder auch, nicht ohne weiteres und vordergründig erkennbar in v. 1 und 3 von Teilabschnitt 14: *mḥw / Ḥꜥpj*). Die formende Hand des Schöpfers dieser Einheit ist aber auch beim Aufbau der Teilabschnitte zur großen Einheit nicht zu verkennen: die einleitende Überschrift, die sich vom Allgemeinen, Umfassenden (Nil) über das Spezielle (Nil - Orte - Heiligtümer) zum Höhepunkt "Theben" bewegende Steigerung, oder auch, anders gesehen, die Einbettung des Begriffes "ganz Ägypten" zwischen dem einleitenden "Nil" und dem abschließenden "Theben". Diese offensichtliche Sonderstellung von Theben - und gleichzeitig das Fehlen von Abydos - mag im übrigen ein Indiz für eine Herkunft dieses Spruches aus Theben sein.

Teilabschnitt 18: x+3.1 - x+3.5

x+3.1 *ṯs ṯw smsw smsww*
Wsjr nb mꜣꜥ-ḫrw
Mꜣꜥ.t r-ḥnꜥ=k Js.t m sꜣ=k
sꜣ=k Ḥr m ḥrj nṯrw

ṯs ṯw nṯr ꜥšꜣ jrw
tꜣ ẖr bs=k dꜣ.t ẖr sꜥḥ=k
p.t mḥ.tj m bꜣ sbꜣw=k nṯrj
ꜥḥꜥ jrk sꜥḥ špsj
Wsjr nswt kꜣ ꜥnḫ

9 Verse für insgesamt zwei Anrufungen. Die vier ersten Verse lassen sich in zwei Gruppen von je zwei Versen nochmals unterteilen, in v. 5-9 ergibt sich eine Unterteilung in 3+2 Verse durch den markanten Neueinsatz *ꜥḥꜥ jrk* "steh doch auf" in v. 8. Gerade die Verwendung von *ꜥḥꜥ* anstelle von *ṯs* zeigt - ebenso wie die Tatsache, daß die Hss hier keine neue Zeile beginnen -, daß dieses *ꜥḥꜥ* der Haupt-Anrufung *ṯs ṯw* unterzuordnen ist.

Thema dieses Teilabschnittes ist der triumphierende, der König Osiris.

Teilabschnitt 19: x+3.6

ṯs ṯw dr=k nmꜥ=k
rwj=k qd m jr.tj=k

Trotz dieses geringen Umfangs von nur zwei Versen oder einer Anrufung besitzt diese Zeile m.E. das Gewicht eines eigenen Teilabschnitts, wenn nicht - wobei das eine das andere nicht ausschließen muß - ähnlich wie in der Einheit "Osiris und Ägypten" hier wieder eine Art Überschrift vorliegt.

Inhaltlich gewichtig ist diese Aussage, da Osiris hier letztmals in diesem Spruch und sehr eindringlich, über das einleitende *ṯs ṯw* hinaus, aufgefordert wird, aufzustehen bzw. zu erwachen: "vertreibe die Ruhe" bzw. "verjage den Schlaf". Als Überschrift kann sie andererseits gelten, weil sie gewissermaßen das Schlußkapitel einleitet, das nochmals den erwünschten Ablauf des Geschehens zusammenfaßt: Anrufung (Teilabschnitt 19) - Erfüllung (Teilabschnitt 20) - Jubel (Teilabschnitt 21).

Teilabschnitt 20: x+3.7 - x+3.9

x+3.7 1 *ṯs ṯw Ḫntj Jmntjw*
jb=k n=k mn ḥr mk.t=f
ḥꜣ.tj=k rwj wrḏ=f
bw.t=k qd nn n=k bꜣgj
5 *tw=k n ḏ.t=k*
tj.t=k tpj m ẖꜥw=k m ẖ.t n Nw.t

6 Verse, die alle zu einer Anrufung gehören. Diesen Umfang hat auch der folgende und letzte Teilabschnitt, bei ebenfalls nur einer Anrufung. Diese Ausführlichkeit ist also offensichtlich ein bewußtes formales Element für die Komposition des Schlußteils.

Inhalt der Passage ist, wie oben gesagt, die Erfüllung der Anrufung: Osiris wird als erwacht, als einer, "dessen Müdigkeit geschwunden ist", geschildert.

Teilabschnitt 21: x+3.10 - x+3.12

x+3.10 *ṯs ṯw ḥḥ dbn tꜣ.wj*
mwj.t jj.tj tp rnp.t
ntt nb.t m ẖnw ꜥ.wj=k
twt=sn n=k ẖr ḥtpw
tꜣ.wj=sn nww.t=sn spw.t=sn
mrj=k jrj=f jm=f

6 Verse, die wie der vorausgehende Teilabschnitt zu einer einzigen Anrufung gehören. Ihr Thema ist der Jubel über die Erweckung des Osiris, ein Jubel, der "die beiden Länder", "die Städte", "die Gaue", also ganz Ägypten, umfaßt hat, somit ein sinnreicher Abschluß des gesamten Spruches.

Die inhaltlich-formale Analyse von Spruch 168 hat ergeben, daß der Text, ungeachtet des einheitlichen Bildes aufgrund des anaphorischen Zeilenbeginns, sich sehr klar in Teilabschnitte mit unterschiedlicher, aber natürlich immer auf die Gesamtsituation bezogener, Thematik gliedern läßt. Die aus dem Text gewonnenen Einteilungskriterien waren i.d.R. eindeutig, nur gelegentlich blieben Unsicherheitsfaktoren, die möglicherweise - vgl. die problematische Zeile 1.29 - auch auf Überlieferungsfehler zurückzuführen sind.

Gelegentlich ließen sich mehrere Teilabschnitte - etwa 14-17 oder auch 19-21 - als zu einer übergeordneten Thematik gehörend bestimmen. Auf der anderen Seite läßt sich eine straff logische inhaltliche Abfolge der einzelnen Teilabschnitte nicht beobachten, sieht man einmal davon ab, daß etwa in Teilabschnitt 1 und 2 Osiris als Gottheit mit einer Reihe von Epitheta eingeführt (1) und die Ausgangssituation: der tote Osiris (seine Mumie: Teilabschnitt 2, v. 4) beschrieben wird, oder daß den Abschluß des Ganzen der Jubel über seine Wiedererweckung bildet (Teilabschnitt 21). Ansonsten wechseln sich die einzelnen Themen wie "Erweckung des Osiris", "Preis", "Besiegung der Feinde - Trauer", "Osiris als Herrscher", "der tote Osiris", um als Beispiele nur die Inhalts-Stichwörter der Teilabschnitte 3-6 zu nennen, ohne für uns sichtbare Konsequenz ab. Der Umfang der einzelnen Teilabschnitte schwankt zwischen zwei Versen (19) und 14 Versen (5); diese Extremwerte sind freilich Einzelfälle bzw. bei dem langen Teilabschnitt 5 sind deutlich zwei Unterabschnitte zu isolieren, die nur der in beiden handelnden Götter wegen zu einer Einheit zusammengefaßt wurden. Die überwiegende Mehrheit der Teilabschnitte umfaßt zwischen 4 und 7 Versen: insgesamt bewegen sich 16 der 21 Teilabschnitte innerhalb dieser Grenzen. Ob und inwieweit sich damit ein Grundprinzip ägyptischer Kompositionsweise abzeichnet, läßt sich anhand der hier untersuchten Texte noch nicht eindeutig sagen, vgl. aber insbesondere den Abschnitt "formale und inhaltliche Gliederung" der Gesänge der Isis und Nephthys, bes. S. 176 - 178.

Papyrus des *Jrj-jrj*, col. x+3 - x+4
Totenbuch Spruch 169 (Pleyte)
Übersetzung

x+3.14 Der (Spruch): 'Du bist wirklich gerechtfertigt', genannt auch der (Spruch): 'Die beiden Wahrheiten'.[1]

x+3.15 Lesen den (Spruch): 'Du[2] bist wirklich gerechtfertigt'.[3] Zu sprechen:

<>[4] Du bist wirklich gerechtfertigt, Chontamenti, im Triumph, an der Seite des Re; die Neunheit ist zufrieden mit dir; dir wurde Triumph gewährt, Re selbst ist Zeuge.

Oh! Wie schön bist du; die Uräen[5] auf deinem [Haupt] lassen aufsteigen den Atem in deine Nase; [zweimal].

Oh! Wie schön bist du auf den Stützen des Himmels, im Schmuck deines Vaters Re; zweimal.

[1] So mit Barguet; Allen übersetzt "... the Righteous One", er liest also *mꜣʿ.tj* "der Gerechte" o.ä., Wb II, 21, 4-14; aber sowohl in Par. 77 wie in der vorliegenden Hs steht *mꜣʿ.tj* "die beiden Wahrheiten".

[2] *.tw* nach *ṯwt* ist in der vorliegenden Hs zu streichen.

[3] Barguet (1967), 251 übersetzt diese Zeile: "adjoint(?) au 'tu es proclamé juste'" und bemerkt (Anm. 21) dazu: "Sens possible, étant donné les deux textes différents qui forment ce chapitre." Letzteres ist zweifellos richtig, da in x+4.12 mit *ḏd mdw* neu angesetzt wird; Inhalt und formaler Aufbau belegen ebenso eindeutig diese Zweiteilung, s. dazu auch unten im Abschnitt "formale und inhaltliche Gliederung" zu Spruch 169. Dies berechtigt freilich nicht zu Barguets Übersetzung. In Z. 15 wird der in Z. 14 genannte Spruchtitel wiederholt, lediglich der Aspekt hat sich gewandelt: in Z. 14 wird der Spruchtitel genannt, in Z. 15 die Anweisung gegeben, diesen Spruch zu rezitieren (*šd* nur so und nicht "adjoint"). - Auch der Alternativtitel *mꜣʿ.tj* weist sicher nicht auf den zweiten Teil hin, sondern ist lediglich eine zweite Bezeichnung für den gleichen Spruch, wie *ẖr.tw r=f* in Z. 14 eindeutig zeigt. Beide Titel sind somit als Bezeichnungen jeweils des gesamten Spruches 169 anzusehen. Ob dagegen der Dual *mꜣʿ.tj* seinerseits als Hinweis auf die zwei Teile des Spruches gelten kann, sei als Möglichkeit vermerkt, aber offen gelassen.

[4] Senkrechte Zeile am rechten Rand, die von Z. 16 - Z. 29 reicht und col. x+4 von Z. 1 - Z. 11 nochmals steht.

[5] Es steht der Singular *jʿr.t*, aber das (auch in den übrigen Hss) folgende *sʿr=sn* zeigt, daß zumindest der Dual erfordert ist.

Oh! Wie schön bist du [mit den beiden Federn des Sopdu[6] als Schmuck der Majestät]; zweimal.

Oh! Es kommen [zu dir die beiden Kapellen in die breite Halle, um deine] Schönheit zu sehen; [zweimal].

x+3.20 [Oh! Sie sehen deine Schönheit, wenn du aufgehst, wenn du erschienen bist in der Gestalt des Re; zweimal.]

[Oh! Es flutet[7] Hapi für dich zu seiner Zeit, um deine Opfer gedeihen zu lassen; zweimal.]

[Oh! Es werden dir geöffnet die Qebehu-Gefilde, mit Vögeln im Überfluß,[8] um deinen Tempel(?)[9] zu bedecken; zweimal.]

Oh! Es kommt zu dir [die Majestät der Uto, sie bringt dir die Arme der Tait;[10] zweimal.]

Oh! Es kommen zu dir die Stätten(?)[11] mit Nahrung, [die Götter mit Leben und Wohlergehen; zweimal.]

x+3.25 Oh! Es kommen zu dir die beiden Länder mit [ihren] Abgaben, [ihre Großen in fußfälliger Verehrung; zweimal.]

Oh! Es kommen zu dir die Fremdländer, die Bewohner der (ägäischen) Inseln, [die Inseln im] Meer; [zweimal].

Oh! Es kommen zu dir die sind und die nicht sind; [zweimal; Re ernährt] alle; zweimal.

6 In L. 31 steht möglicherweise *kꜣ* anstelle von *Spdw*, die Stelle ist nicht ganz eindeutig. Allen übersetzt denn auch: "... with the two feathers, Spirit with the ornaments ...". In der vorliegenden Hs ist die Passage zerstört.

7 *ḥwj* "fließen, fluten", Wb III, 48, 16-22.

8 Allen übersetzt: "made accessible to thee are the waterfowl, their necks wrung"; er liest also *Qbḥw bꜥḥ* als ein Wort *qbḥw* "Wasservögel", das allerdings in dieser Schreibung nicht belegt ist. Zudem ist die Frage nach dem Sinn einer solchen Aussage zu stellen.

9 Allen übersetzt "to cloth thy Soundness"; Barguet: "pour fournir ton magasin"; Allen liest somit *wḏꜣ.t* "Gesundheit", Barguet *wḏꜣ.t* "Speicher". Im Zweifelsfall ist aus inhaltlichen Gründen Barguets Verständnis der Vorzug zu geben, doch ist Pleytes Kopie der Stelle recht zweifelhaft; Par. 77 (teilweise zerstört) und L. 31 schreiben wohl nicht *wḏꜣ.t*, sondern *ḥw.t-nṯr* "Tempel". Damit lautet die Übersetzung wie oben.

10 Zur Schutzfunktion der Tait und zu ihrer Verbindung in dieser Funktion mit Uto vgl. Bonnet, RÄRG 764f., s.v. "Tait" und M.-Th. Derchain-Urtel in: LÄ VI, 185f., s.v. "Tait".

11 So eindeutig in vorliegender Hs; L. 31 wohl *spꜣw.t* "Gaue".

Oh! Es kommt zu dir Horus, er hat die Rebellen geschlagen, [er hat die Gegner gefällt]; zweimal.

x+3.29 [Oh!] Es kommt zu dir [mein] Herr, [er hat die Feinde geschlagen; zweimal].

x+4.1 Oh! Dein Ka fälle die Rebellen und die Aufrührer; [zweimal(?)[12]].

Oh! Die Böses sinnen, nicht werden sie existieren.[13]

Oh! Kommt[14] aus Ober- und Unterägypten.

Oh! Liebt diesen ehrwürdigen Gott, den Re liebt, täglich.[15]

x+4.5 Oh! Osiris Chontamenti, Horus ist das, der den Kampf der beiden Länder entscheidet; zweimal.

Oh! Nicht existiert der Tag, an dem der Platz weicht, an dem er ist(?);[16] zweimal.

Oh! Deine <Knochen>[17] sind die des lebenden Falken, sie geleiten dich zum göttlichen Weg; zweimal.

[12] Wie auch in L. 31 steht hier in col. x+4 *sp-2* nicht an jedem Zeilenende.

[13] So auch Barguet; Allen übersetzt: "oh evil thoughts shall not come to pass"; alle Hss schreiben jedoch *kꜣ ḏw*; das Wort für "Gedanke" ist aber nur im Femininum *kꜣ.t* belegt.

[14] Allen übersetzt "O come ..."; Barguet: "Nous sommes envoyés ..." und bemerkt dazu: "Traduction peu sûre; la Ire personne du pluriel est insolite". Zu dieser Beobachtung kommt auch die Frage nach dem Kontext, d.h. nach der Identität dieses "wir". M.E. ist hier gegen die einheitliche Überlieferung in allen drei Hss zu *mj=ṯn* zu emendieren, in Angleichung an das *mrj=ṯn* der folgenden Zeile. Die Übersetzung entspricht damit derjenigen Allens.

[15] So mit Allen; Barguet übersetzt: "Votre amour de ce dieu auguste est l'amour de Rê chaque jour"; diese Übersetzung ist schon deshalb nicht möglich, da in diesem Fall nach *mrw.t=ṯn* der indirekte Genitiv stehen müßte.

[16] Allen übersetzt: "never shall come the day when the place where he is shall cease (to be)"; Barguet emendiert zu *nn hrw ꜣb bw=f jm* und übersetzt: "que le jour ne cesse pas là ou il est"; diese Übersetzung ist m.E. so nicht möglich, sie würde ägyptisches *nn ꜣb hrw bw=f jm* voraussetzen. Dessen ungeachtet müssen Allens und meine sich an Allen orientierende Übersetzung mit einem - inhaltlichen - Fragezeichen versehen bleiben. Eine überzeugende Lösung sehe ich nicht; die Annahme einer Verderbnis wird durch die einheitliche Überlieferung in allen drei Hss erschwert. Die Verwendung der 3. Person (*jm=f*), die Barguet (1967), 251, Anm. 27 problematisch erscheint, fügt sich dagegen zwanglos in den Kontext, wenn dieser Satz, was ohnehin naheliegt, auf den vorausgehenden, also auf Horus, bezogen wird: dann ist die 3. sg. erfordert.

[17] Lesefehler im Papyrus des *Jrj-jrj*, s. meine Transkription (Burkard 1986), 31f. mit Anm. 2.

Oh! Du, der Millionen von Sedfesten begeht; zweimal.

Oh! Du, den sein Hofstaat liebt angesichts [...].[18]

Oh! Komm, gib doch Leben, Wohlergehen und Dauer dem Osiris des Gottesvaters *Jrj-[jrj*, gerechtfertigt, des Sohnes]

der *Tꜣ-šrj.t-mn*, gerechtfertigt, vor dem Herrn der Ewigkeit.

Zu sprechen: Preis sei dir, Atum, Preis sei dir, Chepri! Es bleiben übrig [die Werke aller Götter][19] und es geschieht

[jede Sache durch dich].[20] Preis sei dir, der du geschützt bist und lebst. [Preis sei dir], dieser Ka[21] des Osiris

Jrj-jrj, [gerechtfertigt], Sohnes der *Tꜣ-šrj.t-mn*, gerechtfertigt. Du stellst zufrieden mit deinen beiden Armen,

[so wie du gnädig bist deinem eigenen Ka. Du stellst zufrieden diesen Ka[22] des Osiris des Gottesvaters *Jrj-jrj*, [gerechtfertigt],[23]

18 Dieser Vers fehlt in den anderen Hss.

19 Hier und im folgenden wird unser Verständnis durch die wiederholte Verwendung des Begriffes *kꜣ* erschwert, bzw. durch die unterschiedlichen Schreibweisen dieses Wortes, die ihrerseits, von wenigen Ausnahmen abgesehen, in den Hss an den entsprechenden Stellen übereinstimmen. An der vorliegenden Stelle lautet die Schreibung 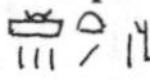. Meine Übersetzung folgt der Allens ("The works of all the Gods survive") gegen Barguet ("origine, certes, des Kas de tous les dieux"), da ich davon ausgehe, daß die Verse *sp js kꜣ.t n nṯrw nbw* und *ḫpr js ḫ.t nb.t jm=k* deutlich parallel konstruiert sind und die grammatische Analyse und folglich die Übersetzung dies zu berücksichtigen haben. *sp* ist somit Verbum, *jm=k* beziehe ich inhaltlich auf die Aussagen beider Verse.

20 Die Anrede an zwei Gottheiten in Z. 12 läßt an die Möglichkeit denken, daß die beiden folgenden Verse jeweils einem dieser beiden Götter besonders gewidmet sind. Im zweiten Vers wird diese Vermutung durch das dann gegebene Wortspiel *Ḫprj - ḫpr* bestärkt. Schwerer ist es jedoch, im ersten Vers eine Beziehung zu Atum herzustellen, doch scheint auch diese Möglichkeit nicht ganz ausgeschlossen: Es sei an die bekannte Stelle aus TB Spruch 175, 16 (Naville) erinnert, wo Atum ankündigt, daß er alles, was er geschaffen hat, wieder zerstören werde; nur er und Osiris würden übrigbleiben: *jnk sp=f ḥnꜥ Wsjr.* Dieses "übrig bleiben" in Verbindung mit Atum klingt vielleicht auch hier an.

21 Allen übersetzt "... fashioner of this spirit of Osiris NN"; Barguet: "... ces kas de l'Osiris NN". Alle Hss schreiben hier 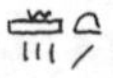 bzw. 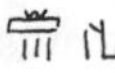. Dennoch muß m.E. auch hier *kꜣ* "Ka" gelesen werden (s. oben die Übersetzung), der Kontext: *jnḏ ḥr=k kꜣ pn ...* läßt keine andere Wahl. Über die Gründe für die unterschiedlichen Schreibungen von *kꜣ* in dieser Passage ist über Vermutungen nicht hinauszugelangen; vielleicht ist letztlich *kꜣw.t* in Z. 13 der Auslöser gewesen.

22 hier schreibt nur die vorliegende Hs scheinbar *kꜣ.t* "Arbeit", die übrigen schreiben zweifelsfrei *kꜣ*: ein Beleg, daß in dieser Passage tatsächlich Verwirrung um diese Begriffe herrscht.

[Sohnes der *Tꜣ-šrj.t-mn*, gerechtfertigt, an] diesen deinen Festen. [Die bei dir sind, sind beim Tanzen(?)[24]],

[du, dieser Ka[25] des Osiris] des Gottesvaters *Jrj-jrj*, [gerechtfertigt, Sohnes der *Tꜣ-]šrj.t-mn* [gerechtfertigt.

Es liebt[26] die große Neunheit] zu reinigen den Himmel für Re, zu schützen [die Erde für] Geb. [Sie] machen festlich[27]

die beiden Länder für diesen [Osiris des Gottesvaters *Jrj-jrj*, gerechtfertigt, Sohnes der *Tꜣ-šrj.t-]mn*, gerechtfertigt, [indem sie] ihm

x+4.20 [zu seinem schönen Sitz] im Horizont folgen; sie vertreiben das Böse, so daß das Unwetter beseitigt wird.

Es leuchtet [dieser Ka des] Osiris des Gottesvaters *Jrj-[jrj*, gerechtfertigt, Sohnes der *Tꜣ-šrj.t-mn]*,

gerechtfertigt, zusammen mit [der Neunheit], er ist angesehen zusammen mit *⸢Rw.tj⸣*. Er wird nicht verdrängt durch die]

23 Das einzelne Fragment mit den Resten von zwei Zeilen ist auf Tafel 20 der Publikation falsch an den Beginn von Z. 14 und 15 montiert; es ist tatsächlich an den linken Rand der Kolumne, ans Ende von Z. 15 und 16, zu montieren. Die Transkription der Zeilen 14 - 16 muß gegenüber der Publikation Burkard, 1986, 31) wie folgt lauten:

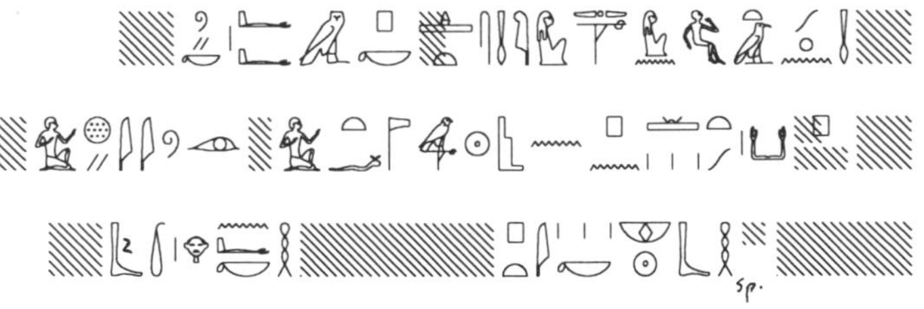

24 Barguet liest die Stelle nicht, Allen übersetzt, mit < > als Konjektur gekennzeichnet, "dancing". Das Determinativ in Par. 77 und L. 31 spricht in der Tat für eine solche Bedeutung; das fragliche Wort ist offenbar geschrieben, ist in der vorliegenden Hs gut zu erkennen; ein Wort *ṯb* o.ä. ist allerdings im Wb nicht belegt. Vielleicht liegt hier eine (Ver-) Schreibung von *jhb* "tanzen, Tanz", Wb I, 118, 12-17, oder von *jbꜣ* "tanzen", Wb I, 62, 8 - 12 vor. - Am Anfang ist wohl *wn(w) ḥnꜥ=k* zu lesen.

25 Es steht wieder *kꜣ.t*, aber das folgende *pn* wie der Kontext erlauben wohl nur die Lesung *kꜣ*.

26 Sicher so mit Allen; Barguet versteht *mrw* als Epitheton zum vorausgehenden "Osiris NN".

27 *sḥb* steht nur im Papyrus des *Jrj-jrj* und ist lectio difficilior gegenüber dem *sḥtp* der übrigen Hss.

Schnellen, die mit scharfem [Messer], die Vorsteher der Richtstätte; [der Gerechtfertigte, der die Kas raubt und ihre Kraft wegnimmt].

Preis sei [dir, dieser Ka] dieses Osiris des Gottesvaters[28] *Jrj-jrj*, gerechtfertigt, Sohnes der *Tꜣ-šrj.t-<mn>*[29], gerechtfertigt;

[Preis sei dir und denen, die hinter dir kommen;] Preis sei dir, sagte[30] der, der kommt, um dich anzubeten; Preis

[sei dir, sagte der, der in deinem Gefolge kommt;] Preis sei dir, <sagte>[31] der, der kommt, um dich zu dem Platz zu fahren, an dem

[dein Ka sein möchte.] Dieser Ka dieses Osiris des Gottesvaters[32] *Jrj-jrj*, gerechtfertigt, Sohnes der *Tꜣ-šrj.t-mn*, gerechtfertigt, ist

[bei seinem Ka, dauernd, dauernd,] er verbringt den Tag beim --?--[33] eine lange, lange Lebenszeit. Dieser Ka[34]

[des Osiris des Gottesvaters *Jrj-jrj*, gerechtfertigt,] Sohnes der *Tꜣ-šrj.t-mn*, gerechtfertigt, ist an der Spitze der Kas(?)[35] des Re.

Es wird veranlaßt, daß sich für dich die Großen von ihren Matten erheben; die wohltätigen Edlen, ihre Arme

sind gebeugt beim Nahen dieses Ka[36] dieses Osiris des Gottesvaters *Jrj-jrj*, gerechtfertigt, Sohnes der *Tꜣ-*

šrj.t-mn, gerechtfertigt, am Fest, das der schöne und gelobte Ka liebt. Es ist zu Ende gekommen.

28 *jt-nṯr* ist interlinear nachgetragen.

29 Der Namensbestandteil *mn* fehlt in der Hs.

30 Im Papyrus des *Jrj-jrj* steht versehentlich *ḏd=k* für das richtige *ḏd.n*.

31 Alle Hss lassen *ḏd* aus; vielleicht ist daher der Vorschlag Barguets (S. 252, Anm. 32) in Erwägung zu ziehen, der als weitere Übersetzungsmöglichkeit benennt: "salut à toi, et à celui, qui ...".

32 *jt-nṯr* ist interlinear nachgetragen.

33 *jnj --?--* ist eine crux, die vermutlich in allen drei Hss einheitlich überliefert ist; auch im Papyrus des *Jrj-jrj* ist wohl 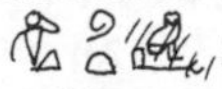 zu lesen. Allens Übersetzungsvorschlag: "rejoicing" ist sicher zutreffend, muß aber Vermutung bleiben.

34 In der vorliegenden Hs steht versehentlich *wn jn* .

35 So mit Barguet; Allen übersetzt "Re's works". Zur Problematik der Schreibung von *kꜣ(.t)* s. bes. oben Anm. 19.

36 Wie das folgende *pn* und der Kontext zeigen, ist hier - gegen die einheitliche Überlieferung *kꜣw.t* - *kꜣ* zu lesen.

Totenbuch Spruch 169 (Pleyte)

Formale und inhaltliche Gliederung

Wie zur Übersetzung, Anm. 3 vermerkt, setzt sich Spruch 169 aus zwei deutlich unterscheidbaren Einheiten zusammen. Diese beiden Einheiten sind in jeder Hinsicht: formal, gattungsmäßig, und, vor allem, inhaltlich so verschieden, daß ihre ursprüngliche Selbständigkeit bzw. Zugehörigkeit zu unterschiedlichen Kontexten zwingend zu folgern ist: Teil 1 ist eine Litanei, entsprechend ihr formaler Aufbau: Refrain, anaphorische Einleitung der einzelnen Anrufungen, meist Doppelversstruktur, daneben auch (am Ende des Abschnitts) die Abfolge anaphorisch eingeleiteter Einzelverse. Inhalt bzw. Thema dieser Litanei ist Osiris, und zwar der gerechtfertigte (*mꜣꜥ-ḫrw*), d.i. der wieder erwachte Osiris; insofern bildet also Spruch 169 die logische Fortführung der Thematik von Spruch 168 mit seinen "Erhebe dich"-Rufen.

Teil 2 ist ein Hymnus (*jnḏ ḥr=k*), der natürlich auch Osiris zum Thema hat, dies jedoch in anderer Form: er richtet sich in der ersten Zeile an Atum und Chepre; Osiris ist hier ausschließlich in der Form Osiris NN genannt; er wird zudem meist nicht direkt angesprochen, sondern es ist von ihm in der 3. Person die Rede. Rein äußerlich unterscheidet sich dieser zweite Teil vom ersten dadurch, daß der Text fortlaufend, d.h. ohne Vers- bzw. Satztrennung geschrieben ist.

Teil 1: Litanei, x+3.14 - x+4.11

Die Litaneiform bzw. die Form des anaphorischen Strophengedichtes[37] ist rein äußerlich nicht nur am die einzelnen Anrufungen einleitenden *j* "oh" zu erkennen, sondern auch am diesen Anrufungen in col. x+3 wie col. x+4 in senkrechter Zeile vorausgehenden Refrain. Man hat sich also die Rezitation dieses Textes im kultischen Zusammenhang wohl in der Form des Wechselgesanges vorzustellen, etwa zwischen Vorlesepriester (Text) und Chor (Refrain).[38]

37 S. oben zur formalen und inhaltlichen Gliederung von Spruch 168, Anm. 1.

38 Zur Vortragsweise durch alternierendes Musizieren bei der Rezitation von Litaneien s. zuletzt Assmann in: LÄ III, 1064, s.v. "Litanei".

Wie schon gesagt, ist der wiedererwachte Osiris das Thema dieser Litanei. Wie in Spruch 168, läßt sich auch hier eine sehr deutliche Binnenstruktur herausarbeiten, wie im folgenden dargelegt werden soll. Es zeigt sich dabei, daß sich der Text aus kleineren Einheiten, i.d.R. 4 oder 6 Versen zusammensetzt; diese kleineren Einheiten lassen sich ihrerseits zu größeren Abschnitten, die wieder unter einem gemeinsamen, übergeordneten Thema bzw. Stichwort stehen, zusammenfassen.

Wie bei Spruch 168 ist im folgenden der Text des jeweiligen Teilabschnitts in Umschrift vorangestellt. Spruchtitel und Refrain bleiben von der Untersuchung des formalen Aufbaus wieder ausgenommen.

Teilabschnitt 1: x+3.16 - x+3.18

x+3.16 1 *j nfr wj jʿr.t ḥr tp=k*
sʿr=sn ṯꜣw r fnḏ=k

j nfr wj ḥr rmn.wj nw p.t
m ẖkrw nw jt=k Rʿ

5 *j nfr wj m šw.tj Spdw*
m ẖkrw nw šfj.t

6 Verse, deren Zusammengehörigkeit unter dem Stichwort "Schönheit": sc. des Osiris, der wieder erwacht ist, durch den gleichlautenden Beginn *j nfr wj* in v. 1, 3, 5 klar erkennbar ist. Osiris wird als königliche Erscheinung geschildert.

Teilabschnitt 2: x+3.19 - x+3.20

x+3.19 *j jw n=k jtr.tj r wsḫ.t*
r mꜣꜣ nfrw=k

j mꜣꜣ=sn nfrw=k wbn=k
jw=k ḫʿj.tj m jrw n Rʿ

4 Verse, die einerseits ebenso wie Teilabschnitt 1 unter dem Stichwort "Schönheit" zusammenzufassen, die aber andererseits deutlich anders aufgebaut sind: in Teilabschnitt 1 wird die Erscheinung des Osiris in nominalen Wendungen beschrieben, hier sind es Verbalsätze, die von der Ankunft (*jw*) und dem Betrachten (*mꜣꜣ*) des Osiris durch die beiden Kapellen berichten, aber auch Osiris selbst ist als Handelnder bezeichnet (*wbn=k, jw=k ḫʿj.tj*).

Diese beiden Teilabschnitte sind, dies klang im gemeinsamen Stichwort "Schönheit" bereits an, ihrerseits zu einem übergeordneten, 10 Verse umfassenden Abschnitt unter eben diesem Stichwort zusammenzufassen.

Teilabschnitt 3: x+3.21 - x+3.22

x+3.21 1 *j ḥwj n=k Ḥʿpj r tr=f*
r srwḏ ḥtpw=k

j wbꜣ n=k Qbḥw wšn
r ḥbs wḏꜣ=k

4 Verse, die schon äußerlich durch ihren exakt parallelen Aufbau (v. 1/3 und v. 2/4) als zusammengehörig zu erkennen sind und inhaltlich diese Zusammengehörigkeit bestätigen: Mit Hapi und Qebehu-Gebiet ist die lebenserhaltende Feuchtigkeit (= der Nil) als Versorgerin des Osiris benannt; also nicht Osiris als Vegetationsgott, der die Länder und Menschen ernährt - wie etwa in Spruch 168, vgl. dort Teilabschnitt 11 -, sondern umgekehrt Osiris als Empfänger reicher Opfergaben.

Teilabschnitt 4: x+3.23 - x+3.25

x+3.23 1 *j jw n=k ḥm Wꜣḏ.t*
jnj=s n= k ʿ.wj Tꜣj.t

j jw n=k jꜣw.t ẖr kꜣw.t
nṯrw ẖr ʿnḫ wꜣs.t

5 *j jw n=k tꜣ.wj ẖr bꜣkw=sn*
wrw=sn m sn-tꜣ

6 Verse, äußerlich durch die gleichlautenden Einleitungen der jeweils ersten Verse im Verspaar mit *jw n=k* verbunden; dieselbe Einleitung findet sich auch im Teilabschnitt 5, s. unten; dennoch führen inhaltliche Merkmale zu einer Abgrenzung der beiden Passagen voneinander: hier in Teilabschnitt 4 ist das Stichwort "Opfergaben" das verbindende Element; man kommt "mit Opfern" zu Osiris, real (v. 3: *kꜣw.t*; v. 5: *bꜣkw*) oder metaphorisch (v. 2: *ꜥ.wj Tꜣj.t* = Kleidung?).

Teilabschnitt 5: x+3.26 - x+3.27

x+3.26 1 *j jw n=k ḫꜣsw.t ḥꜣw-nbw*
jww ḥrj-jb wꜣḏ-wr

j jw n=k js ntjw jwtjw
Rꜥ sḏfꜣw nbw

4 Verse, durch *jw n=k* äußerlich verbunden, s. oben zu Teilabschnitt 4. Im Gegensatz zu diesem fehlt hier aber ein verbindender Begriff wie oben "Opfergaben"; anders ausgedrückt: hier ist geschildert, wie die ganze Welt zu Osiris kommt, einschließlich der Fremdländer: alles, was Re ernährt.

Durch die Aussage "Re ist es, der alle ernährt" wird der Teilabschnitt 5 mit den beiden vorausgehenen Teilabschnitten in Verbindung gebracht, mit denen er somit einen übergeordneten, 14 Verse umfassenden Abschnitt bildet. Neben dem Stichwort "Nahrung" bzw. "Opfer" ist auch das Handeln für bzw. in Bezug auf Osiris ein gemeinsames Element dieser 14 Verse: Man vermehrt seine Opfer (Teilabschnitt 3), man kommt mit Opfern (4), man kommt (5). Dieses Handeln ist hier im "positiven" Sinn gemeint; das hebt diesen übergeordneten Abschnitt vom folgenden ab, in dem von Handlungen im "negativen" Sinn berichtet wird: der Erschlagung der Feinde des Osiris.

Teilabschnitt 6: x+3.28 - x+4.2

x+3.28 *j jw n=k Ḥr ḥwj.n=f sbjw*
sḫr.n=f ẖꜣkw-jb

j jw n=k nb=j
ḥwj.n=f sbjw

j sḫr kꜣ=k sbjw ẖꜣkw-jb
j kꜣw ḏw nn ḫpr=sn

6 Verse, die wie gesagt unter dem Stichwort "Erschlagung der Feinde" des Osiris zusammengefaßt werden können. Mit diesem Wechsel der Thematik geht naturgemäß ein Wechsel der Akteure einher: Horus als Beschützer und Rächer des Osiris wird eingeführt.

Ein interessantes Problem enthält v. 5: "dein Ka fällt die Rebellen und die Aufrührer", nämlich die Frage nach der Identität dieses Ka. Die naheliegende Antwort, in ihm einen "Aspekt"[39] des Osiris zu sehen, befriedigt insofern nicht ganz, als in diesem Zusammenhang eindeutig von der aktiven Handlung des Erschlagens der Feinde die Rede ist, während Osiris selbst ja normalerweise nicht in dieser Rolle auftritt, sondern i.d.R. der Passive ist: der getötet wird, der erweckt wird, und, vor allem, für den die Feinde erschlagen werden - von Horus.[40]

Ich möchte daher hier in dem Wort *kꜣ=k* eine umschreibende Bezeichnung des Horus sehen: Horus als "Ka" des Osiris. Die Übertragung des Ka etwa vom Vater auf den Sohn oder von einem Gott auf einen anderen liegt ja im Wesen dieses Begriffs begründet.[41] So ist etwa im Apophisbuch (P. Bremner-Rhind) 32.4 *Ḥkꜣ* als Ka des Re genannt: *j Ḥkꜣ kꜣ n Rꜥ*. In Verbindung mit Osiris und Horus, allerdings dort in umgekehrter Richtung, findet sich in Pyr. 587b die Aussage: *(Ḥr) ḥwj.n=f n=k Stš qꜣs ṯwt kꜣ=f*. "(Horus) schlug dir den Seth, den Gefesselten; du bist sein Ka"; also Osiris als Ka des Horus; ebenso Pyr. 610d. In Pyr. 582d heißt es von Horus: *jrj.n=f n kꜣ=f jm=k* "er handelte für seinen Ka in dir (=Osiris)".

39 So Kaplony in: LÄ III, 275, s.v. "Ka".
40 Vgl. te Velde (1967), 95: "he (=Osiris) is essentially a passive god".
41 S. zuletzt zusammenfassend Kaplony in: LÄ III, 275-276, s.v. "Ka".

Teilabschnitt 7: x+4.3 - x+4.6

x+4.3 1 *j mj=n m Šmʿw Mḥw*
j mrj=ṯn nṯr pn špsj mrw Rʿ rʿ nb
j Wsjr Ḥr pw wpw šʿ.t tȝ.wj
j nn wn hrw ȝb bw jm=f

4 Verse, deren Thema nochmals Horus ist, jetzt aber nicht mehr im Zusammenhang des Berichtes über das Erschlagen der Feinde, sondern nun - kurz vor dem Ende der Litanei - ergeht die Aufforderung an "ganz Ägypten", zu kommen, um "diesen prächtigen" Gott zu lieben: nicht Osiris - dieser wird im abschließenden Teilabschnitt 8 angesprochen -, sondern Horus; dies wird aus v. 3 deutlich: "Horus ist dies".

Teilabschnitt 8: x+4.7 - x+4.10

x+4.7 1 *j qsw=k m bjk ʿnḫ*
sšm=sn ṯw r wȝ.t nṯrj
j jrj=f ḥḥw m ḥbw-sd
j mrj sw šnj.t=f ḫft-ḥr [...]
5 *j mj dj=k ʿnḫ ḏd wȝs n Wsjr*

5 Verse (die Zeilen x+4.10 Ende und x+4.11 mit Namen und Filiation des *Jrj-jrj* sind nicht mitgerechnet). Thema dieses letzten Teilabschnitts ist Osiris, der zum Himmel aufsteigt in der Gestalt eines Falken (v. 1-2) und dort als königliche Gottheit geschildert ist (v. 3-4). Zur Gleichsetzung der Knochen, dort des toten Königs, mit der Gestalt eines göttlichen Falken s. bereits Pyr. 137b: *qsw=k m bjkw nṯrjw jmjw p.t* "deine Knochen sind (die von) göttliche(n) Falken, die am Himmel sind."

Der letzte Vers des 1. Teils erbittet Leben, Wohlergehen und Dauer von Osiris für den Toten, in der vorliegenden Hs also für *Jrj-jrj*. Diese Bitte hat naturgemäß im eigentlichen Osiriskult keinen Platz; ihr nachträglicher Einbau in den Text, bei dessen Adaptierung an die Verwendung im Totenbuch, ist zu vermuten. Das gleiche gilt im übrigen für die Einfügung des Namens nach *Wsjr*, der aus diesem Grund in der Umschrift oben jeweils weggelassen wurde.

Ein Blick auf das formale Schema des gesamten ersten Teils läßt seine Struktur deutlich werden: Grundbaustein der Teilabschnitte 1-6 ist eindeutig der Doppelvers;

Gruppen von zwei oder drei Doppelversen, also von vier oder sechs Versen, bilden die einzelnen Teilabschnitte. Die beiden letzten Teilabschnitte, 7-8, die Horus und Osiris gewidmet sind, werden fast ausschließlich durch Einzelverse gebildet. Hier läßt sich die Grundform auf vier bzw. fünf Verse zurückführen: In Teilabschnitt 8 sind sowohl die einleitende Titulatur (des *Jrj-jrj* in unserer Hs) wie der letzte Vers spätere Ergänzungen.

Teil 2: Hymnus, x+4.12 - x+4.32

Wie in der Einleitung dieses Kapitels bereits erwähnt, fällt an diesem Teil rein äußerlich auf, daß der Text fortlaufend geschrieben ist. Dies ist in einem Textcorpus, das in allen bekannten Quellen dadurch auffällt, daß stichische oder satzweise Schreibung signifikant häufig ist, seinerseits auffallend. Doch ist in diesem Fall die Ursache wohl offenkundig:

Die Basis dieses Textes bildet ein Hymnus, wie bereits die einleitende Anrede an Atum und Chepre mit *jnḏ ḥr=k* deutlich macht. Diese Anrede setzt sich fort in x+4.13, jetzt mit *kȝ pn n Wsjr* als Adressat. Ursprünglich war hier ganz sicher Osiris selbst angesprochen; die Adaptierung des Textes an die Erfordernisse des Totenbuchs führte zur Einfügung des Namens des Toten hinter, und der dazugehörigen Formel *kȝ pn n* vor *Wsjr*, dieser wird hier also zum "Osiris NN". Dies führte wiederum - durch die Nennung von Titel(n), Namen, Filiation - zu einer erheblichen Ausweitung des Textes und damit zwangsläufig zum Verlust der ursprünglichen Form. Deren Rekonstruktion kann somit nur auf der Basis der ursprünglichen Textgestalt erfolgen - soweit diese erschließbar ist -, und das bedeutet in jedem Fall die Entfernung der Bestandteile *kȝ pn n* und "NN" aus dem Kontext.[42]

Der folgende Versuch der Erschließung des formalen Aufbaus bedient sich dieser Basis, d.h. in der Transkription findet sich an den entsprechenden Stellen jeweils nur *Wsjr*. Im übrigen wurde für Transkription und Verszählung das oben zu Spruch 168 beschriebene Verfahren angewendet.

[42] Die sekundäre Einfügung des Bestandteils *kȝ pn n* wird beispielsweise in x+4.27-28 besonders deutlich: *wn kȝ pn n Wsjr (NN) ḥnʿ kȝ=f* "dieser Ka des Osiris (NN) ist bei seinem Ka". Lediglich einmal, in x+4.19, fehlt, wohl versehentlich, *kȝ pn n* vor Wsjr.

Teilabschnitt 1: x+4.12 - x+4.13

x+4.12 1 *jnḏ ḥr=k Jtmw jnḏ ḥr=k Ḫprj*
sp js kȝw.t n nṯrw nbw
ḫpr js ẖ.t nb.t jm=k
jnḏ ḥr=k nḏ.tj ꜥnḫ.tj
5 *jnḏ ḥr=k Wsjr*

5 Verse mit der - in v. 2-3 eulogisch erweiterten - Anrede[43] zunächst an Atum und Chepre (v. 1) und dann, nach der vorbereitenden Anrede *nḏ.tj* und *ꜥnḫ.tj* in v. 4, die an Osiris.

Teilabschnitt 2: x+4.14 - x+4.17

x+4.14 1 *sḥtp=k m ꜥ.wj=k [...]*
mj ḥtp=k n kȝ=k ḏs=k
sḥtp=k Wsjr m-m ḥbw=k jptw
wn ḥnꜥ=k ḥr jbȝ(?)

4 Verse. Mit v. 1 beginnt das "Lob" bzw. "développement laudatif" des Hymnus. Die Begrenzung zum folgenden Teilabschnitt 3 ergibt sich aus dem klaren Schauplatz- und Subjektwechsel in x+4.18. Hier im Teilabschnitt 2 ist - in der 2. Person - Osiris direkt angesprochen.

Teilabschnitt 3: x+4.18 - x+4.20

x+4.18 1 *mr psḏ.t ꜥȝ.t ḏsr p.t n Rꜥ*
ḫwj tȝ n Gb
sḥb=sn tȝ.wj n Wsjr
šms sw r s.t=f nfr m ȝḫ.t
5 *dr=sn sḏb wḏȝ ẖȝp.t*

[43] Zu den verschiedenen Bestandteilen des Hymnus und seinen Bezeichnungen s. zuletzt zusammenfassend Assmann in: LÄ III, 103-110, s.v. "Hymnus"; s. bes. auch weiter unten zum formalen und inhaltlichen Aufbau des "Osirishymnus".

5 Verse, in denen in der 3. Person über die Tätigkeiten der Neunheit für Osiris berichtet wird. *psḏ.t ꜥꜣ.t* in v. 1 ist der diesen Teilabschnitt verbindende und ihn gleichzeitig von den anderen trennende Begriff.

Teilabschnitt 4: x+4.21 - x+4.23

x+4.21 1 *psḏ Wsjr ḥnꜥ psḏ.t*
wꜣs=f ḥnꜥ Rw.tj
nn ꜣr=f jn ḫꜣḫ-jbw
spd dm.t ḥrjw nm.t
5 *mꜣꜥ-ḫrw jṯj kꜣw nḥm ꜣ.t=sn*

5 Verse. Erneut ist ein Subjektwechsel das verbindende Kennzeichen: Subjekt ist jetzt wieder Osiris, allerdings, im Gegensatz zu Teilabschnitt 2, in der 3. Person. Thema ist der "leuchtende" (*psḏ*, v. 1) und machtvolle (*mꜣꜥ-ḫrw, jṯj kꜣw, nḥm ꜣ.t=sn*) Osiris, gegen den seine Gegner nichts vermögen (v. 3-4).

Teilabschnitt 5: x+4.24 - x+4.27

x+4.24 1 *jnḏ ḥr=k Wsjr*
jnḏ ḥr=k jjw m-ḫt=k
jnḏ ḥr=k ḏd.n jjw r dwꜣ=k
jnḏ ḥr=k ḏd.n jjw m šmsw=k
5 *jnḏ ḥr=k ḏd.n jjw r qd=k*
r bw nb mrw kꜣ=k jm

6 Verse, von denen die ersten fünf fast litaneiartig die Anrede *jnḏ ḥr=k* wieder aufnehmen, sie ist diesmal ausschließlich an Osiris bzw. sein Gefolge gerichtet und teilweise (v. 3-5: *ḏd.n*) als Zitat der Rede anderer (Gottheiten) gekennzeichnet. Der abschließende v. 6 bezieht inhaltlich alle fünf vorausgehenden Verse mit ein.

Teilabschnitt 6: x+4.27 - x+4.31

x+4.27 1 *wnn Wsjr ḥnʿ kꜣ=f mn*
wrš=f ḥr jnj --?-- ʿḥʿ-wr
wn.jn Wsjr m ḥrj-tp kꜣw.t Rʿ

dj.tw ʿḥʿ n=k wrw ḥr tmꜣ=sn
5 *sʿḥw mnḫw ʿ.wj=sn ḫꜣm m ḥsf Wsjr*
ḥb mrw kꜣ nfr ḥsw

6 Verse, die das "Lob" wieder aufnehmen und damit den Gesamttext abschließen. Sie lassen sich nochmals in zwei Gruppen zu je drei Versen unterteilen: in v. 1-3 ist von Tätigkeiten bzw. Eigenschaften des Osiris die Rede, in v. 4-6 von den Tätigkeiten Anderer für Osiris. Auffallend ist das Fehlen des i.d.R. einen Hymnus abschließenden "Schlußgebets" mit der Selbstvorstellung des Sprechers und der Bitte um Gaben.[44]

Auch in diesem zweiten Teil von Spruch 169 ließ sich also, und i.d.R. sehr klar, eine Gliederung auf der Basis inhaltlicher Kriterien erarbeiten. Die einzelnen Teilabschnitte bewegen sich innerhalb eines Umfangs von 4-6 Versen, d.h. in genau dem gleichen Rahmen wie die des ersten Teils von Spruch 169. Dennoch sind auch deutliche Unterschiede faßbar, insbesondere das beinahe vollständige Fehlen der in Teil 1 so markanten Doppelversstruktur. Diese läßt sich hier zwar gelegentlich ebenfalls beobachten (z.B. Teilabschnitt 1, v. 2-3; 2, v. 1-2 und 3-4 u.a.m.), doch sind andere Strukturen in der Überzahl, etwa in Teilabschnitt 6 die beiden Dreiergruppen, oder die Quasi-Einheit von Teilabschnitt 5 mit 5+1 Versen, wobei der letzte Vers sich auf die fünf vorhergehenden bezieht. Der zweite Teil bietet damit nicht das insgesamt formal recht straffe, mehr schematisierte Bild, wie es die Litanei zeigt - auch dies vielleicht ein Mitgrund für den Verzicht auf eine gegliederte Niederschrift.

[44] S. hierzu Assmann in: LÄ III, 106, s.v. "Hymnus".

Papyrus des *Jrj-jrj*, col. x+5
Ritual zur Vernichtung von Feinden
Übersetzung

1 [Das heilige(?)[1] Buch ... vom ... Fest des Vernichtens der Feinde.] Zu sprechen am Tag, an dem Osiris, der Erste der Westlichen[2] auszieht, [am] Fest des Sokar, am *Wꜣg*-Fest, am Tag des Monatsfestes,[3] am Neumondsfest.

[Ich bin der, der zuerst hervorkam, der Geliebte seines Vaters], der Älteste seiner Mutter. Es gab mir] mein Vater Re die Duat,[4] um in ihr zu herrschen.

Meine Feinde sind unter meinen Sandalen: das sind Seth und seine Genossen. Meine Schwester Isis [schädigt(?)[5] meine [Feinde], mein Sohn Horus öffnet mir die Wege. Er wünscht(?),[6]

[daß ich gerechtfertigt werde gegenüber Seth und seinen Genossen. Es sagte aber meine Mutter] zu mir: "Du[7] bist mein ältester Sohn, der [aus mir gekommen ist], der meinen Leib geöffnet hat. Du kamst heraus als Erster, oh[8] wie schön ist das! (?)

1 Schott (1956), 183: "das herrliche"; allerdings sind die Schriftreste unklar und kaum  zu lesen.
2 So mit der vorliegenden Hs; BM: ... *pr Ḫntj Jmntjw* ...
3 Das Monatsfest ist das Fest der Geburt des Horus, es wird am zweiten Mondmonatstag gefeiert; s. hierzu ausführlich und mit weiteren Literaturangaben Grimm (1986), 462f. BM weicht in der Benennung der Feste von der vorliegenden Hs ab, s. meine Transkription (1986), 34, Anm. 2 und Schott (1965), 183; die Schreibung *pr jbd* ist wohl eine Verschreibung aus *hrw jbd* wie in der vorliegenden Hs.
4 *dꜣ.t r* mit der vorliegenden Hs; die Stelle fehlt in BM wohl durch das Homoioteleuton 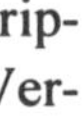 in *Rꜥ* und *dꜣ.t*.
5 *sꜣd* ist im Wb in dieser Schreibung nicht belegt; entweder handelt es sich um ein - sonst nicht belegtes - Kausativum von *ꜣd* "wütend sein", oder vgl. evtl. *sꜣt* "besudeln, lästern etc., Wb IV, 27, 5-7; dieses Wort ist allerdings nicht mit dem Determinativ belegt. Der Kontext erfordert eher eine Bedeutung wie "schädigen" als "erzürnen" o.ä.
6 oder ist doch mit BM zu *n mrw.t* zu emendieren? Dann wäre zu übersetzen: "damit ...".
7 *twt* wohl für das Personalpronomen *ṯwt*.
8 Lies die Passage wohl: 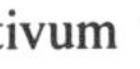 ; meine Transkription (1986), 32 ist entsprechend zu korrigieren. Die Unterschiede zu BM: *m ḥꜣ.t n pr rdj(w).n=j r Stš* ... "an der Spitze des Hauses,

5 [Mögest du gerechtfertigt werden(?)][9] gegenüber Seth und seinen Genossen und gegenüber jedem Feind und so fort.[10] [Gerechtfertigt wird der Osiris] *Wn-nfr*, gerechtfertigt, gegenüber allen seinen bösen(?) Feinden und so fort.[11] Gerechtfertigt wird

der Osiris [des Gottesvaters] *Jrj-jrj*, gerechtfertigt, gegenüber allen seinen Feinden und so fort. [Meine Schwester] Isis sorgt für (meinen) Schutz, die Verklärte, die Starke,

die Herrin meiner Rechtfertigung(?),[12] die Wohltäterin.[13] Sie beugt [die Rebellen gegen mich], sie schlägt diesen Angreifer,[14] damit ich gerechtfertigt werde zusammen mit meinem Sohn Horus gegen diesen Seth

und seine Genossen an [diesem] schönen Tag, an dem ich über den Stätten[15] erscheine, und an dem mein Vater Re gegeben hat, daß ich siegreich und stark bin. Er gab mir die Duat,

[ich wurde] an ihre Spitze [gesetzt]. Er gab mir die westlichen und die östlichen Stätten, [es wurde veranlaßt, daß sie alle], alle kamen, mit geneigtem Haupt. Mein Sohn Horus ist Herrscher von

das ich dir gab gegen Seth ..." - s.a. Schott (1956), 183 - sind nicht zu erklären.

9 Ob so zu ergänzen? Die zerstörte Stelle hat etwa die Länge, die ein  einnehmen würde. In jedem Fall muß mit Z. 5 eine neue syntaktische Einheit begonnen haben, im Gegensatz zu BM, wo "Seth und seine Genossen" in den vorausgehenden Kontext eingebunden sind, s. oben Anm. 8.

10 Zu *ḥmw.t-rꜣ* vgl. jetzt auch Germond (1986), 73, n. 12 mit weiteren Literaturhinweisen. Der Umfang der vorausgehenden Lücke legt die Ergänzung zu *smꜣ[j=f r]* nahe; in keinem Fall ist nach *smꜣj=f* noch genügend Platz für *mꜣꜥ-ḫrw=j r (ḫftjw=j)*, also zum Wortlaut von BM. Die Änderung des syntaktischen Zusammenhangs setzt sich somit bis hierher fort, s.a. oben Anm. 8 und 9. Die Passage in BM lautet im Zusammenhang: "Du kamst heraus an der Spitze des Hauses, das ich dir gab gegen Seth und seine Genossen. Ich werde gerechtfertigt gegenüber meinen Feinden und so fort."

11  ist m.E. eine abgekürzte Schreibung von *špt /ḫpt* "ärgerlich sein" bzw. "Ärger", Wb IV, 453 - 454; ausführlich ist das Wort in Z. 10 geschrieben, s. dort. Ich fasse die Form als Partizipialform auf, die attributiv zu *ḫftjw=f nb* steht. In der Lücke danach ist eindeutig 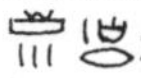zu ergänzen, der Strich ǀ ist klar erhalten.

12 So dann, wenn das Suffix in *mꜣꜥ-ḫrw=j* ernst zu nehmen ist; BM schreibt nur *mꜣꜥ-ḫrw*.

13 *smnḫ.t*: wenn tatsächlich so zu lesen ist; laut Wb ist in der griechisch-römischen Zeit ein solcher Göttername belegt. BM schreibt hier: *dj=s mnḫ=j dj=s sbjw ...* "sie veranlaßt, daß ich *mnḫ* bin, sie veranlaßt, daß die Rebellen ...", stellt also *mnḫ* in einen anderen syntaktischen und inhaltlichen Kontext. In der vorliegenden Hs sind die Reste vor dem  sicher nicht  zu lesen, und es fehlt in jedem Fall das Suffix *=j* hinter *(s)mnḫ*.

14 BM: *dndnw* "... die Angreifer ...".

15 Trotz der - eindeutigen - Schreibung 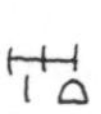 ist in der vorliegenden Hs hier, in Z. 9 und Z. 12 sicher *jꜣw.t* "Stätten" zu lesen.

Ägypten, zahlreiche Lebende[16] sind in seinem Gefolge. Die herauskamen als Maden aus dem Auge des Re, [ich bin zufrieden, daß ihre Jahre fehlen(?)]; der Ärger[17] um mich entstand, --?--.[18]

[Ich] bin es, ich bin ihr Herr.[19] Ich bin es, ich bin Osiris, der Geliebte seines Vaters, der Älteste [seiner Mutter] Nut. Meine Schwester Isis ist hinter mir, hinter mir;[20] sie verhinderte

[für mich(?)], daß sie überfuhren zu mir an diesem schönen Tage, an dem ich erschienen bin auf den Stätten. [Was die unter ihnen anlangt, die] zum Himmel [eilten][21] als Vogel: meine Schwester Isis,

sie wütete gegen sie mit dem Vogelnetz.[22] Und[23] [sie hat beseitigt[24] ihre] Wohnsitze,[25] [...] meine Feinde.[26] Sie umgab ihre Arme und [ihre Füße]

[16] Schott (1956), 183 übersetzt "Lebende und Geister", er liest *ꜣḫw* statt *ꜥšꜣ*; doch ist *ꜥšꜣ* in BM zweifelsfrei zu lesen und wird durch die vorliegende Hs bestätigt.

[17] *špt/ḫpt* "Ärger"; es steht eindeutig , nicht ; s.a. oben Anm. 11. Die Passage wurde auch von Schott (1956), 184 übersetzt.

[18] Schott (1956), 184 übersetzt diese Passage: "Ich bin damit zufrieden, daß ihre Jahre wenig sind. Als mein Ärger entstand, waren sie nicht (mehr)." Es ist jedoch m.E. nicht erlaubt, *jwtj=sn* in diesem Sinne zu übersetzen, eine solche Bedeutung würde ein *nn wn=sn*, evtl. *m-ḫmt=sn* o.ä. erfordern. Allerdings ist *jwtj=sn* eine crux, da es allein unvollständig erscheint. - Zu *šw* "fehlen" s. Wb IV, 427, 14.

[19] Mit BM ist am Anfang *jnk* zu lesen. Die Schreibung im Papyrus des *Jrj-jrj* ist teilweise zerstört und unklar. Vielleicht sind die Zeichenreste am Zeilenbeginn doch nicht als , sondern als Reste von = (?) zu lesen.

[20] Mit BM und gegen *Jrj-jrj* ist wohl *ḥꜣ=j* statt *ḥꜣ sp-2* zu lesen, da hier, wo Isis allein genannt wird, nicht von einer "umschließenden Konstellation" die Rede sein dürfte. Zum an sich häufigen reduplizierten Gebrauch von *ḥꜣ* im Falle der eben genannten "umschließenden Konstellation" s. Assmann (1969), 48f., Nr. 11.

[21] Wb I,9,14: *ꜣpd r* "eilen nach".

[22] Schott (1956), 184: "als Vogelfalle"; zu *jꜣd.t* vgl. bes. Bidoli (1976), 45f..

[23] Mit "und" ist *js* wiedergegeben, falls diese Lesung richtig ist; in BM ist ein kleines Fragment wohl falsch plaziert: ursprünglich stand wohl , die Reste von sind noch schwach zu erkennen. Der große Zeichenrest gehört zum falsch plazierten Fragment, vgl. die Umschrift im Anhang.

[24] In BM ist *srwj* "vertreiben" zu lesen, s. die Schreibungen dieses Wortes in Wb IV, 193; in der vorliegenden Hs ist die Stelle zum größten Teil zerstört; wenn nach *js* die Reste *r* zu lesen sind, ist wohl zu *rwj.n=s* "sie hat beseitigt" zu ergänzen.

[25] *sw.t nt ꜥnḫw* "Wohnsitze" mit Schott (1956), 184.

[26] Die Passage enthält in den Hss deutliche Indizien für eine Textverderbnis: die seltsame, sonst nicht belegbare Form des Determinativs des von mir (1986), 33 noch transkribierten Wortes und, bezeichnenderweise, die an der entsprechenden Stelle in BM freigelassene Stelle: Der Schreiber dieser Hs fand die Stelle - und im folgenden einige weitere, s. weiter unten - schon verderbt oder jedenfalls für ihn unverständlich vor und ließ daher ein spatium frei. Inzwischen bin ich überzeugt, daß hier - ein teilweise verderbtes - *jsf.tjw=j* "meine Feinde" zu lesen ist; zu diesem Wort vgl. Wb I, 129, 15-16. Die hieroglyphische Transkription muß, mit einigen Restunsicherheiten, lauten: . Die

mit weißem Stoff(?).[27] Sie verkürzte [ihre Herzen durch ein Verkürzen.[28] Sie schnitt ab(?)] ihre Arme und ihre Beine --?--.[29] Sie stellte Fallen gegen sie mit dem(?) Vogelnetz.[30] Sie zerhackte[31] ihre Leiber mit(?) - spatium - auf ihrem Stroh (?).][32] Es haben erhoben die Götter das, was sie taten, zu Osiris in *ḥw.t-wṯs.*(?)[33]

Hauptunsicherheit zeigt sich also beim Determinativ, das offenbar - durch den Versuch einer Verbesserung? - korrumpiert wurde. Vielleicht stand ursprünglich o.ä. als Determinativ; diese Zeichenfolge könnte die vorliegende Verderbnis erklären.

27 Ich verstehe *dbn ... ḥꜣ* als Konstruktion der Art wie *pẖr ... ḥꜣ* ("umgeben"), d.h. als zusammengehörenden Ausdruck; eine unabhängigere Stellung von *ḥꜣ=sn* würde zu einer zumindest problematischen Übersetzung "sie umgab ... um sie herum ..." bzw. "... hinter sie ..." führen. Bezeichnenderweise fehlen in BM der Satzbeginn und das Satzende, es steht dort nur: *ꜥ.wj=sn rd.wj=sn n ḥꜣ=sn*, wobei davor und danach Spatien freibleiben. Isoliert übersetzt lautet diese Version: "Ihre Arme und Beine sind hinter sie (gedreht o.ä.)". *ḥdj.t* in dieser Schreibung ist im Wb nicht belegt; der Kontext legt die obige Bedeutung nahe, durch das Determinativ wird sie nicht ausgeschlossen, vgl. etwa die Schreibung von *tmꜣ* "Matte".

28 Der nicht allzu häufig belegte Wortstamm *ḥwꜥ/sḥwꜥ* tritt hier in einer etymologischen Figur auf; unter den seltenen Belegen für dieses Wort stammt einer bezeichnenderweise aus TB Spruch 175 - vgl. hierzu den Beitrag von Schott (1956) - , s. TB (Naville) 175, 6: *sḥwꜥ rnpw.t=sn* "ihre Jahre sollen verkürzt werden"; ein weiterer Beleg CT I, 187: *ḥwꜥ jb n jrj r=k* "gekürzt sei das Herz dessen, der gegen dich gehandelt hat."

29 Die Stelle ist wieder teilweise verderbt, wie u.a. die Lücke in BM am Satzende zeigt. Dort steht in BM: spatium ; in der vorliegenden Hs steht ; das in der Transkription (Burkard (1986), 33) mit Fragezeichen versehene ist wohl nicht aufrechtzuerhalten, eine Lösung ist nicht abzusehen. Am Satzbeginn schreibt BM: ; ob *ḥtj* "ritzen, schneiden"? Oder auch *ẖtj* "schinden"? Vgl. zu letzterem Meeks (1977), 297, Nr. 77.3290. Diese Möglichkeit wurde in der obigen Übersetzung zugrundegelegt. Sie setzt voraus, daß eine Verschreibung aus o.ä. ist.

30 Lies *jbṯ.t* "Vogelnetz":

31 *swꜣ* "fällen, abhacken, zerhacken", s. Wb III, 427, 1-4.

32 Auch hier zeigt die Lücke hinter *ḏ.t=sn m(?)* in BM eine unklare oder verderbte Stelle an, die entsprechende Passage in der vorliegenden Hs ist leider zerstört. Nach der Lücke ist wohl *rwj* zu lesen, das allerdings in dieser Determinierung nicht belegt ist. Die obige Übersetzung geht von der Annahme aus, daß es sich um *rwj.t* "Stroh" handelt, s. Wb II, 408, 2; weitere Belege nennt Meeks (1977), 213, Nr. 77.2343. Dies würde sich, unbeschadet des in der vorausgehenden Lücke zu ergänzenden Wortes, gut in den Kontext einfügen: Ihre Leiber werden zerhackt auf oder auch wie Stroh. Das anschließende ist wohl *jrj* zu lesen. Nicht ganz auszuschließen ist auch die Lesung *rw.t* "Tür", insbesondere weil auch im folgenden von Abwehrhandlungen an Türen die Rede ist: s. Z. 17 (*sbꜣ*). Zwar ist *rw.t* "Tür" im Wb ebenfalls nicht mit dem Determinativ belegt, doch ist diese Schreibung von der Wortbedeutung her problemlos erklärbar.

33 Problematische Passage, in der zudem an einer entscheidenden Stelle die beiden Hss divergieren: anstelle des *jrj=sn* unserer Hs, dem die obige Übersetzung zugrundeliegt, schreibt BM nach *jrj* eine Gruppe, die infolge des am Ende und der Zeichenform darüber eigentlich nur *šꜥ.t* gelesen werden kann; zu diesem Zeichen vgl. Möller III, 599. Die Übersetzung lautet in diesem Fall: "die Götter, die ein Gemetzel verursachten". Allerdings wäre dann zu erwarten, daß am Beginn *ṯs.n=s* oder *ṯs=s* zu lesen ist; die Stelle ist in BM

Sie schädigte[34] ihre Arme und ihre Beine, [als sie sie gab(?)[35] in Gefangenschaft(?)[36] in die Richtstätte] des Benu(?);[37] es schlugen[38] die Horuskinder gegen

sie an den Türen. Was die betrifft, die [zu Vögeln wurden, meine Schwester Isis wütete[39] gegen sie als *ḫbs*-Vogel]. Was die betrifft unter ihnen, die fraßen von

nicht eindeutig. Die Übersetzung des gesamten Satzes würde dann lauten: "Sie erhob die Götter, die ein Gemetzel verursacht hatten, zu Osiris in *ḥw.t-wṯs*." Wegen der genannten Unsicherheiten und der klar anderen Überlieferung in der vorliegenden Hs kann dies aber nur eine Vermutung bleiben, die allerdings auch noch durch die Tatsache gestützt wird, daß in der vorliegenden Hs ein nur diese Stelle umfassender, schwer erklärlicher Subjektswechsel stattfindet. Zu *ḥw.t-wṯs* vgl. vielleicht *ḥw.t-wṯs-nfrw* als Bezeichnung für einen Totentempel, KRI II,649,7. Vgl. auch die verschiedenen mit *Wṯs* zusammengesetzten Ortsnamen, s. Gauthier (1925-1929), I, 210.

34 Sicher *gbj* "schwach sein, schädigen", Wb V, 161,8 - 162,5; in BM fehlt das *.n=s*; Schott (1956), 184: "verdrehen".

35 Die obige Übersetzung unter der Voraussetzung, daß die Passage in BM *ḫft dd=s sn* zu lesen ist. Das obere Zeichen nach *ḫft* ist sicher  zu lesen, das untere ist sehr undeutlich. Die Übersetzung von Schott (1956), 184: "wenn sie ... gegeben werden" ist nicht möglich, da nach *dd* und vor *sn* eindeutig ein weiteres Zeichen steht, das nur gelesen werden kann.

36 Lies wohl *nḏr.t* "Gefangenschaft"; das scheint zu fehlen.

37 Unklare Passage; Schott (1956), 184 übersetzt: "in die Richtstätte des Benu". *ḫbn.t* "Richtstätte" ist Wb III, 254, 8 tatsächlich als Variante zum gebräuchlicheren *ḫb.t* belegt; allerdings scheint das Wort hier in beiden Hss mit  determiniert zu sein. Auch die Lesung des ersten Zeichens ist fraglich, es sieht mehr wie  aus; allerdings ist ein Wort *gbn* o.ä. nicht belegt, die Verschreibung aus dem folgenden Kontext, wo mehrfach Wörter des Wortfeldes *gb* stehen, jedoch erklärbar. Die Verbindung *ḫbn.t nt bnw* ist m.W. sonst nicht belegt; zudem ist fraglich, welche Bedeutung sich hinter *bnw* verbirgt. Das Wort ist in beiden Hss mit  determiniert, d.h. wie *bnw.t* "Mühlstein" geschrieben. Man würde viel eher das Wort *bnw* "Phönix" erwarten, doch wäre auch in diesem Fall die ungewöhnliche Verbindung *ḫbn.t nt bnw* anstelle des gebräuchlichen *ḥw.t-bnw* zu erklären. Aufgrund dieser Unsicherheiten wurde oben Schotts verschiedene Möglichkeiten offenlassende Übersetzung "des Benu" übernommen.

38 So mit BM. In der vorliegenden Hs steht versehentlich *sbȝ.n=s*, in Anlehnung an den vorausgehenden Kontext, wo Isis Subjekt ist. Die ganze Passage ist von Schott (1956), 184 übersetzt; Schott gibt dort die Verbalformen grundsätzlich im Futur, allenfalls im Präsens wieder. Die *n*-Formen der Hss erfordern jedoch die Vergangenheitsform.

39 Die Verbindung von Verbum und Substantiv des Stammes *ḫbs* ist in den Sargtexten mehrfach belegt, vgl. Bidoli (1976), 91. Das Substantiv bezeichnet laut Bidoli a.a.O. einen Vogel, "der sich durch seine Angriffslust besonders auszeichnet". Dies ist auch hier im Kontext der erforderte Sinn, wenn auch Bidolis Übersetzung von CT VI, 16 f: "ich bin .... losgestürzt" hier wegen des noch dazugehörenden *jb* nicht möglich ist: *ḫbs* hat hier transitive Bedeutung, mit Schott ist der Ausdruck *ḫbs jb* daher mit "ergrimmen" (oder auch "wüten") wiederzugeben. - In meiner Transkription (Burkard 1986, 33) ist in *ḫbs* durch zu ersetzen.

meinen Gliedern, so war ihrer der Tod [als Tod des *wrm*-Vogels(?).[40] Was die betrifft, die sich beugten[41] dem Seth] und seinen Genossen, die wurden getötet(?)[42]

als *gꜣbgw*-Vögel.[43] [Was die betrifft, die abfielen[44] zu diesem Seth und seinen Genossen, meine Schwester Isis war[45]] (wie) eine Harpune(?)[46] gegen sie und schnitt ab

[ihre Häupter] vor Osiris.[47] Was diejenigen [unter ihnen anlangt, die in jenes Wasser] fielen als Fische, meine Schwester Isis hat verstümmelt(?)[48] [das, was in] ihrem Innern ist,[49] als *sꜣjw*-Fische.[50]

40 *wrm* ist sicher mit Schott (1956), 184, Anm. 6 zu ergänzen; das funktionslose *m* vor dem Determinativ ist vielleicht der verderbte Rest der Schreibung von *wrm*; das Wort ist im Wb nicht belegt, von BM col. 34, 16 her aber eindeutig zu lesen.

41 *gb* "beugen" mit Schott (1956), 184; vgl. Wb V, 162, 9. Die Determinierung mit  ist eindeutig zu lesen, sie ist - wohl als fehlerhaft, aber leicht verständlich - aus dem Kontext zu erklären.

42 Zu *gbj/gbgb* s. jetzt auch Ward (1986), 79-81; die *n*-Form ist sicher fehlerhaft, es ist *gb=sn* zu lesen.

43 Zu den *gꜣbgw*-Vögeln (evtl. auch *gbgꜣ* zu lesen) s. Vandier (1961), 228, n. 861; als unheilstiftenden Vögeln sind ihrer Abwehr die Sargtextsprüche CT V, 269 und 277 gewidmet. Die Lesung ist sicher, wenn auch die Schreibung ungewöhnlich ist; im P. Jumilhac ist das Wort einmal 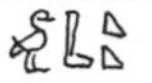 geschrieben: IV b, 9, s. Vandier a.a.O., Tafelteil.

44 Zu *sšn* mit *jb* s. Wb IV, 294, 3. Schott (1956), 184 übersetzt "abfallen"; diese Übersetzung dürfte die Bedeutung des Wortes treffen; die beiden weiteren mir bekannten Belege Urk. IV, 501, 3 und Edfu I, 577 erlauben die gleiche Übersetzung, vgl. bes. Urk. IV, 501, 3: *nn wn sšn jb m-m* "nicht gab es ein Abfallen dort (=in Ägypten)".

45 Schott (1956), 184 übersetzt: "wird meine Schwester Isis spießen"; doch ist *sšnj* hier sicher keine Verbalform (s.a. die folgende Anmerkung), der Satz ist somit wie oben als (adverbieller) Nominalsatz zu übersetzen.

46 Zu Schotts Übersetzung s. die vorhergehende Anmerkung. Hier liegt wohl das Wort *sšn.t* vor, das (es ist im Wb nicht belegt) in den "Hymnen an das Diadem der Pharaonen" belegt ist. Zuletzt behandelte Bidoli (1976), 67 diese Stellen. Er verweist auf das Bild der Schlange, die sich um einen Papyrusstengel ringelt und schlägt daher eine Gleichsetzung mit *sšn* "zusammendrehen" bei der Fadenherstellung vor (zu diesem Wort s. Wb IV, 293, 9-13). Von dieser einleuchtenden Gleichsetzung geht auch mein Übersetzungsvorschlag aus: die Harpune ist - zum Festhalten der Beute - mit einem Seil versehen, s. zuletzt Säve-Söderbergh in: LÄ III, 1012, s.v. "Harpune". Dieses Seil führte am Schaft entlang und war vielleicht sogar, wie dies z.T. heute noch üblich ist, um diesen gedreht, s. Säve-Söderbergh (1953), Fig. 2 a-e.

47 Schott (1956), 184 merkt an, daß statt "Osiris" eigentlich *sšnw* "Vögel" stehen müßte und übersetzt entsprechend. Nun ist aber auch in der vorliegenden Hs *Wsjr* überliefert (mit vorausgehendem *m-bꜣḥ* anstelle des *m* in BM); diese übereinstimmende Überlieferung sollte nicht ohne Not geändert werden. Schotts Verweis auf das erforderte Wortspiel überzeugt nicht, da dieses durch *sšn-jb* und *sšnj* bereits gegeben ist.

48 Schott (1956), 184 liest *sjꜣ* und übersetzt "ausnehmen", doch ist ein Wort dieser Schreibung und Bedeutung nicht belegt. Für "ausnehmen" sind die Bezeichnungen *wgs*, Wb I, 377, 12-15 und (nur im NR) *ms,* Wb II, 154, 18 belegt. Eine versehentliche und fehlerhaf-

[Was die Feinde des Osiris unter ihnen angeht, so hat[51] Isis Krankheit gegeben] unter sie als *šptjw*-Fische.[52] Was diejenigen unter ihnen angeht, die umhergehen[53] bei(?) der Reinigung[54]

[des Osiris, des großen Gottes in Busiris, es watete Isis in] ihrem [Blut],[55] sie schädigte(?)[56] ihre Arme [und ihre Beine] als *ʿbjw*-Fische,[57]

te Veränderung aus einem dieser Wörter zur vorliegenden Schreibung ist wohl auszuschließen, zudem ist auch in der vorliegenden Hs *sj3* zu lesen. Wie zudem eine nochmalige Prüfung des Originals ergab, ist im Papyrus des *Jrj-jrj* wohl doch auch und nicht zu lesen: der Strich von ist deutlich, allerdings auch das über dem Zeichen, das sonst nur bei belegt ist, vgl. Möller III, 441 und 160B. Die einzige einigermaßen plausible Deutung ist m.E., *sjꜣṯ* "betrügen, verstümmeln" zu lesen (WB IV, 32, 1-4) und damit wie oben zu übersetzen.

49 *jmj jb* hier sicher nicht der zusammengesetzte Ausdruck "Liebling" o.ä. Ich folge - mit Vorbehalt, da ich keinen weiteren eindeutigen Beleg für diese Bedeutung kenne - der Übersetzung Schotts ("Inneres").

50 Ein Fisch dieses Namens ist im Wb nicht belegt, vgl. aber jetzt Meeks (1977), 302, Nr. 77.3326 und bes. seinen Verweis auf CT VI, 245 u.

51 *dj.n* mit BM.

52 Zum Kugelfisch vgl. bes. Gamer-Wallert (1970), 14f., 42f. und 108f. Die "Krankheit" ist vielleicht eine Anspielung auf die Gefährlichkeit des Kugelfisches, die daraus resultiert, daß Teile des Fisches (Leber, Galle, Eierstöcke) tödlich giftig sind. - Zur Frage, ob dieser Fisch, der mit dem Überschwemmungswasser in Ägypten auftauchte, einen Kult in Elephantine hatte, vgl. die Diskussion zwischen Edel und Helck in MDAIK 31, 1976, 35ff. und in GM 29, 1978, 27ff; 30, 1978, 35ff; 36, 1979, 31ff.

53 Schott (1956), 184 übersetzt "geraten"; doch die Belege für *sbnbn* zeigen, daß die Bedeutung "umhergehen, wandern" o.ä. zutreffender ist, s. etwa die Stellen CT IV, 316 g: *ḥr sbnbn.n=f ḥr=f* "wegen dessen, worauf er wanderte" oder CT VI, 318 c: *sbnbn=f r=k m-bꜣḥ psḏ.tj* "er wandert zu dir in Anwesenheit der beiden Neunheiten". - Der Sinn dieser Aussage ist freilich unklar, auch ist eine Verderbnis nicht ganz auszuschließen: beide Hss schreiben *sbnbn=k*, doch ist im Kontext ganz sicher zu *sbnbnw* zu emendieren.

54 Im Papyrus des *Jrj-jrj* stehen nach *twr n* noch unklare Zeichenreste; ein scheinbar zu lesendes dürfte im Kontext nicht in Frage kommen.

55 Schott (1956), 184 übersetzt diese Passage: "(im Blut derer ...) wird Isis waten (*sbnbn*) ... [als *sbnw*-Fische]" und bemerkt dazu (Anm. 9), daß der "durch das Wortspiel gegebene" *sbnw*-Fisch entweder ausgefallen sei oder später in einer z.T. zerstörten Aufzählung weiterer Fische folge. Die zerstörten Reste nach *Js.t* sind in BM col. 33, Z. 34 zu *snf* "Blut" zu ergänzen, s. die Transkription. Danach ist - das ganz sicher erforderliche - *=sn* zu ergänzen, und dann beginnt eine neue Sinneinheit. Raum für eine Ergänzung *sbnw* ist nicht vorhanden, und die von Schott für möglich gehaltene spätere Erwähnung des *sbnw*-Fisches widerspräche dem Aufbau dieses Textes wie auch der Natur des Wortspiels an sich, dessen Teile ja unmittelbar benachbart sein sollten. Das "fehlende" Wortspiel ist daher m.E. im zweimaligen *sbnbn* zu suchen, sei es, daß, wie oben schon erwogen, der erste Beleg verderbt ist, sei es, daß die beiden Belege sich in ihrer Bedeutung unterscheiden; für letzteres spräche etwa die unterschiedliche Determinierung in BM (und). Sicher genannt ist der *sbnw*-Fisch dagegen im Ritualvermerk, BM col. 34, 17.

56 Zu *ʿb* vgl. am ehesten WB I, 174, 13: "Feind" o.ä., belegt u.a. im spätzeitlichen Ritual; der Kontext verlangt eine strafende Handlung der Isis. Ein entsprechendes Verbum in dieser Schreibung ist freilich nicht belegt.

[......][58] [sie warf[59] ihre Arme hinter] sie als Fischernetz [......][60]

[......] an ihren Häuptern [......]

und so fort [......]

Verstorbener, Verstorbene, und so fort [......]

gegen dich(?); du machst gegen (? für?) seinen Sohn [......] rechtfertigen(?) [......]

hinter euch(?), die Feinde, die Genossen(?) [......] Horus, der begattet(?) [......]

ihr begattet(?) [......] --?-- du [......] Osiris, Erster der Westlichen [.....] fällen seine Feinde [...... es triumphiert(?)]

sein Sohn Horus gegen [seine(?)] Feinde [... es triumphiert] der Osiris des Gottesvaters *Jrj-jrj*, gerechtfertigt, Sohn der

Tꜣ-šrj.t-mn, gerechtfertigt, [......] --?-- gegen ihn(?) als(?) [......]

57 Eine Fischart dieser Schreibung ist im Wb nicht belegt und auch sonst m.W. nicht nachzuweisen. Ähnlich geschrieben wird ein in der Bauerngeschichte belegter Fisch *ꜥwbbw*, vgl. Wb I, 172, 10 und Gamer-Wallert (1970), 46; vgl. auch CT VI, 245 m, wo ein Fisch bzw. eine Fischgottheit 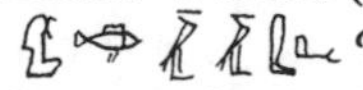 *ꜥbꜣꜣ* belegt ist. Die ganze Stelle ist, auch wegen der Unsicherheit in der Bedeutung des Verbums *ꜥb* (s.o.), unklar.

58 Die Stelle ist in beiden Hss größtenteils zerstört; in BM steht vor der Lücke offenbar *ẖntw*; eine Fischart dieser Schreibung ist mir nicht bekannt; es handelt sich wohl um ein hapax legomenon, falls nicht, dies wäre zu erwägen, eine - falsche oder besondere - Schreibung von *ẖḏw* "Fisch" vorliegt, das in den Sargtexten mehrfach (CT IV, 1 f; IV, 35 m; IV, 35 n) in der Schreibung belegt ist, vgl. auch Gamer-Wallert (1970), 20. Mit Schott (1956), 184, Anm. 9 ist wohl davon auszugehen, daß in der Lücke weitere Bezeichnungen für Fische standen; auch am Ende der Lücke ist das Determinativ der Fische erhalten.

59 Lies wohl *ḥdb* "werfen, niederwerfen", Wb III, 205, 8-17.

60 Ab hier weisen beide Hss z.T. erhebliche Lücken auf; die Lücken im Papyrus des *Jrj-jrj* erlauben es meist nicht mehr, den Kontext zusammenhängend zu rekonstruieren.

Papyrus BM 10.081, col. 34

Die im Papyrus des *Jrj-jrj* erhaltene Version ist ab Z. 23 außerordentlich lückenhaft, die Rekonstruktion des Kontexts ist nicht mehr möglich. Der in P. BM 10.081 erhaltene Paralleltext ist auf col. 34 zunächst ebenfalls recht lückenhaft, wird dort aber zum Textende hin wieder vollständiger. Da es wegen der verbleibenden Lücken nicht sinnvoll erschien, zu versuchen, die beiden Versionen ineinanderzuarbeiten, folgt hier der Schluß des Textes in der Version des P. BM 10.081 separat. Die hieroglyphische Transkription der gesamten in diesem Papyrus erhaltenen Parallelversion findet sich unten im Anhang. Für die Publikationserlaubnis sei dem damaligen Leiter des Egyptian Department des British Museum, T.G.H. James, herzlich gedankt.

Übersetzung

hinter sie [als Fischernetz ......][61]

[......]

uns(?) dieses. Ich gab [...] Menge [......]

er [...] sie als(?) Wildstier [......]

ich [...] die Türen von [...... mein Ge-]

[folge] an diesem Tag des Richtens der Verbrecher [...] und so fort. Seth

ist das und seine Genossen [... Mutter(?)[62]] des Horus, die

ihn erzeugt hat. Siehe, es triumphiert sein Vater Geb [...]. Du hast [...]. Er liegt

[61] = Papyrus des *Jrj-jrj*, Z. 23

[62] So sind die Reste wohl zu ergänzen; *jt* "Vater" scheidet trotz des folgenden *wtṯ* "erzeugen" wegen der Schreibung  aus.

im Wasser auf dem Rücken,[63] seine Glieder sind geteilt hinter dir. [...] Du [...] die Zeit

des Todes hinter euch, du Feind, ihr Genossen(?)[64] [...] --?--.

Die Duat ist unter dem Bösen und seinen Genossen. [... Ihr werdet nicht] Beischlaf haben[65] in

alle Ewigkeit. Es triumphiert Osiris über [seine Feinde, es triumphiert Osiris] Chontamenti

über seine Feinde;[66] viermal. Es triumphiert sein Sohn Horus über [seine Feinde; viermal.] Es triumphiert seine [Mutter] Isis über

ihre Feinde; viermal. Es triumphiert der Osiris NN über seine Feinde; viermal. Zu sprechen [am Fest(?)[67]] des Chontamenti,

der auf einer Figur(?) des Seth[68] steht [...] ein *ḫꜣbw*-Vogel[69] oder

ein *ḫbs*-Vogel oder *wrm*-Vögel oder *wr*-Vögel(?)[70] oder *gꜣbgw*-Vögel

[63] D.i. als Ertrunkener. Schott (1956), 185 übersetzt diese Passage ganz anders: (Geb) "verhütete, daß er (Osiris) ertrank durch Erheben seiner Glieder, die geteilt waren." Er liest am Anfang offenbar *ḫwj*. Dieses ist zwar - mit folgendem *sḏm=f* - in der Bedeutung "verhindern" belegt, s. Wb III, 245, 13, steht hier aber - wenn es richtig gelesen ist; die Reste lassen auch am Original eine Entscheidung nicht zu - sicher nicht in dieser Bedeutung, sondern in einem anderen Kontext, der zur nicht erhaltenen vorausgehenden Passage gehört. Schotts Deutung wurde mit verursacht durch die falsche Interpretation von *sṯs*. In dieser Schreibung, mit dem abkürzenden Determinativstrich / , kann es sich nur um *sṯs* "ausgestreckt auf dem Rücken liegen" handeln, das gerade auch vom Ertrunkenen belegt ist, s. Wb IV, 362, 9-12. Daraus ergibt sich dann auch der aus der obigen Übersetzung deutlich werdende andere syntaktische Zusammenhang.

[64] Schott (1956), 185 übersetzt "du (nahst) der Todeszeit" und sieht den Zusammenhang in der Verfluchung des Seth und seiner Genossen. Letzteres ist zweifellos zutreffend, doch ist seine (Teil-) Übersetzung problematisch, da *ḫꜣ=tn* dann syntaktisch nicht einzubinden wäre. Die Lesung *sbj* ist nicht ganz sicher, das Zeichen sieht eindeutig wie aus; doch ist dies leicht als Verschreibung aus zu erklären; zur Schreibung von *sbj* mit s. Wb IV, 87-88. Die Passage ist im Papyrus des *Jrj-jrj* Z. 28 in Bruchstücken erhalten.

[65] Diese Drohung gegenüber den Feinden des Osiris begegnet in diesen Texten nicht selten, vgl. etwa P. Bremner-Rhind (Apophisbuch) 22.19; 24.16; 25.17; 29.13; 31.3. Die Ergänzung *[nn bnbn]=tn* bzw. *[nn ḏꜣḏꜣ]=tn* o.ä. ist somit gesichert. s.a. den Papyrus des *Jrj-jrj*, col. x+5, Z. 29.

[66] Vgl. hierzu den Papyrus des *Jrj-jrj*, Z. 29-30.

[67] Die Lesung ist sicher, es ist also wohl *m ḥb* zu ergänzen.

[68] Es steht eindeutig zweimal ; ob Dittographie oder Verschreibung aus einem anderen Wort (*twt* "Gestalt")?

[69] Diese Bezeichnung ist m.W. sonst nicht belegt.

[70] Unsicher wegen der vorausgehenden Lücke.

oder[71] *sꜣjw*-Fische, *šptjw*-Fische, *sbnw*-Fische. (Es sind) Messer im Nacken dieser

Vögel und Fische. Es werde (ihnen) der Hals umgedreht,[72] sie sollen gegeben werden auf das Feuer vor diesem Gott. Es triumphiert der Osiris *Wn-nfr*,

gerechtfertigt, über seine Feinde; es triumphiert der Osiris NN über seine Feinde; --?-- das Verbrechen(?)[73] der Rebellen gegen ihn.[74]

Er fand, daß er sich von ihm entfernt hatte in der Nekropole. - Siehe, der Mann, der diesen Zauber spricht(?),

sei bekleidet[75] mit bestem Leinenstoff,[76] er sei beschuht[77] mit weißen Sandalen. Dann rezitiere(?) der Mann: "Es triumphiert Osiris Chonta-

menti über euch, ihr Rebellen; viermal. Werde gemacht am Fest des 6. Tages, am Fest des 15. Tages, am Tag [...].

Es triumphiert Osiris Chontamenti über seine Feinde; viermal. Es triumphiert Pharao über seine Feinde; viermal.

71 Es ist möglich, daß hier einmal zu häufig *rꜣ-pw* steht; im folgenden sind die Namen der Fische direkt nacheinander genannt; daraus wird zu schließen sein, daß sie nicht als Alternativen aufgeführt sind, sondern alle drei Arten für das Ritual benötigt werden.

72 Schott (1956), 184 übersetzt "..., die abgestochen sind". Die obige Übersetzung berücksichtigt die Tatsache, daß *wšn* ohne Pluralstriche geschrieben ist, also als passives *sḏm=f* wie *dj* aufzufassen ist.

73 Lies wohl *ḫbn.t* trotz der ungewöhnlichen Zeichenstellung; zu *ḫbn.t* s. *Jrj-jrj*, col. x+5, 16. Davor ist ein kleines Fragment offensichtlich falsch montiert; die Stelle ist unleserlich.

74 S. *Jrj-jrj* Z. 31; die beiden Querstriche am Zeilenende sind nicht zu deuten.

75 Wörtlich wohl "der Leinenstoff auf ihm"; *dꜣjw* ist nur als Substantiv belegt, s. Wb V, 417, 3-7.

76 Lies *tpj* "bester Leinenstoff", Wb V, 292, 14-16; das Determinativ(?)  nach  ist nicht erklärbar.

77 Wohl so; das Wort ist versehentlich wie der Dual *ṯb.tj* determiniert.

Ritual zur Vernichtung von Feinden

Formale und inhaltliche Gliederung

Das "Ritual zur Vernichtung von Feinden", das dieser Text enthält, wird im folgenden wie die übrigen Texte unter dem Aspekt seiner inhaltlichen und formalen Gliederung erörtert. Wie bei all den Texten, deren Vers- bzw. Satzgliederung nicht durch ihre stichische Schreibung ohnehin evident ist, beginnt diese Erörterung jeweils mit der Transkription der einzelnen Abschnitte, entsprechend den oben S. 33 zum Aufbau von Spruch 168 genannten Grundsätzen.

Wie dort, so ist auch hier nur der eigentliche Ritualtext Gegenstand der Erörterung. Der abschließende Ritualvermerk - der im übrigen nur in BM belegt ist - bleibt von der Betrachtung ausgeschlossen.

1) 5.2 - 5.4: Rede des Sprechers = des Osiris

jnk pr m ḥꜣ.t
mrj n jt=f smsw n mw.t=f

jw rdj n=j jt=j Rꜥ dꜣ.t r ḥqꜣ jm=s
n mrw.t wnn ẖftjw=j ẖr ṯb.tj=j
Stš pw ḥnꜥ smꜣj=f

sn.t=j Js.t ḥr sꜣd ẖftjw=j
sꜣ=j Ḥr ḥr wp n=j wꜣw.t
mrw.t=f mꜣꜥ-ḫrw=j r Stš ḥnꜥ smꜣj=f

Die inhaltliche Dreiteilung ist offensichtlich: 1. Selbstvorstellung, ohne daß dabei der Name genannt wird: von wem die Rede ist bzw. wer spricht, geht aus dem folgenden aus inhaltlichen Gründen eindeutig genug hervor; das *jnk Wsjr* "ich bin Osiris" folgt erst in 5.11, also viel später. 2. Funktion und Legitimierung des Sprechenden: Herrscher der Duat, durch Re eingesetzt, und das damit angestrebte Ziel: Bezwingung der Feinde = des Seth und seiner Genossen. 3. Erreichung dieses Zieles mit Hilfe der Schwester: Isis, und des Sohnes: Horus.

Besonders betont sind im zweiten und dritten Teil "Seth und seine Genossen" durch ihre Stellung am Ende.

2) 5.4 - 5.5: Rede der Mutter = der Nut

js ḏd.n mw.t=j r=j

ṯwt sꜣ=j smsw prw jm=j wpw ẖ.t=j
prj=k m ḥꜣ.t=j nfr wj sw
smꜣʿ-ḫrw=k r Stš ḥnʿ smꜣj=f ḫftj nb ḥmw.t-rꜣ

Die kurze direkte Rede bringt inhaltlich keine neuen Gedanken: Die - ebenfalls nur aus dem Kontext als Sprecherin erschließbare - Mutter Nut bestätigt Osiris als ihren Sohn und nennt, wiederum am Ende des Abschnitts, das Ziel: den Sieg über Seth.

3) 5.5 - 5.6: Zwischentext

mꜣʿ-ḫrw Wsjr Wn-nfr mꜣʿ-ḫrw r ḫftjw=f nb ḥmw.t-rꜣ
mꜣʿ-ḫrw Wsjr NN mꜣʿ-ḫrw r ḫftjw=f nb ḥmw.t-rꜣ

Die Wertung dieser Passage als Zwischentext ergibt sich daraus, daß zum einen die Rede der Nut jetzt beendet ist, der Wechsel von der 2. zur 3. Person zeigt dies deutlich; zum anderen findet anschließend ein erneuter Personenwechsel statt: der Sprecher = Osiris spricht dann wieder in der 1. Person von sich. Inhaltlich schließen die beiden Sätze an das Ende des vorausgehenden Abschnitts an bzw. setzen es fort: Wen-nefer soll am Triumph über die Feinde teilhaben, ebenso wie der Pharao,[78] bzw., im Rahmen des letzten Verwendungszweckes der Hss, der Osiris NN.

[78] Der Papyrus BM 10.081 war ursprünglich als Tempel-Ritual-Buch verwendet worden; zum Zwecke seiner späteren Verwendung als Totenbuch wurde *pr-ʿꜣ* "Pharao" = der Ritualist, mit Ausnahme der letzten Kolumnen durch den Namen des Besitzers ersetzt, s. Schott (1956), 181.

4) 5.6 - Ende: Rede des Sprechers = des Osiris

A: Osiris

Im folgenden spricht bis zum Ende des Textes - soweit der fragmentarische Zustand des Textendes diese Aussage zuläßt - ausschließlich Osiris. Inhaltliche Beobachtungen erlauben eine Einteilung in mehrere Abschnitte.

4a) 5.6 - 5.8: Osiris und Isis

sn.t=j Js.t ḥr jrj mk.t=j
ꜣḫ.t wsr.t nb.t mꜣꜥ-ḫrw smnḫ.t(?)
dj=s sbjw=j m ksw ḥwj=s dndn pn
n mrw.t smꜣꜥ-ḫrw=j ḥnꜥ sꜣ=j Ḥr r Stš pn ḥnꜥ smꜣj=f
m hrw pn nfr ḫꜥj.n=j jm=f ḥr jꜣw.t
rdj.n=j jt=j Rꜥ nḫt=j wsr=j jm=f

Wie am Anfang, so ist auch hier von der Hilfe der Isis für Osiris die Rede. Die eigentlich neue Aussage folgt in den beiden letzten Sätzen, die den Zeitpunkt und die äußeren Umstände des Triumphes präzisieren: An dem Tag, an dem er "auf den Stätten" erschienen ist und an dem ihm Re besondere Stärke verliehen hat. Die letzte Zeile, syntaktisch durch die auf *hrw* bezogene Relativform *rdj.n=j* noch zum vorausgehenden Kontext gehörend, verweist inhaltlich durch die Einführung des Re bereits auf das Folgende.

4b) 5.8 - 5.9: Osiris und Re

jw rdj.n=f n=j dꜣ.t dj.kwj m ḫntj=s
jw rdj.n=f n=j jꜣw.t jmn.tjw jꜣw.t jꜣb.tjw
rdj(w) jw=sn(?) n=j tm sp-2 m wꜣḥ-tp

Der letzte Satz des vorausgehenden Abschnitts nimmt wie schon gesagt eine Zwischenstellung ein; inhaltlich gesehen ist er zweifellos mit Abschnitt 4b in Verbindung zu bringen. Hier in diesem Abschnitt wird wiederholt bzw. präzisiert, was eingangs eher allgemein von Re gesagt worden war: daß er dem Osiris die Herrschaft über die Duat übergeben hat.

4c) 5.9 - 5.10: Osiris und Horus

jw sꜣ=j Ḥr m ḥqꜣ n Tꜣ-mrj
ꜥnḫw ꜥšꜣw m šmsw=f
pr(w) m fntjw nw jr.t Rꜥ
ḥtp=j n šw n rnpw.t=sn
šp.t ḫpr jwtj=sn (?)

Dieser inhaltlich bedeutsame Abschnitt enthält leider eine Reihe von Schwierigkeiten, die einem Verständnis teilweise im Wege stehen. Hier sind besonders die Wesen zu nennen, die "als Maden aus dem Auge des Re" kamen: Wer sind sie, und in welchem Verhältnis stehen sie zum vorausgehenden und zum folgenden Text? Schott (1956), 183 -184 sieht in ihnen die Feinde des Osiris, und dieser Gedanke liegt auch an sich nahe, da im folgenden dann ausführlich von den Feinden und ihrer Abwehr durch Isis die Rede ist. Andererseits ist zu vermuten, daß das Partizip *pr(w)* sich auf das Vorhergehende bezieht, d.h. auf *ꜥnḫw ꜥšꜣw* "zahlreiche Lebende" (Schott las hier fälschlich *ꜥnḫw ꜣḫw* "Lebende und Geister"). Mit diesen können aber nur die Menschen gemeint sein, so daß andererseits auch *fnṯw* "Maden" eine Bezeichnung für "Menschen" zu sein scheint. Schott deutet diese Möglichkeit a.a.O. auch an, und eine der von ihm zitierten Stellen: CT IV, 76a ff. scheint dies zu bestätigen: *NN pw wꜥ m nw n fnṯw Jtmw qmꜣw.n=f m jr.t=f* "NN ist eine von diesen Maden des Atum, die er aus seinem Auge geschaffen hat". Da aber m.E. aus inhaltlichen Gründen ausgeschlossen werden muß, daß die Menschen als Feinde des Osiris bezeichnet werden können, kann hier entweder nur von Menschen = "Maden" oder von Maden = "Osirisfeinde" die Rede sein; die Anordnung der drei Begriffe auf einer einzigen inhaltlichen Linie ist dagegen nicht möglich.

Nicht zuletzt aufgrund der zitierten Coffin-Text-Stelle entscheide ich mich für die Gleichsetzung Menschen = "Maden" und gehe damit im Gegensatz zu Schott davon aus, daß die im folgenden ab Z. 12 erwähnten feindlichen Wesen nicht mit den *fnṯw* gleichzusetzen sind, sondern mit den zu Beginn des Rituals genannten *ḫftjw* = "Feinden".

Auch die folgende Passage bereitet Probleme, s. dazu oben die Übersetzung mit Anm. 17 und 18. Inhalt des Abschnitts ist zunächst Horus in seiner Funktion als Sohn und Nachfolger des Osiris. Die als zum Gefolge des Horus gehörend genannten *ꜥnḫw*

ʿšꜣw werden im folgenden auch als "Maden" bezeichnet(?) und es werden Aussagen über sie gemacht, die uns unklar sind.

4d) 5.11: Osiris

jnk pw jnk nb=sn
jnk pw jnk Wsjr
mrj n jt=f smsw n mw.t=f Nw.t

Osiris nennt hier erstmals seinen Namen und betont seine Stellung als "ihr Herr" (=der Menschen?) auch äußerlich so markant durch das viermalige *jnk*, daß die Eigenständigkeit dieses Abschnitts schon daraus ersichtlich wird. Zudem beginnt im folgenden der "Isis-Teil" der Rede, d.h. der Bericht über die Hilfe, die Isis dem Osiris gewährt hat.

B: Isis

4e) 5.11 - 5.12: Isis die Helferin gegen die Feinde allgemein

jw sn.t=j Js.t ḥꜣ=j
ẖnr.n=s n=j ḏꜣj=sn jm=j
m hrw pn nfr ḫʿj.n=j jm=f ḥr jꜣw.t

Dieser Abschnitt leitet den "Isis-Teil" ein; er ist inhaltlich insofern noch allgemeiner gestaltet als die folgenden Abschnitte, als diese - jeweils durch *jr* "was ... betrifft" eingeleitet - über bestimmte Handlungen der Isis gegen bestimmte Gruppen von Götterfeinden berichten, i.d.R. verbunden mit Wortspielen.

4f) 5.12 - 5.17: Isis gegen die Vögel

1 *jr ꜣpdw jm=sn r p.t m ꜣpd*
jw sn.t=j Js.t ꜣd=s r=sn m jꜣd.t
srwj.n=s sw.t=sn nt ʿnḫw

[......] jsf.tjw=j
dbn.n=s ꜥ.wj=sn rd.wj=sn m ḥḏj.t
sḥwꜥ.n=s jbw=sn m ḥwꜥ
ḫtj.n=s ꜥ.wj=sn rd.wj=sn m-jmw
sḫt.n=s r=sn m jbṯ.t
swꜣ.n=s ḏ.t=sn m rwj(?) jrj
ṯs.n(?) nṯrw jrj=sn r Wsjr m ḥw.t-wṯs
gb.n=s(?) ꜥ.wj=sn rd.wj=sn
ḫft dd=s sn m nḏr.t m ḫbn.t nt bnw
sbꜣ.n msw Ḥr r=sn m sbꜣw

Dieser Abschnitt leitet eine Reihe gleich gebauter Abschnitte ein, die über das Vorgehen der Isis gegen die Götterfeinde berichten. Sie sind durch *jr* "was ... betrifft" eingeleitet, auf das jeweils die Bezeichnung der Feinde folgt. Die Handlung, die Isis vornimmt, ist i.d.R. durch ein Wortspiel mit der Bezeichnung der Feinde verbunden; teilweise umfaßt dieses Wortspiel - zusätzlich oder auch ausschließlich - auch die Handlung der Isis und das dabei verwendete Instrument: im vorliegenden Fall etwa *ꜣd=s* und *jꜣd.t* (Z. 3), *sḥwꜥ=s* und *ḥwꜥ* (Z. 6) oder *sbꜣ.n* und *sbꜣw* (Z. 13). Diese Wortspiele sind nicht immer so klar erkennbar wie in den genannten Beispielen; teilweise ist nicht eindeutig zu entscheiden, ob ein beabsichtigtes Wortspiel oder eine zufällige - entfernte - Ähnlichkeit vorliegt: etwa bei *ꜣpdw* - *ꜣd=s* - *(jꜣd.t)* in Z. 1-2.

Auffällig ist der große Umfang dieses Abschnitts im Vergleich zu den folgenden. Hier wird detailliert eine ganze Reihe von Handlungen der Isis geschildert, gewissermaßen als ausführliche Version gegenüber den folgenden kurzen. Es ist wohl kein Zufall, daß diese ausführliche Version einleitend in Verbindung mit den *ꜣpd*-Vögeln, d.h. mit einer umfassenden Bezeichnung der Gattung "Vogel" steht. Im folgenden sind dann i.d.R. einzelne Vogelarten aufgeführt.

4g) 5.17: die ꜣpdw-Vögel

jr ḫpr=sn m ꜣpdw
jw sn.t=j Js.t ḫbs.n=s jb r=sn m ḫꜣbꜣ=s

Die Serie der kurzen Abschnitte wird durch die erneute Benennung der *ꜣpdw*-Vögel eingeleitet; vielleicht ist hier an die speziellere Bedeutung "Ente" bzw. "Gans" zu denken, s. hierzu Wb I, 9, 5-8. Das Wortspiel umfaßt hier die Begriffe *ẖbs* und *ẖꜣbꜣ* in Z. 2; ob *ẖpr* in Z. 1 ebenfalls einzubeziehen ist, bleibt fraglich.

4h) 5.17 - 5.18: die wrm-Vögel

jr wnm jm=sn m ḥʿw=j
jw mt n.jm=sn m mt n wrm

Die Ähnlichkeit des Konsonantenbestandes der Begriffe *wnm* und *wrm* ist sicherlich als gewollt im Sinne eines Wortspiels zu sehen.

4i) 5.18 - 5.19: die gꜣbgw-Vögel

jr gb=sn r Stš ḥnʿ smꜣj=f
jw gb=sn m gꜣbgw

Das Wortspiel umfaßt hier drei Begriffe: *gb* "beugen", *gbj* "niederwerfen" und *gꜣbgw*.

4j) 5.19 - 5.20: die "Abgefallenen"

jr sšn jb jm=sn r Stš pw ḥnʿ smꜣj=f
jw sn.t=j Js.t m sšnj r=sn
ḥsq.n=s tp=sn m-bꜣḥ Wsjr

Es fällt auf, daß hier keine Vögel erwähnt werden. Dies hatte bereits Schott veranlaßt, am Ende statt *m-bꜣḥ Wsjr* den Begriff *sšnw* "Vögel" zu fordern, s.a. oben die Übersetzung, Anm. 47. Wie dort bereits vermerkt, umfaßt das Wortspiel hier die Begriffe *sšn* und *sšnj*.

Das Fehlen eines Begriffes für Vögel ließe sich u.U. auch zwanglos daraus erklären, daß dieser Abschnitt die Schnittstelle zwischen den bisher als Feinden klassifizierten Vögeln und den im folgenden aufgezählten Fischen bildet.

4k) 5.20: die s3jw-Fische

jr ẖr jm=sn r pf mw m rmw
jw sj3ṯ.n Js.t jmj jb=sn m s3jw

Mit *rmw* wird zunächst die Gattung "Fisch" eingeführt; die eigentliche Fischart steht hier und in den folgenden Abschnitten jeweils am Ende. Das Wortspiel umfaßt hier die Begriffe *sj3ṯ* und *s3jw*.

4l) 5.21: die šptjw-Fische

jr šptjw-jb jm=sn r Wsjr
jw dj.n Js.t wḥ3 jm=sn m šptjw

Das Wortspiel umfaßt die beiden Begriffe *šptjw-jb* "Feinde" und *šptjw* "Kugelfisch".

4m) 5.21 - 5.22: die ʿbjw-Fische

jr sbnbnw jm=sn m twrw n ḫftjw n Wsjr nṯr ʿ3 m ʿnḏ.t
jw sbnbn Js.t m snf=sn
jw ʿb.n=s ʿ.wj=sn rd.wj=sn m ʿbjw

Das Wortspiel umfaßt hier die Begriffe *ʿb* "schädigen"(?) und *ʿbjw* als Bezeichnung für eine sonst nicht bekannte Fischart, s.a. oben die Übersetzung, Anm. 57.

Im folgenden sind dann die Zerstörungen so groß, daß die Zusammenhänge nicht mehr klar erkennbar sind. Es folgte mit Sicherheit wenigstens eine weitere Handlung der Isis, das Wortspiel *ḥdb - ḥ3d* ist noch erkennbar. Spätestens ab 5.27 *(ḥr jrj=k r s3=f ...)* ist ein Subjekts- und damit Themenwechsel faßbar. Inhalt ist jetzt, soweit dies aus den Resten und aus der in P. BM 10.081, col. 34 erhaltenen Fortsetzung des Textes erkennbar ist, der - nunmehr tatsächlich errungene - Triumph des Osiris. Damit und mit der abschließenden Einbeziehung des *Jrj-jrj* in diesen Kontext schließt der Text im Papyrus des *Jrj-jrj* ab. Der in BM noch erhaltene ausführliche Ritualvermerk fehlt hier, wie der Neubeginn mit der *mḏ3.t nt psḏn.tjw* auf col. x+6 zeigt: der auf col. x+5 zur

Verfügung stehende Raum schließt die Möglichkeit aus, daß der Vermerk vollständig den Zerstörungen zum Opfer gefallen sein könnte.

Dies ist im übrigen unter dem Aspekt des Verwendungszweckes der beiden Hss so und nicht anders zu erwarten: BM ist eine originale Tempelhandschrift, die sekundär ihrer Verwendung als Totenbuch zugeführt wurde: Wo ursprünglich *pr-ꜥꜣ* "Pharao", d.h. die Benennung des Ritualisten genannt ist, wurde dies gelöscht und mit dem Namen des späteren Eigentümers, *Pꜣ-wrm*, überschrieben. Erst ab col. 34, Z. 23 ist *pr-ꜥꜣ* noch erhalten (s.a. oben Anm. 78).

Der Papyrus des *Jrj-jrj* ist dagegen von vornherein als Totenbuch konzipiert: Gleichzeitig mit der Niederschrift des Textes wurde der Name des Besitzers eingearbeitet. In diesem neuen Kontext war die Ritualanweisung naturgemäß überflüssig und wurde deshalb weggelassen.

Eine weitere von Schott aufgeworfene Frage wird durch die vorliegende Hs beantwortet: Ihm war aufgefallen,[79] daß in BM von den mit dem Ritual zur Vernichtung von Feinden beginnenden Abschnitten einerseits nur dieses als *md̠ꜣ.t* "Buch" bezeichnet wird, andererseits bereits der folgende Abschnitt andere Festtage benennt als im Ritual genannt werden. Die damit implizierte Frage, ob dieses Ritual selbständig oder Teil einer größeren Einheit ist, wird durch den Papyrus des *Jrj-jrj* zugunsten der ersten Alternative beantwortet: Die hier vorausgehenden bzw. folgenden Texte sind ganz andere als die in BM belegten, die Selbständigkeit des vorliegenden Rituals wird damit bekräftigt.

Ein abschließender Blick soll dem formalen Aufbau dieses Textes gelten:

Ein Überblick über die oben vorgenommene abschnittsweise Transkription zeigt zum einen, daß auch hier sehr deutliche Abschnittsgrenzen erkennbar sind, d.h. daß die Einteilung des Textes in kürzere Sinnabschnitte ebenso offensichtlich ist wie dies in den übrigen hier behandelten Texten der Fall ist. Zum anderen sind freilich auch signifikante Unterschiede festzustellen. Die wichtigsten unter ihnen sind die folgenden:

1. Vor allem am Beginn: Häufung von mit *n mrw.t* eingeleiteten Finalsätzen
2. z.T. sehr lange Satzteilsequenzen, d.h. teilweise sehr unterschiedliche Zahl von Satzgliedern (s.etwa den Abschnitt 2: 5.4 - 5.5)
3. Häufung finiter Verbalformen
4. Wechsel in den Sprecherrollen

[79] S. Schott (1956), 183.

Alle diese Erscheinungen zeigen, daß hier eine andere literarische Gattung vorliegt, als dies in den übrigen, als Hymnen, Litaneien etc. zu klassifizierenden Texten der Fall ist: Der vorliegende Text ist im Kern eine mythologische Erzählung (vgl. etwa die Vergangenheitsformen bei der Beschreibung der Handlungen der Isis), die hier in einen Ritualkontext eingebettet ist bzw. als die verschiedenen Ritualhandlungen begleitender Text fungiert. Dies ist etwas anderes als die den übrigen Texten zugrundeliegende Situation, in denen zwar ebenfalls im weitesten Sinne ein ritueller Kontext vorliegt, d.h. die auch im Verlauf des Rituals rezitiert wurden; wie aber der in BM erhaltene ausführliche Ritualvermerk belegt, liegt hier ein mit den einzelnen Ritualhandlungen viel unmittelbarer in Verbindung stehender Text vor, der damit einer anderen Grundsituation angehört. Dieser unterschiedliche Verwendungszweck spiegelt sich auch im unterschiedlichen formalen Aufbau wider: die strenge poetische Gliederung etwa eines Hymnus hat hier der mehr "prosaischen" Gliederung eines Ritualtextes Platz gemacht.[80]

[80] Zur Frage der Wechselbeziehungen zwischen Form und Inhalt bzw. der Abhängigkeit der Form von der inhaltlichen Gattung vgl. jetzt auch Burkard (1993); vgl. auch die Bemerkung in Burkard (1988), 28, Anm. 48.

Papyrus des *Jrj-jrj*, col. x+6
Buch vom Neumondfest
Übersetzung

1 Vorlesen[1] der Buchrolle vom Neumondfest. Zu sprechen: Neumond, Neumond,[2] der im Gefolge [...] ist,[3]

an diesem schönen Tage des Neumondfestes. Möget ihr sehen das große Gemetzel, das gemacht wurde(?)[4] dem Gefolge des Seth [...].

Mein Vater Osiris(?),[5] er hat sie herbeigeholt, um zurückzuweisen ihre Worte[6] vor Anubis auf [...].[7]

Thot schüchtert ein euer Volk,[8] Horus breitet ihm aus[9] die Laube, sitzend an der Spitze(?)

1 Oder: "es werde vorgelesen".

2 Die Lesung *sp-2* ist nach Ausweis des Originals gesichert; zur Doppelung *psḏntjw sp-2* vgl. etwa den Ritualtitel *pꜣ jꜣw jꜣw* "der zweimal Alte" in P. Salt 825, 13, 6; zu den im P. Salt 825 aufgeführten Buchtiteln vgl. Weber (1969), 130f.

3 Der Zeichenrest nach *šmsw* ist vielleicht der untere Querstrich von  , so daß zu  zu ergänzen wäre; danach ist vielleicht noch zu *mj=tn* "kommt ihr" o.ä. zu ergänzen.

4 Oder: "das gemacht hat das Gefolge ..."; da in Z. 3 in jedem Falle Osiris als handelnde Person angesprochen ist (*jnj.n=f*), ist hier eher anzunehmen, daß das Gefolge des Seth als erleidend und nicht als handelnd angesprochen ist. Dafür spricht im übrigen auch der den Jubel und die Festesfreude beschreibende Kontext. *jrj ꜥḏ.t* wird zudem durchgehend für das Gemetzel am (Gefolge des) Feind(es) verwendet, vgl. etwa das Apophisbuch, P. Bremner-Rhind 24,2; 24,22; 25,1; 25,2; 25,6.

5 Oder: "mein Vater Osiris. Er hat sie herbeigeholt, ..."; in jedem Fall ist wohl davon auszugehen, daß Osiris der Handelnde ist. Thot und Horus werden erst später, in Z. 4, als Handelnde eingeführt.

6 Vgl. z.B. Edfu I, 301: (Horus) *nn ḫsf ḏdw=f* "(Horus) dessen Worte nicht zurückgewiesen werden".

7 Die Ergänzung am Ende ist nicht sicher; die Reste könnten zu *štj.t* passen, aber dann stört das *ḥrj-tp* anstelle des zu erwartenden *ḥrj-jb*; die Lesung *tp* steht aber außer Zweifel. Auch bei der denkbaren Ergänzung zu *ḥrj sštꜣ* stört das *tp*.

8 Vgl. den Buchtitel *pꜣ rtḥ pꜥ.t* "die Einschüchterung des Volkes", Wb II, 460, 6; das so benannte Ritual wurde von Alliot (1946) publiziert. Alliot übersetzt a.a.O. S. 61 *rtḥ pꜥ.t* mit "(Formule) pour prendre les hommes (au filet)".

9 *pšš* "ausspreizen" o.ä., vgl. Wb I, 560,13 - 561,3; vgl. P. Bremner-Rhind 6,9 und vgl. Pyr. 2100: *pšš.n Stš wrm.t=k* "Seth hat deine Laube ausgebreitet".

auf der Matte in seiner Würde, um zu rächen seinen Vater Osiris. Er schlug [die (? den?) Frevler],[10]

er vertrieb den Seth von Osiris. Jauchzen und Herzensfreude sind in Busiris, [es sind zufrieden(?)][11]

die Herzen(?)[12] in Heliopolis; Preis wird gespendet in Babylon, Rosetau ist in [...]

Tenenet ist zufrieden über [seinen] Herrn Sokar-Osiris; die Götter sind inmitten [...]

der Sokarbarke(?)[13]. Seth ist gefallen unter Osiris; die Balsamierungsstätte(?), ihr Herz ist froh(?); die *mk.t*-Stätte,[14] ihr Herr *Rʿ* (?) [...]

ist in Jubel; das ganze Abydos [...][15] bei Nacht und am Tage; in(?) [...]

ihr(?) [...]. Seth ist gefallen vor(?) [Osiris] mit [...] seinem Gefolge. Schlachten(?) [...]

[...] Osiris beim Machen(?) [...] Herz(?) [...]

Neumondfest. Du kommst bestrafen(?)[16] [...] Thot selbst dem Osiris. Es werden dir gelegt

die Dinge auf --?--[17], die Opfergaben des Festes in Heliopolis an diesem schönen Tag des Neumondfestes. Oh

mein Vater Osiris, du sitzest in ihm auf --?--,[18] nachdem du vertrieben hast [...]

[10] Am Ende ist vielleicht zu *(ḥwj.n=f) sbjw* zu ergänzen, vgl. z.B. *Jrj-jrj* 3.28 und 3.29.

[11] Am Zeilenende ist wohl *ḥtp* oder *ḫʿʿ* zu ergänzen, evtl. auch *ꜣw; nḏm* scheidet wegen des vorausgehenden *nḏm jb* aus.

[12] So, wenn der Text keinen Schreibfehler enthält; die gleiche Schreibung von *jbw* in Urk. VI, 15,2.

[13] Lies wohl *ḥnw* "Barke des Gottes Sokar", Wb III, 109, 12-13, auch wenn die Determinierung ungewöhnlich ist; sie ist allerdings laut Wb a.a.O. belegt.

[14] Tentative Übersetzung; in *mk.t* könnte entgegen meiner Transkription unter  ein 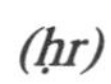 stehen; zu *mk.t* s. Wb II, 161,13; vgl. Auch P. Bremner-Rhind 28,13: 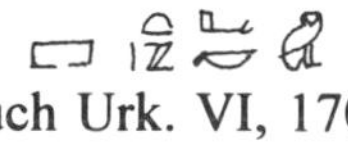 *(ḥr) mk.t*; Faulkner (1937) übersetzt: "place"; zu *mk.t (nt) Rʿ* vgl. etwa auch Urk. VI, 170,11 und P. Bremner-Rhind (Apophisbuch) 32,11.

[15] An dieser Stelle ist ebenfalls ein Ausdruck für "Jubel" o.ä. zu ergänzen.

[16] Ob: "[und] wehrst ab"?

[17] Die Lesung *psḏn.tjw* ist aus inhaltlichen Gründen nicht möglich.

[18] *bjꜣ tꜣ* ist in dieser Verbindung dem Wb noch nicht bekannt .

nachdem du gelöst hast dein Böses von der Erde. Es beten dich an die horizontischen Götter [...]

Osiris, Herr von Busiris, an diesem schönen Tag des Neumondfestes [...]

dein Angesicht, Jah, Götter(?)[19]. Deine Feinde sind gefallen

x+1 [............] es freut sich[20] der Himmel, gesellen zu(?)[21] [...]

als(?) Mond, wenn er voll ist[22] [...] man [...] sich(?) über ihren(?) Herrn,[23] man freut sich über

ihr(?) Gefolge. Siehe, er [...] dich(?),[24] er schmückt dich, lobt dich und liebt dich.

Thot, seine Arme sind unter [...] sein [...]. Süß ist das Auge des Horus, das leuchtet[25] für seinen Herrn in der Nacht und am

x+5 Tag; es vereinigt seinen Hofstaat hinter ihm. Osiris, erhebe dich, nicht [...][26]

das Auge des Horus. Kämpfe für seinen Herrn(?)[27], Neumond.[28] Werde gefällt(?)[29] auf dein Gesicht, Seth [...]

[19] Der syntaktische Zusammenhang zwischen *Jꜥḥ* und *nṯrw* ist noch nicht klar; evtl.: "Jah und die Götter".

[20] Ergänzt nach P. BM 10209,3,4; vgl. Haikal (1970), 36.

[21] *qrr* > *qrj* "sich gesellen zu", Wb V, 59,1-7, ist unsicher.

[22] Wörtlich: "wenn gefüllt ist das *wḏꜣ.t*-Auge"; vgl. z.B. Balsamierungsritual 9,8: *mj jꜥḥ mḥ wḏꜣ.t*; Goyon (1972), 76-77 übersetzt die Stelle: "comme ... la Lune quand elle est dans son plein". Vgl. auch P. BM 10209,3,4: *ḥꜥꜥ p.t ẖrj jr.t Ḥr mḥ wḏꜣ.t*; Haikal (1972), S. 20 übersetzt: "Heaven rejoices, while *ẖr-jr.t ḥr* fills the *wḏꜣ.t* ...".

[23] Die Lücken lassen vorerst keinen Zusammenhang erkennen .

[24] "Dich" ist jeweils nicht gesichert; an diesen Stellen könnte auch übersetzt werden: "xx bist du".

[25] Lies *šsp* "leuchten".

[26] In der Lücke ist wohl ein Wort für "schädigen", "schmähen" o.ä. zu ergänzen, oder auch "müde sein".

[27] Oder: "das Auge des Horus kämpft für seinen Herrn".

[28] Oder: "... den Neumond" oder "am Neumond"?

[29] Es steht *sẖr*; das kann wohl nur passiver Imperativ sein; oder es liegt ein Fehler für *ẖr* "falle" vor.

gefällt bist du. --?--[30] zu jeder Tageszeit, täglich. Ich bin der Schutz meines Vaters [Osiris](?)[31].

Ich bin Horus, der Schützer meines Vaters Osiris. Schütze mich, wie ich dich schütze,[32] mein Vater Osiris.

Oh alle Menschen, alle Edlen, alle Rechit, alle Sonnenvolkleute, und so weiter:[33] Ich bin euer König in Ewigkeit, ich bin auf dem Thron meines Vaters Osiris.

x+10 Sein [...] ist in *ḥw.t-šsr.t*[34], der Edle ist(?) in *ḥw.t-sꜥḥ*.[35] Er balsamiert [dich(?) ......]

[...] ich(?) [...] zu euch. Alle Rechit sind in der großen Halle von Heliopolis. Ich [...]

[...] für meinen Vater Osiris. Ich bin sein Sohn Horus.

30 S. Szudlowska (1972), 65 zu P. Krakau 10,3; dort steht: ... *jrj mr.t m jbd* ...; sie übersetzt: "that what female singers will recite ..." und merkt an, daß *mr.t* nach Meinung Zabas "female singers", s. Wb II, 107, bedeuten könnte. Dann würde die vorliegende Stelle so lauten: "Es rezitieren die Sängerinnen zu jeder Tageszeit, täglich." Zu den *mr.t*-Musikantinnen und den Meret-Göttinnen s. auch Otto (1938), 25-27 und Kees (1912), 103-109. S. jetzt auch umfassend Guglielmi (1991).

31 Ob in der Lücke tatsächlich *Wsjr* zu ergänzen ist, ist nicht ganz sicher; vielleicht fehlt am Zeilenende auch nichts.

32 Lies wohl *mk wj mj mk=j ṯw.*

33 Vgl. hierzu P. Bremner-Rhind 28,15. Dort übersetzt Faulkner die Stelle: "all men, all nobles, all plebs, all sunfolk, etc."; er transkribiert *rmṯ nb pꜥ.t nb rḫj.t nb ḥnmm.t nb* und verweist auf die Parallelstellen im P. Bremner-Rhind 32,6.11.12; aus 32,11 gehe hervor, daß *rmṯ* zu lesen ist; *O* sei das Determinativ von *pꜥ.t*, könne nur für *rḫj.t* stehen und sei Abkürzung für *ḥnmm.t.* Vgl. auch P. Brooklyn 47.218.156, col. 3, Z. 1: dort findet sich die gleiche Schreibung, vgl. Sauneron (1970), der S. 19 kommentarlos übersetzt: "tout homme, tout noble, tout homme du commun, tout être humain".

34 Gauthier (1925), 4, 134 merkt an, es handle sich um einen Ort oder ein Heiligtum des 15. o.ä. Gaues (Hermopolites), vielleicht auch um eine der vielen Bezeichnungen für den Thottempel von Hermopolis Magna. Ob danach *sr* zu lesen ist? Oder es liegt eine Kontamination vor, so daß insgesamt nur *ḥw.t-sr* zu lesen ist; letzteres etwa P. BM 10209,2,18 (s. Haikal 1970 z.St.).

35 die Bedeutung von *ḥw.t-sꜥḥ* ist unklar; ob "Balsamierungsstätte"?

Buch vom Neumondfest

Formale und inhaltliche Gliederung

Die *mḏꜣ.t nt psḏn.tjw* ist trotz der großen Bedeutung, die die Mondfeste, und damit eben auch das Neumondfest, besaßen,[36] der einzige bislang bekannte diesbezügliche Ritualtext.[37] Um so bedauerlicher - und das Verständnis erheblich erschwerend - ist die Tatsache, daß der Text nur fragmentarisch erhalten ist. Eine Reihe von Zusammenhängen bleibt aus diesem Grunde unverständlich oder nicht voll verständlich.

Es läßt sich nicht sicher sagen, wieviel vom Gesamttext verloren ist. Innerhalb der Kolumne fehlen in der oberen Hälfte jeweils einige Zeichen bzw. i.d.R. nicht mehr als ein bis zwei Wörter am linken Rand. Die Kolumnenmitte ist, wie die Tafel zeigt, erheblich zerstört, wohl zwei Zeilen sind komplett verloren.[38] Das Textende ist möglicherweise mit dem hier erhaltenen Ende identisch: In Z. x+12 ist am linken Rand, nach den Worten *jnk sꜣ=f Ḥr*, kein Zeichenrest mehr erkennbar. Es könnte also hier der Text zu Ende sein, die genannten Worte: "ich bin sein Sohn Horus" würden dem inhaltlich nicht entgegenstehen.

Der Text ist fortlaufend geschrieben, im folgenden ist somit wieder die in Sinneinheiten gegliederte Transkription der einzelnen Abschnitte ihrer Erörterung vorangestellt.

36 S. bes. den weiter unten folgenden Exkurs.

37 Das Neumondfest selbst ist bereits in den Pyramidentexten belegt; vgl. etwa Pyr. 1260: *jrw n=k psḏn.tjw ḫꜥj=k n jbd* "das Neumondfest wird für dich begangen, wenn du erscheinst zum Monatsfest", oder Pyr. 1711: *ḫꜥj=k n jbd wꜥb=k n psḏn.tjw* "du erscheinst zum Monatsfest, (denn) du bist gereinigt zum Neumondfest". - Aus den Abusirpapyri geht hervor, daß das Neumondfest bzw. genauer das Fest des Beginns des neuen Mondmonats das Fest ist, das in Abusir wohl am regelmäßigsten begangen wurde. Es hatte dort die Form eines feierlichen Rituals für die königlichen Statuen. Aus den Abusir-Papyri läßt sich der Festablauf bzw. der Ritualablauf folgendermaßen erschließen: Am Abend des Neumond-Tages - *psḏn.tjw* - wurden die königlichen Statuen entkleidet und gereinigt, am folgenden "Monatstag" - *jbd* - wurden sie bekleidet, geschmückt und beräuchert. Die verschiedenen für den Vollzug des Rituals erforderlichen Geräte sind überliefert, sogar die Namen und die Titel (*ḥmw-nṯr* und *ḫntjw-š*) der Ritualisten. Ritualtexte sind dagegen aus dieser Zeit nicht erhalten. Vgl. hierzu im einzelnen Posener-Krieger (1976), 544ff.

38 S. dazu Burkard (1986), 35.

Abschnitt 1, 6.1 - 6.2: Einleitung

psḏn.tjw sp-2 ntj m šmsw [Wsjr(?)]
[mj=tn(?)] m hrw pn nfr psḏn.tjw
mꜣꜣ=tn ꜥḏ.t ꜥꜣ.t jr.t n šmsw Stš [...]

Die einleitenden Zeilen benennen nicht nur den Namen des Festes: *(hrw pn nfr) psḏn.tjw*, sondern der Neumond selbst wird - personifiziert - direkt angerufen; soweit sich die Lücken vermutungsweise ergänzen lassen, ist der Neumond "zum Gefolge des Osiris" gehörig, und dieses wird im folgenden angerufen (die Personalendung *=tn* auf *šmsw [Wsjr]* bezogen), den Ereignissen beizuwohnen, von denen anschließend berichtet wird. Kernpunkt dieser Ereignisse, und deshalb schon in der Einleitung benannt, ist das "große Gemetzel", das unter dem Gefolge des Seth angerichtet wurde (vgl. oben die Übersetzung, mit Anm. 4).

Abschnitt 2, 6.3 - 6.6: mythischer Bericht

jt=j Wsjr jnj.n=f st r ḫsf mdw=sn
m-bꜣḥ Jnpw ḥrj-tp [...]
Ḏḥwtj ḥr rtḥ pꜥ.t=tn
Ḥr ḥr pšš n=f wrm.t
ḥms m ḫnt [...] ḥr tmꜣ m sꜥḥ=f
r nḏ jt=f Wsjr
ḥwj.n=f(?) [sbjw(?)]
sḥr.n=f Stš r Wsjr

Thema dieses Berichts ist die Zurückweisung des Seth und seiner Genossen; die hieran beteiligten Götter und ihre Handlungen selbst sind einzeln benannt. An erster Stelle steht Osiris selbst, der "sie", also Seth und seine Genossen, vor Anubis bringt, der hier als Richter fungiert. Thot hat in diesem Zusammenhang - m.E. etwas überraschend - die Aufgabe, "euer Volk" einzuschüchtern; s.a. oben die Übersetzung mit Anm. 8; die Möglichkeit, *=tn* zu *=sn* zu emendieren, ist wohl nicht völlig von der Hand zu weisen. Die Rolle des Horus ist besonders betont; diese besondere Stellung zieht sich durch den gesamten erhaltenen Text, das ihn abschließende "ich bin sein Sohn Horus" betont dies nochmals und zeigt deutlich, daß Horus die Hauptperson (in aktiver Rolle; Hauptthema ist naturgemäß Osiris) in diesem Text ist.

Abschnitt 3, 6.6 - 6.17: die Festesfreude

Dieser größere Abschnitt ist durch einen Schauplatz- und Subjektwechsel eingeleitet und ebenso nach unten begrenzt: Abschnitt 4 wird unter erneutem Subjektwechsel eine Anrufung an Osiris sein. Hauptthema des vorliegenden Abschnitts ist die Freude über den Sieg des Osiris über Seth und, abschließend, die Schilderung der Opfer unter erneuter Benennung des Anlasses: *psḏn.tjw*. Inhaltliche Indizien lassen eine Aufteilung in Unterabschnitte klar erkennen:

3a: 6.6 - 6.9

ṯḥḥw.t nḏm jb m Ḏdw
[...] jbw m Jwnw
dj.tw jꜣw n Ḥr-ꜥḥꜣ
Rꜣ-sṯꜣw m [...]
Ṯnn.t ḥp.tj ḥr nb=s Skr-Wsjr
nṯrw m ḥrj-jb [...] ḥnw

Die Thematik dieses Teilabschnitts läßt sich unter der Überschrift "Freude herrscht im ganzen Land" gut zusammenfassen, wobei die aufgezählten Orte sämtlich dem unterägyptischen Bereich angehören.

3b: 6.9 - 6.11

Stš ḥr ẖr Wsjr
wꜥb.t jb=s nḏm
mk.t nb=s Rꜥ(?) [...] m ḥꜥꜥ
Ṯ3-wr mj-qd=f [...]
m grḥ m hrw m --?-- [...]=sn

Dieser und der folgende Teilabschnitt sind markant eingeleitet durch "Seth ist gefallen vor Osiris"; schon aus diesem Grund ist diese Einteilung zu rechtfertigen. Inhaltlich hat sich der Schauplatz ein wenig gegenüber dem ersten Teilabschnitt verlagert: neben der *wʿb.t*- und der *mk.t*-Stätte ist das oberägyptische Abydos als Ort des Jubels genannt.

3c: 6.11 - 6.13

Stš ḫr ḫr Wsjr hnʿ [...] šmsw=f
smꜣ [...] Wsjr ḥr jr.t s (?)
[...] jb [...] psḏn.tjw

Die Lücken in dieser Passage erlauben keine völlig gesicherte Einteilung. Das erneute "Seth ist gefallen" legt den Beginn des Teilabschnitts recht eindeutig fest, *psḏn.tjw* - wie auch im nächsten Teilabschnitt - wohl das Ende, zumal mit *jj=k* dann der Subjektwechsel einen Neuansatz signalisiert.

Die Lücken sind auch der Grund dafür, daß sich der Inhalt hier nicht deutlich genug fassen läßt.

3d: 6.13 - 6.14

jj=k ḫsf [...] Ḏḥwtj(?) ḏs=f n Wsjr
wꜣḥ n=k ḫ.t ḥr --?--
šbw.t dnj.t m Jwnw
m hrw pn nfr psḏn.tjw

Der Neuansatz mit *jj=k* ist der Grund für die Abgrenzung nach oben; nach unten ist die Einteilung durch die dann folgende Anrufung an Osiris klar vorgegeben. Inhalt ist die Schilderung des Festopfers, dessen Schauplatz Heliopolis ist. Die erneute Benennung des Anlasses: "dieser schöne Tag des Neumonds" schließt den gesamten Abschnitt 3 ab.

Abschnitt 4, 6.14 - 6.18: Anrufung an Osiris

j jt=j Wsjr ḥms=k jm=f ḥr bjꜣ tꜣ
dr.n=k [......]
fḫ.n=k ḏw=k r tꜣ
dwꜣ ṯw nṯrw ꜣḫ.tjw [...]
[...] Wsjr nb Ḏdw
m hrw pn nfr psḏn.tjw
[...] ḥr=k Jꜥḥ nṯrw
ḫftjw=k ḫr [...]

Bereits die ersten Worte zeigen, daß, obwohl namentlich nicht genannt, Horus der Sprecher ist, der seinen Vater Osiris anruft. Inhalt seiner Worte sind der Triumph des Osiris und die diesem folgende Anbetung durch die Götter. Mit "deine Feinde sind gefallen" bricht dann der Text zunächst ab. Es ist nicht eindeutig zu entscheiden, wie weit sich diese Anrufung durch Horus noch fortsetzte, bzw. ob vielleicht der gesamte restliche Text diesem Abschnitt zuzuordnen ist. Sicher spricht Horus dann wieder ab Z. x+7. Unabhängig von der Frage der Sprecherrolle folgt die weitere Einteilung, soweit dies infolge des fragmentarischen Textzustandes möglich ist, dessen inhaltlichen Merkmalen.

Abschnitt 5, 6.x+1 - 6.x+3: die Festesfreude im kosmischen Rahmen

[...] ḥꜥꜥ p.t qrr(?) [...]
[...] m Jꜥḥ mḥ wḏꜣ.t [...]
[...].tw n(?) nb=s
ḥꜥꜥ.tw m šmsw=s
mk sw [...] ṯw ḏbꜣ ṯw
ḥs ṯw mr ṯw

Die Lücken erlauben hier keine sichere Bestimmung des Inhalts. Doch wird bereits aus Z. x+1 klar, daß die Festesfreude sich jetzt im kosmischen Rahmen abspielt: "es freut sich der Himmel". Auch die Erwähnung des Mondes bzw. Mondgottes *Jꜥḥ* in Z. x+2 fügt sich in diese Dimension.

Abschnitt 6, 6.x+3 - 6.x+5: göttliche Handlungen für Osiris

Ḏḥwtj ʿ.wj=f ẖr s[...]=f nḏm
jr.t Ḥr šsp.tj n(?) nb=s m grḥ m hrw
ṯs=s šnj.t=f ḥꜣ=f

Die konkrete Benennung des Thot ist der Grund für den Neuansatz mit dieser Zeile. Doch ist nicht auszuschließen, daß die Abschnitte 5 und 6 zu einer Einheit zusammenzufassen sind: möglicherweise ist bereits den Lücken innerhalb von Abschnitt 5 ein (oder mehrere) Götternamen zum Opfer gefallen. Im vorliegenden Zusammenhang wird jedenfalls von konkreten Handlungen für Osiris berichtet: Thot (unter-)stützt ihn, das Horusauge leuchtet ihm und versammelt seinen Hofstaat.

Abschnitt 7, 6.x+5 - 6.x+7: Aufforderung zu Handlungen

Wsjr ṯs ṯw jmj=k [...] jr.t Ḥr
ʿḥꜣ ḥr nb=s psḏn.tjw
sẖr(?) ḥr ḥr=k Stš [...] sẖr ṯw
ḏd mr.tj(?) m ẖr.t-hrw nt rʿ nb

Dieser Abschnitt ist geprägt durch eine Reihe von Aufforderungen an verschiedene Götter, zu handeln - im positiven wie negativen Sinn: Osiris möge sich erheben, der Neumond(gott) für seinen Herrn (=Osiris) kämpfen, und Seth - im negativen Sinn - wird direkt aufgefordert, zu fallen (s. hierzu auch die Übersetzung mit Anm. 29). Der letzte Vers - falls *mr.tj* richtig gelesen und interpretiert ist, s. oben die Übersetzung mit Anm. 30 - richtet sich an die "Sängerinnen", die am Ritualvollzug beteiligt sind, letztlich natürlich, zumal in diesem Kontext, der von Gottheiten als Handelnden geprägt ist, an Isis und Nephthys.

Abschnitt 8, 6.x+7 - 6.x+9: Horus der Beschützer und Nachfolger des Osiris

1 *jnk mk jt=j [...]*
jnk Ḥr mk jt=j Wsjr
mk wj mj mk=j ṯw jt=j Wsjr [...]

j rmṯ nb pꜥ.t nb rḫj.t nb ḥnmm.t nb ḥmw.t-rꜣ
jnk nswt=tn ḏ.t
jw=j ḥr ns.t jt=j Wsjr

Sehr signifikant ist hier wieder Horus der Mittelpunkt des Geschehens. Er stellt sich eindringlich, durch zweimaliges *jnk* in den beiden ersten Zeilen, als Schützer seines Vaters Osiris vor, um dann aller Welt (v. 4) zu verkünden, daß er nunmehr, auf dem Thron seines Vaters Osiris, der königliche Herrscher sei.

Abschnitt 9, 6.x+10 - 6.x+11: die Situation um Osiris (?)

[...]=f m ḥw.t-sšr.t(?)
sr m ḥw.t-sꜥḥ
sꜥḥ=f [......]
[...].tw=j(?) r=tn
rḫj.t nb.t m wsḫ.t ꜥꜣ.t nt Jwnw

Der stärker zerstörte Kontext läßt eine gesicherte Inhaltsbestimmung nicht zu. Wenn *ḥw.t-sꜥḥ* mit "Balsamierungsstätte" richtig gedeutet ist (s. die Übersetzung mit Anm. 35), und auch *sr(?)* "der Edle" sich auf Osiris bezieht, dann ist das Thema dieses Abschnitts wohl die Schilderung der Situation, in der sich Osiris nunmehr befindet.

Abschnitt 10, 6.x+11 - 6.x+12: Schlußwort des Horus (?)

jnk [...] ḥr jt=j Wsjr
jnk sꜣ=f Ḥr

Wenn die eingangs dieses Kapitels geäußerte Vermutung zutrifft, daß mit Z. x+12 der Text endet, dann ist in diesen beiden Zeilen das den Ritualtext abschließende Wort des Horus zu sehen; das zweimalige *jnk* und das "ich bin sein Sohn Horus" sind, wie oben bereits gesagt, in der Tat auch aus inhaltlichen Gründen sehr gut als Textende geeignet.

Ein Blick auf den formalen Aufbau dieses Textes zeigt zum einen wiederum sehr klar das Prinzip der Gliederung des Textes in kleine Sinneinheiten. Zum anderen ist -

jeweils naturgemäß unter Berücksichtigung der starken Zerstörungen - eine gewisse "Offenheit" des formalen Aufbaus zu erkennen, die der des vorausgehenden Rituals zur Vernichtung von Feinden nicht unähnlich ist; die dort zu dieser Thematik genannten Beobachtungen lassen sich teilweise für den vorliegenden Text übernehmen: Auch hier finden sich beispielsweise unterschiedlich lange Satzteilsequenzen oder die Häufung finiter Verbalformen; die Zusammenfassung zweier Sinneinheiten zu einem Paar, d.h. die Form des Gedankenpaares, ist zu beobachten, ist allerdings nicht konsequent als stilformendes und damit auch gattungsbestimmendes Element verwendet. Außerdem ist auch dieser Text, wie der vorausgehende, nicht stichisch, sondern fortlaufend geschrieben.

Andererseits sind auch signifikante Unterschiede zum Ritual zur Vernichtung von Feinden zu beobachten, etwa, und insbesondere, das Fehlen der jenen Text so prägenden Wortspiele. Dennoch möchte ich einen engeren gattungsmäßigen Zusammenhang zwischen beiden Texten nicht ausschließen, d.h. die Möglichkeit andeuten, daß auch hier ein bestimmte Ritualhandlungen direkt begleitender Text vorliegt. Die formale Vergleichbarkeit der beiden Texte und damit ihre von den übrigen Texten dieses corpus unterschiedene Form legen diesen Gedanken zumindest nahe. Der Ritualtermin liegt im Unterschied zum Ritual zur Vernichtung von Feinden, das zu verschiedenen Terminen begangen werden konnte, mit dem Neumondtag fest, ein diesbezüglicher Vermerk am Beginn entfällt somit bzw. ist mit der Benennung von *psḏn.tjw* erfolgt. Ein abschließender Ritualvermerk ist im Papyrus des *Jrj-jrj* ohnehin nicht zu erwarten, da diese Hs für die Benutzung als Totenbuch eigens zusammengestellt worden ist, s. dazu oben S. 82.

Mit diesem Text endet der Papyrus des *Jrj-jrj*, ob er ursprünglich nur diese Texte enthielt, oder ob ein Teil heute völlig verloren ist, läßt sich nicht mit Bestimmtheit feststellen. Allerdings ist zu vermerken, daß die vier erhaltenen Texte trotz aller teilweise massiver Zerstörungen andererseits auch zu großen Teilen erhalten sind. Das vollständige Fehlen von Resten weiterer Texte (die in der Publikation auf Tafel 24 und 25a zusammengestellten Fragmente enthalten insgesamt geringe Textreste; deren Zugehörigkeit zu den vier erhaltenen Texten ist möglich) legt die Vermutung nahe, daß die Hs nur diese Texte enthielt. Unter dem gemeinsamen Thema "Osiriskult" ist hier ein recht weites Spektrum: Hymnen, Verklärungen, "eigentliche Ritualtexte" abgedeckt. Die für alle diese vier Texte geltende Tatsache, daß sie vor Auffindung des Papyrus des *Jrj-jrj* nur selten (Spruch 168 und 169; Ritual zur Vernichtung von Feinden) oder überhaupt nicht (Buch vom Neumondfest) belegt waren, lassen die vorliegende Hs bei aller Lückenhaftigkeit zu einer wichtigen Quelle für den Osiriskult und damit auch für die Theologie der Spätzeit werden.

Exkurs:
Das Neumondfest
und die Mondfeste in griechisch-römischer Zeit

Zu den Mondfesten in griechisch-römischer Zeit, insoweit sie in den Festkalendern der Tempel dieser Epoche erwähnt sind, hat sich zuletzt ausführlich A. Grimm geäußert.[1] Aus dieser Untersuchung geht hervor, daß die in den Festkalendern genannten Mondfeste mit einer Ausnahme nicht regelmäßig, korrespondierend mit den verschiedenen Mondphasen, d.h. Mond-monatlich begangene Feste sind. Vielmehr handelt es sich hier um zu bestimmten Zeitpunkten begangene jährliche Hoch-Feste. Daneben sind natürlich auch die verschiedenen Mondphasen regelmäßig rituell begleitet worden, vgl. etwa die kurze Notiz im Festkalender C von Kom Ombo: *sḫʿj(.t) Mnw n psḏn.tjw nb* "Erscheinenlassen den Min an jedem Neumondfest."[2]

Anhand der Aussagen der genannten Festkalender läßt sich über die Mondfeste in griechisch-römischer Zeit folgendes Bild gewinnen:

1. Das "Monatsfest" (*jbd*) des Monats Pharmuthi

Dieses Fest ist in Edfu, Dendera und Esna belegt.[3] Es findet innerhalb des Monats Pharmuthi (4. *pr.t*) statt; ein fester Termin ist hier wie bei den übrigen Mondfesten naturgemäß nicht bestimmt, sondern es steht eine ausreichende Frist von Tagen zur Verfügung, innerhalb derer die erforderte Mondphase mit Sicherheit eintritt. Im vorliegenden Fall schwankt die Toleranz zwischen 16 Tagen (Esna) und 27 Tagen (Edfu/Dendera).

Stichtag für dieses Fest ist der zweite Tag der Mondphase nach dem Neumond, d.h. der Beginn des Wieder-Sichtbar-Werdens der Mondsichel. Der mythologische Bezugspunkt ist die Geburt des Horus als Sohn der Isis und des Osiris: damit ist das "Monatsfest" das Fest der Geburt des Horus; das zugehörige Ritual ist in griechisch-römischer Zeit sicher im Geburtshaus vollzogen worden.

[1] S. Grimm (1986), bes. 462ff..
[2] S. Grimm (1986), 124-125, vgl. auch Barta (1975), 92-93.
[3] Zu den Detailangaben s. Grimm (1986), 462.

2. Das "Fest des 15. Tages" des Monats Pachon

Dieses Fest ist in den Tempeln von Edfu und Dendera belegt, s. im einzelnen Grimm (1986), 466f. Es handelt sich dabei um das Fest zur Feier des Vollmondes, das in zwei Quellen, dem Festkalender G von Edfu und dem Festkalender J von Dendera, als "Großes Fest im ganzen Lande" bezeichnet wird.

Es findet innerhalb des Monats Pachon (1. *šmw*) statt. Die Toleranz für die Feier dieses Festes schwankt zwischen dem 11. Pachon - 27. Payni (47 Tage: Dendera J, größte Toleranz) und dem 21. Pachon - 1. Payni (11 Tage: Dendera G, geringste Toleranz). Mythologischer Bezugspunkt ist die Geburt des Harsomtus durch Hathor.

Es ist davon auszugehen, daß sowohl das "Monatsfest" wie das Fest des 15. Tages" allgemeine Feste waren, die also nicht nur in den Tempeln gefeiert wurden, deren Festkalender sie aufführen; dies wäre sicherlich eine zu enge Auslegung der Quellen, zudem ist auch hier der Faktor "Zufall der Überlieferung" in Rechnung zu stellen. Auf den Vermerk "Großes Fest im ganzen Lande" (*ḥb ꜥꜣ m tꜣ ḏr=f*) wurde oben bereits verwiesen.

Unabhängig davon muß offenbleiben, inwieweit der jeweilige mythologische Bezugspunkt Allgemeingültigkeit beanspruchen darf: Die Geburt des Horus, die die Quellen für das "Monatsfest" als Bezugspunkt benennen, tendiert eher in diese Richtung;[4] die Geburt des Harsomtus durch Hathor am "Fest des 15. Tages" verweist dagegen eher auf die spezielle Situation in Dendera (und Edfu).

Es kann somit nicht ausgeschlossen werden, daß unabhängig von einer umfassenden Gültigkeit des jeweiligen Festes an sich die mythologischen Bezugspunkte in den einzelnen Kultorten unterschiedlich sein mochten.[5]

3. Das Neumondfest des Monats Pachon (1. *šmw*)

Belege für dieses Fest enthalten die Festkalender in Kom Ombo, Edfu und Dendera für die Kulte in Kom Ombo und Dendera.[6] Die zur Verfügung stehenden Zeitspannen für dieses Fest sind teilweise erheblich breiter als etwa beim "Monatsfest"; sie schwanken zwischen 11 (Dendera) und 77 Tagen (Kom Ombo) und damit auch über den Kernmonat Pachon hinaus vom 28. Pharmuthi bis zum 19. Epiphi.

[4] Das "Monatsfest" ist denn auch das einzige Mondfest, das der Tempel von Esna verzeichnet, vgl. Grimm (1986), 470.

[5] Vgl. dazu auch die abschließenden Anmerkungen weiter unten zum Neumondfest.

[6] S. im einzelnen Grimm (1986), 464.

Drei der Quellen, der Festkalender B von Kom Ombo, der Festkalender G von Edfu und der Festkalender J von Dendera enthalten nähere Angaben zum Festverlauf, die im Detail Unterschiede aufweisen:

a) Kom Ombo[7]

1. Festtag:

jrj(.t) m pr pn n tpj šmw psḏn.tjw jnj.tw=s sḫʿj(.t) nṯr pn m ḫʿj(.t) r šm(.t) Gbgb ḫr.tw r=f ḥtp n tꜣ štj.t ntj ḥr rsj.t jꜣbtj.t n dmj pn wꜣḥ ḫ.t r tꜣ s.t štꜣ.t jn nṯr pn ḫʿj(.t) jm ḥtp n pr=f rsj m-bꜣḥ=f jn nꜣ ḏꜣmw

"Zu vollziehen in diesem Tempel am[8] 1. *šmw*: Neumondfest, *jnjtw=s*-Fest, das auch genannt wird: "Erscheinenlassen dieses Gottes" (sc. Haroeris), um nach *Gbgb*[9] zu gehen. Ruhen in der *štj.t*, die sich im Südosten dieses Ortes befindet.[10] Darbringen von Opfergaben vor der *s.t štꜣ.t* durch diesen Gott. Dort erscheinen und ruhen in seinem Tempel. Wachen vor ihm durch die Nachwuchs-Mannschaft."

2. - 4. Festtag:

jrj(.t) mjt.t r hrw 4

"Ebenso handeln bis zum Tag 4" (sc. des Festes)

5. Festtag:

hrw mḥ-5[11] *ḫʿj(.t) n nṯr pn r spr r pꜣ wbꜣ mḥ.tj n dmj pn šdj(.t) rꜣw n sḫr ʿꜣpp ḥtp ḥr tꜣ pꜣ wpj(.t) nṯr.wj ḫr.tw r=f jrj(.t) ntjw-ʿnb n wpj(.t) nṯr.wj*

"Fünfter Tag: Erscheinen dieses Gottes, um zu gelangen zum nördlichen *wbꜣ*-Heiligtum dieses Ortes. Rezitieren der Sprüche zum Niederwerfen des Apophis. Ruhen auf der Erde, das auch genannt wird: "Trennen der beiden Götter" (sc. Horus und Seth). Vollziehen aller Ritualvorschriften des Trennens der beiden Götter."

6. Festtag:

hrw mḥ-6 sḫʿj(.t) n nṯr pn wrḥ m tjšps jn ḥmw-nṯr jtw-nṯr wʿbw jwḥ m bꜣq m-bꜣḥ=f

[7] Vgl. hierzu Grimm (1986), 101ff., 162ff. und 464f.; die Übersetzung folgt im wesentlichen der Grimms, die Transkription wurde hier zusätzlich aufgenommen.

[8] In ptolemäischen Texten steht häufig *n* für *m*.

[9] = der Nekropole, s. Grimm (1986), 162, Anm. d zu B 16.

[10] Also befand sich in Kom Ombo ein Sokarisheiligtum, s.a. Gutbub (1973), 99 (t) und Daumas (1959), 240.

[11] Wohl so und nicht *mḥ hrw x*, wie Grimm passim liest.

"Sechster Tag: Erscheinenlassen dieses Gottes. Salben mit *tjšps*-Öl durch die Propheten, Gottesväter und *wꜥb*-Priester, (die) gesalbt (sind) mit *bꜣq*-Öl vor ihm."

7. Festtag:

hrw mḥ-7 ḫꜥj(.t) n nṯr pn ms sḫ.t m-bꜣḥ=f m jt bd.t

"Siebter Tag: Erscheinen dieses Gottes. Herbeibringen der Feldfrüchte (eig.: "des Feldes") vor ihn an Gerste und Emmer[12]."

8. Festtag:

hrw mḥ-8 sḫꜥj(.t) nṯr pn ṯꜣj(.t) pꜣ ḫpš m-bꜣḥ=f jrj(.t) ntjw-ꜥ=f ḥtp m pr=f

"Achter Tag: Erscheinenlassen dieses Gottes. Ergreifen des Vorderschenkels vor ihm. Vollziehen seiner Ritualvorschriften. Ruhen in seinem Tempel."

b) Edfu[13]

1. Festtag:

tpj šmw psḏn.tjw pꜣ šm(.t) r Ḫꜣ-dj sḫꜥj(.t) [Ḥr-smꜣ-tꜣ.wj] m ḥb=f nfr n wḏꜣ r Ḫꜣ-dj [ḫr.tw] r=f nꜥj(.t) r wjꜣ=f ḥrj-tp jtrw stꜣ nṯrw tpjw jꜣw.t=sn ḫr-ḥꜣ.t=f jsk sš mḏꜣ.t-nṯr ḫr-ḥꜣ.t nṯr pn ḥr dwꜣ nṯr n sḫr(.t) ḫftjw dꜣj(.t) r Ḫꜣ-dj jrj(.t) hrw 5 m s.t tn jw=f ḥwj(.t) ḫftjw[=f r] stꜣ.t ꜣḥ.t m(j) jt d[ḥꜣ] ḫꜥj(.t) n nṯr pn r pꜣ ḏꜣḏꜣ n Ḫꜣ-dj jsk nꜣj[=f] mšꜥ fdq jt [m] stꜣ.t ꜣḥ.t ḫꜣꜥ ḫr rdw n nṯr pn ḫn dḫn ḏd=sn ḥwj=k nꜣ šmmw sp-2 Ḥr-smꜣ-tꜣ.wj smꜣ=k ḫftjw=k ḫr ḫr rdw=k ḥwj=k st mj jt dj=k tꜣ nb sn-tꜣ n rn=k ntk Rꜥ ḥqꜣ jdbw

"1. *šmw*, Neumondfest: Das Gehen nach *Ḫꜣ-dj*, (das auch genannt wird): "Erscheinenlassen des [Harsomtus] an seinem schönen Fest des Gehens nach *Ḫꜣ-dj*" (sc. der Nekropole von Dendera). Ziehen der Götter, die sich auf ihren Standarten befinden, vor ihm, während der Schreiber des Gottesbuches vor diesem Gott den Gott preist mit dem "Niederwerfen der Feinde". Fahren nach *Ḫꜣ-dj*. Verbringen von fünf Tagen an dieser Stelle. Er schlägt [seine] Feinde [zu] Boden wie geworfelte Gerste. Erscheinen dieses Gottes zum *ḏꜣḏꜣ*-Gebäude von *Ḫꜣ-dj*, während [sein] Heervolk die Gerste [im] Ackerland schneidet, (um es) unter die Füße dieses Gottes zu legen. Schütteln des Sistrums, Schlagen des Tamburins. Sie sprechen: Du schlägst die Feinde, du schlägst die Feinde, Harsomtus. Du schlachtest deine Feinde, die gefallen sind unter deine Füße. Du schlägst

12 *bd.t* so und nicht "Weizen" wie Grimm (1986), 103; s. etwa Helck in: LÄ I, 1227 s.v. "Emmer".

13 Vgl. hierzu Grimm (1986), 103ff., 201ff. und 464ff.; das Fest findet in Dendera statt.

sie wie die Gerste. Du läßt alle Länder deinem Namen huldigen. Du bist Re, der Herrscher der Ufer.'"

2. - 5. Festtag:

jrj(.t) mjt.t r hrw 5

"Ebenso handeln bis zum Tag 5."

c) Dendera[14]

tpj šmw psḏn.tjw pꜣ šm(.t) r Ḫꜣ-dj ḫꜥj(.t) jn nṯr pn šps j Ḥr nṯr ꜥꜣ nb Ḫꜣ-dj wḏꜣ r wjꜣ=f nfr ntj jw rn=f r psḏ-tꜣ.wj spr r Ḫꜣ-dj jw pꜣ šmsw ẖr-ḥꜣ.t=f ḥr jrj(.t) jrww nbw nfrj.t r hrw 5 ḫꜥj(.t) r wꜣ.t m ḥw.t-nṯr=f m [Bḥd].t ḥtp m wjꜣ=f spr r ḥw.t-nṯr šps.t ḥtp m s.t=f

"1. *šmw*, Neumondfest: Das Gehen nach *Ḫꜣ-dj*. Erscheinen seitens dieses verehrungswürdigen Gottes, Horus, des großen Gottes, des Herrn von *Ḫꜣ-dj*. Ziehen zu seiner schönen Barke, deren Name *psḏ-tꜣ.wj* lautet. Gelangen nach *Ḫꜣ-dj*. Der *šmsw*-Priester ist vor ihm beim Vollziehen aller Ritualhandlungen bis zum Tag 5. Erscheinen zum Weg nach seinem Tempel in [Edfu]. Ruhen in seiner Barke. Gelangen zum Tempel der Verehrungswürdigen (sc. Hathor). Ruhen an seinem Sitz."

Aus diesen verschiedenen Angaben lassen sich, zunächst wieder getrennt nach den drei Quellen, die folgenden Festabläufe rekonstruieren:

a) Kom Ombo

Dauer: 8 Tage

Festablauf:

1. Prozession des Gottes zur Nekropole	>	
2. Ruhen in der *štj.t*	>	
3. Opfer vor dem Gott in der *s.t štꜣ.t*	>	1.-4. Tag
4. Prozession zurück zum Tempel	>	
5. Nachtwachen	>	

14 Vgl. hierzu Grimm (1986) 104f., 247ff. und 464ff.

6. Prozession des Gottes zum *wbꜣ*-Heiligtum	>	
7. Ritual "Sprüche zum Niederwerfen des Apophis"	>	5. Tag
8. Ritual "Trennen der beiden Götter"	>	
(8a. Prozession zurück zum Tempel)	>	
9. Erscheinen[15] vor dem Tempel	>	6. Tag
10. Salben mit *tjšps*-Öl	>	
11. Erscheinen vor dem Tempel	>	7. Tag
12. Darbringung von Feldfrüchten	>	
13. Erscheinen vor dem Tempel	>	
14. Ritual "Ergreifen des Vorderschenkels"	>	8. Tag
15. Ruhen im Tempel (=Festende)	>	

Daraus ergeben sich insgesamt fünf Hauptabschnitte:

1. Prozession, Opferrituale und Gebete (1-5)
2. Prozession, Schutz- und Abwehrrituale (6-8)
3. Erscheinen, Kultritual (9-10)
4. Erscheinen, Opferritual (11-12)
5. Erscheinen, Opferritual (13-15)

Die Ritualhandlungen lassen sich ihrerseits auf zwei Hauptaspekte reduzieren:

1. Schutz- und Abwehrrituale
2. Opfer- und Ernterituale

b) Dendera (nach Edfu G)

Dauer: 5 Tage
Festablauf:

1. Prozession des Gottes zur Barke, dabei

[15] "Erscheinen" wird hier verwendet im Unterschied zur "Prozession", die zu einem bestimmten Ziel führt. Der ägyptische Ausdruck ist in jedem Falle *(s)ẖʿj.t*.

Ritual: "Niederwerfen der Feinde"	>	
2. Fahrt zur Nekropole	>	1.- 5. Tag
3. Rituale zur Vernichtung der Feinde,		
Ernterituale	>	
(3a. Prozession zurück zum Tempel	>	

Die - drei - Hauptabschnitte ergeben sich aus dem Festablauf. Die Ritualhandlungen lassen sich auf die gleichen Hauptaspekte reduzieren wie in Kom Ombo:

1. Schutz- und Abwehrrituale
2. Opfer- und Ernterituale

c) Dendera (nach Dendera J)

Dauer: 5 Tage
Festablauf:

1. Prozession des Gottes zur Barke	>	
2. Fahrt zur Nekropole	>	1.- 5. Tag
3. Ritualhandlungen	>	
4. Prozession zum 'Tempelweg'	>	
5. Ruhen in der Barke	>	(5. Tag?)
6. Prozession zum Tempel	>	
7. Ruhen an seinem Sitz (=Festende)	>	

Hier lassen sich vier Hauptabschnitte feststellen:

1. Prozession zur Barke (1)
2. Fahrt zur Nekropole (2)
3. Ritualhandlungen (3)
4. Prozession zurück zum Tempel (4-7)

Über den Inhalt der Ritualhandlungen wird hier keine Aussage gemacht, es geht lediglich um den äußeren Ablauf des Festes. Da ganz sicher vom gleichen Text die Rede ist wie im Text Edfu G, ist hier ein vor allem am Ende des Textes detaillierterer Ablauf geschildert.

Die Verbindung von Schutz- bzw. Abwehrritualen mit Opfer- und Ernteritualen, die die obige Rekonstruktion ergeben hat, überrascht nicht. Auf die wachsende Bedeutung der erstgenannten Gruppe in der Spätzeit, deren Religiosität durch die "Angst vor Profanation" geprägt ist, hat zuletzt J. Assmann verwiesen.[16] Die Zelebration von Opfer- und Ernteriten vor Beginn der Phase des zunehmenden Mondes - oder auch nach Abschluß des Mondzyklus - ist inhaltlich in jedem Falle plausibel; mit Grimm (1986), 466 darf man daher wohl den Ursprung dieses Neumondfestes in einem alten Fruchtbarkeitsfest sehen.

4. Das Neumondfest des Monats Epiphi (3. *šmw*) in Dendera und Edfu

Belege für dieses Fest enthalten die drei Festkalender von Edfu und die beiden von Dendera.[17] Die zur Verfügung stehenden Zeitspannen betragen i.d.R. ca. 30 Tage, d.h. den ganzen Monat Epiphi; lediglich der Festkalender Dendera G sieht nur die 24 Tage vom 4.-27. Epiphi vor.

Vier der fünf Quellen enthalten nähere Angaben zu diesem Fest:

a) Edfu G[18]

1. - 4. Festtag:

psḏn.tjw n jbd pn ḥb sḫn ḫr.tw r=f jrj(.t) tpjw ꜥḥ.t r wḏw n Jmn-m-ḥꜣ.t ḫꜥj(.t) jn nb(.t) Jwn.t m nw.t=s ḥtp m nb-mrw.t ḫntj(.t) r Wṯs.t-Ḥr dj(.t)-ꜥ m ḥtp r Bḥd.t jn Ḥr Bḥd.tj hnꜥ nb(.t) Jwn.t jrj(.t) ḥb bḥs jn Msn.tjw [... ḥw.t(?)]-nḥḥ kꜣ.tw r=s šm.t r jꜣ.t Mꜣꜥ.t jꜣw.t [...] jꜣw.t nꜣ ꜥrww pꜣ jhw n pꜣ mšꜥ ḥnꜥ nꜣ kjw jꜣw.t m ẖnw[=s] hrww 4 jpw

"Neumondfest dieses Monats, das auch genannt wird "Fest des Ereignisses". Vollziehen der "Erstlinge des Ackers" gemäß den Erlassen des (Königs) Amenemhet. Erscheinen seitens der Herrin von Dendera in ihrer Stadt. Ruhen in der Barke *nb-mrw.t*. Stromauf fahren nach *Wṯs.t-Ḥr*. Kommen in Frieden nach Edfu seitens des Horus von Edfu und der Herrin von Dendera. Vollziehen des Festes der Jagd seitens des Harpunierers. [...] das auch [... Haus(?)] der Ewigkeit genannt wird. Gehen zum Hügel der Maat

16 Assmann (1984), 42f.
17 S. Grimm (1986), 468.
18 S. Grimm (1986), 124ff., 209ff. und 468ff.

(=der Nekropole), zu den Hügeln [...], zu den Hügeln der *ʿrw*-Bäume, zum Feldlager der Truppen und den anderen Hügeln in [seinem] Innern. Das sind vier Tage."

5. - 14. Festtag:

kj hrw 10 jw=w ḥtp n tꜣ ḥw.t-nṯr [t]n wḏꜣ jn ḥmw-nṯr jtw-nṯr wnw.t ḥw.t-nṯr ṯs r [... jrj.t ntjw-ʿ] sbj(.t) Ḥw.t-Ḥr.t r Jwn.t m-ḫt hrw 14

"Weitere 10 Tage, während sie in diesem Tempel ruhen. Gehen seitens der Propheten, der Gottesväter und der Stundenpriester des Tempels. Tragen nach [.... Vollziehen der Ritual-vorschriften] "Gehen der Hathor nach Dendera" nach 14 Tagen."

b) Edfu H[19]

psḏn.tjw n jbd pn sḫʿj(.t) Ḥr Bḥd.tj nṯr ʿꜣ nb p.t r ḥꜣ.t-Ḥr Ḥw.t-Ḥr.t nb.t Jwn.t m nb-mrw.t jrj(.t) tpjw ʿḥ.t spr r Bḥd.t [... sbj.t Ḥw.t-Ḥr.t r (?)] Jwn.t r-sꜣ hrw 14

"Neumondfest dieses Monats. Erscheinenlassen des Horus von Edfu, des Großen Gottes, des Herrn des Himmels, zur Barke *ḥꜣ.t-Ḥr.* Hathor, die Herrin von Dendera, befindet sich in der Barke *nb-mrw.t.* Vollziehen der "Erstlinge des Ackers". Gelangen nach Edfu [.... Gehen der Hathor nach (?)] Dendera nach 14 Tagen."

c) Dendera J[20]

jbd 3 šmw psḏn.tjw ḥb sḫn nfr ḫr.[t]w r=f (j)r(?) jw wnw.t 10.t m hrw pn ḫʿj(.t) jn Ḥw.t-Ḥr.t nb.t Jwn.t ḥnʿ psḏ.t=s r nw.t wr.t ḫnm jtn ḥtp m s.t=sn dmḏ hrw wʿ

"3. *šmw*, Neumondfest, das auch genannt wird: "Fest des schönen Ereignisses". Wenn die 10. Stunde kommt an diesem Tag: Erscheinen seitens der Hathor, der Herrin von Dendera, und ihrer Neunheit, zum Großen Tempeldach. Vereinigung mit der Sonnenscheibe. Ruhen an ihrem Sitz. Summe: 1 Tag."

19 S. Grimm (1986), 126f., 231f. und 468ff.

20 S. Grimm (1986), 126f., 249f. und 468ff.

d) Dendera K[21]

jbd 3 šmw psḏn.tjw sḫꜥj(.t) nṯr.t tn nb.t Jwn.t r Bḥd.t r jrj(.t) ẖnj(.t)=s nfr(.t) smꜣꜥ ꜥꜣb.t ꜥꜣ.t kꜣw ꜣpdw ḫ.t nb(.t) nfr(.t) wꜥb(.t) n kꜣ.t n nṯr.t tn ꜥq.n nṯr.t tn r wjꜣ=s ꜥꜣ-mrw.t rn=f jn ḥmw-nṯr wꜥbw ꜥꜣw n Ḥw.t-Ḥr.t nb.t Jwn.t šmsw nṯr.t ḫr-ḥꜣ.t nṯr.t tn jrj(.t) n=s ntjw-ꜥ nb ḫꜥj(.t) r hrw 4

"3. *šmw*, Neumondfest: Erscheinenlassen dieser Göttin, der Herrin von Dendera, nach Edfu, um zu vollziehen ihre "schöne Ruderfahrt". Darbringen einer großen Opferspende an Rindern, Geflügel und allen guten und reinen Dingen, für den Ka dieser Göttin, nachdem diese Göttin ihre Barke betreten hat, deren Name *ꜥꜣ-mrw.t* ist, durch die Propheten und die Großen *wꜥb*-Priester der Hathor, der Herrin von Dendera. Die Gefolgsleute der Göttin sind vor dieser Göttin. Vollziehen für sie alle Ritualvorschriften des Erscheinens, bis zum Tag 4."

Aus diesen Angaben lassen sich die folgenden Festabläufe rekonstruieren:

a) Edfu G

Dauer: 14 Tage
Festablauf:

1. Ritual "Erstlinge des Ackers"	>	
2. Prozession zum Fluß und Ruhen in der Barke	>	
3. Fahrt nach Edfu	>	1.-4. Tag
4. Einzug mit Horus in Edfu	>	
5. Ritual "Fest der Jagd"	>	
6. Besuch verschiedener Stätten	>	
7. Ruhen im Tempel von Edfu	>	
8. Priesterliche Kulthandlungen	>	5.-14. Tag
9. Heimkehr der Hathor mit entsprechendem Ritual	>	

Daraus ergeben sich die folgenden fünf Hauptabschnitte:

[21] S. Grimm (1986), 126f., 253 und 468ff.

1. Ritual "Erstlinge des Ackers" (1)
2. Fahrt nach Edfu (2-3)
3. gemeinsame Prozessionen Hathor-Horus (4-6)
4. Ruhen im Tempel, gleichzeitig Kulthandlungen (7-8)
5. Heimkehr mit entsprechendem Ritual (9)

Die Ritualhandlungen sind hier nur zum Teil schärfer zu fassen:
1. Ernte- und Jagdrituale
2. "Prozessionsbegleit"-Rituale

b) Edfu H

Dauer: 14 Tage
Festablauf:

1. Prozession des Horus zum Fluß	>	
2. Ritual "Erstlinge des Ackers"	>	1.-14. Tag
3. Einzug beider Götter in Edfu	>	
4. Heimkehr der Hathor	>	

Dieser viel konziseren Schilderung ist zu entnehmen, daß der gleiche Festablauf beschrieben wird; einziger Unterschied hier ist die Verlegung des Rituals "Erstlinge des Ackers" nach Edfu.

c) Dendera J

Dauer: 1 Tag
Festablauf:

1. Prozession in der 10. Stunde zum Tempeldach
2. Ritual "Vereinigung mit der Sonnenscheibe"
3. Ruhen am Sitz

Die Handlungsabschnitte ergeben sich aus dem Festablauf. Als einziger Ritualakt ist die Vereinigung mit der Sonnenscheibe zu fassen.

d) Dendera K

Dauer: 4 Tage

Festablauf:

1. Fahrt der Hathor nach Edfu	>	
2. "Großes Opfer" für Hathor	>	1.-4. Tag
3. Ritual zur Prozession	>	

Die Handlungsabschnitte ergeben sich ebenfalls aus dem Festablauf. Die folgenden zwei Ritualhandlungen sind faßbar:

1. Großes Opfer(ritual)
2. "Prozessionsbegleit"-Ritual

Alle diese Texte beziehen sich naturgemäß auf das gleiche Fest und lassen sich auch recht problemlos hierunter subsumieren:

Das Gerüst des Festablaufs liefert die Version Edfu G; die hier genannte Dauer von 14 Tagen umfaßt den gesamten Festablauf, der den Besuch der Hathor von Dendera bei Horus von Edfu zum Inhalt hat.

In dieses Gerüst sind die anderen Versionen wie folgt einzubauen:

Edfu H: Konzisere Darstellung des Festablaufs, mehr aus der Sicht des Horus von Edfu: die Darstellung setzt mit dem Zug dieses Gottes zum Fluß ein. Einzige im Kontext belanglose Differenz ist der unterschiedliche Zeitpunkt der Durchführung des Rituals "Erstlinge des Ackers".

Dendera J: Hier ist offensichtlich nur vom ersten Tag des Festes die Rede, d.h. vom Festablauf, der dem Auszug der Hathor aus Dendera vorausgeht; m.a.W.: vom ersten Festtag.

Dendera K: Skizzierung des Festablaufs an den ersten vier Tagen, mehr aus der Sicht der Hathor, bis zu ihrer Abfahrt nach Edfu.

Die Zusammenfassung der vier Quellentexte ergibt somit die folgende Ablaufskizze für das Fest:

1. In Dendera

Rituale für und Prozessionen der Hathor im Tempel, auf dem Tempeldach und aus dem Tempel zum Fluß. Fahrt nach Edfu.

2. In Edfu

Empfang durch Horus von Edfu. Einzug beider Gottheiten in die Stadt und den Tempel. Durchführung verschiedener Rituale und Prozessionen. Anschließend für 10 Tage "Ruhen" der beiden Gottheiten im Tempel von Edfu.

3. Rückkehr nach Dendera

Heimkehr der Hathor nach Dendera unter Durchführung begleitender Rituale.

5. Das Neumondfest in Kom Ombo

Als Beleg für ein Neumondfest im Monat Epiphi in Kom Ombo führt Grimm (1986), 124f. auch die folgende, aus dem Festkalender Kom Ombo C stammende Eintragung an:

sḫꜥj(.t) Mnw n psḏn.tjw nb

"Erscheinenlassen den Min an jedem Neumondfest."

Dazu vermerkt er:[22] "Die Einordnung des Neumondfestes nach dem 1. Thot wird auf seine Bedeutung zurückzuführen sein, da es nach dem Neujahrsfest zu den wichtigsten Festen zählt."

Richtig ist an dieser Bemerkung, daß in Kom Ombo C das Neumondfest tatsächlich nach dem Neujahrsfest des 1. *ꜣḫ.t*, Tag 1 (=1.Thot) und vor dem darauf folgenden Fest "Erscheinen des Haroeris", das am 2. *ꜣḫ.t*, Tag 2 (=2. Paophi) beginnt, gefeiert wird.

Entgegen den bisher besprochenen Daten für das Neumondfest, die alle mit Terminen, oder besser: mit Terminzeiträumen, versehen waren, ist hier eindeutig keine solche Zeitspanne genannt. Die Verlegung dieses Festes in den Monat Epiphi durch Grimm ist schon von daher nicht zu rechtfertigen. Vielmehr ist diese Notiz sicher im vorausgehenden Kontext und zugleich als darüber hinausgehender Vermerk zu verstehen: Es geht voraus (als Notiz für den 1. Thot): "... Erscheinen des Haroeris auf dem Großen Sitz, (und Erscheinen) des Sobek, des Herrn von Kom Ombo, der *Tꜣ-sn.t-nfr.t*, der Hathor, des *Pꜣ-nb-tꜣ.wj* (und) des Min."[23]

[22] S. 168, Anm. b zu C2.

[23] S. Grimm (1986), 21.

Darauf folgt dann der oben zitierte Vermerk zum Neumondfest. Dieser ist m.E. aus folgenden Gründen hier angefügt:

1. Wie ausdrücklich gesagt wird, findet dieses Fest jeden Monat statt.
2. Es ist mit einer Prozession des Min verbunden.
3. Im Kalender Kom Ombo C ist für diesen Monat kein weiteres Fest aufgeführt. Die Stelle erlaubt somit ohne weiteres die Interpretation "(an diesem und) an jedem (weiteren) Neumondfest", d.h. "beginnend mit dem Monat Thot und an jedem weiteren Neumond".
4. Die Einsetzung an dieser Stelle ergibt sich zwanglos nach der ohnehin vorausgegangenen Erwähnung des Min.

Damit enthält der Festkalender Kom Ombo C den Hinweis auf ein allmonatlich gefeiertes, von einer Prozession des Min begleitetes Ritual zum Neumondfest. Eine Terminierung ausschließlich in den Monat Epiphi existiert dagegen nicht.

In den Festkalendern der Tempel der griechisch-römischen Zeit sind somit drei unterschiedliche Neumondfest-Zyklen belegt:

1. Das Neumondfest des 1. *šmw* (Pachon), ein einmal jährlich gefeiertes Hochfest, belegt für Kom Ombo und Dendera.
2. Das Neumondfest des 3. *šmw* (Epiphi), ein einmal jährlich in Dendera und Edfu gefeiertes Hoch-Fest.
3. Das monatliche Neumondfest im Tempel von Kom Ombo.

Die Frage nach einer möglichen, über den unmittelbaren Beleg-Ort hinausgehenden umfassenderen Gültigkeit dieser Feste ist, wenn auch nur vermutungsweise, unterschiedlich zu beantworten:

Am eindeutigsten dürfte die Situation im Fall des Neumondfestes des 3. *šmw* sein: Hierbei handelt es sich zweifelsfrei um ein Spezialfest, das nur die Tempel von Dendera und Edfu, resp. die Beziehungen der beiden Hauptgötter dieser Kultorte betrifft.

Das Neumondfest des 1. *šmw* ist nur für Kom Ombo und Dendera belegt, doch läßt der erschließbare Charakter dieses Festes zumindest potentiell eine umfassendere, d.h. möglicherweise auch andere Kultorte einbeziehende, Gültigkeit zu.

Das monatliche Neumondfest von Kom Ombo schließlich ist einerseits in diesem speziellen Fall durch die Person des Gottes Min möglicherweise auf den Tempel von Kom Ombo beschränkt, andererseits als Fest aber zweifellos von umfassenderem

Charakter. Dafür spricht auch der Text: "Erscheinenlassen den Min an jedem Neumondfest", d.h. daß bei unverändertem Festcharakter die Person der Gottheit je nach Kultort austauschbar erscheint.

Zusammengefaßt bedeutet dies:

Abgesehen von möglichen Spezialfällen lassen sich in griechisch-römischer Zeit - und damit näherungsweise in der Zeit der Niederschrift des Papyrus des *Jrj-jrj*, der in die Spätzeit bis frühptolemäische Zeit zu datieren ist - sowohl ein Jahres-Hoch-Fest für den Neumond als auch ein monatliches Neumondfest fassen. In einem dieser beiden Fest-Kontexte dürfte der im Papyrus des *Jrj-jrj* erhaltene - sekundär in den Totenbuch-Kontext übernommene - Ritualtext angesiedelt gewesen sein.

Auf den ersten Blick scheint eine Zuweisung in den Kontext des Jahres-Hoch-Festes plausibler, weil sich durch die dort belegten Ritualtexte "Niederwerfen des Apophis" oder "Vernichtung der Feinde" und weiterer vergleichbarer Texte weitere Verbindungslinien zum Totenbuch-Kontext erkennen lassen. Tatsächlich geht im Papyrus des *Jrj-jrj* in col. x+5 ja auch ein Ritualtext "zur Vernichtung von Feinden" voraus, der ausdrücklich auch "am Neumondfest" zu rezitieren ist. Es ist also damit zu rechnen, daß dieses Ritual aus der gleichen, in den Kontext eines Neumondfestes zu setzenden, Quelle in den Papyrus gelangt ist wie die *mḏꜣ.t nt psḏn.tjw* der col. x+6.

Auf der anderen Seite ist allerdings zu berücksichtigen, daß diese einseitige Zuweisung durch die Tatsache begünstigt wird, daß wir über den Ablauf des regelmäßigen (mond)monatlichen Neumondfestes durch die Quellen nicht unterrichtet sind. Der Vollzug derartiger Abwehr- bzw. Vernichtungsrituale zu einem so kritischen Zeitpunkt - dem Verschwundensein des Mondes am Himmel - ist a priori nicht nur denkbar, sondern sogar zu erwarten.

Hier könnten nur neue Quellen weiterhelfen, doch ist diese Frage in unserem Zusammenhang ohne Belang: Festzuhalten bleibt, daß wir hier einen Textzyklus vor uns haben, der aufgrund vergleichbarer Zielsetzung aus dem Kontext des Neumondfestes in denjenigen des Totenbuchs übernommen worden ist. Die primäre Herkunft dieser Texte ist damit freilich noch nicht angesprochen; es darf vorausgesetzt werden, daß der eigentliche Sitz im Leben dieser Texte im Umkreis der Osirismythologie zu suchen ist, von wo sie - unter anderem - in den Kontext des Neumondfestes, und - in unserem speziellen Fall - von dort in den Kontext des Totenbuches übernommen wurden.

Papyrus des *Psmṯk*, col. x+5 - x+6
Verklärungen I
Übersetzung

x+5.7 Die beiden Großen[1] stehen auf, die beiden Mächtigen gehen, sie vereinigen dir deine Glieder,[2] Osiris. Sie bringen dir deine Knochen, sie erheben [dir deine Glieder]. Dein Vater Geb erhob dich,[3]

deine Mutter Nut stützt dich. Siehe, diese deine beiden Schwestern stärken dich, deine beiden edlen Frauen, vor dem Haus des Osiris. Sie ergreifen [deinen Arm] (hin) zum Himmel, zur reinen Stätte,

an der du sein möchtest. Die beiden(?) *ptr*-Öffnungen des Himmels(?)[4] werden dir geöffnet durch die Körperschaft der großen Neunheit, die in

1 Im Papyrus des *Psmṯk* steht wahrscheinlich der Plural *wrw* und sicher *sḫmw*; die übrigen Hss schreiben jeweils - richtig - den Dual. Szczudlowska (1972), 77 merkt z.St. an, daß *wr.wj* und *sḫm.wj* "probably represent Isis and Nephthys", doch liegt nicht nur wegen der folgenden Erwähnung von Geb und Nut die Vermutung näher, daß hier von Schu und Tefnut die Rede ist: in der zweiten Tagesstunde der Stundenwachen sind diese beiden Gottheiten als *sḫm.wj* bezeichnet und bei der gleichen Tätigkeit wie hier: dem Vereinigen der Glieder des Osiris, geschildert, vgl. Junker (1911), 38 - 39. Vgl. auch die Bezeichnung von Schu und Tefnut als *nṯr.wj ꜥꜣ.wj* in den Pyramiden- und Sargtexten, s. hierzu zuletzt Verhoeven in LÄ VI, 297 s.v. "Tefnut".

2 Szczudlowska (1972), 60: "recover"; sie geht von der Lesart des P. Krakau aus, der *jp* "zurückweisen" o.ä. schreibt. Die übrigen Hss, ausgenommen der Papyrus des *Psmṯk*, der hier mit dem P. Krakau übereinstimmt, schreiben, allerdings teilweise in entstellter Form - s. Szczudlowska (1972), 64 - *spd(d)* "bereit machen, ausrüsten", Wb IV, 112, 10-20, das ursprünglich *spdḏ* geschrieben wurde (s. Wb IV, 113, 1) und in dieser Form in den Pyramidentexten im Kontext der Wiederherstellung der Glieder belegt ist, s. Pyr. 676a: *spdḏ n=k ꜥw.t=k*. Diese Lesart ist hier als lectio difficilior anzusehen und der Variante *jp* vorzuziehen; lies also *spd=sn n=k ꜥw.t=k*.

3 Statt  in der Publikation lies wohl besser  , d.h. das alte Personalpronomen *kw*, Wb V, 116-117.

4 Junker (1911), 115 übersetzt "geöffnet werden dir die Augen", Szczudlowska (1972), 61: "... opens you the eye(s)". Aber *ptr(.wj)* in der Bedeutung "Auge(n)" ist nicht belegt. Auch *wḥꜥ* in der Bedeutung "öffnen" ist nicht belegt, doch ist eine solche Übersetzung von der Grundbedeutung "lösen" her gut denkbar. Meine Übersetzung beruht auf dem Wort *ptr* "Teil des Himmels", Wb I, 565, 1-2. Da im Kontext vom Himmelsaufstieg des Osiris die Rede ist, würde sich eine solche Aussage besser in den Sinnzusammenhang einfügen. Entsprechend wäre das dann folgende *šm=k r=sn* wohl auf *ptr.wj* zu beziehen: "damit du zu ihnen gehst", sc. zu den Himmelsöffnungen. - Der Dual *ptr.wj* ist in jedem Fall im Kon-

Heliopolis ist. "Gehe du zu ihnen mit deinen beiden Füßen." So sprach Atum.[5] Mögest du kommen und sehen die Bahre des Gottes,[6]

x+5.10 mögest du hören das große Geschrei.[7] Die heilige Stätte[8] ist geöffnet, die Krankheit ist geschwunden; das Schlimme hat sich entfernt, es ist auf die Erde gefallen, [auf seinen Leib]. Osiris geht auf seinen beiden Füßen,

siehe, Osiris steht auf seinen Gliedern. Er ist[9] rein in Busiris, er ist göttlich in Iseum. Der Gott,[10] er eilte, er umlief Pe, er umfaßte Dep, wobei ihn geleiteten

die beiden Schwestern.[11] Siehe, er geht auf seinen beiden Füßen, er <läuft(?)>[12] in seinen beiden Sandalen. Sein Vater Geb hat ihn leuchtend

text der Stundenwachen belegt, s. Junker a.a.O. In Pyr. 852d findet sich die Passage *wn n=k ṯpḥw.t ptrw*; Faulkner (1969), 151 übersetzt: "the apertures of the sky-windows are opened for you"; s.a. Pyr. 1203 c: *wn ꜥꜣ.wj ptr.wj*, Faulkner a.a.O. 192: "the doors of the sky-windows are opened". Die Verbindung *ṯpḥ.t ptr.wj* "Öffnung der beiden *ptr.wj*" findet sich in Pyr. 1680 b.

5 Zur Problematik der Eingrenzung der Götterreden s. unten im Abschnitt "inhaltliche und formale Gliederung" zu diesem Text.

6 Szczudlowska (1972), 62 übersetzt hier: "... you see that the god sleeps." Aber Osiris ist ja, wie der vorausgehende Text zeigt, bereits aufgestanden. Die Plene-Schreibung *sḏr* ist nur im P. Krakau und - allerdings in leicht variiertem Kontext - in den Stundenwachen belegt. Die übrigen Hss schreiben nur das Zeichen für die Bahre. Es ist daher möglich und wird aus inhaltlichen Gründen nahegelegt, hier *nmj.t* "Bahre" zu lesen und wie oben zu übersetzen.

7 Am Ende von Z. x+9 ist möglicherweise zu lesen, das dann zum Wort *sḏm* gehört.

8 D.i. die Balsamierungsstätte.

9 Nach *wꜥb* ist mit der Mehrzahl der Hss das Suffix *=f* zu ergänzen, s. Szczudlowska (1972), 66; außer im Papyrus des *Psmṯk* fehlt das auch im P. Krakau.

10 *nṯrw* "Iseum", heute Behbet el Hagar; anschließend lese ich *nṯr* als eigenes Wort, nicht als Determinativ zu *nṯrw* "Iseum": Die Schreibung im Papyrus des *Psmṯk* mit ist eindeutig; das der übrigen Hss könnte auch noch als Determinativ zu *nṯrw* verstanden werden, doch ist diese Determinierung nur ausnahmsweise belegt, s. Gauthier (1925), Bd. 3, 107.

11 P. Krakau schreibt hier , die Schreibung der Stundenwachen lautet ; beides ist wohl als *šn.ṯj* "Bez. für Isis und Nephthys", Wb IV, 497, 8 zu verstehen. Die übrigen Hss schreiben *sn.tj* "die beiden Schwestern", wie schon am Beginn des Textes, s. *Psmṯk* col. x+5,8.

12 Szczudlowska (1972), 78 liest *ngꜣ* "brechen" und übersetzt a.a.O. 61: "for he has broken out with his two soles"; im Kontext muß das allerdings fraglich erscheinen. Die obige Übersetzung geht von der Prämisse aus, daß der Kontext ein Verbum der Bewegung wie "gehen, laufen" erfordert. Einzig denkbare Lösung ist dann aber die Annahme einer - allerdings einheitlich überlieferten! - Verderbnis, da ein Wort *ng(ꜣ)* o.ä. dieser Bedeutung nicht belegt ist. In Frage kommt in diesem Fall eigentlich nur *dgꜣ* "gehen", Wb V, 499, 15. Dieses Wort ist nicht nur, wie das Wb a.a.O. vermerkt, im NR belegt, sondern bereits im MR, s. CT II, 121: *dgꜣ.n=j sn jmjw jꜣḫw* "ich gehe <mit(?)> ihnen, die im Sonnenglanz sind", und CT VI, 199: *dgꜣ Wsjr NN pn m mnw.t* "es geht dieser Osiris NN als Taube"; zu den Zitaten vgl. Meeks (1977), S. 440, Nr. 77.5109 s.v. *dgꜣ*. - Die Entstehung dieser Va-

gemacht, [seine Mutter] Nut hat [ihn] ausgestattet. Seht [ihn] (und) das, was gegen ihn getan(?) wurde:

sein Fleisch ist müde, (aber) es ist nicht krank. Da sagte Horus: Komm zu <mir>, mein Vater Osiris, stehe fest auf deinen beiden Füßen. Stehe auf diesen [deinen beiden Sandalen] mit deinen Gliedern; oh,

es erhob dich dieser Schu zusammen mit Tefnut, die beiden Gotteskinder.[13] Atum ist das (und) die Unvergänglichen(?).[14] Isis, komm, <damit du siehst>,[15] Nephthys, komm, [damit du erblickst(?): Osiris,[16] er geht auf] seinen beiden Füßen, der Osiris

x+5.15 Psammetich, gerechtfertigt, steht fest auf seinen beiden Sandalen. Vertrieben wurde ihm[17] alles Böse an seinen beiden Füßen, es haben ihn diese beiden Mächte aufgerichtet(?)[18]. Es wird getanzt[19] für Osiris.

riante ist denkbar: die Vertauschung von  und im Hieratischen ist möglich, und ebenso die von  und , s. dazu Möller III, 15 und 119.

13 Lies wohl *sꜣ.tj nṯr*; die gleiche Schreibung auch im P. Krakau; in den übrigen Hss fehlt , dort ist also nur *sꜣ.tj* zu lesen; zu *sꜣ.tj* s. Wb III, 412, 8-12. Die Stelle ist bei Szczudlowska (1972), 62 nicht übersetzt.

14 Unklare Stelle, vor allem der Kontext ist unsicher. Szczudlowska übersetzt diese ganze Passage nicht, s.a. oben Anm. 13. Ich sehe vor allem zwei Möglichkeiten, diese crux zu lösen:
1. Die Überlieferung ist nicht ganz einheitlich: P. Krakau und der Papyrus des *Psmṯk* schreiben *sꜣ.tj nṯr*, die übrigen nur *sꜣ.tj*, s.o. Anm. 13. Wenn *sꜣ.tj* die originale Lesung ist, könnte das folgende *Jtmw pw* ein dazugehöriges Genitivobjekt sein: "die Kinder dieses Atum"; das folgende *jḫmw-sk* wäre dann Epitheton zu *sꜣ.tj* und die ganze Passage würde lauten: "... die beiden Kinder des Atum, die Unvergänglichen".
2. Unabhängig von der Frage nach der Originalversion könnte *Jtmw pw* die Erklärung des Vorausgehenden sein: "Atum ist dies" - eine Erklärung, die möglicherweise eine Glosse war und sekundär in den Text gelangte. Doch neben der Tatsache, daß dieser Vorgang sehr früh anzusetzen wäre, da alle Hss übereinstimmen, bleibt ein weiteres Problem offen: *jḫmw-sk* stünde ohne Verbindung zum Kontext, ein *ḥnꜥ* nach *pw* müßte dann wohl ergänzt werden.
Beide Erklärungen befriedigen nicht vollständig, eine andere Möglichkeit ist jedoch nicht zu sehen.

15 Verbesserung nach den übrigen Hss.

16 Szczudlowska (1977), 62 übersetzt: "... come (and) look at Osiris! He goes ...". Doch ist einerseits sowohl von *mꜣꜣ* wie von *nw* der absolute Gebrauch belegt, s. Wb II, 7, 1-7 bzw. II, 218, 3-4, andererseits ist *nw* zumindest laut Wb II, 218, 6-18 mit Objekt nur in Verbindung mit Präpositionen belegt. Auch die Parallelität zum folgenden, mit *Wsjr* eingeleiteten Satz spricht für die obige Übersetzung.

17 So wohl besser als "er hat vertrieben ...", wie Szczudlowska (1972), 62 übersetzt: "He removed ...". Osiris ist der Empfänger von Hilfe, nicht der selbst Agierende.

18 *ꜥḥꜥ* nach P. Berlin 3057 und P. Salt 1821 zu *sꜥḥꜥ* emendiert.

19 *jb(ꜣ)* ist nach den übrigen Hss ergänzt. Szczudlowska (1972), 62 übersetzt: "Osiris dances ıba-dance" und verweist S. 78 z.St. auf Brunner-Traut (1938), 30 und 77. Dieser Hinweis rechtfertigt freilich ihre Übersetzung nicht: Aus den a.a.O. S. 30 zitierten Pyramidentexten

- Verklärung: Geöffnet ist

der Himmel, geöffnet ist die Erde, aufgetan sind die Riegel (der Unterwelt) --?--.[20] Der Osiris Psammetich, gerechtfertigt, steigt auf zum Himmel, auf den Schwingen [des Thot]. Es steht auf der Osiris Psammetich,

gerechtfertigt, zusammen mit Re in der Nachtbarke, er gibt Befehle den[21] Unvergänglichen. Deine Mutter <Nut>[22] legte ihre Arme um dich, [sie verbarg dich vor den großen Göttern], die an der Spitze

x+5.18 von Pe und Dep sind. {Osiris Psammetich, gerechtfertigt.}[23] Der Osiris Psammetich, gerechtfertigt, fährt über in [dieser] Fähre [des Wernes,[24] er wurde gegeben] zum Gebiet des

x+6.1 Opfergefildes, es wurden ihm dort Brot und Bier gegeben, an der Spitze der großen Neunheit,[25] die in Heliopolis ist. Es steht aber der Osiris Psammetich auf[26] im Triumph,[27] am Ufer des Messersees,[28] zusammen mit seiner Mutter Nut.[29] Er hat die Götter geführt auf den Wegen

---

geht eindeutig hervor, daß für Osiris getanzt wird. Dies wird hier durch den P. Berlin 3057 und den P. Salt 1821 bestätigt, die beide *n* "für" schreiben. Nur im P. Krakau fehlt das *n*.

20 Nach *qꜣrw.t* steht in den Hss noch eine unverständliche Gruppe; P. Krakau:(?) ; P. Berlin 3057:(?) ; P. BM 10.252 und P. Salt 1821:(?) ; P. des *Psmṯk*: ////; Szczudlowska (1972), 62 übersetzt die Passage: "... beside Nekhen". Doch wäre die Erwähnung von Nechen hier im Kontext überraschend. Eine sichere Lösung ist nicht zu sehen; eine denkbare Verschreibung aus *dꜣ.t* "Unterwelt" ist bei der Geläufigkeit dieses Wortes nicht wahrscheinlich.

21 Im P. des *Psmṯk* steht wie im P. Krakau *jn* statt *n*.

22 *Nw.t* fehlt hier und ist mit den übrigen Hss zu ergänzen.

23 Die Wiederholung von *Wsjr NN* ... findet sich nur noch im P. Krakau, dort am Ende des Textes, vor dem Ritualvermerk; hier im Kontext ergibt sich kein Sinn, die Passage ist daher zu streichen.

24 Trotz der ungewöhnlichen Schreibung in allen Hss handelt es sich sicher um das "Gewässer im Jenseits", Wb I, 333, 9: *wrns*; dieses ist vor allem aus dem Amduat bekannt, als Gebiet der zweiten Nachtstunde, in dem der Sonnengott verweilt; s. hierzu Hornung (1963), Teil 2, 43. Die Schreibung mit *nsr.t* "Flamme" in allen Hss läßt zunächst auch an die Möglichkeit einer Verschreibung aus *(jw) nsrsr* "Feuerinsel" denken, doch sprechen sowohl inhaltliche Gründe gegen diese Lösung wie auch das in allen Hss überlieferte *wr*, das dann nicht zu erklären wäre.

25 Zu Osiris als Herrn der großen Neunheit vgl. etwa Barta (1973), bes. S. 116 mit Anm. 9.

26 Mit den anderen Hss ist *ꜥḥꜥ rf* statt *ꜥḥꜥ=f* zu lesen.

27 Mit den übrigen Hss ist *m mꜣꜥ-ḫrw* zu lesen. Der Fehler im Papyrus des *Psmṯk* ist durch die Hereinnahme des Eigennamens entstanden, im Anschluß an den das Epitheton *mꜣꜥ-ḫrw* naheliegt. In den übrigen Hss geht *Wsjr Ḫntj Jmntjw* voraus, gewiß die originale Lesart.

28 ist nach Szczudlowska (1972), 72 zu 11.5 eine späte Schreibung für ; sie geht somit von einer Lesung *jw dsds* o.ä. für "Messersee" aus. Nach Altenmüller (1966) ist der Begriff jedoch *mr nḫꜣ.wj* zu lesen. Dies würde zwar kaum etwas am paläographischen Be-

des Lichtlandes. Es haben dir die Götter ihre Arme gereicht, sie setzen dich in die Barke des Re. Du sitzest an ihrer Seite wie ihr[30] Vater, du sprichst mit ihnen wie Re. Oh Osiris Psammetich, gerechtfertigt, deine Glieder

sind vollständig an dir in deinem Namen Atum. Dein Antlitz ist (das des) Anubis. Es dienen dir[31] die geheimen Stätten, du stehst auf zusammen mit Horus und du sitzest nieder zusammen mit Thot auf den Stätten[32] des Kühlen.[33] Du bist ausgestattet mit dem Auge des Horus, der Zauberreichen.[34]

Oh Osiris Psammetich, gerechtfertigt, es haben dir die Götter in ihren Nestern(?)[35] die beiden Türflügel des Tamariskenhains des Horus geöffnet. Dir werden[36] die beiden angebundenen[37] Schiffe[38] verdoppelt, dir werden[36] die Wege der Finsternis erleuchtet. Erhebe dich,

fund ändern, da und im Hieratischen sicher leicht austauschbar wären - Möller III kann hier freilich nicht zu Rate gezogen werden, da sein einziger Beleg für (III, 330) eben dem hier inrede stehenden Begriff entstammt -, aber die vorliegende Stelle führt zu einem anderen Problem: die Schreibung mit ließe sich bei einer originalen Lesung leicht erklären (*jw --> jȝ.t*), nicht aber bei der Lesung (*mr --> jȝ.t?*).
Es bleiben zwei Möglichkeiten:
1. die Austauschbarkeit der Schreibungen gilt auch für -->
2. es ist doch - zumindest für die Spätzeit - an eine Lesung *jw (nḫȝ.wj)* zu denken.
Angesichts der überzeugenden Ausführungen Altenmüllers a.a.O. spricht mehr für die erste Möglichkeit.

29 In meiner Transkription (Burkard 1986, 41) ist versehentlich *Nw.t* ausgefallen.

30 *jt=sn* mit den übrigen Hss statt des versehentlichen *jt=k* im Papyrus des *Psmṯk*.

31 Sicher so zu verstehen; die Möglichkeit, *pẖr* als "laufen, umhergehen" mit Osiris als Subjekt aufzufassen, scheitert wohl am einheitlich überlieferten *n* nach *pẖr*: die Vergangenheitsform *pẖr.n=k* "du bist umhergegangen" würde sich nicht in den Kontext fügen.

32 Entgegen meiner Transkription ist wohl und nicht zu lesen, also auch hier *jȝw.wt*.

33 Zum *Qbḥw*-Gebiet, das als mythischer Ort "die ganze chaotisch-dunkle Leere jenseits der Nut" bezeichnen kann, s. ausführlich Edel (1963), 105-115.

34 Szczudlowska (1972), 63 übersetzt: "... eye of Horus (and) the Great-of-Magic"; aber *wr.t-ḥkȝw* ist schon in den Pyramidentexten als Beiname des Horusauges belegt (s. dazu zuletzt Nebe in LÄ VI, 1221, s.v. "Werethekau") und hier so zu verstehen.

35 Unklare Stelle; die Übersetzung ist nur tentativ; Szczudlowska übersetzt diese Passage nicht.

36 Oder, weniger wahrscheinlich: "du hast ...".

37 Lies *gwȝ.tj*: , nicht . Szczudlowska (1972), 70 liest ebenfalls fälschlich ; zu *gwȝ* "zusammenziehen" s. Wb V, 159, 11 - 160, 4. In der Bedeutung "anbinden" ist *gwȝ* in den Sargtexten belegt, s. CT III, 97e und IV, 164e.

38 Sehr unklare Stelle, die von Szczudlowska ebenfalls nicht übersetzt wird, s.a. oben Anm. 35. Vorerst unüberwindliche Schwierigkeiten bereitet weniger die wörtliche Übersetzung als vielmehr die Deutung der Passage an sich und vor allem im Kontext: Die Erwähnung der beiden(?) Schiffe ist ebenso verwirrend wie die Bedeutung der Aussage, daß sie verdoppelt(?) werden.

x+6.5 Osiris Psammetich, gerechtfertigt! Der Osiris Psammetich, gerechtfertigt, schüttelt aber die Erde ab, die an seinem Fleisch ist.[39] Der Osiris Psammetich, gerechtfertigt, haßt das Begräbnis, nicht liebt er den Tod. Der Osiris Psammetich, gerechtfertigt, liebt aber das Leben, und er lebt.

[39] Die Passage ist nach den übrigen Hss ergänzt (*wḫꜣ*) bzw. verbessert: im Papyrus des *Psmṯk* steht offensichtlich  anstelle von  *tꜣ* "Erde". Dieser Satz fehlt ohne Angabe von Gründen und ohne Kennzeichnung in der Übersetzung Szczudlowskas (1972), 63.

Papyrus des *Psmṯk*, col. x+5 - x+6

Formale und inhaltliche Gliederung

Die beiden Verklärungssprüche auf den Kolumnen x+5 und x+6 dieses Papyrus schließen sich sehr unvermittelt an den vorausgehenden Kontext an - und werden, wie sich weiter unten zeigen wird, ebenso unvermittelt enden.

Die Kolumne x+5 enthält zunächst einen Teil des Spruches 125 des Totenbuchs, der in col. x+4 begann. Der erhaltene Text endet in Z. 6 mit dem Text der Zeile 13 der Lepsius'schen Ausgabe, d.h. unmittelbar vor dem dort folgenden negativen Sündenbekenntnis.

Mit Z. 7 beginnt dann der erste der beiden Verklärungssprüche, auch dies in doppelter Weise unvermittelt: Der Text setzt mit dem dritten Spruch aus dem Verklärungsbuch I ein,[40] und dies im Gegensatz zum dann folgenden vierten Spruch ohne jede "Markierung", d.h. ohne das hier zu erwartende *sȝḫ*. So ist es lediglich die kleine freigebliebene Stelle am Ende von Z. 6, die den inhaltlich so markanten Themenwechsel rein äußerlich ein wenig kennzeichnet.

1. col. x+5, 7-15: *sȝḫw* I.3

Wie deutliche Parallelen belegen, stehen die Sprüche 1-3 von *sȝḫw* I in enger Beziehung zu den Texten der Stundenwachen in den ptolemäischen Tempeln, die Junker (1911) veröffentlicht hat.

Spruch 3 enthält Elemente aus der 6. Nachtstunde, in der *Jrj-m-ʿwȝj* Schutzgottheit ist.[41] Im Kontext der 6. Nachtstunde ist dieser Spruch mit *ḥw.t mḥ-6* "Kapitel 6" überschrieben; dort gehen, wie in den ersten sechs Nachtstunden insgesamt, eine kurze Stundenbeschreibung sowie Rezitationen zu Libationen und Räucherungen voraus.[42]

40 S. den Überblick in der Einleitung und die dort zusammengefaßten Literaturangaben.

41 S. Junker (1911), 18 und 113ff. Zur Thematik der Stundenwachen s. den einleitenden Text bei Junker und zuletzt zusammenfassend Assmann in: LÄ VI, 104-106, s.v. "Stundenwachen".

42 S. Assmann a.a.O. (s. oben Anm. 41).

Aus der Einleitung des ganzen Verklärungsbuches geht hervor, daß die Texte vom Obersten Vorlesepriester rezitiert wurden.[43] Dies gilt sicherlich für den Gesamttext; die insbesondere in den drei ersten Sprüchen eingestreuten Götterreden sind als Zitate zu verstehen, die der *ẖrj-ḥb* wiedergibt. Nicht ganz unproblematisch ist dabei die Frage der Eingrenzung dieser Zitate. Wenn sie durch *ḏd.jn* o.ä. eingeleitet sind,[44] ist zumindest der Anfang eindeutig bestimmt. Meist jedoch, und so auch zweimal in Spruch 3 (col. x+5.9 und x+5.13), wird der Ausdruck *j.jn* Gott NN verwendet. In der Regel steht dieser Ausdruck zu allen Zeiten innerhalb oder am Ende einer direkten Rede,[45] gelegentlich aber auch zu deren Beginn.[46]

Die beiden hier inrede stehenden Stellen zeigen, wie sich aus inhaltlichen Gründen notwendig ergibt, beide Verwendungsarten:

j.jn Jtmw "so sprach Atum" in x+5.9 steht am Ende einer Rede des Atum, denn die beiden folgenden Verse: "mögest du kommen und liegen sehen den Gott, mögest du hören das große Gebrüll" können nicht von ihm gesprochen sein: an wen sollten diese Worte dann gerichtet sein? Sie sind nur verständlich, wenn hier wieder der Vorlesepriester einen Gott (Atum?) anspricht.

j.jn Ḥr "so sprach Horus" in x+5.13 kann dagegen nur am Beginn einer Rede des Horus stehen, wie das folgende "komm zu mir, mein Vater Osiris" zeigt.

Schwieriger zu beantworten ist die Frage der Begrenzung dieser Reden nach oben bzw. unten. Einziger recht sicherer Anhaltspunkt ist wohl nur die Voraussetzung, daß ein Gott nur entweder direkt einen anderen Gott - i.d.R. Osiris - anspricht oder über ihn berichtet, m.a.W. daß bei einer reinen Situationsschilderung in der 3. Person der *ẖrj-ḥb* der Sprecher ist. Freilich darf daraus nicht der Umkehrschluß gezogen werden, daß alle Texte, die Osiris in der 2. Person ansprechen oder über ihn berichten, Götterreden seien: Häufig ist gesichert, daß der *ẖrj-ḥb* in diesem Fall der Sprecher ist. So bleibt als zweifelsfreies Kriterium eigentlich nur der adressatlose Bericht in der 3. Person, den der Gott sicher nicht spricht.

Unabhängig von dieser Unsicherheit ist natürlich der Übergang von einer Person zur anderen ein deutliches (Binnen-)Gliederungsmerkmal dieser Texte. Weiterhin sind etwa die jeweils die Handlung tragende Gottheit und die damit verbundenen Wechsel der Konstellation oder der Blickrichtung solche Gliederungsmerkmale.

43 S. Szczudlowska (1972), 52 und 53.

44 S. etwa P. Krakau 13.8, Szczudlowska (1972), 56.

45 S. Edel (1955), S. 374, 746; Erman (1933), S. 358, 714; Cerny-Groll (1984), S. 159f.; auch die Beispiele Gardiners (1957), S. 348f., 436-437 zeigen nur diese Stellung.

46 Etwa CT I, 308g, s. Edel (1955), S. 357, 747b.

Damit sind auch die verschiedenen Sprecher- bzw. Personenkonstellationen umrissen, innerhalb derer sich diese Verklärungssprüche bewegen: Adressat ist, mit ganz wenigen Ausnahmen (etwa die Anrede an Isis und Nephthys in Spruch 3), Osiris, sofern er nicht selbst als handelnd geschildert wird; Sprecher ist der Vorlesepriester oder ein Gott, der entweder in der 3. Person über Osiris berichtet oder ihn in der 2. Person direkt anredet.

Die folgenden Übersichten sollen diese Konstellationen im einzelnen verdeutlichen. Dazu war es erforderlich, den Text, der in allen bisher bekannten Handschriften ungegliedert tradiert wurde, in Verse zu gliedern, eine i.d.R. problemlose Aufgabe: die Bezüge innerhalb der Verse und der Verse untereinander sind meist evident, so daß eine Begründung für die Einteilung nur in Einzelfällen erforderlich sein wird. Der besseren Übersichtlichkeit halber sind die einzelnen Abschnitte - im Spruch 3 durch Sprecherwechsel jeweils klar markiert - gesondert behandelt, der gegliederte Text geht in Umschrift voraus.[47] Der besseren Zitierbarkeit wegen sind die Verse in den einzelnen Abschnitten jeweils mit 1ff. durchnumeriert, die Zeilennummern aus dem Papyrus des *Psmṯk* sind zusätzlich angegeben.

1. Abschnitt, col. x+5.7 - x+5.9

x+5.7	*ʿḥʿ wr.wj sbj sẖm.wj*
	spd=sn n=k ʿw.t=k Wsjr
	sbj=sn n=k qsw=k
	sšw=sn n=k ʿw.t=k
x+5.8	*wṯs.n kw jt=k Gb*
	rmn kw mw.t=k Nw.t
	js smn ṯw sn.tj=k jpw
	sʿḥ.tj=k ẖnt ḥw.t Wsjr
	nḏr=sn ʿ=k r p.t
x+5.9	*r bw wʿb mrj=k jm*
	wḥʿ n=k ptr.wj
	jn ẖ.t n psḏ.t ʿꜣ.t jmj Jwnw
	šm=k r=sn m rd.wj=k

[47] In "bereinigter" Form; zu Fragen der Überlieferung etc. ist jeweils die Übersetzung mit heranzuziehen.

Thema dieses Abschnitts sind die Wiederbelebung und der Himmelsaufstieg des Osiris. Daß der Vorlesepriester der Sprecher ist, geht abgesehen von der Einleitung des ganzen Buches (s. oben mit Anm. 43) auch aus dem Text der Stundenwachen hervor, wo dieser Passage die Anweisung *ḏd mdw jn ẖrj-ḥb* vorausgeht.[48]

Andererseits wird der Abschnitt mit *j.jn Jtmw* abgeschlossen, d.h. der Vorlesepriester zitiert hier eine Rede des Atum. Da der gesamte Abschnitt in der 2. Person abgefaßt ist, läßt sich der Beginn von Atums Rede nicht leicht bestimmen. Aus inhaltlichen Gründen ist wohl auszuschließen, daß alle 13 Verse zu seiner Rede gehören. Dem Versuch einer Antwort sei zunächst eine tabellarische Übersicht vorangestellt. Diese benennt unter I den bzw. die jeweils Handelnden, grammatisch gesehen also das Subjekt des Verses; unter II ist die Handlung (also das Prädikat) aufgeführt; unter III ist, sofern direkt genannt, der Adressat angesprochen; IV benennt den jeweiligen Status des Osiris, der entweder als selbst handelnd = aktiv: A, oder als Empfänger von Handlungen = passiv: P, geschildert ist. Unter V schließlich sind ggf. Zusatzbemerkungen aufgenommen.

Vers	I:Handelnde(r)	II:Handlung	III:Adressat	IV:Osirisstatus	Bemerkungen
1	Schu/Tefnut	aufstehen, gehen	----------	----------	----------
2	Schu/Tefnut	Glieder vereinigen	Osiris	P	----------
3	Schu/Tefnut	Knochen bringen	Osiris	P	----------
4	Schu/Tefnut	Glieder erheben	Osiris	P	----------
5	Geb	erheben	Osiris	P	----------
6	Nut	stützen	Osiris	P	----------
7	Isis/Nephthys	stärken	Osiris	P	----------
8	----------	----------	----------	----------	Epitheton zu I
9	Isis/Nephthys	Arm ergreifen	Osiris	P	----------
10	----------	----------	----------	----------	Ergänzung zu II
11	<Neunheit>	Himmel öffnen	Osiris	P	----------
12	----------	----------	----------	----------	"Subjekt" zu v.11
13	Osiris	gehen	----------	A	----------

Die der formalen und inhaltlichen Komposition dieser Passage zugrundeliegende Konzeption wird anhand dieser Übersicht von verschiedenen Standpunkten aus klar:

[48] S. Junker (1911), 114.

Die handelnden und helfenden Gottheiten in Rubrik I gehören alle der heliopolitanischen Neunheit an, es fehlen lediglich Atum, der aber eine eigene Sprecherrolle hat, und - selbstverständlich - Seth. Die Abfolge ihrer Benennung entspricht zudem mit Schu/Tefnut, Geb, Nut, Isis/Nephthys ihrer genealogischen Abfolge. Abschließend wird die Neunheit in v. 11/12 insgesamt als handelnd benannt, und, als Höhepunkt bewußt ans Ende gesetzt, Osiris. Die Sonderstellung dieses v. 13 spiegelt sich auch in den anderen Rubriken: Nur hier ist die Handlung durch Osiris selbst durchgeführt, und damit ist er auch nur hier in aktivem Status geschildert.

Die Abfolge der Handelnden spiegelt im übrigen auch die innere Gliederung dieser 13 Verse wider, die deutlich vom Grundbaustein des Doppelverses/Gedankenpaars geprägt ist: Schu/Tefnut: 4 Verse; Geb und Nut: 2 Verse; Isis/Nephthys: 4 Verse; Neunheit: 2 Verse. Dieser regelmäßigen Abfolge von 4-2-4-2 Versen steht, auch dadurch als Höhepunkt und Ziel der Handlung manifest, der einzelne v.13 mit Osiris als Träger der Handlung gegenüber.

Auch die einzelnen Handlungen sind in logischer Abfolge und sich inhaltlich steigernd aneinander gereiht: Schu/Tefnut: Glieder vereinigen -- Geb und Nut: erheben und stützen -- Isis/Nephthys: stärken und geleiten -- Neunheit: Himmel öffnen -- Höhepunkt und Ziel: Osiris steigt zum Himmel empor.

Fragt man auf dieser Basis noch einmal nach dem Umfang der Rede Atums, dann liegt die Antwort nahe, ihm nur den letzten, den Höhepunkt darstellenden Vers in den Mund zu legen: "Gehe du zu ihnen mit deinen beiden Füßen."

Die Worte *j.jn Jtmw* sind sicher nicht als eigener Vers aufzu-fassen bzw. nicht in die Analyse der Komposition einzufügen. Derartige Sätze bzw. Satzteile sind häufig belegt und haben i.d.R. als "Zwischentexte, Zwischenüberschriften" o.ä. eine Sonderstellung.[49]

2. Abschnitt, col. x+5.9 - x+5.13

x+5.9	1	*mj mꜣꜣ=k nmj.t nṯr*
x+5.10		*sḏm=k hmhm wr*
		wbꜣ wrj.t sbj mr
		swꜣ qsn ḫr ḥr tꜣ ḥr ẖ.t=f
	5	*sbj Wsjr ḥr rd.wj=f*
x+5.11		*js ꜥḥꜥ Wsjr ḥr ꜥw.t=f*

49 S. dazu Burkard (1983), 92-93

wꜥb=f m Ḏdw
sntr sw m Nṯrw
nṯr dbn.n=f pẖr.n=f P
x+5.12 *sḫn.n=f Dp j.šsm.n sw sn.tj*
šm=f js ḥr rd.wj=f
dgꜣ.n=f m ṯb.tj=f
sbꜣq.n sw jt=f Gb
ꜥpr.n sw mw.t=f Nw.t
mꜣꜣ=tn sw jrj r=f
x+5.13 *wrḏ jwfw=f nn mn=sn*

Es erübrigt sich hier, wie im 1. Abschnitt eine detaillierte Übersicht zur Verdeutlichung des inhaltlichen und kompositorischen Aufbaus zu geben, die Gliederung und die sie bestimmenden Elemente sind bereits durch die Versgliederung sehr deutlich erkennbar: Die 16 Verse sind in drei Teilabschnitte zu gliedern, die sich dadurch unterscheiden, daß Osiris entweder die handelnde Person ist oder nicht: In v. 1-4 ist er dies nicht, in v. 5-12 handelt er selbst, in v. 13-16 wird die Handlung wieder von Anderen getragen. Dieses Schema von 4-8-4 Versen basiert seinerseits wieder klar auf dem Grundbaustein des Doppelverses, zwischen denen und den drei Teilabschnitten sich weitere Gliederungsprinzipien fassen lassen:

Die beiden Bausteine von Teilabschnitt 1 (v. 1-4) sind durch den Personenwechsel nach v. 2 klar voneinander abgehoben. V. 1-2 enthalten einen Aufruf des Vorlesepriesters (s. oben) an einen nicht näher bezeichneten Gott, vielleicht an den unmittelbar vorher genannten Atum. In v. 3-4 beginnt die Situationsschilderung, gewissermaßen als Zusammenfassung der Situation, die durch die im 1. Abschnitt beschriebenen Handlungen und Geschehnisse entstanden ist: Osiris ist wiederhergestellt und zum Himmel aufgestiegen; also ist die Balsamierungshalle leer, der schlimme Zustand beendet.

In den folgenden acht Versen, also im Teilabschnitt 2, steht Osiris im Zentrum des Geschehens. Hauptthema ist einmal seine Reinigung in den Städten des Deltas, wodurch die vier Verse mit Ortsangaben (v. 7-10) zu einer engeren Einheit zusammengefaßt sind; zum anderen aber ist es seine Wiederbelebung, die sich in seiner wiedergewonnenen Beweglichkeit äußert: diese wird in den beiden einleitenden (v. 5-6) und den beiden abschließenden (v. 11-12) Versen dieses Teilabschnitts in den Mittelpunkt der Aussage gestellt. Die Untergliederung des zweiten Teilabschnitts kann also auf die Formel 2-4-2 gebracht werden.

Die vier Verse des dritten Teilabschnitts sind wieder aus zwei deutlich voneinander abgegrenzten Bausteinen gebildet: Das Verspaar 13/14 beschreibt die dem Osiris von Geb und Nut gewährte Hilfe. Dieser Wechsel im Status des Osiris vom Aktiven des zweiten Teilabschnitts zum jetzt Passiven markiert die Grenze zwischen diesen beiden Teilabschnitten im übrigen sehr klar.

In v. 15, also zwei Verse vor dem Ende des Teilabschnitts, ist dann wieder, wie in v. 3, also zwei Verse nach seinem Beginn, der Übergang von der 3. zur 2. Person als gliederndes Element zu beobachten. Vielleicht ein wenig überraschend, aber im Hinblick auf die Konzeption des Osiris als "Herzensmüder" (*wrḏ jb*) verständlich, am Ende dann das relativierende Resumee, daß er zwar "müde"(*wrḏ*), aber eben nicht krank ist.

Die zentrale Aussage dieses Abschnitts, die Reinigung des Osiris in den Deltastädten, wird durch einen Blick auf das Gesamtschema besonders deutlich: Die vier diesem Thema gewidmeten Verse stehen im Zentrum des Abschnitts (die runden Klammern fassen die jeweiligen Teilabschnitte zusammen): (2-2)-(2-4-2)-(2-2).

3. Abschnitt, col. x+5.13 - x+5.15

x+5.13 *mj n=j jt=j Wsjr*
smn ṯw ḥr rd.wj=k
ꜥḥꜥ ḥr ṯb.tj=k jptn m ꜥw.t=k
x+5.14 *j.sšw.n kw Šw jpw*
ḥnꜥ Tfn.t sꜣ.tj nṯr
Jtmw pw jḫmw-sk
Js.t mj=ṯ mꜣꜣ=ṯ
Nb.t-ḥw.t mj=ṯ nw=ṯ
Wsjr šm=f ḥr rd.wj=f
x+5.15 *Wsjr NN mn ḥr ṯb.tj=f*
dr n=f ḏw nb jrj rd.wj=f
sꜥḥꜥ.n sw wr.wj jpw
<jbꜣ n Wsjr>

Eine deutliche Zweiteilung ist in diesem Abschnitt dadurch gegeben, daß ab v. 7 erstmals Osiris nicht mehr der Adressat ist, sondern daß der Sprecher sich direkt an Isis und Nephthys wendet. Der Beginn des Abschnitts in x+5.13 ist durch einen Sprecherwechsel markiert: Horus spricht nunmehr, s. dazu auch oben am Beginn dieses Kapitels.

Im Gegensatz zu der klaren Markierung des Beginns der Rede des Horus durch *j.jn Ḥr* fehlt ein solches Kriterium für die Frage nach ihrem Ende: Im ganzen Abschnitt wird entweder Osiris direkt angesprochen oder es wird über ihn berichtet, ein adressatloser Situationsbericht fehlt. Es ist somit möglich, den gesamten Abschnitt als Rede des Horus zu verstehen; dies wird auch aufgrund inhaltlicher Gesichtspunkte nahegelegt: Mit diesem Abschnitt endet nicht nur der Spruch 3 des Verklärungsbuches I, es wird auch der Kontext der Stundenwachen verlassen; mit Spruch 4 beginnt ein neuer Kontext. Am Ende steht somit einmal eine direkte Anrufung des Osiris durch Horus in v. 1-6, zum anderen ab v. 7 die Anrufung von Isis und Nephthys, und, in v. 9-12, die abschließende Verkündung, daß das Ritualziel erreicht ist: Osiris ist wiederbelebt, das Böse ist vertrieben. Es liegt nahe, diese Verkündung einem Gott in den Mund zu legen.

Inhaltlich und formal fällt der dann noch folgende Vers aus dem Rahmen: Mit der Verkündung des Ritualzieles steht er in keinem Zusammenhang mehr, sondern berichtet vom sich daraus ergebenden (Freuden-)Tanz. Auch formal steht er als Einzelvers am Ende, so daß der Gedanke naheliegt, ihn als (eine Art von) Ritualvermerk zu verstehen und vom vorausgehenden Kontext zu trennen.

Der eigentliche Text des 3. Abschnitts besteht somit aus 12 Versen. Diese gliedern sich, wie oben bereits vermerkt, zunächst in zwei Teilabschnitte zu 6 Versen.

Im ersten Teilabschnitt - und nur hier - ist das bislang durchgängig beobachtete Prinzip der Verspaar-Gliederung zugunsten von zwei Gruppen mit je drei Versen aufgegeben: In v. 1-3 wendet sich Horus - jeweils mit einem Imperativ eingeleitet - direkt an Osiris. Mit v. 4 beginnt, noch in der 2. Person, jetzt aber in der Erzählform, ein kurzer Bericht über die Hilfe, die Osiris durch Schu und Tefnut erfuhr.

Erneut im Imperativ - jeweils *mj=ṯ* "mögest du kommen" - beginnt der zweite Teilabschnitt mit der Anrufung von Isis und Nephthys; hier ist wieder die Verspaar-Gliederung prägendes Formelement: 2 Verse Anrufung der beiden Göttinnen (v. 7-8) und zweimal 2 Verse Verkündung des Ritualziels: v. 9-10 Osiris selbst aktiv handelnd: er geht und er steht; v. 11-12 Osiris im passiven Status: es wurde ihm das Böse vertrieben und er wurde aufgerichtet. Mit *wr.wj* wird das Stichwort des ersten Verses des ersten Abschnitts wieder aufgenommen, d.h. hier sind wie dort nochmals Schu und Tefnut angesprochen. Das Schema dieses Abschnitts lautet somit: (3-3)-(2-2-2).

2. col. x+5.15 - x+6.5: *sꜣḫw* I.4

Im durch *sꜣḫ* eingeleiteten Spruch 4 dieses Verklärungsbuches sind die räumliche und die inhaltliche Dimension ebenso deutlich andere gegenüber dem vorhergehenden Kontext wie die Konstellationen der beistehenden Götter. Die "Handlung" schließt gleichzeitig bruchlos an das Vorausgehende an:

Die räumliche Dimension hat sich endgültig aus der Balsamierungshalle verlagert, die Osiris verlassen hat, um zum Himmel aufzusteigen und sich in den verschiedenen jenseitigen Regionen zu bewegen. Inhaltlich ist der aktive Status des Osiris in den Vordergrund getreten: er "steigt auf", "erteilt Weisungen", "fährt", "landet", "leitet" (die Götter). Auch der passive Status hat sich naturgemäß verändert: es sind nicht mehr existentielle Handlungen, die ihm erbracht werden, wie das Zusammenfügen der Glieder, das Aufrichten etc. im vorausgehenden Spruch, sondern es sind Leistungen, die ihm als lebender, göttlicher Person zugedacht werden: der Schutz durch Nut, das Bringen von Brot und Bier, seine Aufnahme in die Barke des Re etc.

Bei der Betrachtung der den Osiris jetzt umgebenden Götterkonstellationen fällt auf, daß Horus nun deutlich in den Hintergrund getreten ist; Isis und Nephthys werden überhaupt nicht mehr erwähnt. Eine große Bedeutung kommt dagegen insbesondere Re zu, in dessen Barke Osiris aufgenommen wird. Hervorgehoben sind auch die Rollen des Thot, auf dessen Schwingen Osiris zum Himmel aufsteigt (x+5.16) und in dessen Gemeinschaft er sich befindet (x+6.3), und die der Nut, die ihn schützt (x+5.17) und in deren Gesellschaft er am Messersee triumphiert (x+6.1).

Formal fällt auf, daß sich keine Zitate von Götterreden mehr finden, d.h. Sprecher ist jetzt durchgehend der Vorlesepriester. Dieser berichtet abwechselnd in der 3. Person über Osiris oder spricht ihn in der 2. Person direkt an. Diese Personenwechsel bieten gute Anhaltspunkte bei der Untersuchung der Binnengliederung des Spruches, innerhalb der einzelnen Teilabschnitte. Die übergeordnete Abschnittsgliederung ergibt sich aus anderen, vor allem inhaltlichen, aber auch formalen Gesichtspunkten.

Dieser Interpretation der einzelnen Abschnitte sei wieder die Transkription im Versschema vorangestellt.

1. Abschnitt: col. x+5.16 - x+6.2

x+5.16 1 *wn p.t wn tꜣ sš qꜣrw.t --?--*
prj Wsjr NN r p.t tp ḏnḥ.tj Ḏḥwtj[50]

ʿḥʿ Wsjr NN ḥnʿ Rʿ m mskt.t
x+5.17 *wḏ=f mdw n jḫmw-sk*
rdj.n mw.t=k Nw.t ʿ.wj=s ḥr=k
x+5.18 *jmn.n=s ṯw r nṯrw ʿꜣw ḫnt P Dp*
ḏꜣj Wsjr NN m mḫn.t twj nt Wrns
x+6.1 *rdj.n.tw=f r tꜣ n Sḫ.t-ḥtp*
rdjw n=f tꜣ ḥnq.t jm
ḫnt psḏ.t ʿꜣ.t jmj Jwnw
ʿḥʿ rf Wsjr NN m mꜣʿ-ḫrw
r gs mr nḫꜣ.wj ḥnʿ mw.t=f Nw.t
x+6.2 *sšm.n=f nṯrw m wꜣ.wt ꜣḫ.t*
rdj.n nṯrw ʿ.wj=sn n=k
šdj=sn ṯw r wjꜣ n Rʿ
ḥmsj=k ḫnt=sn mj jt=k
mdw=k ḥnʿ=sn mj Rʿ

Inhaltliche und formale Gesichtspunkte bestimmen die weitere Untergliederung in Teilabschnitte:

Teilabschnitt 1 umfaßt die Verse 1-4: ihr Thema ist der Himmelsaufstieg des Osiris und seine Aufnahme in die Barke des Re. Die Form ist die des Berichts in der 3. Person.

Teilabschnitt 2 ist zunächst nicht ganz zweifelsfrei zu bestimmen, da, beginnend mit v. 5, einige sehr kurze Einheiten verschiedenen Inhalts folgen. In der hier vertretenen Interpretation wird diesen nicht der Charakter eines je eigenen Teilabschnitts zugewiesen, sondern sie sind gemeinsam zu einem Teilabschnitt zusammengefaßt. Dieser umfaßt die Verse 5-13, sein Thema ist die Überfahrt (über den Wernes), Landung und Triumph des Osiris; im Einzelnen: Schutz durch Nut (v. 5-6), Überfahrt und Landung (v. 7-8), Ehrung (v. 9-10), Triumph (v. 11-13).

Teilabschnitt 3 - wie der Beginn von Teilabschnitt 2 durch den Übergang von der 3. zur 2. Person markiert - steht unter dem Thema "Osiris in der Barke des Re", d.h. ist gleichberechtigt unter die Götter aufgenommen.

Am Ende eines jeden dieser Teilabschnitte, und damit diese Einteilung zusätzlich bekräftigend, wird dieser Gedanke der Gleichberechtigung und der damit verbundene Herrschaftsanspruch betont formuliert: Osiris erteilt den Unvergänglichen Weisung (v.

[50] Es ist auch möglich, diese beiden Verse in vier Verse zu unterteilen, doch dominieren in diesem Spruch insgesamt die "längeren", d.h. die aus mehr Satzgliedern bestehenden Verse.

4), er leitet die Götter auf den Wegen des Lichtlandes (v. 13) und er redet mit den Göttern wie Re (v. 17).

Auch dieser Abschnitt ist - sieht man von den Versen 11-13 ab - deutlich vom formalen Element des Verspaares geprägt: (2-2)-(2-2-2-3)-(2-2).

Die drei Teilabschnitte lassen sich inhaltlich nochmals zu den Begriffen: Himmelsaufstieg (1) - Überfahrt und Landung (2) -Herrschaft in der Barke des Re (3) verdichten.

2. Abschnitt, col. x+6.2 - x+6.5

Der Rest des auf dem Papyrus des *Psmṯk* erhaltenen Textes gliedert sich, jeweils eingeleitet durch *hꜣj Wsjr NN* bzw. *ṯs ṯw Wsjr NN*, in drei Teile, die aber infolge ihrer Kürze sicher nicht als je eigene Hauptabschnitte zu interpretieren sind. Sie sind daher hier als drei Teilabschnitte eines größeren Abschnitts zusammengefaßt.

x+6.2	*hꜣj Wsjr NN mꜣꜥ-ḫrw*
x+6.3	*ꜥw.t=k nb.t tm r=k m rn=k n Jtmw*
	ḥr=k m Jnpw
	pẖr n=k sw.t štꜣw.t
	ꜥḥꜥ=k ḥnꜥ Ḥr ḥms=k ḥnꜥ Ḏḥwtj
	ḥr jꜣw.t nw Qbḥw
	ḥtm ṯw jr.t Ḥr wr.t ḥkꜣw
x+6.4	*hꜣj Wsjr NN mꜣꜥ-ḫrw*
	wn n=k nṯrw ḥr mḥ=sn ꜥꜣ.wj n jsr Ḥr
	qꜣb n=k dp.tj gwꜣ.tj
	sḥḏ n=k wꜣw.t kkw
x+6.5	*ṯs ṯw Wsjr NN*
	wẖꜣ rf Wsjr NN tꜣ jrj jwfw=f
	msḏ Wsjr NN qrs.t nn mrj.n=f mt
	mrj rf Wsjr NN ꜥnḫ ꜥnh=f

Prägendes formales Merkmal dieser drei Teilabschnitte ist neben den als Einzelverse (oder auch als Überschrift) gesondert stehenden Einleitungsversen 1, 8 und 12 die durchgehend eingehaltene, signifikante Drei-Verse-Struktur. Die Teilabschnitte 2 und 3 bestehen überhaupt nur aus einer solchen Gruppe (den Einleitungsvers jeweils nicht mitgerechnet), in Teilabschnitt 1 sind es zwei Gruppen.

Themen des 1. Teilabschnitts sind die Gestalt des Osiris und seine herrscherliche Funktion, die sich dadurch manifestiert, daß ihm die "geheimen Stätten" dienen (v. 4), aber auch durch seine Gleichberechtigung mit Horus und Thot (v. 5).

Die in den Versen 2-3 erwähnte Gleichsetzung der Glieder des Osiris mit Atum und die seines Gesichtes mit Anubis bzw. dem "Schakal" ist seit den Pyramidentexten bekannt und dort z.T. sehr viel ausführlicher belegt als hier;[51] die detaillierteste Beschreibung findet sich Pyr. 135 a-c, sie liest sich wie die ausführlichere Version der vorliegenden Stelle:

ʿ=k m Jtmw
rmn.wj=k m Jtmw
ẖ.t=k m Jtmw
sꜣ=k m Jtmw
pḥwj=k m Jtmw
rd.wj=k m Jtmw
ḥr=k m sꜣb
pẖr n=k jꜣw.t Ḥr
pẖr n=k jꜣw.t Stš

Dein Arm ist (der des) Atum
deine beiden Schultern sind (die des) Atum
dein Leib ist (der des) Atum
dein Rücken ist (der des) Atum
dein Hinterteil ist (das des) Atum
deine beiden Beine sind (die des) Atum
dein Gesicht ist (das des) Schakal(s)
es dienen dir die Stätten des Horus
es dienen dir die Stätten des Seth

Einzige markante inhaltliche Variante - sieht man davon ab, daß an allen genannten Stellen der Pyramidentexte statt Anubis *sꜣb* "der Schakal" genannt ist - ist die Ersetzung

[51] Vgl. etwa Pyr. 573a: *ḥr=k m sꜣb* "dein Antlitz ist (das eines) Schakals" und Pyr. 1298b: *jwfw=k tm m Jtmw ḥr=k m sꜣb* "dein Fleisch ist gänzlich (das des) Atum, dein Antlitz ist (das eines) Schakals".

des Seth der Pyramidentexte durch Thot in den späten Texten (hier in v. 5), eine in der Spätzeit recht häufig anzutreffende Erscheinung.[52]

In den drei Versen 9-11 des zweiten Teilabschnitts wird - wie auch im Teilabschnitt 1 - Osiris in der 2. Person angesprochen, dies im Gegensatz zum 3. und letzten Teilabschnitt, der zur 3. Person zurückkehrt. Osiris ist hier ausschließlich der Empfangende; dieser einheitliche Status spiegelt sich in der einheitlichen Konstruktion der Verse: alle drei sind durch eine Verbalform: aktives (v. 9) bzw. passives (v. 10 und 11) *sḏm=f*, gefolgt durch *n=k*, eingeleitet.

Ungeachtet dieser klaren äußeren Form und der ebensolchen Rolle des Osiris bleibt der Inhalt eines Teiles dieser Passage dunkel, s. oben die Übersetzung. Insbesondere v. 10 entzieht sich einer Deutung; die Möglichkeit, eine Textverderbnis anzunehmen, wird durch die recht einheitliche Überlieferung[53] eingeschränkt.

Die den Text auf dem Papyrus des *Psmṯk* abschließenden Verse des 3. Teilabschnitts, v. 12-15, könnten mit ihrer Wiederaufnahme der Thematik der Auferstehung des Osiris und vor allem der Betonung seines Lebenswunsches durch das zweimalige *ꜥnḫ* in v. 15 - und auch des Gegenteils: des Abscheus vor Tod und Begräbnis in v. 17 - sehr gut den Abschluß dieses Spruches 4 bilden. Die übrigen Hss zeigen jedoch, daß dies nicht der Fall ist: Dort schließt sich die ausführliche Schilderung der Speisung des Osiris an, und am Ende des Spruches wird noch einmal die bedeutende Rolle des Re, die in diesem Spruch immer wieder zum Ausdruck kam, betont.

Formal sind die drei letzten Verse der Version des *Psmṯk* wieder deutlich parallel konstruiert: sie sind jeweils eingeleitet durch Verbum + nominales Subjekt, im ersten und dritten Vers durch die Partikel *rf* verstärkt. Das formale Schema des gesamten 2. Abschnitts lautet also: (<1>-3-3)-(<1>-3)-(<1>-3).

Wie bereits in der Publikation vermerkt,[54] ist der Papyrus des *Psmṯk* wohl nicht im ursprünglich geplanten Umfang beschriftet worden: Der Text endet einerseits mitten im Spruch, andererseits auch mitten in col. x+6; der Rest dieser Kolumne blieb ebenso leer wie die durch waagrechte und senkrechte Linien bereits eingeteilte col. x+7. Es erscheint müßig, ausführlich über die Gründe hierfür zu spekulieren; vielleicht ist, wie bereits vermutet,[55] tatsächlich der vorzeitige Tod des *Psmṯk* die Ursache gewesen.

[52] Vgl. dazu etwa Kees (1924), 82ff. und te Velde (1967), 67.

[53] S. Szczudlowska (1972), 70.

[54] S. Burkard (1986), 38 Nr. 9 und 41, Anm. 12.

[55] S. Burkard (1986), 41, Anm. 12.

Papyrus des *Ns-bꜣ-nb-ḏd* I (?)
Gesänge der Isis und Nephthys
Übersetzung

1.1 Anfang der Gesänge[1] für das Fest der beiden Weihen, das gefeiert wird im Tempel des Osiris Chontamenti, des großen Gottes, des Herrn von Abydos, im

Monat 4 der *ꜣḫ.t*-Jahreszeit, Tag 22 bis Tag 26. Es werde der gesamte Tempel gereinigt[2] und dann sollen zwei Frauen hereingebracht werden, die rein an

Gliedern und jungfräulich sind[3]; ihre Körperhaare sollen entfernt werden, ihre Köpfe sollen bedeckt werden[4] mit Perücken[5],

[...][6] Tambourins[7] in ihre Hände; und ihre Namen sollen auf ihre beiden Arme als(?) Isis und Nephthys geschrieben werden;[8]

1.5 und sie sollen die Gesänge[9] dieses Buches vor diesem Gott rezitieren.

Und dann sollen sie sagen: "Oh Herr Osiris"; viermal.

Zu sprechen durch den obersten Vorlesepriester dieses Tempels:

1 *ḥww.t* eigentlich "Kapitel"; im Kontext hier ist "Gesänge" besser geeignet. - Die Kolumnen- und Zeilenzählung entspricht der des Papyrus Bremner-Rhind, der den vollständigen Text enthält. - In der Publikation (Burkard 1986) ist ein Druckfehler zu berichtigen: auf S. 45 ist in den Überschriften der Hinweis "Tafel 41" jeweils zu streichen; wie fr. 1 sind fr. 2 und 3 auf Tafel 42 b abgebildet.

2 *ḏsr* "reinigen", Wb V, 613,19 - 614,4.

3 Wörtl.: "nicht existiert das sie Öffnen".

4 *mḏḥ* eig. "umwinden", vom Kopf: Wb II, 190, 2-5.

5 *sr* "Haar" = "Perücke": Wb IV, 191,3.

6 In der Lücke ist wohl ein Verbum des Gebens, evtl. *rdj(w)* "es sollen gegeben werden", zu ergänzen.

7 *sr* "Handpauke" = "Tambourin" o.ä.: Wb IV, 191, 6-9; s. zuletzt Ziegler (1977), 203-214, und dies. (1970), 71ff., jeweils mit Abbildungen.

8 *mtnw* "beschreiben" etc.: Wb II, 170,16 - 171,4.

9 *m ḥww.t* evtl. auch: "aus den ...".

"Großer des Himmels und der Erde"; viermal.

Zu sprechen durch die beiden Gelockten:

"Schöner Jüngling,[10] komm zu deinem Haus,

seit sehr langer Zeit haben wir dich nicht gesehen.

Schöner Sistrumspieler, komm zu deinem Haus,

du an der Spitze von - Lücke(sic)[11] -, nachdem du von uns gegangen bist.

Schöner Jüngling, der ging, als es (noch) nicht an der Zeit war,

du Junger, ganz gewiß nicht zu seiner Zeit.

Prächtiges Abbild deines Vaters Tatenen,

geheimnisvoller Samen[12], der hervorgekommen ist aus Atum.

Herr, Herr, der erhoben ist über seine Väter,

Ältester[13] im Leib seiner Mutter.

Oh[14] komm doch[15] zu uns in deiner früheren Gestalt,

[10] Assmann (1969), 121 verweist darauf, daß *ḥwn(w)* "zugleich auch 'der Verjüngte' oder 'der sich Verjüngende' bedeuten und die sich in der Bewältigung des täglichen Kreislaufs offenbarende Energie der ewigen Selbstverjüngung mit zum Ausdruck bringen kann." Diese im Kontext der Sonnenhymnik zweifellos zutreffende Bedeutung kann hier innerhalb der Klage um den toten Osiris sicherlich nicht gelten: Die drei Belege innerhalb der hier untersuchten Texte - alle drei finden sich in den Gesängen der Isis und Nephthys: hier, 1.14 und 2.4 - weisen alle auf eine Bezeichnung für ein - zu früh gestorbenes - Kind bzw. einen jungen Mann.

[11] Roeder (1960), 191 ergänzt *Jmntjw*, wie aus seiner Übersetzung hervorgeht: "Der du der Erste der [Westlichen] (wurdest), nachdem du uns verlassen hattest." Doch muß dies fraglich bleiben, zumal eine so selbstverständliche Verbindung wie *Ḫntj Jmntjw* vom ägyptischen Schreiber wohl sicher verstanden worden wäre; die Angabe "Lücke" (*wš*) deutet m.E. darauf hin, daß hier ein anderer Begriff weggefallen ist, der sich nicht mehr sicher ergänzen ließ.

[12] Die Schreibung  ist vermutlich aus der Endung von *štꜣ(j)* verderbt, s.a. Faulkner (1936), 133.

[13] *smsw* in der Hauptbedeutung "Erstgeborener".

[14] *ḥꜣ* trotz der Schreibung ohne 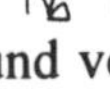 sicher die Partikel.

[15] "Komm doch": das "doch" und vergleichbare Partikel geben in der Übersetzung die prospektive (=adhortative) Form des ägyptischen Textes wieder, zum Unterschied vom reinen Imperativ, der in der Übersetzung als solcher wiedergegeben wird.

damit wir dich umarmen, so daß du uns nicht verläßt.

Du Schöngesichtiger, groß an Beliebtheit,

Abbild des Tatenen, Mann, Herr der Lust.

[Ältester][16], der den Leib (= seiner Mutter) geöffnet hat,[17]

dessen Glieder ermattet sind in seinen Binden.[18]

Komm doch in Frieden, unser Herr, damit wir dich sehen,

die beiden Schwestern umfassen(?) deinen Leib, es gibt kein Handeln[19] gegen dich(?).

[...] das Böse wie etwas, das nie entstanden ist,

unser Haupt, wende dich uns zu(?)[20].

Große Trauer[21] herrscht unter den Göttern,

die nicht bestimmen (können) den Weg, den du genommen hast.

Du kleines Kind, ganz gewiß nicht zu seiner Zeit,[22]

durchwandere du Himmel und Erde in deiner früheren Gestalt.

Du bist der Stier der beiden Schwestern,

komm doch, kleines Kind, in Frieden.

Unser Herr, wir möchten dich sehen,

16 *smsw* mit Faulkner ergänzt.
17 *m* vor *wpj* als *m* der Identität verstanden.
18 S. hierzu Faulkner (1936), 133 z.St.
19 *s.t-ꜥ* "activité", s. Vandier (1950), 168-169; die Übersetzung ist unsicher. Faulkner: "injury".
20 S. die Anmerkungen Faulkners (1936), 133.
21 *pr.t ꜥꜣ.t*, eig. "der große Auszug", war nach Schäfer (1904), (1904), 24-25 der letzte Auszug des Osiris, in dessen Verlauf er den Tod fand; Helck (1952), 75f. hält diesen Ausdruck eher für eine Bezeichnung des Begräbniszuges des Gottes, bei dem die Teilnehmer mit seiner Leiche nach Abydos ziehen. Im Griechischen wird dieser Ausdruck mit μεγα πενθος wiedergegeben: s. Kanopusdekret Z. 7 (vgl. Schäfer a.a.O. 25).
22 Umstellung zu *nn js r tr* mit Faulkner (1936), 133.

vereinige dich doch mit uns wie ein Mann.

2.10 Tebha gehört zu seiner Richtstätte,

du (dagegen) komm doch in Frieden, ältestes Kind seines Vaters.

Dauere in deinem Haus, ohne dich zu fürchten,

dein Sohn Horus schützt dich.

Der Bösewicht ist herbeigebracht worden(?),[23]

2.15 er ist in seiner Richtstätte von Feuer jeden Tag.

Sein Name wurde ausgeschnitten unter den Göttern,

Tebha ist gestorben <im Gemetzel(?)>[24].

Sei doch in deinem Haus, ohne dich zu fürchten,

während Seth in allem Bösen ist, das er getan hat.

2.20 Er hat die Ordnung[25] des Himmels angegriffen,

er hat uns das Denken 'zusammengeschnürt'(?).

Die Erde hat sich uns genähert(?),

Gestank ist auf dem Scheitel(?) [...].

3.1 Es wird gebracht ein (toter) Gebrachter(?),[26]

unsere Augen weinen deinetwegen.

Es brennen die Tränen(?)[27],

[23] Gegen Faulkner, der übersetzt: "... is gone". Aber *msj* heißt "bringen"; ich fasse *msj* hier als p.p.p. auf.

[24] Nach dem Verbesserungsvorschlag Faulkners (1933), 5.

[25] *sḥꜣb* "Verwaltung", s. die Anmerkung Faulkners (1936), 133.

[26] Sehr unklare Passage; auch Faulkner kann in den Versen 2.21 - 3.1 keinen rechten Sinn erkennen; in 3.1 verstehe ich [illegible] als Determinativ zum zweiten *sṯꜣw*, aber das ist unsicher; auch Faulkner sieht hier keine Lösung. Roeders Übersetzung (1960), 193: "(deshalb ist er) zum Tode verurteilt worden (?)" kann nur Vermutung sein; dem überlieferten Text ist sie bei allen Schwierigkeiten, die er an dieser Stelle bietet, nicht zu entnehmen.

Trauer (herrscht), seit unser Herr von uns ging:
Der mit schönem Angesicht, Herr der Beliebtheit,
der Stier, der die Kuh trächtig macht.
Komm, Sistrumspieler mit glänzendem Antlitz,
einzig Jugendlicher, schön anzusehen.[28]
Herr unter(?)[29] den Frauen,
'Mann' der Kühe.
Du Kind, Oberster der Schönheit,
oh, wir möchten dich sehen in deiner früheren Gestalt.
So wie ich begehre, dich zu sehen,
ich bin deine Schwester Isis, die Liebe deines Herzens.
Mich sehnend[30] nach deiner Liebe, als du weg warst,
überflute ich heute dieses Land.[31]
Nähere dich uns doch - sei gelobt[32] -,
wir achten das Leben gering ohne dich.[33]
Komm doch in Frieden, unser Herr, damit wir dich sehen,
oh Herrscher, komm in Frieden.
Vertreibe *sḫ.t*[34] vor unserem Haus,

[27] *mꜣwt* "Tränen": s. Andreu-Cauville (1978), 14; diese Bedeutung allerdings nur unter Berufung auf die vorliegende Stelle. Roeder (1960), 193: "Gedanken".
[28] *ꜥn m mꜣꜣ=f* "schön beim ihn Betrachten"?
[29] Es steht *m ḥmw.t*, ob für *n ḥmw.t* wie in 3.10? Dann wäre zu übersetzen: "Herr der Frauen".
[30] *ḥr-sꜣ* "hinterher (sein)".
[31] Mit Tränen?
[32] S. Faulkner (1936), 134: "so please you".
[33] Wörtl.: "aus Mangel an dir".

vereinige dich doch mit uns als Mann."

Abwehrzauber. Zu sprechen durch die beiden Gelockten:

"Oh Osiris, Stier des Westens,
einzig Dauernder, erhoben über die Götter;
Kind, das zeugt,
ältester Erbe des Geb;
Gottessprößling unter den Göttern,
komm doch zu den beiden Witwen.
Die gesamte Neunheit kümmert sich um dich,
sie wehren dir Seth ab, wenn er kommt.
Du mit elendem Namen, sei hinter dem Schrein vor deinem Vater Re,
möge er veranlassen, daß die Rebellen bestraft werden.
Komm hierher zu deinen Sängerinnen,
wehre die Sorge ab von unserem Haus.
Komm hierher zu deinen Sängerinnen,
es ist nicht richtig für dich, einsam dazusitzen;
unser Herr ist in Frieden <auf(?)>[35] seinem Sitz.
Es schlug der, der größer(?)[36] ist als er den, dessen Antlitz milde ist;

34 Faulkner (1936), 134 denkt an eine metaphorische Bedeutung von *sḫ.t* "Schlag", aufgrund derer das - eindeutig geschriebene - Determinativ [Hieroglyphe] verwendet worden sei.

35 Mit Faulkner (1933), 8, n. a ist der Ausfall einer Präposition (*ḥr* ?) anzunehmen.

36 S. Faulkner (1936), 135; er übersetzt hier *wr* mit "strong"; das dürfte den Sinn am besten treffen. Anders Roeder (1960), 195, der übersetzt: "Gesiegt(?) hat er, der größer ist als jener, und dessen Gesicht mild ist."

seit der Böse bei(?) seinen Feinden verweilte,[37]

4.15 schlägt er[38] das Land mit seinen (bösen) Absichten.

Große Trauer[39] herrscht unter den Göttern,

die Neunheit hat deinetwegen das Haupt auf den Knieen,

da(?) du erhoben bist über die Götter.

Der die Erde betrat, wo ist er, der Große (noch) im Leib,[40]

4.20 mit der Uräusschlange auf seinem Haupt.

Der sich nach seinem Wunsche[41] gebildet hat beim Kommen, wo ist er,

der Gottesleib, der Herr der Liebe, der Erhobene, der reich an Liebe ist.

Du Ba, lebe doch ein zweites Mal,

die beiden Schwestern werden deine Glieder vereinigen,

4.25 die zu dir hierher kamen seit Anbeginn.

Trauer um dich herrscht unter Millionen(?),

wie [...] alle Götter;

5.1 komm hierher <zu> deinen Sängerinnen.

Dein Vater Re ist gewalttätig gegen den Bösen;[42]

die Neunheit dient dir in deinem Umkreis, sie wehren ab für dich die Roten.[43]

37 Sehr fragliche Übersetzung; "seine" Feinde als die Feinde des Osiris verstanden; s.a. Faulkner (1936), 135.

38 Ob eine Kontamination von *ḥwj=f* und *ḥwtf=f* vorliegt?

39 S. oben zu 2.2.

40 Faulkner (1933), 8 ergänzt *m* vor *ẖ.t*; die obige Übersetzung beruht auf dieser Ergänzung.

41 Wörtl.: "vor seinem Herzen".

42 Zu *nbḏ* s. mit ausführlichen Literaturangaben Borghouts (1970), n. 2; dazu Vernus (1978), 239, n. o. Nach Borghouts ist *nbḏ* personifiziert als Bezeichnung für Seth oder Apophis.

43 Hier sind wohl zwei Verse zusammengefallen, vgl. oben 4.4 - 4.5.

Vertreibe doch das große Unglück deiner beiden 'Prinzessinnen'.

Dein Haus ist im Fest, der Böse ist an seiner Richtstätte, der Rebell ist in allem Bösen, das er getan hat[44]

- er hat vernichtet(?)[45] das Land mit seinen schlimmen Absichten,

er hat den Himmel auf den Erdboden gebracht[46] -,

vertrieben und zur Richtstätte gebracht,[47]

zur Richtstätte der Rebellen gebracht.

Dein Vater Re wird deine Not schützen,[48]

dein Sohn Horus wird für dich eintreten.

Erreiche doch die Erde, so wie du warst(?),[49]

durchwandere doch den Himmel an seinen vier Ecken.

Lasse dich doch nieder auf der Erde in der Halle[50] des Tempels,

während die beiden Frauen sich um dich kümmern.

Sei hochgemut, sei hochgemut; siehe, Seth ist an der Richtstätte,

der Rebell gegen dich, nicht soll er existieren.

Komm doch zu deinem Haus, Osiris, zu deinem Platz, an dem (man) dich zu sehen sucht,[51]

44 Hier sind wohl ebenfalls zwei Verse zu einem zusammengefallen. Die Caesur ist nach *nm.t=f* anzusetzen.

45 Ob "vernichten" oder nur "bedrängen"? Sicher ist wohl "bewässern" falsch, wie auch Faulkner anmerkt. Die Belege für letzteres Wort sind als positive Aussagen zu werten; ein "überschwemmen" mit negativem Sinn liegt wohl nicht in seinem Bedeutungsspektrum. - Zu *jwḥ* "vernichten" s.a. Ptah-Sokar-Osiris 1.7; dort ist das Wort richtig determiniert.

46 *hꜣb* "senden" hier sicher in der Bedeutungsrichtung "werfen" gemeint.

47 Mit dieser Zeile wird syntaktisch direkt an Z. 5.5 angeknüpft; die Zeilen 5.6 und 5.7 sind vermutlich als Parenthese aufzufassen, s.a. Faulkner (1936), 125.

48 D.i. "dich in deiner Not".

49 Faulkner (1936), 125: "as thou wast wont to do".

50 Emendation zu *ꜣw.t* mit Faulkner; s. dazu Wb I,5.

51 Zu *s.t=k ḥḥ* ... s. Faulkner (1936), 136.

damit du den Bericht des Horus hörst, der auf den Armen seiner Mutter Isis ist.

5.20 Du (zwar) bist abgewehrt, du bist zerstreut durch alle Länder; der aber deinen Leib vereint, wird dein Testament empfangen.[52]

Du großer Gott, statte dich aus mit deiner Gestalt,

entferne dich nicht von deinem Haus, Osiris.

Komm doch in Frieden zu deinem Platz, Herr des Schreckens, in dessen Gestalt alle Schönheit ist.

Du großer Stier, Herr der Lust,

5.25 liege doch deiner Schwester Isis bei.

Doch dann vernichte die Krankheit[53], die in ihren Gliedern ist,

damit sie dich umarmt, so daß du sie nicht verläßt [...];

6.1 gib doch Leben dem Rind.[54]

Oh, du wirst geschützt, nachdem du ertrunken bist im Gau von Aphroditopolis,[55]

der Böse ist wie einer, der nicht existiert.

Deine Schwester kommt zu dir, und dann reinigt sie deine Glieder,

6.5 du großer lebender Gott, groß an Beliebtheit,

der sich (selbst) aufzog vor dem Kopf von Ober- und Unterägypten.[56]

52 Hier sind wohl zwei Verse zu einem zusammengefallen. Die Zeile enthält drei Glieder.

53 *st.t* eig. "Schleimstoffe" o.ä., s. med. WB s.v.

54 Wörtl.: "an die Spitze des Rindes", bzw. eig. "des Stieres"; aber Faulkner (1936), 136 weist darauf hin, daß hier Isis gemeint sei. Roeder (1960), 197 übersetzt: "Mögest du Leben geben wie ein Kampfstier"; doch ist es - sieht man einmal von der Sinnfrage ab: wieso ist ein Kampfstier lebenspendend? - nicht möglich, *m ḥꜣ.t* mit "wie" zu übersetzen.

55 Zu *mtnw* s. Gauthier (1925-1929), III, 25: profaner Name von Aphroditopolis.

56 *tp šmꜥw*: s. Wb IV, 473 s.v. *šmꜥw*. Der Sinn dieser Aussage ist unklar. Roeders Übersetzung (1960), 197: "angesichts von Oberägypten und Unterägypten" läßt *tp* unberücksichtigt.

Schmücke dich, Herr des Schmucks,

du großer Mann, Oberster der Schönheit.

Komm doch zu deiner Mutter Nut, damit sie sich über dich breitet[57], wenn du zu ihr kommst;

sie wird deine Glieder schützen vor allem Bösen.

Sie wird gehen --?-- in ihrem Innern(?),

sie wird vertreiben alles Schlimme, das in deinen Gliedern ist.

Zerbrochen[58] ist die Einsamkeit, als hätte sie nie existiert;

Kind[59], Herr, der hervorgekommen ist aus dem Himmel,[60]

er hat dies Land gemacht wie (es) vorher (war).[61]

Herr, Kind, das hervorgekommen ist aus diesem Uterus[62], den die Götter geschwängert haben.

Der den Westen geöffnet hat, ganz gewiß nicht zu seiner Zeit;[63]

es geht das Kind, wenn es (noch) nicht an der Zeit ist.

Dein Vater Re wird dein Antlitz schützen,

dein Sohn Horus bildet dich (von neuem).

Seth ist in allem Bösen, das er getan hat,

komm doch zu deinem Haus ohne Furcht."

Zu sprechen durch die beiden Gelockten:

[57] Lies wohl *pšš* "ausbreiten", Wb I, 560,13 - 561,3; s.a. *Jrj-jrj*, col. x+6, Z. 4.

[58] *sꜣw* "zerbrechen", s. Wb III, 419, 4-11.

[59] Lies *sḏ.tj* wie Faulkner; im vorliegenden Text der gleiche Fehler wie in Bremner-Rhind.

[60] Faulkner übersetzt hier "lower heaven"; bisher las er immer *nw.t* "Himmel".

[61] Die vorliegende Hs schreibt *tp-ꜥ=f*.

[62] Entgegen meiner Anmerkung (Burkard 1986, 46, Anm. 3) ist doch *ḥm.t* zu lesen, s. Wb III, 76, 1-3.

[63] S. Faulkner (1936), 136 z.St.; der gleiche Fehler auch in 1.15 und wohl auch in 2.4.

"Schöner Sistrumspieler, komm zu deinem Haus,

6.25 sei erhöht, sei erhöht, dein Rücken zu deinem Haus,[64]

die Götter sind auf ihren Plätzen.

Ich bin eine Frau, die wirkungsmächtig ist für ihren Bruder,

deine Frau, <deine> Schwester (von?) deiner Mutter.[65]

7.1 Komm doch eilends zu mir,

denn ich sehne mich, dein Antlitz zu sehen, nachdem ich dein Antlitz nicht mehr gesehen hatte.

Finsternis[66] ist uns(?) hier, vor meinem Antlitz, obwohl Re am Himmel ist;

vereinigt werden Himmel und Erde, Schatten wird heute auf der Erde geschaffen.

7.5 Mein Herz ist heiß wegen der Trennung von dir im Unrecht,[67]

mein Herz ist heiß, weil[68] du mir deinen Rücken zugewandt hast:

Es existierte doch keine Schuld, die du an mir gefunden hattest.

Aufgehackt sind die beiden Stätten, in die Irre gegangen sind die Wege,

ich suche[69], um dich zu sehen.

7.10 Ich bin wie eine Stadt, die keine Schutzwehr hat,

ich bin in Sorge wegen deiner Liebe zu mir.

64 S. hierzu auch Faulkner (1936), 136: er denkt sich Osiris vor einem Schrein, also mit dem Rücken zu diesem stehend.

65 Übersetzung nach Faulkner; "Schwester deiner Mutter" ist aus inhaltlichen Gründen wohl auszuschließen. Auch Roeder (1960), 198 übersetzt: "Schwester von deiner Mutter her".

66 *smȝw* mit Faulkner (1936), 136.

67 D.h. weil du ungerechterweise getrennt wurdest = gestorben bist. Roeder (1960), 199: "Mein Herz brennt darnach, dich von dem Übel zu erlösen"; aber das fügt sich nicht gut zum folgenden Vers.

68 Lies *r dj* ... .

69 Ob *ḥr* vor *ḥḥ* zu ergänzen ist?

Komm, sei nicht allein, sei nicht fern,

siehe, dein Sohn Horus[70] wird Tebha zur Richtstätte zurücktreiben.

Ich verbarg mich im Busch, um deinen Sohn zu verbergen, und um dich zu verteidigen[71],

7.15 denn es ist eine sehr, sehr schlimme Sache, fern von dir zu sein;

das ist nicht gut für deinen Leib.

Ich gehe allein, ich wandere umher im Busch,

während viele(?)[72] in Wut gegen deinen Sohn sind;

eine Frau im Angesicht eines männlichen Kindes ist dies(?);[73]

7.20 ich aber wußte es zusammen mit dem Richter.[74]

Ich durchwanderte die Wege, ich wandte mich ab von meinem Bruder, der mich unrechterweise verlassen hatte.

Heiß sind die Herzen von zehntausenden Gesichtern,

große Trauer[75] herrscht unter den Göttern.

Lasset uns den Herrn beweinen;

70 Es ist sicher *sꜣ=k Ḥr* zu lesen bzw. *Ḥr* zu ergänzen.

71 Wenn so, dann ist *wšbt=k* als *sḏmt=f*-Form zu verstehen.

72 S. Faulkner (1936), 137.

73 Faulkner (1936), 126 übersetzt: "It befell that a woman was hostile to(?) the boy." Diese Übersetzung ist unbefriedigend, da die Aussage im Kontext unverständlich ist. Auch die oben vorgeschlagene Übersetzung kann nicht als gesichert gelten, zumal sie nicht ohne Emendation: *ḥrw* zum Singular *ḥr*, auskommt. Allerdings wäre diese Aussage - im Sinne einer Glosse als auf Isis und Horus bezogen aufgefaßt - im Kontext eher verständlich.

74 Zu *ṯꜣj.tj sꜣb* vgl. z.B. Meeks (1977), 303 s.v. *sꜣb*. Die Identität dieses "Richters" ist unklar; Faulkner (1936), 137 denkt an Thot. Zu diesem Epitheton des Thot s.a. Derchain-Urtel (1981), 95 - 106: danach ist, in Übertragung aus dem zivilrechtlichen Bereich, Thot als "Oberster Richter" ("grand juge") gesehen, eine Funktion, die er u.a. im Streit des Horus und Seth wahrnimmt, als derjenige, der die beiden Kontrahenten trennt (*wp rḥ.wj*). - "Ich aber wußte ..." wohl im Sinne von "ich - und nur ich, abgesehen vom Richter - war wissend" über den Sohn. Das Ganze wäre dann als Anspielung auf den Mythos von der Aufzucht des Horus in den Sümpfen zu verstehen.

75 Zu *mꜣwt* s. oben zu 3.3.

7.25 die Liebe zu dir fehlt[76] nicht in unserem Antlitz,

du Mann, Herr der Lust,

König von Unterägypten, Herr der Ewigkeit,

8.1 der aus(?) dem Leben fliegt[77], Herrscher der Ewigkeit;

Nn-rḫ ist tot.

König von Ober-und Unterägypten, Herr, der auszog nach *Tꜣ-ḏsr*, nicht gibt es dein 'Mal', auf das ich vertrauen konnte.[78]

Bruder, Herr, der auszog zum Bezirk von Igeret,

8.5 komm doch zu mir in deiner früheren Gestalt.

Komm in Frieden, komm in Frieden,

König von Unterägypten, Herrscher, komm in Frieden.

Oh könnten wir dein Antlitz sehen wie früher, so wie ich wünschte, dich zu sehen (?).

Meine Arme sind erhoben, um dich zu schützen, den ich liebe,

8.10 der Umkreis der beiden nördlichen Stätten ist in Klage (?).[79]

Du hast empfangen den Kopfschmuck(?) in ihnen(?),

dein Duft ist Myrrhe.[80]

[76] *wšr* ist wohl falsch, vom Sinn her muß *wš* stehen.

[77] Ob *ꜥḫ* "fliegen" oder *ꜥḥ* "sich erheben"?

[78] Hier sind vermutlich zwei Verse zu einem zusammengezogen worden; die Caesur ist nach *Tꜣ-ḏsr* anzusetzen.

[79] Faulkner (1936), 127 übersetzt: "I have loved the two Northern Regions(?) because of(?) knowing(?)" und bezeichnet a.a.O. 137 die Übersetzung ausdrücklich als "conjectural". Meine Übersetzung folgt am Versbeginn dem Text der Version der Asasif-Papyri: dort fehlt das *mr.n=j* des P. Bremner-Rhind, das zum einen hier im Kontext Schwierigkeiten bereitet und dessen Entstehung durch Dittographie plausibel genug zu erklären wäre; die vorliegende neue Hs bestätigt diese Annahme nun. Am Versende lese ich *mꜣṯ* "trauern", s. dazu die Osirisliturgie 4.25, mit Anm. 6. - Auch meine Übersetzung muß mit Fragezeichen versehen bleiben; der Begriff *šnw(?) jꜣ.tj mḥ.tj* bzw. scheinbar sogar *šn.tj jꜣ.tj mḥ.tj* ist mir sonst nicht bekannt. Auch die Funktion dieser Aussage im Kontext ist nicht eindeutig bestimmbar.

Gatte, Bruder, Herr der Beliebtheit, komm in Frieden zu deinem Platz.

Schöner Sistrumspieler, komm zu deinem Haus, es ist sehr lange, daß du säumst.

8.15 Verborgen sind deine Dinge als Stier des Westens,

verborgen ist dein Fleisch im Hause des *ḫnw(?).*[81]

Heil in deinem Namen 'Herrscher der Ewigkeit',

Horus wird im Sieg zu dir kommen.

Er wird deine Glieder reinigen, er wird für dich den Ausfluß, der aus dir kommt, sammeln.

8.20 Vereinige deinen Körper, großer Gott, statte dich aus mit deiner Gestalt.

Komm doch in Frieden, unser Herr, der erneut verjüngt ist,

dein Sohn Horus schützt dich;

komm vor dein Haus, dein Tempel ist überflutet mit Liebe zu dir.

Wohltätiger Herrscher, den sie[82] aus dem Ei gebrochen hat,

8.25 Einziger, stark an Kraft.

Er ist wahrhaft ein Sohn, der den Leib geöffnet hat,

die Macht des Geb ist auf seiner Mutter.

9.1 Geschmückter, groß an Beliebtheit,

der gegen den Westen handelte(?), der seine Wut bezwang.

[80] Faulkners Vermutung (1936), 137, es könnte ein Stück Text fehlen, wird auch durch den vorliegenden Text nicht bestätigt. Seine Übersetzung von *ḫmw* als "dust" ergibt m.E. keinen Sinn; zur Bedeutung "Duft" vgl. Wb III, 278, 2.

[81] Am Anfang ist mit Faulkner (1933), 15 sicher *sštꜣ* zu lesen; zu *ḫnw* s. Faulkner (1936), 137, der *pr-ḫnw* mit dem Schrein der Sokarbarke in Zusammenhang bringt.

[82] *sḏmw.n=f*-Relativform. - Nach Faulkner (1936), 137 kommt das Suffix *=s* sehr plötzlich; er vermutet "a scribal omission" und bezieht das Suffix sicher zu Recht auf Nut als Mutter des Osiris, vgl. in diesem Text 15.10.

Herr der Unterwelt, Stier des Westens, Sproß des Re-Harachte,

Kind, schön anzusehen.[83]

Komm doch zu uns in Frieden, komm doch zu uns in Frieden,

beseitige doch deine Wut, vertreibe doch deinen Zorn.

Unser Herr, komm doch zu uns in Frieden, komm doch zu uns in Frieden,

oh du Jugendlicher, komme in Frieden.

Oh mein Bruder,

komm, damit ich dich[84] sehe, König von Ober- und Unterägypten, Herrscher der Ewigkeit.

Nicht müde, nicht müde werde dein Herz, unser Herr,

komm doch zu deinem Haus ohne Furcht."

Der große Abwehrzauber, ungesehen, ungehört[85]. Zu sprechen vom Vorlesepriester:

"Schöner Sistrumspieler, komm zu deinem Haus,

die Neunheit sucht, um dich zu sehen, Kind, Herr, Leiböffner.

Kind[86], die Liebe zu dir ist auf deinem Gesicht,

wohltätiger Erbe, (schon) beim sie Öffnen.[87]

Wohltätiger Sohn, der herauskam aus dem, der sieht und hört,[88]

83 Ich fasse die Stelle grammatikalisch als dativisches *n* mit anschließendem Infinitiv + Objektssuffix auf: "schön für das es Sehen".

84 Mit Faulkner (1933), 17 ist zu *=j ṯw* umzustellen.

85 *n mꜣꜣ n sḏm*: s. Faulkner (1935), 345; der Ausdruck ist mit *n* und *nn* belegt.

86 *sḏ* ist mit Faulkner zu *sḏ.tj* zu emendieren.

87 Sinn wohl: schon beim sie Öffnen = bei seiner Geburt stand er als Erbe fest.

88 Die Lesung *mꜣꜣ sḏm* von ist sicher, eine Parallele ist mir nicht bekannt; zu denken ist evtl. auch an eine Übersetzung: "... als einer, der ...".

--?--[89], Isis hat sich um dich gekümmert, entferne dich nicht von deinem Platz.

Ihre[90] Häupter sind weggenommen aus Liebe zu dir,

sie trauern für dich in Trauer --?--[91] Haupt.

Onnophris, Herr der Nahrung, Herrscher, groß in seinem Ansehen,

Gott über den Göttern.

Du läßt zu Wasser das Boot dessen, der sich (selbst) erzeugt hat,

du bist es, der zu den Göttern aufsteigt.

Der Nil ist der Ausfluß seiner Glieder, um zu beleben *pʿ.t* und *rḫj.t*,

Herr der Nahrung, Herrscher der grünen Pflanzen.

Großer [...], Holz (Baum) des Lebens[92], der den Göttern Opfer gibt,

und Totenopfer den Verklärten.

Du unversehrt Erwachender, Herr der Bahre,

Herr des Udjat-Auges, geheim im Horizont.

Der leuchtet zu seiner Zeit,

der aufgeht zu seinem Zeitpunkt.

Dir gehört der Sonnenglanz, du bist ausgestattet <mit> den Sonnenstrahlen.

Du leuchtest zur Linken des Atum,

du wirst gesehen an der Stätte des Re.

89 *ḥw.t* am Anfang ist eine crux, es fügt sich nicht in den Kontext.

90 Faulkner nimmt wegen des plötzlichen *=sn* den Ausfall von einer oder mehreren Zeilen an.

91 Hier ist m.E. sogar unklar, ob *msbb* oder *m sbb* zu lesen ist; Wb III, 432,17: *sb.t* "Locke": vielleicht also *m sbw.t* o.ä.: "mit(?) den Locken ihres Hauptes" o.ä.

92 *ḫt n ʿnḫ* ist die pflanzliche Nahrung, s. zuletzt Assmann (1983), 217, Anm. C.

Wenn sich seine Strahlen verfinstern(?), wirst du zur Mumie,
es fliegt dein Ba[93] hinter Re.
Du scheinst am Morgen und du gehst unter am Abend,
jeder Tag ist deine Existenz.
Du bist zur Linken des Atum, *nḥḥ* und *ḏ.t* sind deine Erscheinung.
Ein Abscheu ist der Böse, er ist vernichtet in Anwesenheit,[94]
er wird geprüft(?) wegen --?-- seines Bösen.[95]
Dann werde er umgekehrt, der Rebell, gegen den dieses Böse kam(?).
Der *jmj-sḥ.tj*-Priester, er --?-- für dich(?),[96]
er verehrt alle Götter.
Die Neunheit freut sich bei deinem Nahen,[97]
du verbringst den Tag mit Re, jeden Tag.
Bild, du wirst gesehen zur Linken (sc. des Atum),
Bild, du blickst zu den Lebenden.
Dir gehört der Glanz der Sonnenscheibe,[98]
dir gehört die gesamte Neunheit.

[93] Faulkner übersetzt ohne Begründung: "thy son Horus flies behind Re"; es steht aber eindeutig *bꜣ=k*.

[94] Wohl des Osiris; es fehlt vielleicht nur das Suffix *=k*. Roeder (1960), 204: "Er wird richtig eingeschätzt wegen der Dicke (Stärke) seiner Kraft." Er emendiert offenbar *mt* zu *wmt*; außerdem ist zu bedenken, daß *qnw* mit determiniert ist; dies ist nur für *qn* "Böses" belegt, vgl. Wb V, 45 und 48.

[95] Sinn unklar wegen des unsicheren Anfangs und der fraglichen Bedeutung von *mt(?)*.

[96] Faulkner übersetzt: "makes presentation to thee", doch ist diese Übersetzung nicht gesichert; sollte *jwꜥꜥ* eine Verschreibung aus *mꜣꜥ* "opfern" sein? - Roeder (1960), 204: "... sein Erbe(?) (kommt) zu dir"; aber was soll diese Aussage bedeuten?

[97] Trotz des Determinativs wird *ẖsf* "sich nähern" vorliegen, vgl. Wb III, 337, 3-4 und 5-10.

[98] Mit Faulkner ist *n Rꜥ* am Ende zu streichen.

10.25 Die auf deinem Haupt Befindliche[99] führt den *hnj*-Gestus[100] vor dir aus,

ihre Flamme erreicht deine Feinde.

Freue dich über uns, denn gesammelt sind für dich deine Knochen,

dein Leib[101] wird erweckt jeden Tag.

11.1 Tritt doch ein wie Atum zu seiner Zeit, ohne zurückgehalten zu werden,

deine Knochen(?)[102] sind dir gefestigt.

Upuaut öffnet dir den Berg und zerstört das Begräbnis,

(zu) dir gehört der Herr des heiligen Landes.

11.5 (Zu) dir gehören die beiden Schwestern,

du hast unseretwegen die Trauer(?)[103] vergessen.

Sie sammeln dir deine Glieder in Trauer,

sie bemühen sich, für deinen Leichnam zu sorgen;

--?--.[104]

11.10 Komm doch zu uns, damit sich nicht erinnert der Rebell gegen dich,

komm doch in deiner irdischen Gestalt.

Fliehe deinen Zorn, sei doch friedvoll zu uns, Herr,

ergreife das Erbe der beiden Länder.

Gott, einzig wohltätig[105] an Plänen für die Götter,

99 = die Uräusschlange.

100 Zu *hnj* als Bezeichnung für die kultische Geste der Akklamation vgl. Assmann (1969), 45, Nr. 5.

101 Faulkner: "thy senses are recovered ...".

102 Faulkner liest wohl *ḫḫ* "Kehle", aber m.E. steht *ꜣḫꜣḫ* "Knochen", Wb I,19,3.

103 *mꜣ.wj* ist unsicher in seiner Bedeutung; es ist zudem zu überlegen, ob *n=n* zu *n=sn* zu emendieren ist; die 1. pl. steht sehr unvermittelt im Kontext.

104 Unübersetzbare Zeile; ob *nnj* = "ermüdet sein" und ob *kr* = *kꜣr* > *kꜣ.t* "Vulva"?

105 Oder: "einziger Gott, trefflich an ...".

alle Götter führen dir den *hnj*-Gestus aus.

Komm doch zu deinem Haus ohne Furcht,

es liebt dich Re, es lieben dich die beiden Fürstinnen,

ruhe du an deiner Stätte ewiglich."

Zu sprechen durch die beiden Gelockten:

"Oh schöner Sistrumspieler, komm zu deinem Haus;

sei erhöht, sei erhöht, dein Rücken zu deinem Haus,[106] während die Götter an ihren Plätzen sind.

Oh komm in Frieden,

König von Unterägypten, komm in Frieden,

dein Sohn Horus wird dich schützen.

Vertreibe doch das große Unheil deiner beiden Fürstinnen,

Dein Gesicht soll uns erleuchten mit deiner Freude,

Kind, gemäß dem Wunsch, dich zu sehen.

Komm zu uns, groß ist dein Schutz <wegen(?)> unserer Liebe,

komm doch zu deinem Haus ohne Furcht.

Oh ihr Götter, die im Himmel sind,

oh ihr Götter, die auf der Erde sind,

oh ihr Götter, die in der Unterwelt sind,

oh ihr Götter, die im Nil sind,

oh ihr Götter, die im Gefolge des Nil sind,

[106] S. hierzu oben zu 6.25.

folgt uns vor den Herrn, den Herrn der Beliebtheit,
den Bruder, Mann, Herrn der Lust.
Oh komm zu mir,
der Himmel wird vereinigt mit der Erde;
es entsteht Schatten auf der Erde heute,
der Himmel wird auf die Erde gebracht(?).[107]
Oh komm mit mir,[108]
Männer und Frauen in der Stadt suchen unseren Herrn,
die(?)[109] auf der Erde wanderten zur Zeit unseres Herrn.
Komm zu mir, der Himmel wird auf die Erde gebracht(?).
Es werde veranlaßt, daß der Gott zu seinem Platz kommt.
Atme die Luft in deine Nase,
es ist der Herr in seinen Palast gegangen.
Oh Re, grüße diesen(?),[110]
- dein Böses gegen dich (selbst, du) der Böses tut! -
Denn(?) mein Herz sehnt sich, dich zu sehen,
oh Erbe, König von Unterägypten, schönes Kind,
oh Herr der Beliebtheit.
Komm zu mir, Herr, damit ich dich heute sehe,

107 S. oben zu 5.7.

108 *=n* nach *mj* ist im Kontext sinnlos und daher zu streichen.

109 Mit Faulkner (1936), 139 sind nach  noch Pluralstriche zu ergänzen, d.h. die Form als Partizip Plural zu verstehen.

110 Oder zu *nnj* zu emendieren: "... den Ermatteten".

Bruder, komm, damit wir dich sehen.
Meine Arme sind 'groß', um dich zu grüßen,
meine Arme sind hoch, hoch, um dich zu schützen.
Mann, Herr der Jugend, Kind, unser Herr ist geschützt.
Ich bin die Tochter des Geb --?--[111], du warst getrennt von mir,
Jugendlicher, (aber) nicht zu seiner Zeit.
Ich begehe die Wege, seit die Liebe zu dir zu mir kam,
ich durchziehe das Land und ermüde nicht auf der Suche nach dir;
die Flamme ist gegen(?)[112] mich, aus Liebe zu dir.
Oh komm, damit ich dich sehe,
ich weine, weil du allein bist.
Komm doch schnell zu mir, denn ich sehne mich, dich zu sehen,
nachdem es mein Wunsch war, dein Gesicht zu sehen.
Siehe, Jubel erreicht(?) deinen Tempel,
du bist geschützt, du bist geschützt, in Frieden.
Oh, oh, es kommt unser Herr zu seinem Haus,
sie geben Schutz um sein Haus.
Möge unser Herr in Frieden auf seinen Platz kommen;
bleibe du in deinem Haus ohne Furcht.
Oh sei erhöht, sei erhöht, unser Herr,

[111] *tꜣ* ist so unverständlich; ob ein Wort fehlt, wie auch Faulkner meint? evtl. *nb* "Herr"?

[112] Faulkner (1936), 129 übersetzt "... is in(?) me ..."; dieser Sinn wäre erwünscht, doch erlaubt die Präposition *r* diese Übersetzung nicht.

höre[113] von ferne(?), großer Gott.
Komm doch in wahrem Frieden,
13.20 geh doch hinaus vor Re, da du Macht hast über die Götter.
Heni[114], komm in Frieden,
damit ich dich sehe, Kind, wenn du kommst in deiner Gestalt als Kind.
Hj ist gefallen,
Horus ist Herrscher,
13.25 der größer ist als du, <er>[115] kann nicht gegen dich handeln.
Erhebe dich, --?--[116] die beiden Schwestern,
du Geliebter seines Vaters, Herr des Jubels.
Freundlich gesinnt sind dir die Herzen der Neunheit,
erleuchtet ist dein Tempel durch deine Schönheit.
13.30 Die Neunheit ist in Furcht vor deinem Ansehen,
14.1 die Erde ist erzittert aus Furcht vor dir.
Ich bin deine Frau, die für dich handelt,
deine Schwester, die wirkungsmächtig ist für ihren Bruder.
Komm, damit ich dich sehe, du Herr meiner Liebe,
14.5 du Erhöhter, du Erhöhter, groß an Gestalt, komm, damit ich dich sehe,
Jüngling, der gegangen ist, Kind, komm, damit ich dich sehe.

113 Faulkner liest *mkꜣ*, vgl. Wb II, 162,11; ob so? die Lesung *m kꜣ* ist wohl nicht möglich, es müßte dann *jmj=k kꜣ* o.ä. stehen.

114 *hnj* ist laut Wb II, 492,9 in der Spätzeit als Beiname des Osiris belegt.

115 *=f* mit Faulkner ergänzt.

116 *m dbn jm* ist nicht zu übersetzen; Faulkners "between(?)" ist eher spekulativ, aus der Bedeutung "Umgebung" erschlossen. Damit wäre aber *jm(j)* noch nicht geklärt.

Es weinen um dich die Ufer und die beiden Länder,

es trauern um dich die Stätten, da du der unversehrt Erwachende bist,

es weinen um dich Himmel und Erde, da du größer bist als die Götter.

Es gibt keinen Mangel an Preis für deinen Ka,

komm zu deinem Haus ohne Furcht.

Dein Sohn Horus --?--[117] Umkreis des Himmels,

Babi(?)[118] ist in Fesseln, du mußt dich nicht fürchten.

Dein Sohn Horus wird dich schützen,

er wird für dich das Gefolge des Bösen fällen.

Oh Herr, der hinter mir ist in *Ḏbʿw.t(?)*[119]

ich sehe dich heute, der Duft deiner Glieder ist (der von) Punt.[120]

Die edlen Frauen beten dich an in Frieden,

die gesamte Neunheit freut sich.

Komm doch zu deiner Frau in Frieden,

ihr Herz klopft aus Liebe zu dir.

Sie umarmt dich, damit du sie nicht verläßt,

ihr Herz freut sich, deine Schönheit zu sehen.

Du hast sie entfernt aus dem verborgenen Haus,

denn sie vernichtet das Böse, das in deinen Gliedern ist.

117 *jḥj* ist nicht zu übersetzen, es ist mit diesem Determinativ nicht belegt; das Determinativ weist eher auf *ʿḥw.tj* hin.

118 Die Lesung *Bꜣbj* ist unsicher.

119 Zu *Ḏbʿw.t* s. Faulkner (1936), 139; dieser Ort ist eng mit Horus verbunden, s.a. Gauthier (1925-1929), Bd. 6, S. 127.

120 *n* wohl für *m* vor *Pwn.t*. Letzteres steht metaphorisch für Weihrauch.

Die Krankheit (ist) wie eine, die nie existiert hat,

gib doch Leben (deiner) Frau.

Oh mögest du geschützt werden, du Ertrunkener auf den Feldern von Aphroditopolis an diesem Tage.

Große Trauer[121], schlimmes Ereignis ohnegleichen.

15.1 Die Himmelskuh weint um dich mit ihrer Stimme,

die Liebe zu dir ist in[122] ihrem Herzen.

Ihr Herz klopft, da du dich über sie freust,

sie umarmt deine Glieder mit ihren Armen.

15.5 Sie kommt zu dir in Eile, var.: in Frieden,

sie hat[123] dich geschützt vor dem, der gegen dich handelt.

Sie heilt dir dein Fleisch an deine Knochen,

sie fügt dir deine Nase an dein Gesicht;

sie sammelt dir deine Knochen, so daß du vollständig bist.

15.10 Deine Mutter Nut kommt zu dir in Frieden,

sie bildet dich mit dem Leben ihres Leibes(?).

Sei beseelt, sei beseelt, sei von Dauer, sei von Dauer.

Ein Ba gehöre dir, Mann, Herr der Frauen; ein Salbkegel(?)[124] auf dein Haar, wenn du zum Gottesland kommst;

ein Salbkegel(?) auf dein Haar aus Myrrhe, die von selbst 'herauskommt'.

15.15 Komm heraus, komm in Frieden, komm in Frieden,

121 *pr.t ꜥꜣ.t*: s. oben zu 2.2.
122 Zum Gebrauch von *ḏr* in dieser Weise s. Faulkner (1936), 139.
123 Ob zu *nḏ=s* zu emendieren ist? Im Kontext stehen nur *sḏm=f*-Formen.
124 *bt* "Salbkegel?", s. Wb I, 483,7.

König von Unterägypten, Herrscher, komm in Frieden.

Die Herrin von Sais, ihre Arme reichen zu dir,

Schentait, ihr Herz sorgt für dich.

Du bist ein Gott, der einem Gott entstammt,

15.20 Mekti[125], es gibt nicht seinesgleichen.

Dein Haar ist aus echtem(?)[126] Türkis, wenn du vom Türkisgefilde kommst,

dein Haar ist aus Lapislazuli, es gehört zum Lapislazuli;

siehe, Lapislazuli ist auf deinem Haar.

Deine Haut und deine Glieder gehören dir, aus oberägyptischem Erz,

15.25 deine Knochen sind gefertigt aus Silber,

da du(?)[127] (noch) ein Kind bist.

Deine Wirbel[128] gehören dir, (deine Wirbel) aus Türkis,

Variante: der Geruch von Räucherwerk in deinem Haar ist (von) Myrrhe, die von selbst 'herauskommt',

16.1 die auf deinem Kopf Befindlichen sind aus Lapislazuli.

Geb erhebt für dich von(?) Opfergaben,

er 'fördert' den Gott, der herauskam vor ihm.

Großer Erbe, der herauskam aus Re,

16.5 Ältester, mit schönem Antlitz.

Lebender Ba, der Jsden ist(?),[129]

125 Zu *mk.tj* s. Faulkner (1936), 140.

126 *m ḏ.t=f* mit Faulkner durch "echt" ("true") wiedergegeben.

127 Mit Faulkner ist *jnk* zu *ntk* emendiert.

128 Es steht *ṯs.tj*, aber der Plural ist erforderlich.

Kind, das herauskam aus dem, der sieht und hört.

Ältester der beiden Kapellen, Erbe des Geb,

der dir jeden Umlauf der Sonnenscheibe gibt.

Komm zu deinem Haus, Osiris, der die Götter richtet,

deine beiden Augen sind dir geöffnet[130], damit du mit ihnen siehst.

Dann vertreibe doch die Wolken,

gib doch Licht der Erde in der Dunkelheit.

Komm zu deinem Haus, Osiris Chontamenti, komm zu deinem Haus;

der herauskommt aus dem Leib, die Uräusschlange auf seinem Haupt:

deine beiden Augen sollen die Länder und die Götter erleuchten.

Erhebe dich, erhebe dich, Herrscher, unser Herr,

der Rebell gegen dich ist auf der Hinrichtungsstätte, er wird nicht (mehr) existieren.

Daure, daure, in deinem Namen Dauernder;

deine Glieder gehören dir, Wennefer l.h.g.,

dein Fleisch gehört dir, Herzensmüder.

Osiris, schön[131] ist das, was aus dir herauskommt,

Wissen ist dein Ausspruch.

Tatenen, dein Vater, erhebt den Himmel,

damit du auf seine vier (Seiten) trittst.

[129] Faulkner übersetzt "who is <in> Istenu"; aber laut Wb I, 134,9 ist *jsdn* eine Bezeichnung für Thot.

[130] Dagegen Faulkner (1936), 131: "Open thine eyes ..."; aber *wn n=k* ist sicher wie oben zu übersetzen.

[131] Ob lies *nfr wj* "wie schön"?

Dein Ba fliege im(?) Osten,

du bist ein Ebenbild des Re.

Es empfangen dich die in der Unterwelt Befindlichen mit Freude,

Geb zerbricht dir, was in ihm ist;

16.30 sie kommen zu dir in Frieden.

17.1 Erhebe dich doch, Osiris,

erhebe dich, erhebe dich in Frieden.

Isis kommt zu dir, Herr des Horizontes[132], so wie(?) sie erzeugt hat den Einzigen, den Führer der Götter.

Sie kommt, um dich zu schützen,

17.5 sie kommt, um dich zu bewachen.

Sie schützt das Gesicht(?)[133] des Horus,

die Frau, die einen Mann schuf für ihren Vater.

Die Allherrin, die hervorkam aus dem Auge des Horus,

die Vornehme, die herauskam aus Re.

17.10 Die herauskam aus der Pupille im Auge des Atum,

seit Re aufging beim ersten Mal."

Es ist beendet.

132 So mit Faulkner; ob *nb.t ꜣḫ.t* "die Herrin des Horizontes" zu lesen ist? *nb.t* scheint zu stehen; auch Roeder (1960), 213 übersetzt: "Herrin des Horizontes".

133 Oder: *nḏ=s ḥr* "sie bewacht.

Die Gesänge der Isis und Nephthys

Formale und inhaltliche Gliederung

Die Gesänge der Isis und Nephthys sind, sieht man von der Einleitung ab, in fünf große Abschnitte gegliedert. Am Beginn eines jeden dieser Abschnitte steht ein einzeiliger Rezitationsvermerk: *ḏd mdw jn ḥnsk.tj* "zu sprechen durch die beiden Gelockten" (1.9, 3.23, 6.23, 11.19), bzw. *ḏd mdw jn ḫrj-ḥb* "zu sprechen durch den Vorlesepriester" (9.13). Die Abschnitte sind von unterschiedlicher Länge, wobei der fünfte und letzte besonders herausragt, da er weit mehr als doppelt so umfangreich ist als jeder einzelne der vier vorhergehenden. Zusätzlich sind zwei dieser Abschnitte mit einem eigenen Titel versehen, die dem Rezitationsvermerk jeweils direkt voranstehen: Abschnitt 2 hat den Titel *sꜥšꜣ* "Abwehrzauber" (3.23), Abschnitt 4 den Titel *pꜣ sꜥšꜣ ꜥꜣ n mꜣꜣ n sḏm* "großer Abwehrzauber, ungesehen, ungehört" (9.13).

Abgesehen vom 4. Abschnitt, den der Vorlesepriester rezitiert, sind in den Rezitationsvermerken Isis und Nephthys bzw. deren Darstellerinnen, "die beiden Gelockten", als Sprecherinnen bestimmt. Gelegentliche Wechsel von der 1. pl. zur 1. sg. und zurück zeigen zudem, daß manchmal eine der beiden Frauen allein spricht, i.d.R., wie sich am Kontext zeigt, die Darstellerin der Isis. Diese Personenwechsel, selbst nicht immer eindeutig und manchmal widersprüchlich, sind zugleich die einzigen, mehr äußerlichen, Indizien für eine Binnengliederung der einzelnen Abschnitte. Daß eine solche Gliederung existiert haben muß, zeigt allein die Länge der Abschnitte, die zwischen 60 und ca. 170 Versen liegt: Texte diesen Umfangs bilden nicht nur jeweils eine Einheit, sondern waren ganz sicher in Untereinheiten gegliedert.

Das Fehlen eindeutiger Kriterien ist freilich eine außerordentliche Hürde für das Erkennen der Binnengliederung. Der folgende Versuch orientiert sich neben dem genannten Sprecherwechsel an inhaltlichen Kriterien wie dem Wechsel des Schauplatzes oder der Thematik, oder auch an grammatikalisch-sprachlichen wie dem Wechsel vom Verbalstil zum Nominalstil oder dem von der 2. Person finiter Verbalformen zum Imperativ bei der Anrede an Osiris. Am Ende wird dann die Frage zu beantworten sein, ob und inwieweit bei einem solchen Analyse-Verfahren gewisse Regel- bzw. Gesetzmäßigkeiten zu beobachten sind.

Einleitung: 1.1 - 1.8

Diese Textpassage enthält die Datumsangabe für das "Fest der beiden Weihen" sowie verschiedene Ritual- und Rezitationsvermerke. Seine inhaltliche Verschiedenheit vom Haupttext manifestiert sich auch in der äußeren Form: Im Gegensatz zu diesem ist der Text der Einleitung nicht stichisch, sondern fortlaufend geschrieben: längere inhaltliche Zusammenhänge überschreiten die Zeilengrenzen, ggf. auch über mehrere Zeilen hinweg; nur die die Einleitung abschließenden Rezitationsvermerke beginnen jeweils in neuer Zeile.

Insgesamt gliedert sich die Einleitung in vier unterschiedlich lange Teile:

1.1 - 1.2: Bezeichnung des Festes mit Angabe von Ort: Tempel des Osiris Chontamenti,[134] und Zeit: 22.-26. des 4. *ꜣḫ.t.*

1.2 - 1.5: Anweisungen für die Durchführung des Festes: Reinigung des Tempels, Einführung der beiden Darstellerinnen von Isis und Nephthys mit den Voraussetzungen für ihre Auswahl ("rein, jungfräulich"), ihrer Vorbereitung für das Ritual (Entfernung der Körperhaare, Ausrüstung, Kennzeichnung als Isis und Nephthys) und schließlich der Benennung ihrer Aufgabe (Rezitation der Gesänge).

1.6: Die ersten Worte der beiden Frauen. Dieses viermalige "oh Herr Osiris" steht noch außerhalb der eigentlichen Gesänge; es markiert, wie seine Stellung am Übergang von den Anweisungen zum Haupttext zeigt, ebenso wie die folgenden Worte des Vorlesepriesters den Beginn der Festlichkeiten. Unabhängig von der - ggf. längerfristigen - Dauer der in 1.2 - 1.5 geschilderten Vorbereitungen befinden wir uns jetzt am Beginn des ersten Festtages, also am 22. des 4. *ꜣḫ.t.*

1.7 - 1.8: Der dem obigen entsprechende, ebenfalls viermal zu rezitierende, Einleitungstext für den Obersten Vorlesepriester.[135]

[134] Zur Frage der Lokalisierung dieses Tempels vgl. insbesondere Barguet (1962), 31ff. Unbeschadet der ursprünglichen Herkunft dieses Textes (s. die Einleitung) ist danach der thebanische Schauplatz der Osirismysterien vom 22.-26. Choiak im Bezirk des Karnaktempels zu suchen, und zwar im Gebiet nordöstlich des Haupttempels, innerhalb der großen Umfassungsmauer; s.a. den Plan 1 in Barguet (1962 B).

[135] Ein vergleichbarer Vermerk findet sich auch in den Klagen der Isis und Nephthys, dort am Ende des Textes, 5.13 - 5.16, s. Faulkner (1935-1938), 341.

Hauptabschnitt 1: 1.9 - 3.22

Teilabschnitt 1.1: 1.10 - 1.19

Der in 1.9 vorausgehende Rezitationsvermerk ist als Überschrift bzw. Einleitung nicht in die eigentliche Untergliederung miteinzubeziehen; dies gilt naturgemäß auch für die restlichen vier Hauptabschnitte.

Der hier folgende v. 1.10: *ḥwn nfr mj r pr=k* "schöner Jüngling, komm zu deinem Haus" leitet mit einer Ausnahme - und mit der Variante *jḥj* statt *ḥwn* an den übrigen Stellen - alle Hauptabschnitte des Textes ein; nur Hauptabschnitt 2 beginnt in 3.24 mit *j Wsjr kꜣ jmn.tj* "oh Osiris, Stier des Westens".[136]

Die 10 Verse dieses Teilabschnitts sind recht deutlich als Einheit erkennbar: der Imperativ *mj* "komm" und das Vorherrschen des Nominalstils sind die äußeren Kennzeichen; inhaltlich liegt, wie die verschiedenen Epitheta zeigen, ein besonderer Akzent auf der Charakterisierung des Osiris als eines jugendlichen Gottes: *jḥj* (1.10), *ḥwn* (1.14), *rnp* (1.15), und auch *smsw* in 1.19 bezeichnet hier den "Erstgeborenen" und nicht den "Ältesten" im Sinne eines hohen Lebensalters.

Teilabschnitt 1.2: 1.20 - 2.1

Kennzeichen der 10 Verse dieses Teilabschnitts ist die Dominanz der finiten Verbalformen, die ihn deutlich vom ersten Teilabschnitt unterscheidet. Auch der inhaltliche Aspekt hat sich geändert: die Epitheta des Osiris gelten jetzt mehr dem "erwachsenen", ja "männlichen" Gott, etwa in 1.23 mit *nb nḏmnḏm* "Herr der Lust".

Teilabschnitt 1.3: 2.2 - 2.d

8 Verse. Charakteristikum dieser Passage ist die Erweiterung der beteiligten Personen: die bisherige Zweierkonstellation: Osiris - Isis/Nephthys wird durch die Einbeziehung "der Götter" erweitert. Osiris ist hier sowohl als Kind (2.4: *ẖj ḥwn*; 2.7: *ẖj rnp*) wie als männlicher Gott (2.6: *kꜣ n sn.tj*; 2.9: *smꜣ=k jm=n mj ṯꜣj*) charakterisiert.

136 *mj r pr=k* leitet auch - ebenfalls mit einer Ausnahme - die einzelnen Abschnitte in den Klagen der Isis und Nephthys ein, s. Faulkner (1935-1938), Übersetzung 338-341.

Teilabschnitt 1.4: 2.10 - 2.21

12 Verse. Thema dieser Passage ist Seth, genauer gesagt seine Vernichtung. Diese und die Vorgeschichte werden kurz berichtet; besonderes Gewicht wird auch darauf gelegt, daß Oriris nun "ohne Furcht" sein kann.

Faulkner (1936), 123 übersetzt diesen Vers: "- Tebha to his execution block! -" und merkt dazu a.a.O. 133 an: "a parenthetic execration directed against the foe of Osiris." Dies erscheint möglich, ist aber nicht zwingend. Es ist daher m.E. sinnvoller, den Vers in den Kontext einzubeziehen, s. oben die Übersetzung.

Teilabschnitt 1.5: 2.22 - 3.6

8 Verse, die unter dem Überbegriff "Trauer" zusammenzufassen sind. Faulkner (1936), 134 kann die beiden ersten Verse nicht sinnvoll übersetzen, bezieht sie aber in jedem Fall noch in den Seth-Kontext ein: "... still dealing with the evil wrought by Seth." Dem kann ich mich nicht anschließen: zu deutlich ist der Übergang von Seth als Handelndem - und Subjekt auch im grammatischen Sinn - bis 2.21 zum Folgenden, in dem nicht mehr von ihm die Rede ist und mehr abstrakte Begriffe (2.22: *tꜣ* "Erde"; 2.23: *sṯj* "Gestank") Subjekt sind. Ohne eindeutige Parallelen benennen zu können - was freilich auch für den umgekehrten Fall gilt - sehe ich ab 2.22 die Trauer als den übergeordneten Begriff an.

Teilabschnitt 1.6: 3.7 - 3.12

6 Verse, eingeleitet durch den Imperativ *mj* "komm", die vor allem vom Nominalstil geprägt sind. Inhaltlich erinnert dieser Teilabschnitt mit seiner Folge von Epitheta des Osiris an den 1. Teilabschnitt.

Teilabschnitt 1.7: 3.13 - 3.16

4 Verse, die von Isis allein rezitiert werden: sie führt sich in 3.14 selbst ein und spricht naturgemäß in der 1. sg.

Teilabschnitt 1.8: 3.17 - 3.22

6 Verse, die wieder die 1. pl. verwenden, es sprechen also wieder beide Frauen. In dieser den 1. Hauptabschnitt abschließenden Passage ist die Aufforderung an Osiris, zu kommen - teils in imperativischer Form, teils im prospektiven *sḏm=f* - vorherrschendes Thema.

Damit endet der 1. Hauptabschnitt. Ein Blick auf die Binnenstruktur der einzelnen Teilabschnitte zeigt - wie aus der Übersetzung zu ersehen ist -, daß der Doppelvers und die Vier-Verse-Gruppe mit wenigen Ausnahmen die prägenden formalen Bausteine sind.

Hauptabschnitt 2: 3.23 - 6.22: *sʿšꜣ* "Abwehrzauber"

Teilabschnitt 2.1: 3.24 - 4.3

6 Verse im Nominalstil: Epitheta des Osiris, abgeschlossen mit dem Wunsch "komm doch".

Teilabschnitt 2.2: 4.4 - 4.7

4 Verse, überwiegend im Verbalstil, mit Wechsel der Blickrichtung: die Neunheit und Re unterstützen Osiris gegen Seth; Osiris ist also hier in passiver Rolle.

Teilabschnitt 2.3: 4.8 - 4.15

8 Verse mit erneutem Wechsel der Blickrichtung und geprägt von imperativischen Verbalformen. Osiris ist wieder direkt angesprochen und zum Handeln aufgerufen, d.h. in aktiver Rolle.

Teilabschnitt 2.4: 4.16 - 4.22

7 Verse, falls nicht 4.22 in zwei Verse zu unterteilen ist: *ḏ.t nṯr nb mrw.t / tnw ꜥšꜣ mrw.t.* In einigen Fällen, auf die jeweils gesondert verwiesen wird, sind versehentlich zwei Verse in eine Zeile geschrieben worden; eine dieser Stellen ist möglicherweise Z. 4.22.

Die Blickrichtung wechselt erneut, wie in Teilabschnitt 3 des ersten Hauptabschnitts ist von der *pr.t ꜥꜣ.t* die Rede, an die sich hier die zweimalige Frage "wo ist er?" (4.19 und 4.21) anschließt; Themen sind somit die Trauer um und die Suche nach Osiris.

Teilabschnitt 2.5: 4.23 - 5.1

6 Verse, die sich von der vorausgehenden Passage dadurch unterscheiden, daß hier verstärkt Osiris direkt angerufen wird; in Teilabschnitt 4 war von ihm mehr in der 3. Person die Rede. Während dort nach ihm gefragt wurde, sind hier die Wunschsätze das prägende inhaltliche Element.

Der Vers 5.1: "Komm hierher <zu> deinen Sängerinnen" ist nicht völlig zweifelsfrei dem Teilabschnitt 5 zuzuordnen, er wäre auch als Einleitung zu Teilabschnitt 6 denkbar. Die Entscheidung für die hier vorgenommene Einteilung wurde durch den markanten Schauplatz- und Inhaltswechsel ab 5.2 (s. unten) ebenso beeinflußt wie durch die Beobachtung, daß *jt=k Rꜥ* in 5.2 und in 5.10 ebenfalls markante Einleitungsworte für zwei aufeinanderfolgende Teilabschnitte sind.

Teilabschnitt 2.6: 5.2 - 5.9

8 oder 10 Verse: Z. 5.3 und 5.5 sind vielleicht in je zwei Verse zu gliedern, die zusätzliche Caesur wäre in 5.3 hinter *šnw=k* anzusetzen, in 5.5 hinter *nm.t=f.* Die Gliederung dieses Teilabschnitts insgesamt bliebe von beiden Lösungen unberührt.

Thema dieses Teilabschnitts ist Seth, ebenso wie im Teilabschnitt 4 des ersten Hauptabschnitts. Auch im inhaltlichen Aufbau sind die beiden Teilabschnitte vergleichbar: in ihrem ersten Teil ist jeweils von der Hilfe durch andere Götter die Rede, im zweiten von den Untaten des Seth. Auch hier nimmt Faulkner die parenthetische

Stellung einer Passage an: 5.6 - 5.7,[137] hier wohl mit mehr Berechtigung, s.a. oben die Übersetzung.

Der Teilabschnitt ist durch die Verwendung finiter Verbalformen und die Form des Berichts in der 3. Person geprägt.

Teilabschnitt 2.7: 5.10 - 5.17

8 Verse, eingeleitet wieder durch *jt=k Rʿ*, in denen erneut Seth das Thema ist, allerdings nicht mehr so im Vordergrund stehend wie im Teilabschnitt 6: in 5.10 - 5.11 wird nochmals der Schutz für Osiris betont, dem (5.12 - 5.15) Wünsche für ihn folgen. Den Abschluß bildet das zweimalige "erhebe dich" mit der Versicherung, daß von Seth keine Gefahr ausgeht.

Finite Verbalformen - und der imperativische Abschluß - prägen den Teilabschnitt ebenso wie die direkte Anrede an Osiris in der 2. Person.

Teilabschnitt 2.8: 5.18 - 5.22

6 Verse: in 5.20 sind wohl zwei Verse zu einem zusammengefallen: *ḫsf=k rdj.tj m tꜣw nbw / jʿb ḏ.t=k šsp=f jmj.t-pr=k*. Inhalt dieser Passage ist die, jeweils im prospektiven *sḏm=f* formulierte, wiederholte Bitte an Osiris, zu seinem Tempel zu kommen.

Teilabschnitt 2.9: 5.23 - 6.3

9(?) Verse: Hier fällt 5.23 durch eine überdurchschnittliche Länge bzw. durch die überdurchschnittliche Zahl von Satzelementen aus dem Rahmen. Eine Unterteilung nach - oder auch vor - *nb nrj* bietet sich daher an.

Auch jetzt ist das "mögest du ..." prägendes Element des Teilabschnitts, doch ist die Rolle des Osiris hier eine ganz andere: er ist hier der aktive, handelnde Gott, der Herr des Schreckens (5.23) und der Lust (5.24).

137 S. Faulkner (1936), 125.

Teilabschnitt 2.10: 6.4 - 6.8

5 Verse. Auch dieser Teilabschnitt ist durch *jw* "kommen" eingeleitet, hier allerdings in der 3. Person: Isis kommt, die ihn reinigt. Diesem deutlichen Wechsel in der Blickrichtung folgt ab 6.5 eine Reihe von Epitheta des Osiris, unterbrochen durch den Imperativ "schmücke dich" in 6.7.

Teilabschnitt 2.11: 6.9 - 6.12

4 Verse, die sich durch die Einführung der Nut als Trägerin der Handlung als zusammengehörend erweisen: sie ist, abgesehen vom "komm doch" in 6.9 die allein Handelnde, die den Osiris schützt.

Teilabschnitt 2.12: 6.13 - 6.22

10 Verse, die den Abschluß des 2. Hauptabschnitts bilden. Der Schauplatzwechsel gegenüber Teilabschnitt 11 ist signifikant: die letzten 10 Verse fassen den Inhalt des gesamten Hauptabschnitts nochmals zusammen: Osiris ist auferstanden und wird geschützt, Seth ist besiegt; am Ende daher auch der Ruf "komm doch zu deinem Haus ohne Furcht."

Damit endet der 2. Hauptabschnitt. Die Binnengliederung der Teilabschnitte erscheint nicht so vom Doppelvers geprägt wie dies im ersten Hauptabschnitt der Fall war (s. die Übersetzung); dennoch ist dieser auch hier der markanteste formale Baustein.

Hauptabschnitt 3: 6.23 - 9.12

Teilabschnitt 3.1: 6.24 - 6.26

3 Verse, die aus äußeren Gründen als eigener Teilabschnitt interpretiert werden müssen: In 6.23 lautet der Vermerk: "Zu sprechen durch die beiden Gelockten", ab 6.24 spricht dann (die Darstellerin der) Isis explizit allein. Die Verse enthalten eine einleitende Anrufung an Osiris, beginnend wieder mit *jḥj nfr mj r pr=k*.

Teilabschnitt 3.2: 6.27 - 7.7

9(?)[138] Verse, in denen Isis sich selbst einführt, um dann über den Zustand der ganzen Welt ("Himmel und Erde") nach dem "Weggang" des Osiris zu berichten; die letzten Verse gelten dem Bericht über ihre eigene Trauer über die Trennung. Diese macht sie dem Osiris direkt zum Vorwurf: sie habe ihm keinen Anlaß dazu gegeben (7.7). Der in dieser Passage enthaltene Bericht gebraucht teils die 3. und teils die 1. Person, in jedem Fall also, dem Inhalt entsprechend, finite Verbalformen.

Teilabschnitt 3.3: 7.8 - 7.13

6 Verse, deren inhaltlicher Aufbau einer klaren Linie folgt: Trauer um Osiris (7.8); die Suche bzw. Sehnsucht der Isis (7.9 - 7.11); die Bitte "komm" (7.12) und die beruhigende Versicherung, daß von Seth keine Gefahr droht (7.13).

Teilabschnitt 3.4: 7.14 - 7.23

10 Verse, die vor allem vom Bericht der Isis über ihr Handeln nach dem Tod des Osiris geprägt sind: "ich verberge mich" (7.14), "ich gehe allein" (7.17), "ich durchwanderte" (7.21). Am Ende dann nochmals die Betonung der Trauer in 7.22 - 7.23. Die Abgrenzung des Teilabschnitts nach unten ergibt sich aus dem erneuten Sprecherwechsel in 7.24: ein kurzer Zwischentext wird dann wieder von beiden Frauen gesprochen. Es ist wohl i.d.R. davon auszugehen, daß beim Fehlen anderer eindeutiger Markierungen ein Sprecherwechsel dort anzusetzen ist, wo dies erstmals im Text klar ersichtlich ist; im vorliegenden Fall also durch den Übergang auf die 3. pl. in 7.24. Aus diesem Grund sind die Verse 7.22 - 7.23 noch zum Teilabschnitt 4 gerechnet, obwohl in ihnen wie in 9.24 die Trauer das Thema ist.

Teilabschnitt 3.5: 7.24 - 8.2

6 Verse. Zur Abgrenzung s. oben zum Teilabschnitt 4. In diesem kurzen Zwischentext sprechen beide Frauen wieder gemeinsam, ab 8.3 spricht Isis erneut allein. Inhalt

[138] Bzw., falls der aus zwei parallel gebauten Teilen bestehende v. 7.2 in zwei Verse zu gliedern ist, 10 Verse.

der Passage ist die gemeinsame Trauer um Osiris; stilistisch hebt sie sich nach oben wie nach unten durch das Zurücktreten der finiten Verbalformen ab, zugunsten einer Reihung von Epitheta des Osiris (7.26 - 8.1).

Teilabschnitt 3.6: 8.3 - 8.7

6 Verse,[139] in denen Osiris als "König" das Hauptthema ist, das diese Passage durch seine Benennung in 8.3 (*nswt-bjtj*) und 8.7 (*bjtj*) umrahmt und markiert. Neben diesem Kennzeichen wird dieser Teilabschnitt auch durch die wiederholten und dadurch besonders dringlichen Aufforderungen, zu kommen, geprägt.

Teilabschnitt 3.7: 8.8 - 8.13

6 Verse, die inhaltlich durch eine mehr "persönliche" Charakterisierung des Osiris geprägt sind. Er ist "Gatte, Bruder, Herr der Beliebtheit" (8.13), nach dem Isis sich sehnt und den sie schützen möchte (8.8 - 8.9). Das *jw=k m ḥtp* in 8.13 entspricht dem *mj m ḥtp* in 8.7 als jeweiliger Abschluß des Teilabschnitts.

Teilabschnitt 3.8: 8.14 - 8.20

8 Verse.[140] Die beiden einleitenden Verse sind den Versen 1.10 - 1.11, die am Beginn des 1. Hauptabschnitts stehen, ganz sicher bewußt, mit leichten Varianten, nachgestaltet. Das Ende des Teilabschnitts wird durch den mit 8.21 beginnenden erneuten Sprecherwechsel bestimmt. Den Abschluß dieser Rede der Isis bildet eine Reihe von Verheißungen für Osiris, die mit dem Wunsch nach seiner Wiederbelebung enden.

139 In Z. 8.3 sind sicher versehentlich zwei Verse zusammengefallen; die zusätzliche Versgrenze ist hinter *tꜣ-ḏsr* anzusetzen.

140 Z. 8.14 ist nach dem Beispiel der Zeilen 1.10 - 1.11, die einen sehr ähnlichen Wortlaut und einen identischen Sinngehalt haben, in zwei Verse aufzuteilen; die Caesur ist vor *ḏr-ꜥ* anzusetzen.

Teilabschnitt 3.9: 8.21 - 9.4

11 Verse. Der Beginn des Teilabschnitts wird durch zwei Indizien markiert: den Sprecherwechsel und die Aufforderung "komm doch", die in dieser oder ähnlicher Form die drei Teilabschnitte 8, 9 und 10 (8.14, 8.21, 9.5) einleitet. Geprägt ist die Passage zum einen durch die Aufforderung "komm" und die dazugehörenden Begründungen (8.21 - 8.23), zum anderen durch eine Reihe von Epitheta für Osiris (8.24 - 9.4).

Teilabschnitt 3.10: 9.5 - 9.8

4 Verse, in denen Isis und Nephthys gemeinsam Osiris aufrufen, zu kommen: dies geschieht allein in drei Versen (9.5, 9.7, 9.8), und auch im verbleibenden v. 9.6 ist Osiris zum Handeln aufgerufen. In 9.5 - 9.7 geschieht dies durch prospektive Verbalformen, mit dem Imperativ *mj* als Höhepunkt und Abschluß in 9.8.

Teilabschnitt 3.11: 9.9 - 9.12

4 Verse, die ganz oder teilweise von Isis allein gesprochen werden, eingeleitet durch "oh mein Bruder" in 9.9. Wie aus den Personalendungen hervorgeht, spricht Isis mindestens die beiden Verse 9.9 und 9.10. In 9.11 heißt es dann wieder *nb=n* "unser Herr", d.h. möglicherweise ist dieser Teilabschnitt nochmals zu unterteilen in 2 Verse Rede der Isis und 2 Verse Rede der beiden Frauen.

Hauptabschnitt 4: 9.13 - 11.18: *sꜥšꜣ ꜥꜣ* "großer Abwehrzauber"

Dieser Abschnitt wird von zwei Besonderheiten geprägt: Zum einen vom Wechsel in der Sprecherrolle: nicht die beiden Frauen, sondern der Vorlesepriester wird als Sprecher in 9.13 benannt; zum anderen - und sicherlich damit im Zusammenhang stehend - fällt auf, daß das die vorhergehenden Abschnitte so prägende *mj* "komm" bzw. *jw=k* "komm doch" hier kaum eine Rolle spielt; lediglich am Beginn (9.14) und am Ende (11.10, 11.11, 11.16) findet es sich: imperativisch in der gewohnten Einleitung *jḥj nfr mj r pr=k* in 9.14, in prospektiver Form an den drei übrigen Stellen.

Teilabschnitt 4.1: 9.14 - 9.21

8 Verse, mit Epitheta des Osiris (9.14 - 9.18) und Aussagen in der 3. Person über die Handlungen von Göttern für ihn (9.19 - 9.21). Hauptaspekte des Osiris in dieser Passage sind die des Sohnes und Erben (insbes. 9.15 - 9.18).

Teilabschnitt 4.2: 9.22 - 10.1

8 Verse, in denen Osiris als Vegetationsgottheit im Mittelpunkt steht ("Herr der Nahrung", Osiris als "Nil" usw.); durch diese Thematik ist auch der Umfang des Teilabschnitts klar bestimmt.

Teilabschnitt 4.3: 10.2 - 10.13

12 Verse, in denen Osiris als kosmische Gottheit charakterisiert ist, die in der Begleitung des Re auf- und untergeht (10.11) usw. Auch hier ist durch die Thematik der Teilabschnitt eindeutig markiert.

Teilabschnitt 4.4: 10.14 - 10.18I

5 Verse, die ein wenig den Charakter eines Einschubs haben: Zunächst ist (10.14 - 10.16) vom Bösen, d.h. von Seth die Rede, dann in unklarem Zusammenhang vom *jmj-sḥ.tj*-Priester, ehe ab 10.19 wieder zur Thematik des 3. Teilabschnitts zurückgekehrt wird.

Teilabschnitt 4.5: 10.19 - 10.26

8 Verse, die Osiris wie im Teilabschnitt 3 wieder besonders als kosmische Gottheit und auch als göttlichen Herrscher charakterisieren (10.25).

Teilabschnitt 4.6: 10.27 - 11.9

11. Verse. Der Themawechsel gegenüber den vorhergehenden Teilabschnitten ist klar, ebenso der inhaltliche Unterschied zum folgenden Teilabschnitt 7. Hier ist von Tod, Gliedervereinigung und Wiedererweckung des Osiris die Rede. Der letzte Vers ist unverständlich, doch ist er sicher noch zu diesem Teilabschnitt zu rechnen, da sich mit Teilabschnitt 7 die Rolle des Osiris von der passiven zur aktiven wandelt, der Vers 11.9 aber sicher noch zur ersteren gehört.

Teilabschnitt 4.7: 11.10 - 11.18

9 Verse, in denen zum Abschluß dieses Hauptabschnitts die Aufforderung an Osiris, zu kommen, wieder aufgenommen wird, verbunden mit der Versicherung der Liebe und Verehrung durch die Götter.

Diese Einteilung des 4. Hauptabschnitts weicht vor allem an einer Stelle deutlich von der Faulkners ab: Dieser geht davon aus, daß der Sprechpart des Vorlesepriesters mit 11.5 endet und daß ab 11.6 wieder die beiden Frauen rezitieren.[141] Anlaß für diese Annahme ist die gelegentliche Verwendung der 3. pl. ab dieser Stelle.

Diese ist in der Tat auffällig, der vorausgehende Text dieses Abschnitts enthält keine derartigen interpersonellen Bezüge. Andererseits sollte aber der Rezitationsvermerk für den gesamten Abschnitt in 9.13 als verbindlich angesehen werden. Es kommt hinzu, daß dieser Sprecherwechsel innerhalb eines inhaltlichen Kontexts sich abspielen würde, und daß im vorausgehenden wie im folgenden Vers von "den beiden Schwestern" in der 3. Person die Rede ist - ebenso wie übrigens im vorletzten Vers des Hauptabschnitts (11.17): "es erheben dich die beiden Fürstinnen".

Unter diesen Umständen liegt die Annahme näher, daß dieses "uns" die während der Rezitation anwesenden Personen, also mindestens den Vorlesepriester und die beiden Frauen, zwar einschließt, aber dennoch nur vom Vorlesepriester gesprochen wird. Erst im fünften Hauptabschnitt werden - durch Rezitationsvermerk eingeführt - die beiden Frauen wieder die Sprecherrolle übernehmen.

[141] S. Faulkner (1936), 128: vor der Zeile 11.6 steht die Zwischenüberschrift "(Duet)".

Hauptabschnitt 5: 11.29 - 17.11

Dieser fünfte und letzte Hauptabschnitt umfaßt ca. sechs Kolumnen und ist damit mehr als doppelt so lang wie die übrigen. Dennoch besteht kein Anlaß, hier etwa einen Fehler in der Überlieferung zu vermuten, der Text bietet weder formal noch inhaltlich hierfür einen Anhaltspunkt. Sprecherinnen sind wieder die beiden Frauen, teils gemeinsam, teils spricht Isis allein.

Teilabschnitt 5.1: 11.20 - 12.1

10 oder 11 Verse.[142] Nach der gewohnten Einleitung *(j) jḥj nfr mj r pr=k* ist auch die ganze Passage durch die Aufforderung "komm" bzw. "komm doch" geprägt. Osiris ist jeweils direkt angesprochen, auch dies ein verbindendes Element gegenüber dem folgenden, in dem die Gesamtheit der Götter angesprochen ist.

Teilabschnitt 5.2: 12.2 - 12.8

7 Verse; die ersten fünf Verse beginnen anaphorisch mit *j nṯrw*. Die Gesamtheit der Götter, eingeteilt nach kosmographisch/geographischen Gesichtspunkten, wird angesprochen; in 12.7 - 12.8 wird der Grund hierfür genannt: sie sollen gemeinsam mit Isis und Nephthys vor den mit verschiedenen Epitheta belegten Osiris treten.

Teilabschnitt 5.3: 12.9 - 12.16

8 Verse. Der Beginn des Teilabschnitts ist klar dadurch markiert, daß Isis jetzt allein spricht. Die Einteilung nach unten ist mit gewissen Unsicherheiten belastet, da die Abtrennungs- bzw. Inhaltskriterien gelegentlich nicht so eindeutig sind wie in den vorausgehenden Teilabschnitten. Inhaltliches Kriterium für die hier vorgenommene Einteilung ist die Erwähnung der kosmischen Vorgänge in 12.10, 12.13, 12.14 und 12.16 anläßlich des Weggangs = Todes des Osiris.

142 Z. 11.21 enthält möglicherweise zwei Verse: vgl. 6.25, wo *qꜣ sp-2 sꜣ=k r pr=k* einen selbständigen Vers bildet

Teilabschnitt 5.4: 12.17 - 12.24

8 Verse von etwas heterogenem Inhalt und ebensolcher Konstruktion. Letztere wechselt in den ersten Versen zwischen der 2. und 3. Person mehrmals ab; die inhaltlichen Divergenzen sind in der gleichen Passage zu beobachten: in 12.17 ist von Osiris in der 3. Person die Rede, in 12.18 in der 2. Person, in 12.19 wieder in der 3. Person. In 12.20 ist Re direkt angesprochen, in 12.21 der "Böse", also Seth; dann ist wieder von Osiris die Rede, in Form von verschiedenen Epitheta, bis zum Ende des Teilabschnitts. Das mit 12.25 wieder auftauchende Element "komm" begrenzt den 4. Teilabschnitt nach unten, zur Begrenzung nach oben s. oben zum Teilabschnitt 3.

Teilabschnitt 5.5: 12.25 - 13.6

10 Verse, eingeleitet durch *mj n=j* "komm zu mir". Isis spricht in diesem Teilabschnitt über sich selbst, sie stellt sich als Tochter des Geb vor (13.2), als Beschützerin des Osiris (12.27 - 12.28) und berichtet über ihre Suche nach Osiris (13.4 - 13.5).

Teilabschnitt 5.6: 13.7 - 13.12

6 Verse, wieder durch die Aufforderung *mj* "komm" eingeleitet. Diese Passage schließt die Rede der Isis ab, ab 13.13 sprechen wieder beide Frauen. Thema der Passage ist vor allem (13.7, 13.9, 13.10) die Aufforderung an den Gott, zu kommen bzw. der Wunsch, ihn zu sehen, sowie (13.11 - 13.12) der Jubel über seine Ankunft und die Bestätigung seines Schutzes.

Teilabschnitt 5.7: 13.13 - 13.20

8 Verse. Mit Faulkner (1936), 129 ist anzunehmen, daß ab 13.13 wieder beide Frauen rezitieren: Die Häufung der 3. pl. in diesen Versen spricht dafür; anschließend spricht Isis wieder allein.

Die Häufung der Aufforderung, zu kommen, und der übrigen Bitten in dieser Passage gibt ihr beinahe - allgemein inhaltlich, nicht dem Wortlaut nach - den Charakter eines Refrains. Auch aus diesem Grund ist es plausibel, daß beide Frauen sprechen.

Teilabschnitt 5.8: 13.21 - 14.1

10 oder 11 Verse.[143] Die Einteilung dieses Abschnitts ist recht problematisch. Sicher ist, daß hier Isis wieder allein spricht, eindeutig ist dies ab 13.22 der Fall. Aber 13.21 ist inhaltlich wie syntaktisch so eng mit 13.22 verbunden, daß eine Trennung dieser beiden Verse nicht erlaubt ist. Dann aber wäre hier das bisher beobachtete Gesetz durchbrochen, daß ein Sprecherwechsel sich in der Zeile vollzieht, in der die Personalendung dies anzeigt, s. hierzu oben Hauptabschnitt 3, Teilabschnitt 4. Der Kontext läßt hier aber keine Wahl.

Auch die Abgrenzung nach unten ist nicht eindeutig; die erneute Selbsteinführung der Isis in 14.2 und 14.3 ist aber so markant, daß die Annahme eines Neubeginns in 14.2 naheliegt.

Das einleitende *mj m ḥtp* steht für die Thematik dieser Passage: die Wiederherstellung der geordneten Situation, gipfelnd in den Schlußversen: "Die Neunheit ist in Furcht vor deinem Ansehen, die Erde bebt aus Furcht vor dir."

Teilabschnitt 5.9: 14.2 - 14.9

8 Verse, in deren erstem Teil (14.2 - 14.6) die Selbstvorstellung der Isis und ihre Sehnsucht nach, im zweiten (14.7 - 14.9) die allgemeine Trauer um Osiris das Thema bilden. Wie selten im ganzen Text ist hier durch Parallelen in Wortwahl und Syntax die Zusammengehörigkeit von Versgruppen markiert: 14.2/14.3: *ḥm.t=k / sn.t=k*; 14.4 - 14.6: dreimaliges *mj mꜣꜣ=j ṯw*; 14.7 - 14.9: *rmj n=k / ḥtb n=k / rmj n=k*, jeweils am Versbeginn. Die genannte Thematik: Sehnsucht und Trauer bildet auch die inhaltliche Abgrenzung zum folgenden Teilabschnitt 10, in dem beide Begriffe keine Rolle mehr spielen.

Teilabschnitt 5.10: 14.10 - 14.19

10 Verse, in denen, ähnlich wie im Teilabschnitt 8, von der Wiederherstellung der geordneten Situation die Rede ist, s. oben. Während allerdings dort der Begriff "Furcht"

143 Die beiden Verse 13.23 und 24 sind auffallend kurz. Die Zusammenziehung zu einem Vers *hj ḥr jw Ḥr m ḥqꜣ* ist somit zu erwägen.

bzw. "Respekt" (*šfj.t* und *sḏꜣḏꜣ*) den (Höhepunkt und) Abschluß bilden, sind es hier die Begriffe "Frieden" (*ḥtp*, 14.18) und "Freude" (*ḥꜥꜥ*, 14.19).

Teilabschnitt 5.11: 14.20 - 14.27

8 Verse, in denen Isis von sich in der 3. Person spricht ("komm doch zu deiner Frau in Frieden": 14.20); sie bezeichnet sich zum einen (14.20 - 14.24) als liebende Frau, zum anderen (14.25 - 14.27) als diejenige, die das Böse von ihm genommen hat.

Teilabschnitt 5.12: 14.28 - 15.11

13 Verse; diese Einteilung ist allerdings mit einigen Unsicherheiten behaftet: die beiden ersten Verse (14.28 - 14.29) fügen sich nicht problemlos in den Kontext, oder, aus anderer Sicht, der weitere Kontext würde einen Abschnittsbeginn mit 15.1 nahelegen. Andererseits spricht der Kontext noch mehr gegen eine Zuordnung der beiden fraglichen Verse zum Teilabschnitt 11: die Trauer um Osiris, die ihr Thema bildet, verbindet sie besonders mit 15.1: "es weint um dich ...". Aus diesem Grund wurde der hier vorgeschlagenen Einteilung der Vorzug gegeben.

Die Abgrenzung nach unten wird von klaren inhaltlichen Kriterien bestimmt: Innerhalb des Teilabschnitts ist - darin vergleichbar dem vorausgehenden Teilabschnitt - von der Liebe der "Himmelskuh" = Nut[144] die Rede und anschließend von ihrem Einsatz für Osiris. Die Begriffe "Himmelskuh" und "Nut" (15.1 und 15.10) bilden die äußeren Klammern der Passage.

Teilabschnitt 5.13: 15.12 - 15.18

8 Verse.[145] Während vorher von Handlungen für Osiris die Rede war, wird Osiris jetzt wieder direkt angesprochen. Die detaillierte Beschreibung seiner Gestalt, die den Inhalt von Teilabschnitt 14 bildet, wird hier schon vorbereitet, wenn einerseits von seinem Ba die Rede ist und andererseits der Salbkegel auf seinem Haupt beschrieben wird.

[144] Zu Nut als Himmelskuh s. zuletzt D. Kurth in: LÄ IV, 537 s.v. "Nut".

[145] In Z. 15.13 sind ganz sicher zwei Verse zusammengefallen: der erste Vers: *bꜣ n=k ṯꜣj nb ḥmw.t* nimmt das *bꜣ.tj* von v. 15.12 wieder auf; der zweite Vers beginnt mit *bt r šnw=k* mit den gleichen Worten wie v. 15.14.

Doch ist hier der Kontext noch anders, allgemeiner. Die vier Verse der zweiten Hälfte der Pas-sage (15.15 - 15.18) nehmen dann nochmals den Wunsch "komm" auf und mit Schentait wird erneut eine Osiris schützende Gottheit benannt.

Teilabschnitt 5.14: 15.19 - 16.1

10 Verse.[146] Ihre inhaltliche Zusammengehörigkeit ist eindeutig. Nach der einleitenden Anrede "du bist ein Gott ..." folgt die Beschreibung der Körperteile des Osiris[147] in 15.21 - 16.1. Auffällig ist hierbei das besondere Gewicht, das auf die Beschreibung der Haare gelegt wird, die entweder aus Türkis (15.21), oder, meist (15.22, 15.23, 16.1), aus Lapislazuli[148] sind. Ein Grund für diese Betonung ausgerechnet des Haares ist nicht ersichtlich.

Teilabschnitt 5.15: 16.2 - 16.9

8 Verse, die sich inhaltlich deutlich von den vorausgehenden unterscheiden, deren Abgrenzung somit keine Probleme bereitet. Die Erwähnung des Geb leitet den Teilabschnitt ein; d.h. nach der Mutter - Nut - im Teilabschnitt 12 wird jetzt der Vater des Osiris genannt. Doch bereits nach einem Verspaar, in dem die Tätigkeit des Geb geschildert wird, folgt eine Reihe von Epitheta des Osiris. Der Bezug zu Geb wird dann im letzten Verspaar (16.8-9) wieder aufgenommen, der Teilabschnitt somit inhaltlich abgerundet.

Faulkner (1936), 131 teilt die Passage insofern anders ein, als er davon ausgeht, daß ab 16.4: "Großer Erbe, der herauskam aus Re" wieder beide Frauen gemeinsam rezitieren. Doch besteht zu dieser Einteilung kein Anlaß: Neben den obengenannten internen Kriterien für die Einheit des Teilabschnitts fehlt hier auch jeder äußere Hinweis auf einen Sprecherwechsel: dieser findet erst in Z. 16.17 statt.

[146] 15.28, durch *kj ḏd* als "Variante" gekennzeichnet, ist aus eben diesem Grund bei der Verszählung nicht berücksichtigt.

[147] Zum Topos der aus edlen Materialien gebildeten Körperglieder s.a. den Osirishymnus, col. x+4, 8ff. mit Anm. 10.

[148] Aus Lapislazuli sind etwa auch die Haare des Re im Buch von der Himmelskuh, s. Hornung (1982), 37 und 52, Anm. 6. Vgl. auch Gardiner (1931), 30-31, n.3; weitere Belege bei Kuentz (1925), 228, n.1.

Teilabschnitt 5.16: 16.10 - 16.16

7 Verse, markant durch *mj r pr=k* eingeleitet und auch inhaltlich wieder deutlich vom vorhergehenden Teilabschnitt unterscheidbar: Isis spricht Osiris wieder direkt an und äußert eine Reihe von Bitten (16.10 - 16.14, 16.16). Diese Intensität und Häufung der Bitten prägt das Ende der Rede der Isis, den Rest des Textes werden wieder beide Frauen gemeinsam rezitieren.

Teilabschnitt 5.17: 16.17 - 16.23

7 Verse. Der Sprecherwechsel in 16.17 zu *nb=n* "unser Herr" markiert den Beginn dieses Teilabschnitts ebenso deutlich wie das zweimalige "erhebe dich" am Versbeginn. Der Beginn dieses Schlußgesangs wird durch eine Reihe von Aussagen geprägt, die die vollendete Wiederherstellung des Osiris bestätigen und ebenso die Vernichtung des "Rebellen".

Teilabschnitt 5.18: 16.24 - 16.30

7 Verse, die Osiris wieder in einen kosmischen Kontext, in die Verbindung zu Re stellen (16.24 - 16.30), eingeleitet durch die Erwähnung des Tatenen, der hier, wie auch schon am Beginn des Textes, in 1.15, als Vater des Osiris bezeichnet wird. Diese inhaltliche Einheit erlaubt eine problemlose Abgrenzung dieses Teilabschnitts.

Teilabschnitt 5.19: 17.1 - 17.11

12 Verse.[149] Den Abschluß des gesamten Textes bildet, nach intensivem Ausruf "erhebe dich" in 17.1 und 17.2, ein Preis der Isis als Beschützerin des Osiris und Mutter des Horus; der Text endet mit einer Reihe von Epitheta für Isis (17.8 - 17.11).

Wie eingangs dieses Kapitels vermerkt, mußte sich der obige Versuch, eine Binnengliederung dieses Textes zu rekonstruieren, wegen des Fehlens eindeutiger Indizien auf eine Reihe unterschiedlicher, im Einzelfall nicht immer auf sicherem Boden

[149] In 17.3 sind mit Sicherheit zwei Verse zusammengefallen; die Caesur ist nach *ꜣḫ.t* anzusetzen.

stehender Anhaltspunkte stützen. Insgesamt wurden auf diese Weise 56 Teilabschnitte unterschiedlicher Länge herausgearbeitet. Die Verszahlen dieser Teilabschnitte und die Zahl der jeweils diese Verszahl aufweisenden Teilabschnitte sind der folgenden Aufstellung zu entnehmen:

	Verszahl	Zahl der Teilabschnitte
Hauptabschnitt 1:	4	1
(8 Teilabschnitte)	6	2
	8	2
	10	2
	12	1
Hauptabschnitt 2:	4	2
(12 Teilabschnitte)	5	1
	6	3
	7	1[150]
	8	3[151]
	9	1[152])
	10	1
Hauptabschnitt 3:	3	1
(11 Teilabschnitte)	4	2
	6	4
	8	1
	9	1[153]
	10	1
	11	1
Hauptabschnitt 4:	5	1
(7 Teilabschnitte)	8	3
	9	1
	11	1

150 Fraglich; s. oben zu Teilabschnitt 4.
151 Davon 1 fraglich: s. oben zu Teilabschnitt 6: evtl. auch 10 Verse.
152 Fraglich; s. oben zu Teilabschnitt 9.
153 Oder 10 Verse, s.o. Anm. 143.

	12	1
Hauptabschnitt 5:	6	1
(19 Teilabschnitte)	7	4
	8	7
	10	5[154]
	12	1
	13	1[155]

Die Verszahlen aller 56 Teilabschnitte zusammengenommen ergeben damit folgendes Bild (in Klammern: fraglich):

3	1
4	5
5	2
6	10
7	4 (+1)
8	15 (+1)
9	1 (+1)
10	7 (+2)
11	2
12	3
13	0 (+1)

Wenn auch infolge der genannten Schwierigkeiten der Boden im Einzelfall schwankend sein mag und detaillierte Ergebnisse nicht gewonnen werden können, läßt sich doch eine allgemeine Charakterisierung des formalen Aufbaus treffen:

Die einzelnen Teilabschnitte bewegen sich in einem Umfang von 3-13 Versen, wobei die obere und untere Grenze nur ausnahmsweise erreicht wird; die übliche Schwankungsbreite ist eher zwischen 4 und 12 Versen anzusetzen. Innerhalb dieser Bandbreite ist wiederum eine Konzentration auf einen Umfang von 6-10 Versen zu beobachten: Die fraglichen Teilabschnitte nicht gerechnet, bewegen sich 40 Teilabschnitte innerhalb dieser Grenzen.

[154] Davon zwei fraglich, s. oben zu Teilabschnitt 1 und 7.

[155] Fraglich, s. oben zu Teilabschnitt 11.

Hieraus läßt sich gewiß noch keine allgemeine Regel ableiten, jedoch immerhin ein zusätzliches Kriterium für die Abschnittseinteilung gewinnen, das zukünftig an weiteren Texten zu überprüfen sein wird:

Bei der Analyse der Binnengliederung eines Textes - die grundsätzlich, wie oben geschehen, auf inhaltlichen und vergleichbaren Kriterien basieren muß - kann offenbar davon ausgegangen werden, daß in der Regel ein bestimmter Versumfang weder unter- noch überschritten wird.

Diese Beobachtung - die sich, ohne daß dies hier weiter vertieft werden kann, im großen und ganzen an gegliederten Texten bestätigt; als Beispiele seien die Maximen des Ptahhotep und die Abschnitte in der Lehre des Amenemhet oder des Cheti genannt - ist nur scheinbar trivial: Sie kann, ihre Gültigkeit für den hier untersuchten Text immer vorausgesetzt, eine wertvolle Hilfe bei der Textanalyse sein.

Nach den Gründen für diese Beschränkung auf kleinere Einheiten insbesondere von 6 - 10 Versen wäre noch zu fragen, allerdings nicht im hier interessierenden Zusammenhang. Immerhin ist auf ein mnemotechnisches Argument zu verweisen: Einheiten dieses Umfangs sind leicht zu erlernen und zu bewahren, und sei es auch nur relativ kurzfristig und aktuell, etwa zum Zweck der Rezitation im Ritualablauf.

Eine weitere Beobachtung ist, daß die überwiegende Mehrzahl der Teilabschnitte eine geradzahlige Verszahl aufweist, ein deutliches Indiz für die Dominanz der Doppelvers-Struktur und der darauf aufbauenden größeren Einheiten. Im vorliegenden Text weisen insgesamt 14 Teilabschnitte ungerade Verszahlen auf; die Hälfte davon entfällt auf Teilabschnitte mit einem Umfang von 7 Versen, was auf die besondere Bedeutung dieser Zahl verweist.

Die eingangs dieses Kapitels gestellte Frage nach (zumindest allgemeineren) Gesetzmäßigkeiten beim formalen und inhaltlichen Aufbau dieses Textes läßt sich somit - bei aller Zurückhaltung im einzelnen - insgesamt gesehen bejahen.

Papyrus des *Ns-bꜣ-nb-ḏd* I (?)
"Osirisliturgie"
Vorbemerkung

Die folgende Übersetzung beschränkt sich auf den Text bzw. auf das Textstück, das im vorliegenden Papyrus auf den Kolumnen x+2ff. bruchstückhaft erhalten ist. Der vorausgehende Text, von dem in col. x+1 nur sehr geringe Wortreste erhalten sind, bleibt ebenso unberücksichtigt wie die in der Publikation auf S. 53 transkribierten Textreste. Dies erscheint aus folgenden Gründen gerechtfertigt:

1. Der gesamte, in der Publikation "Osirisliturgie" genannte Textkomplex umfaßt in der Parallelhandschrift S die Kolumnen 1 - 10, wobei wenigstens eine weitere Kolumne am Beginn verloren ist, also 11 Kolumnen. Dieser außerordentlich schwierige Text ist außerdem in der Handschrift B, auf col. 24ff. belegt. Beide Hss sind noch unpubliziert, vgl. dazu auch oben S. 20 zu diesem Text. Eine Publikation dieses gesamten Textkomplexes kann aber nur auf der Basis der beiden genannten Hss aus Berlin und London erfolgen, zu denen die Reste der vorliegenden Hs allenfalls ergänzend heranzuziehen wären. Dies aber würde den Rahmen der hier vorgelegten Übersetzungen in jedem Fall sprengen.[1]

2. Nur wenige Zeilen vor dem Beginn des hier in col. x+2 erhaltenen Textes beginnt in den Parallelhandschriften ein durch *šfdw mꜣ* "neue Papyrusrolle" gekennzeichneter neuer Kontext. Dieser wird hier bis zu seinem in den anderen Hss erhaltenen Ende vollständig - soweit dies infolge seiner spezifischen Schwierigkeiten überhaupt möglich ist - übersetzt. In der Handschrift S, deren Zählung im folgenden zugrundegelegt wird, umfaßt dieses Textstück die Kolumnen 4.20 - 7.27.

Aufgrund der Schwierigkeiten, die dieser Text bietet, wurden im Anhang die Versionen aller drei Handschriften: A, B und S in synoptischer Transkription beigegeben.[2]

[1] Die Publikation des P. Berlin 3057 durch A. Szczudlowska befindet sich im Druck.

[2] Ich danke Ingeborg Müller (Berlin) und Vivian Davies (London) für die entsprechenden Genehmigungen. Albertyna Szczudlowska hat mir freundlicherweise kurz vor Drucklegung des vorliegenden Bandes ihre Version zur Verfügung gestellt, wofür ich ihr herzlich danke. Daß ihre und meine Interpretation in vieler Hinsicht voneinander abweichen, ist bei einem so schwierigen Text nur zu erwarten. Auch aus Gründen der wissenschaftlichen Korrektheit habe ich in diesem Stadium keine eigenen Korrekturen mehr vorgenommen.

"Osirisliturgie"

Übersetzung

4.20 Neue Papyrusrolle.[3]

Wo bist du, der den Streit beendet, (?)[4]

3 Die Numerierung folgt der Anordnung des Textes im P. Berlin 3057 (P. Schmitt, im folgenden: S), da diese Hs die vollständigste Version bietet. Weniger vollständig ist der P. BM 10.252 (im folgenden: B; diese Zitierweise stimmt mit der in AV 22 überein). - *šfdw* ist eine Bezeichnung für 'heilige' Schriften aus dem *pr-ꜥnḫ*, vgl. Reymond (1977), 79. In S steht das Wort ohne Determinativ, in B 28.7 im Text wie in der "Randglosse" mit Determinativ . Gründe dafür sind nicht ersichtlich. Zwischen Möller 15 ( ) und 522 ( ) ist allenfalls eine gewisse Ähnlichkeit festzustellen, eine graphische Verwechslung somit nicht sehr wahrscheinlich. Auch eine Verwechslung mit *šfd* "fassen", Wb IV, 461, 9-11 erscheint im Kontext nicht sehr plausibel. *mꜣ* ist mit in beiden Hss ungewöhnlich determiniert; in B steht zusätzlich im Text; in der Randglosse steht (auf dem Verso) nur das Determinativ . In beiden Hss entspricht die Determinierung damit der Schreibung von *mꜣṯ* in S 4.25. Eine Beeinflussung der vorliegenden Stelle durch die Stelle S 4.25 scheint somit möglich. In jedem Fall ist keine andere Lösung erkennbar, als hier *mꜣ* "neu" zu lesen. Der gleiche Vermerk findet sich innerhalb dieses Textes noch einmal, in S col. 10.28. Es dürfte sich dabei um einen - zu einem frühen Zeitpunkt in den Text aufgenommenen: auch B weist diesen Vermerk auf - von einem Kopisten gegebenen Hinweis handeln, daß hier in der Vorlage eine neue Rolle begann. In Schotts Notizen (s. dazu oben S. 17) findet sich zu der Stelle 10.28 die Vermutung, der Vermerk sei ein Hinweis auf eine neue Seite in der Vorlage; doch ist zum einen *šfdw* eben in der Bedeutung "Rolle" belegt, zum anderen sollte man einen solchen Hinweis dann konsequent für jeden Seitenbeginn erwarten, und dies ist nicht der Fall. In jedem Fall aber ist in der der vorliegenden Stelle vorausgehenden Passage in B und S der Kontext ein anderer, so daß der Vermerk einen inhaltlichen Neubeginn markiert: Es geht ein kurzer durch *jnḏ ḥr=ṯ* eingeleiteter Hymnus an die "herrliche Jungfrau" (*ḥwn.t špsj.t*) voraus.

4 Weder die Lesung *sꜣsꜣ* von S noch die von B 28.7 (*sꜣw*) ergeben hier einen Sinn: Für *sꜣsꜣ* nennt das Wb IV, 25, 1 und 2 die Bedeutungen "angreifen" bzw. "eine Salbe auflegen"; beides fügt sich nicht in den Kontext. Das Gleiche gilt für *sꜣw* "weise sein", das wohl nur dann sinnvoller erschiene, wenn die Wortfolge *nḫn sꜣw* "weises Kind" lauten würde (zum auch möglichen, m.E. allerdings sekundären, Verständnis "Weiser", s. weiter unten). Die obige Übersetzung geht daher einen anderen Weg: vgl. Wb IV, 273, 1-4: *ssꜣ* "ablegen, beenden, vertreiben". In Pyr. 229 ist dieses Wort in der Verbindung *ssꜣ ẖnnw* "den Aufruhr beenden" belegt. *ẖnnw* ist auch in der Schreibung belegt, s. Wb III, 383, und von dort aus ist der Weg nicht mehr weit zu unserer Schreibung ; das gilt besonders für S, wo das Wort nicht determiniert ist. Diese Schreibung von *ẖnnw* ist auch in Edfu belegt, vgl. Alliot (1946), 84, Z. 4 mit n. 3: . Sie ist nach Alliot in ptolemäischer Zeit häufig belegt. Es ist also wohl zu lesen: *ssꜣ ẖnnw* "der den Streit beendet". Aus *ẖnnw* wur-

der schläft, ohne daß er <seine Augen> öffnet (?),[5]

der Müde, der Liebling(?),[6]

der Retter ist er, den man wohl kennt. (?)[7]

4.25 Die beiden Frauen klagen,[8] bis (=damit) er kommt,

sie wischen weg für dich ihre Trauer.[9]

de über die genannte Schreibung dann scheinbar *nḫn*, das in der Fassung B auch noch mit dem Determinativ des Kindes geschrieben wurde. Möglicherweise gleichzeitig entstand dann *sꜣw* aus *ssꜣ*, da letzteres in Verbindung mit *nḫn* keinen Sinn ergab. Diese sekundäre Interpretation als "Weiser, Kind" oder "kindhafter Weiser" ergäbe zumindest einen gewissen Sinn in diesem Kontext.

5 Am Versende lese ich *nn wp=f*, B 28.8:  ; in der Randglosse: ; S schreibt hier ;die Schreibung von *wpj* mit den beiden Hörnern ist in der Ptolemäerzeit belegt, s. Wb I, 298. Die Schreibung in S legt aber die Vermutung nahe, daß hier nicht eine beabsichtigte Schreibvariante vorliegt, sondern ein tatsächliches Mißverständnis zu *ʿb.wj* "die beiden Hörner" - vielleicht aus einer Vorlage, in der *wpj* in der genannten Weise geschrieben war. Dieses Mißverständnis wäre gut erklärlich, da Osiris auch *nb ʿb.wj* "Herr der beiden Hörner" genannt werden kann, s. Wb I, 173, 14. - Hinter *nn wpj=f* ist m.E. *jr.tj=f* zu ergänzen; die einheitliche Überlieferung wäre dann als Indiz dafür zu deuten, daß dieses Wort nicht versehentlich wegfiel, sondern daß eine echte Ellipse vorliegt.

6 Zu den Schreibvarianten in diesem Vers s. die Transkription im Anhang. Die einzige Lösung dieser schwierigen Stelle, unter Beibehaltung des überlieferten Textes, ist es m.E., dem Text von S zu folgen und zu lesen: *wrḏ m nj-jb=f*; *m* ist dann als *m* der Identität aufzufassen, "der Zugehörige zu seinem Herzen" ist "der Liebling": zu *nj-jb* vgl. Wb II, 196. Auf diesen Überlegungen basiert die obige Übersetzung.

7 Tentative Übersetzung. Die Lesung *šd* ergibt sich aus B 28.9; die Schreibung ist beispielsweise auch in *Šd.t* "Krokodilopolis und in *Šd.tj* "Beiname des Gottes Sobek", Wb IV, 567, 4. 5-6 belegt. - Die Schreibung von *jwtj* nur mit  ist im Wb nicht belegt, aber plausibel. Am problematischsten ist das letzte Wort. Ich lese es *ḫm n=f* und verstehe es als Partizip Perfekt Passiv zu *ḫm* "nicht kennen", das in der vorliegenden Schreibung zumindest in der Verbindung *m-ḫm* "ohne" in MR und NR belegt ist, s. Wb III, 280, 2. Natürlich ist auch eine reine Verschreibung aus *ḫmt* "bedenken", Wb III, 285, 5-11 möglich. Die an sich auch denkbare Möglichkeit, daß *ḫmt* zu lesen ist, scheidet m.E. dann aus, wenn tatsächlich *jwtj* vorausgeht: eine Aussage "der nicht vorhergesehen wurde" (*jwtj ḫmt n=f*) erscheint inhaltlich nicht angebracht. Die obige Übersetzung geht somit von folgender Lesung aus: *šd js pw jwtj ḫm n=f*. - Eine andere Möglichkeit wäre noch, *pw* als Demonstrativum und nicht als Kopula im Nominalsatz aufzufassen. Dann wäre der Vers, wie auch die vorausgehenden, als Epitheton aufzufassen: "dieser Retter, den man wohl kennt"(?).

8 *mꜣṯ* auch in der Bedeutung "klagen", s. jetzt Meeks (1979), 113, Nr. 79.1149: "se lamenter".

9 Die Aussage von 4.25 impliziert, daß Osiris jetzt "da" ist; deshalb wird er wieder in der 2. Person angesprochen. In Schotts Notizen findet sich die Übersetzung: "sie reißen dir ihre Haare"; aber *jꜣr* in der Bedeutung "Haare" ist nicht belegt, allenfalls *ꜣr.t* "Kopftuch, Perükke", Wb I, 11, 17-18, das sich aber nicht in den Kontext fügt. *jꜣr* "Trauer" ist noch aus den Klagen der Isis und Nephthys 9, 21 bekannt. Im vorliegenden Text fehlt diese Zeile, sie ist

Komm hierher zu deinen Musikantinnen,[10]

mögest du jubeln über ihre Liebe.[11]

Mögest du sprechen vor deinem Vater Geb, damit er befiehlt, die Rebellen[12] abzuwehren.

4.30 Mögest du dich stützen auf uns auf den Wegen (in) der Finsternis (?),[13]

möge dir Geb zerbrechen,[14] was in ihm ist.

Wo bist du denn, du Großer (seines)[15] Vaters?

Habt ihr ihm gesagt,[16] daß ich Horus bin?

Der Weg, der genannt wurde: veranlaßt, daß er ihn kennt (?).[17]

außer in S auch in B 28.10 belegt.

10 Mit B 28.11 lese ich *ẖnw.t* "Musikantinnen", s. Wb III, 286, 13. Die Schreibung ohne ist ebenso belegt wie die mit  statt , s.a.a.O. Im Kontext ist diese Lesung deutlich sinnvoller als *šnw.t* "Hofstaat" o.ä. Zur Determinierung mit  vgl. das mit *ẖnw.t* sicher verwandte *ẖnj.t* "musizierende Tänzerinnen", laut Wb III, 288, 8-10 in der Literatur des MR und NR belegt.

11 *mrw.t* mit B 28.11.

12 B 28.12 schreibt *sbjw*, S und A stattdessen *sḏbw* (so ist  zu lesen, vgl. Vernus (1979), 179f., n. g) "das Böse". - Die Zeile ist in zwei Verse aufzuteilen.

13 Sehr tentative Übersetzung. In Schotts Notizen findet sich: "damit du (uns) die Wege in der Finsternis führst". Aber *rhn* ist in dieser Bedeutung nicht belegt; auch eine Lesung *r hn(n)* ... führt nicht weiter: *hnn* "neigen, beugen" ergibt im Kontext keinen Sinn; im übrigen wäre dann mit dem syntaktischen auch ein inhaltlicher Anschluß an den vorhergehenden Satz zu fordern, der aber nicht klar ersichtlich ist. Meine Übersetzung behält deshalb *rhn* "sich stützen" bei, muß allerdings vor *wꜣ.wt* ein *m* ergänzen (wenn nicht überhaupt *wꜣ.wt m kkw* aus *m wꜣ.wt kkw* entstanden ist). Die Variante *rhn=k wꜣ.wt m kkw* in der Randglosse B 28.13 führt auch nicht weiter. "Die Wege (der Finsternis)" sind ansonsten vor allem in Verbindung mit *sḥḏ* "erleuchten" belegt, vgl. etwa in unserem Textcorpus den Papyrus des *Psmṯk*, col. x+6, Z. 4: (Horus) *sḥḏ.n=k wꜣw.t kkw* oder im Osirishymnus col. 5, Z. 14: *sḥḏ.n=f wꜣ.wt.* - Zu den "Wegen der Finsternis" als Bezeichnung für die Unterwelt vgl. etwa Assmann (1969), 194, Anm. 18. - In der vorliegenden Hs ist dieser Vers nicht überliefert.

14 Die Lesung *ngj* "öffnen" wird durch B 28.14 bestätigt; ansonsten ist die Überlieferung einheitlich. Genau der selbe Wortlaut findet sich auch in den Gesängen der Isis und Nephthys, P. Bremner-Rhind 16.29. Faulkner (1936) merkt S. 140 z.St. an: "Geb as earth-god breaks open Osiris' tomb in the earth that he may rise again."

15 Vgl. Gesänge der Isis und Nephthys, P. Bremner-Rhind 2.11: *nn wr n jt=f* "ältestes Kind seines Vaters". Ob *=f* hier ausgefallen ist? Eine - ebenfalls denkbare - Lesung *jt=j* "meines Vaters" dürfte aus inhaltlichen Gründen ausscheiden.

16 Bzw. mit B 28.16: (*nn ḏd=tn*): "habt ihr ihm nicht gesagt".

17 Die Frage, von welchem Weg hier die Rede ist, muß vorläufig unbeantwortet bleiben, falls

4.35 Gesprochen[18] am Wag-Fest,[19] im Osiristempel, am Tage des *pr.t-ꜥꜣ.t*:[20]

Oh[21] die (mit Elend) Beladenen(?),[22] die Vertilgten(?),[23] die Schrecklichen(?),[24]

die Frevler,[25] die Gemetzel hervorrufen, die sich freuen über das Unrecht[26]:

es hat sie dir gebracht der große Gott.[27]

Wie freuen sich die (Leute) in Busiris und im Gau von Abydos,[28]

nicht nochmals auf die "Wege der Finsternis" in 4.30 Bezug genommen wird.

18 Oder auch: "zu sprechen".

19 *wꜣg* eindeutig in B 28.18. Die beiden anderen Hss schreiben: . Auch diese Version ist *wꜣg* zu lesen bzw. zu *wꜣg* zu emendieren: die Verwechslung - ist im Hieratischen ebenso möglich wie die von zu , s. hierzu Möller III, 524 und 90.

20 S. hierzu meine Bemerkung zu den Gesängen der Isis und Nephthys, P. Bremner-Rhind 2.2.

21 Diese Zeile ist außerordentlich problematisch, weil die Bedeutung der drei hier aufgeführten Begriffe nicht feststeht; teilweise ist auch die Lesung unklar. Aus dem Kontext geht hervor, daß hier eine Reihe von Götterfeinden aufgezählt wird, die vor Osiris gebracht werden (s. Z. 4.38). Damit ist klar, daß es sich um negativ belegte Begriffe handeln muß.

22 Bei diesem ersten Begriff ist bereits die Lesung, ja sogar die Wortabtrennung fraglich: möglich wäre sowohl, daß das Ganze als ein Wort *hꜣtp.tjw* o.ä. zu lesen ist, als auch die Abtrennung in zwei Wörter: *hꜣ ꜣtp.tjw* o.ä. In keinem Fall hilft hier das Wörterbuch weiter. Meine Entscheidung für die zweite Möglichkeit, trotz des Fehlens eines Determinativs nach *hꜣ*, basiert auf folgender Überlegung: Nach der Ritualanweisung der Zeile 4.35 und vor der folgenden Reihung von Begriffen ist eine Einleitung *hꜣ* "oh" möglich bis wahrscheinlich. Zudem und dazu passend ist damit die einzig ersichtliche Möglichkeit gegeben, das folgende Wort mit *ꜣtp* "beladen" in Verbindung zu bringen; s. dazu bes. Wb I, 22, 3: im übertragenen Sinn kann *ꜣtp* die Bedeutung "mit Elend beladen sein" haben. Damit lautet der Lesungsvorschlag: *hꜣ ꜣtp.tjw*.

23 Die Lesung *stpw* bietet auf den ersten Blick keine Probleme; diese werden erst bei der Bedeutungsfrage sichtbar: der Schreibung nach liegt der Wortstamm *stp* vor, vgl. etwa das Verbum *stp* "auswählen", Wb IV, 337, 5 - 338, 7; also "ihr Auserwählten" o.ä. Eine solche Bedeutung würde sich aber, die Interpretation des Kontexts (s. Anm. 19) als richtig vorausgesetzt, nicht in den Zusammenhang fügen. Die einzige andere Möglichkeit, die ich sehe, ist ein Zusammenhang mit dem Verbum *stp* "auslösen, zerlegen", aber auch "schlachten" und im übertragenen Sinn "vernichten, tilgen", s. Wb IV, 336, 3-13, bes. 10-11.

24 Ein Wort *nḥjw* in dieser Schreibung ist im Wb nicht belegt; auch in Meeks (1977 - 1979) finden sich keine Belege. Als einzige Möglichkeit - einen negativen Kontext vorausgesetzt, s. oben Anm. 19 - sehe ich eine Verbindung mit *nḥꜣ*, Wb II, 290, 5 - 14: "wild, schrecklich, gefährlich". Das *nḥnw(?)* in B 28.19 trägt auch nicht zur Lösung des Problems bei, da es ebenfalls ansonsten nicht belegt ist.

25 *thw* "Frevler", s. Wb V, 320, 24-25.

26 *ẖꜣb.t* "Unrecht, Sünde", s. Wb III, 362, 5.

27 Nach dem Vorausgehenden, s. 4.32-33, und auch vor dem Hintergrund seiner Rolle in der Osiris-Mythologie ist mit dem "großen Gott" wohl Horus gemeint.

4.40 zurückgetrieben(?)[29] ist der Bösewicht(?)[30] gänzlich[31] durch die Großen der Götter.

Oh, erhebe dich, Jubel ist entstanden in den Häusern(?),[32]

alle, die in ihnen sind, sind in Jubel.[33]

Die Stimme der Freude herrscht an den Toren des Horizontes,[34]

Jubel ist im Himmel.[35]

5.1 [...] alle seine [...] Wennofer[36]

er empfing [...]

[...]

König von Unterägypten (?) [...]

28 In den beiden anderen Hss fehlt *wj* und die folgende Schreibung lautet: , d.h. das letzte Zeichen ist und nicht , wie in AV 22, S. 49, und auch nicht , wie in Möller III, 182 zu lesen: vgl. Fairman (1943), 243, Nr. 285, wonach für das Zeichen in ptolemäischer Zeit die Lesung *m* gilt.

29 Diese Zeile ist wieder sehr problematisch, die Übersetzung somit recht unsicher. Die Lesung *ḥm* nach S 4.40 und A2 x+15; zu als *ḥ* vgl. Fairman (1943), 236, Nr. 238 (dort allerdings nur für die Schreibung von *ḥ* innerhalb von *gmḥ* "blicken" belegt). Trotz des Determinativs ist hier im Kontext wohl nur das Verständnis als *ḥm* "weichen, zurücktreiben", Wb III, 79, 1-21 möglich, zumal in B 28.23 an gleicher Stelle *ḥtm* "vernichten" steht. Welcher dieser beiden Varianten die Priorität zukommt, muß offenbleiben.

30 Ob *bṯw* "Bösewicht", Wb I, 485, 14 oder *bṯnw* "Rebell, Frevler", Wb I, 486, 1-2? In B 28.23 fehlt das Wort; lies dort vielleicht: *ḥtm ṯw tm.tj* "du bist vollständig vernichtet".

31 Die Schreibung *tmm.tj* in S 4.40 und A2 x+15 ist auffallend; wie in B 28.23 ist eigentlich *tm.tj* zu erwarten.

32 Die Lesung *ḥww.t* (nur in S 4.41 erhalten) ist nicht ganz sicher, aber doch wahrscheinlich. - Diese Zeile fehlt in der vorliegenden Hs; vermutliche Ursache ist das zweimalige *sꜣ-tꜣ* in S. 4.41 und 4.42: das Homoioteleuton verursachte den Wegfall des Verses in A. - B 28.24 schreibt *j ṯs ṯw mj* "oh, erhebe dich, komm".

33 B 28.25 schreibt am Ende : evtl. ist hier zu *sn-tꜣ* "die Erde küssen" zu ergänzen.

34 Diese Aussage ist sicher im Zusammenhang mit dem folgenden Vers zu sehen, der, wenn richtig ergänzt, zu lesen ist: *jhj m p.t*, s. die Übersetzung oben. Damit wäre die Aussage beider Verse zusammen: "Jubel ist überall".

35 Keine Hs überliefert diesen Vers komplett. Die Lesung *jhj m p.t* setzt sich aus den Resten aller drei Hss zusammen. B 28.27 ist wie folgt zu ergänzen:

36 Ab dieser Zeile ist der Rest der Kolumne in B zerstört, ab der folgenden Zeile auch der Anfang der Kolumne in S, so daß die - hier stark fragmentarische - vorliegende Hs für die folgenden Zeilen die einzige Quelle ist.

er hat uns Freude[37] gebracht [an(?)] unsere Nasen
das Herz wird 'verschlungen'[38] bei [...]
Siehe(?)[39], der Gott wird es tun,
es wird bedacht(?) beim Opfern(?).[40]
Komm zu uns, mache, daß wir dich sehen,[41]
die Großen der Götter sind zu Gefolgsleuten des Gottes geworden.
Erhebe dein Antlitz, Wennofer, gerechtfertigt,
alle Götter legen Fürsprache für dich ein[42].
Siehe doch[43], es werden dir gebracht die Frauen aus Abydos,
sie schmücken(?)[44] ihr Haupt[45] mit Myrrhen;[46]
Frauen,[47] zwei Schwestern von einer einzigen Mutter,[48]

37 Ob *msḫꜣ* "sich freuen; erfreuen", Wb II, 147-149?

38 Wörtliche Übersetzung in Ermangelung des Kontexts; *ꜥm jb* entweder "geheimhalten" oder "bereuen": Wb I, 184, 14 und 15.

39 Der Anfang der Zeile ist unklar; ob lies *jsṯ* "siehe"?

40 Obwohl diese Zeile im vorliegenden Papyrus komplett erhalten ist, läßt der fehlende Kontext eine zweifelsfreie Übersetzung nicht zu.

41 Es steht scheinbar *mj=n*. Der Imperativ *jr* zeigt jedoch, daß zu *mj n=n* zu emendieren ist. - Am Ende lies *mꜣn=n*, also die Nebenform zu *mꜣꜣ*; *mꜣ.n=n* kommt im Kontext sicher nicht in Frage. Mit der zweiten Hälfte dieser Zeile beginnend ist der Text in S wieder erhalten.

42 *mdw ḥr* "Fürsprache einlegen", s. Wb II, 179, 16.

43 Zu *ꜣ* s. Wb I, 1, 3. - Das Rubrum an dieser Stelle kennzeichnet einen Ritualvermerk, der sich bis 5.22 erstreckt.

44 Das erste Wort ist problematisch. Vgl. vielleicht Meeks (1978), 354f., Nr. 78.3859: er verweist s.v. *sšṯꜣ* "orner, habiller" auf *šṯ* "schmücken, bekleiden", Wb IV, 558, 3-4; vgl. auch *sšṯꜣ* "Art Mumienbinde", Wb IV, 300, 1; vgl. schließlich *sšd* "schmücken" hier in Z. 5.16. Am wahrscheinlichsten dürfte eine Verbindung zu *šṯ* sein, das auch in der Schreibung 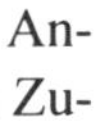 belegt ist, s. Wb a.a.O. Auf dieser Möglichkeit basiert auch die obige Übersetzung.

45 Die Zeichengruppe 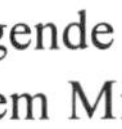 in S und A ist *tp* zu lesen ("der Körperteil mit den sieben Öffnungen"), s. Sauneron (1963), 61, n. 3; vgl. auch Sokarisritual Z. 48 und meine dortige Anmerkung. - Die folgende Schreibung *n=s* statt *=sn* entstand wohl infolge von bzw. im Zusammenhang mit dem Mißverstehen der Schreibung von *tp*.

46 So wohl in B. Ob ursprünglich *ꜥn.t* "Diadem" (Wb I, 187, 16) stand? Die abweichenden Schreibungen in S und A zeigen jedenfalls, daß die Überlieferung nicht einheitlich, d.h. nicht ohne Probleme ist.

47 Die Schreibungen am Anfang in S und A sind wohl insgesamt nur *ḥmw.t* zu lesen.

sie sind geschmückt mit Perücken.[49]

Sie rezitieren am Fest der Schriften,[50]

die gefunden wurden(?)[51] bei(?) den Großen Zeremonien des Geb.[52]

Ihre Gesichter sind nach unten gerichtet, und sie verehren den Sarkophag vor (ihnen?),[53]

während die Priester beim Opfern sind.[54]

Erscheinenlassen dort vor dem Allerheiligsten;[55]

man soll aber sprechen:[56]

Beendet[57] wird der Zorn nach diesem,[58]

wenn (=bei dem) das Herz sich nicht erheben kann zu ihnen (?).[59]

Es haben dich(?)[60] ergriffen und es haben dich(?)[57]ausgesandt die Götter, sie begehen ein Vergehen danach(?).[61]

48 Die Ritualhandelnden müssen also ebenso wie ihre mythologischen Bezugspersonen Isis und Nephthys Geschwister sein. Hier endet A x+3; der Rest der Kolumne ist zerstört.

49 Plural nach B 29.4. - zu *sšd* vgl. auch oben Anm. 42.

50 Das scheinbare *sẖj* in S ist sicher nach B 29.5 *sšw* "Schriften" zu lesen.

51 Lies wohl *gm* "finden", s. Wb V, 166 (griechisch belegt), und nicht *qmꜣ* "schaffen".

52 Zu der Übersetzung "Große Zeremonien" s. Schott (1954), 151. Wenn die obige Übersetzung der Zeile richtig ist, liegt ein Bezug zur vorausgehenden Zeile vor; ob dann "Fest der Schriften" o.ä. ebenfalls ein Ritualtitel ist? Dann müßte 5.17 übersetzt werden: "... aus dem 'Fest ...'".

53 Diese Übersetzung unter der Voraussetzung, daß mit S *ḏbꜣ.t* zu lesen und "Sarkophag" zu übersetzen ist. Die Variante *jrj(?)* in B 29.7 hilft hier nicht weiter. Inhaltlich wäre diese Lösung sinnvoll, da so von einer Ritualhandlung vor dem Osirissarkophag die Rede wäre.

54 S. oben Anm. 50; es liegt also wohl eine nähere Beschreibung des Ritualverlaufs vor: die Priester vollziehen Opferhandlungen, zu denen die beiden Frauen vor dem Sarkophag rezitieren.

55 *ꜣḫ.t* "la partie la plus reculée du temple", vgl. Lacau/Chevrier (1977), 142, l. 5 und 143, n. j; als Bezeichnung für das Allerheiligste einer Gottheit: Chassinat/Daumas (1978), 9,1; 20,6 u.a., vgl. Meeks (1978), 8, Nr. 78.0072. Der Satz gehört noch zum Ritualvermerk, m.E. ist er inhaltlich zum folgenden "man soll aber sprechen" zu ziehen.

56 In B. 29.8 fehlt *grt*; da das folgende Wort *grḥ* lautet, liegt Haplographie vor.

57 Die Determinierung in S ist eine Verschreibung aus ; in B 29.9 steht nur .

58 S hat versehentlich zu *nn m-ḫt* umgestellt (s.a. unten Anm. 56); B 29.9: *jmj-ht nn.*

59 Sehr tentative Übersetzung in sich und im Kontext. Am Anfang folge ich dem Text von B 29.9; das unverständliche in S könnte der Rest einer Verderbnis aus *nn* im vorausgehenden Vers sein, das in S fälschlicherweise vor *m-ḫt* steht, s.o. Anm. 55.

60 ist in beiden Fällen als abhängiges Pronomen *ṯw* verstanden.

Nicht weint(?)[62] ein Gesicht --?--[63]

es ist der Schrecken, der verbirgt(?) ihre(?) Kinder(?).[64]

Ich habe(?)[65] den Einen erzeugt, der die Vielheit hervorbrachte,[66]

5.30 größer ist (dessen) Macht als die aller Götter.[67]

Verehrt diese(?),[68] tretet heran beim (entsprechenden) Anlaß(?), das zugehörige Gefolge dahinter;[69]

laßt uns ein Jubellied singen (?) --?-- sein Gesicht,[70] wenn gesagt wird: "der Erbe ist auf seinem Thron".

[61] Auch diese Übersetzung ist tentativ, vgl. Wb V, 525, 11: *šd ḏꜣr* "sich vergehen gegen" (eine heilige Stätte); dieser Ausdruck ist nur in Dendera belegt, s. Mariette (1871), 26, e. Schott übersetzt in seinen Notizen diesen Vers mit "sie werden übermütig danach"; ein Weg zu dieser Übersetzung ist jedoch nicht ersichtlich.

[62] Zum Wort *ṯm* "die Augen niederschlagen", Wb V, 367, 2-4 vgl. zuletzt Caminos (1977), 63-64, der es aus dem Wörterbuch streichen möchte. Er nimmt in allen Fällen eine besondere Schreibung des Wortes *rmj* "weinen" an.

[63] Die zweite Hälfte der Zeile ist unklar. Das Zeichen nach *ḥr* ist vielleicht *dj* "hier" zu lesen; ein den Subjunktiv einleitendes partizipiales *(r)dj* (so Schott: "ich sehe (sic) niemanden, der mich schützen könnte") liegt wohl nicht vor; diese Schreibung von *dj* wäre in diesem Text singulär. - Am unklaren Textende ist vielleicht auch an *nḏ.t.t* "Schützerin", Wb II, 376, 12-16 zu denken.

[64] Das *=s* am Ende ist problematisch; in B 29.11 fehlt es. Die Sinnaussage dieses Verses ist ungeachtet der relativ einheitlichen Überlieferung in drei Handschriften nicht klar verständlich.

[65] Evtl. auch "du hast ..."; in B 29.12 steht = *.n=t(?)*. Im Kontext ist ansonsten weder die erste noch die zweite Person belegt.

[66] In B 29.12 steht ein völlig anderer Text mit *sẖb.n=t(?) wʿ msẖꜣ ʿšꜣ*: im Wb ist *sẖb* nicht belegt; die einzige Möglichkeit ist eine Verbindung mit *ẖbj* "tanzen", zumal am Versende *msẖꜣ* "sich freuen" steht: ob *sẖb* hier als (sonst freilich nicht belegtes) Kausativum von *ẖbj* "tanzen" aufzufassen ist? Dann wäre zu übersetzen: "Ich ließ (bzw. du ließest) tanzen den Einen, so daß die Menge sich freute". Aber in den Kontext würde sich diese Aussage nicht fügen. Daß die Schreibung *sẖb* aus *stj* entstanden bzw. verderbt ist, belegt das Determinativ klar, das wohl bei *stj*, nicht aber bei *(s)ẖbj* belegt ist. Eine sinnvolle Begründung für diese Textänderung läßt sich freilich nicht benennen.

[67] Oder auch "größer an Macht". Mit B 29.12 ist von einem Text *qꜣ bꜣw* auszugehen; S und A3.3 schreiben *qꜣ.n pꜣ bꜣw*.

[68] D.i. die Macht = *bꜣw(?)*.

[69] Auch diese Übersetzung ist sehr tentativ. *dwꜣ nw* ist als Imperativ mit Demonstrativpronomen als Objekt aufgefaßt. *jrj* nach B 29.13, das schreibt; auch *m-ẖt* ist nur in B eindeutig überliefert. - Wer die Angesprochenen sind, geht aus dem Kontext nicht klar hervor. Isoliert gesehen könnte der Vers eine Ritualanweisung beinhalten; im Kontext freilich erscheint dies nicht möglich.

[70] Vor allem *m dp=n* bereitet Schwierigkeiten. Der Schreibung nach kann nur *dp* "kosten" vorliegen, aber das ist im Kontext schwierig zu erklären; es sei denn, man nimmt eine Be-

Denn er erregte(?) die beiden Länder und er verjüngte(?)[71] die Ufer(?);[72]

er kämpfte für den, der ihn erzeugte in seinem Harem(?),[73]

5.35 er bestrafte(?)[74] seine Mutter, die ihn gebar.

Er verfuhr übel(?)[75] mit allen Feinden, um das Erbe zu ergreifen,

er hat gefällt(?)[76] den, der seinen Herrn vertrieben hatte, im Übermaß.[77]

Der Sohn der Nut, versehen mit(?)[78] Gestalten,

der Stier des Westens,[79] der im Westen[80] zur Ruhe geht,[81]

deutung "verkosten, genießen" o.ä. an, d.h. "wenn (*m*) wir sein Gesicht 'genießen' = küssen"(?). - Ungeachtet der einheitlichen Überlieferung in einer Zeile sind hier wohl ursprünglich zwei Verse anzusetzen.

71 Das Problem liegt hier vor allem in der inhaltlichen Divergenz der beiden Verben: das erste lese ich mit B 29.16 *s̱ḫnn* und übersetze "erregen", s. Wb IV, 270, 1-3. *s̱ḫnn* = *sšnn* "einreißen, zerstören" kommt aus inhaltlichen Gründen wohl nicht in Betracht. Die Hss A und S schreiben  statt  ; diese Schreibung könnte aus der im Ptolemäischen möglichen Lesung *ḫ* von  kommen, s. dazu Fairman (1943), 205, Nr. 16 d. - Das zweite Verbum ist einheitlich *snḫ* mit dem Determinativ  geschrieben. Es liegt zunächst nahe, an ein Kausativum von *nḫj* "klagen" zu denken; doch ist dieses sonst nicht belegt. Als Alternative bleibt nur *snḫ* "aufziehen, verjüngen", das allerdings mit  und nicht mit  determiniert wird. Die Übersetzung mit einem Kausativum **snḫ* würde lauten: "und er versetzte die Ufer in Klage".

72 Alle drei Hss überliefern die redundante Schreibung von *jdbw*: Dreifachschreibung des Ideogramms und zusätzlich (und nach den Ideogrammen) die phonetische Schreibung.

73 So übersetzt Schott diesen Vers; eine andere Lösung sehe ich nicht, obgleich die Lesung *jp.t(=f)* sehr unsicher sein muß, da alle drei Hss  schreiben.

74 Ein Wort *snwn* wie in S und A 3.8 ist nicht belegt, B 29.17 ist an der entscheidenden Stelle zerstört; als wahrscheinlichste Lösung wird eine Verschreibung aus *sswn* "bestrafen" anzunehmen sein.

75 *ḫmt* kann, folgt man der einheitlichen Schreibung, nur *ḫmt* "bedenken", Wb III, 285, 5-11 sein, doch schließt der Kontext diese Möglichkeit aus. Als einzigen, nicht beweisbaren, Ausweg sehe ich eine Verschreibung aus *ḫmj* "umstürzen, angreifen, übel verfahren mit", Wb III, 281, 1-4, das mit dem Determinativ 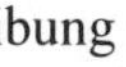, jedoch nicht in der Schreibung mit  belegt ist. Weiterhin wäre das *sw* dann fehl am Platz und somit zu streichen. Die obige Übersetzung geht damit von folgendem Wortlaut aus: *ḫmj.n=f m ḫrjw=f*.

76 Mit B 29.18 lese ich *sḫr.n=f*, das *sšr* der beiden anderen Hss ist unverständlich und sonst nicht belegt. Eine andere denkbare Möglichkeit wäre eine Verschreibung aus *srḫ* "anklagen": "er hat angeklagt den, der ...".

77 D.h. die Vergeltung *(sḫr)* war wirkungsvoller als die Tat *(nš)*.

78 Es liegt wohl *sḫtm* "versehen mit" vor, vgl. Wb IV, 224, 9.

79 *jmnt.t* mit B 29.19 ergänzt.

80 S und A 3.12 schreiben nur  , B 29.19 . In der Verbindung mit *ḥtp* ist *ʿnḫ* "Leben" und auch *ʿnḫ.t* "Westen" belegt, s. Wb III, 191, 20-22 und 23. Im Kontext hier liegt *ʿnḫ.t* "Westen" zweifellos näher. Vgl. auch z.B. P. Bremner-Rhind (Apophisbuch) 23.7-8

5.40 Abkömmling[82] eines jeden Gottes.

Dem das Erbe des Landes gegeben wurde, nachdem er das Ei zerbrochen hatte (?),[83]

--?-- unter seinen Fingern --?--[84]

Sie umarmt(?) --?-- in(?) der Menge,[85]

6.1 --?--[86] der Himmel, er schwankt(?),[87] seine Stützen --?--[88] vor ihm(?).[89]

Sie findet(?) --?--[90] Menge

und 23.13-14, wo *ꜥnḫ.t* jeweils beide Determinative aufweist: . Zu *ꜥnḫ.t* s.a. El-Sayed (1978), 470, n. l. Zu *ḥtp m ꜥnḫ(.t)* s.a. Hassan (1928), 112f.

81 Alle drei Hss schreiben einheitlich *ḥtp jb*; dennoch muß *jb* als im Kontext unpassend hier gestrichen werden.

82 *mstjw* "Abkömmling", vgl. Wb II, 151, 10-12.

83 Die Schreibung *jdbw* in S und A 3.14 anstelle von *sḏ* "zerbrechen" entstand wohl vom Determinativ her, das für *sḏ* belegt ist, wie auch die Schreibung in B 29.20 zeigt. - S und B schreiben übereinstimmend *(sḏ=f) m swḥ.t*, A ist hier zerstört; laut Wb IV, 374, 5 ist allerdings *sḏ m swḥ.t* in der Bedeutung "im Ei zerbrochen (von ungeborenen Kindern)" belegt; das ergäbe im Kontext keinen Sinn, m.E. muß *m* daher gestrichen werden. - Denkbar wäre auch, *sḏ=f* als *sḏmw*-Passiv aufzufassen: "der aus dem Ei gebrochen wurde", vgl. zu *sḏ m swḥ.t* "aus dem Ei brechen" Isis-Nephthys 8.24.

84 Dieser Vers entzieht sich vorerst einer Übersetzungsmöglichkeit. Am Anfang scheint eine Form von *wn* "sein" zu stehen, an die sich möglicherweise *jrj* o.ä. anschließt: S schreibt hier , B 29.21 ; besonders letztere Schreibung spricht für *jrj*. - Das folgende *ṯn* ist nicht sinnvoll in den Kontext zu fügen: weder die Bedeutungen "woher?" oder "erhaben", noch eine Bedeutung im Zusammenhang mit *ṯnw* "Zahl". Auch eine ganz andere Lösung sollte nicht aus den Augen verloren werden: vgl. Pyr. 1837 c, wo die Verbindung ... *rḫj.t nb.t snṯ.t ẖr ḏbꜥw=f* "(er bezwingt) alle feindlichen *rḫj.t* unter seinen Fingern" belegt ist. - Den letzten Satzteil übersetzt Schott: "ihre Wut brennt dies Land". *snb* "verbrennen" wird mit determiniert (*nbj* "brennen" hat intransitive Bedeutung; Schott scheint - da er "ihre Wut" übersetzt - *ꜣ.t=s nbj* unterteilt zu haben). Auch hier ist vorerst keine Lösung zu erkennen.

85 Auch dieser Vers ist vorerst nicht sinnvoll zu übersetzen. Das zweite Wort ist entweder *mꜣw(j)* oder *mꜣwṯ* zu lesen, s. oben Anm. 1 und 8; entsprechend unterschiedlich sind die möglichen Bedeutungen ("neu"; "trauern"; "bedenken" o.ä.), wobei in keinem Fall der Gedankenzusammenhang klar wird.

86 Ein Wort *shb* in dieser Schreibung ist im Wb nicht belegt; gut belegt ist dagegen *hb* "betreten, (einen Ort) durchziehen", Wb II, 485,12 - 486,6, das auch mit dem Pflug determiniert werden kann.

87 *mnmn* "sich bewegen, sich rühren"; problematisch ist der syntaktische - und damit inhaltliche - Zusammenhang: *p.t mnmn=s* mit obiger Übersetzung liegt an sich nahe, doch ist die Verbindung mit dem vorausgehenden *shb(?)* unklar.

88 Lesung und Bedeutung dieser Stelle sind unklar; das Zeichen ist wohl *ḫ* zu lesen.

89 Ein Rest des scheint noch sichtbar zu sein; allerdings ist die Zeile damit nicht zu Ende: nach einer kleinen Lücke sind noch Zeichenreste erkennbar, vielleicht von .

im Bezirk von Peqer, vor(?) dem Gott;[91]

alle *ꜣḫw* wenden sich ihrem --?--[92] zu.

Ein Abscheu der Götter, einer, der sich nicht wiederholt.[93]

Er hat die Heiligtümer zerstört,

er hat die Ufer vernichtet.

ꜥrq-ḥḥ ist in Freude über seinen Herrn,

du bist[94] Sokaris dort, als unversehrt Erwachender, auf seiner Bahre.

Die Arme des Haker(?)[95] sind sein Schutz, verborgen sind die *ꜣḫw(?)*.

Du hast die Bösen vernichtet(?)[96] als Chontamenti(?);[97] du bist sein Schutz.

Er empfängt den Stock des Harpunierers als seine Harpune[98] und das Land ist ihm untertan im Bezirk vom Sais der Neith.[99]

90 Der Mittelteil der Zeile ist unverständlich; es bleibt offen, ob das *s* nach *gm* Suffix ist oder zum folgenden Wort gehört; eine Lesung *gm=s p(ꜣ) ꜥšꜣ.t* scheidet wohl aus, da der Artikel in diesem Text an sich selten ist und dann wie üblich geschrieben wird, s. 6.12. - Die Zeilen 6.2 und 6.3 sind zu einem Vers zusammenzuziehen, s.a. Anm. 89.

91 Syntaktisch und auch inhaltlich gehören die Zeilen 6.2 und 6.3 zusammen; in B 29.23 bilden sie auch nur eine Zeile. Der Ausdruck *mtr ꜥ ḥr* ist problematisch. Die Übersetzung "vor" ist tentativ, eine Verderbnis nicht auszuschließen; die Stelle ist nur in A 3.19 erhalten. Zu vergleichen ist vielleicht Wb II, 172, 4: *r mtr m ḥr* "vor".

92 Die entscheidende Stelle ist leider in keiner der Hss erhalten; in A 3.20 ist ein und als Determinativ möglicherweise erhalten. - Zu *msbb ḥr* "sich zuwenden zu ..." s. Wb II, 143, 14.

93 In B 29.25 steht am Anfang ; dabei handelt es sich wohl um das absolute Pronomen *sw*, Wb IV, 59, 3-13: "er ist ...".

94 Evtl. auch *twt* "Abbild"; dann lautet die Übersetzung: "das Bild des Sokaris ist dort ...".

95 Eine Gottheit dieser Schreibung ist nicht belegt, falls nicht *hkj*, f. *hkr.t* als Bezeichnung für eine Schlange gemeint ist; vgl. dazu Wb II, 503, 5 und 6. Doch ist das nicht wahrscheinlich. Daß eine Gottheit, d.h. eine Person, gemeint ist, geht aus dem vorausgehenden *ꜥ.wj* eindeutig hervor. Eine Verschreibung etwa aus *Skr* ist wegen der Geläufigkeit dieses Namens an sich schon wenig wahrscheinlich; die Nennung des Sokar im vorausgehenden Vers schließt diese Möglichkeit zudem so gut wie aus. Vgl. im übrigen oben S. 28 mit Anm. 38.

96 Ich lese am Anfang *sk.n=k*, wobei eine Verschreibung aus bzw. sein müßte; diese Lösung scheint mir aus inhaltlichen Gründen einem *sk jrj.n=k ḏw.tjw* "siehe, du hast Böses(?) getan" vorzuziehen.

97 Zu dieser Schreibung von *Ḫntj Jmntjw* vgl. Wb III, 305.

Der *jmj-sḥ.tj*-Priester[100] reinigt[101] ihn mit Flußwasser. - Andere Lesart: er erhöht ihn beim Fest des Erdhackens.[102]

Dann sollst du die Frauen zu ihrer Kammer führen,[103]

6.15 dann soll der Erste Vorlesepriester rufen:[104]

--?--[105]

Versammelt sind die Widersacher, um sie zu --?--, ihre Gestalten sind Verwestes(?).[106]

Der Falke, der den Bösen angreift,[107])

es brennt die Erde in seinen Eingeweiden(?);[108]

98 Ich lese *mdw msnw m wꜥ=f.*

99 In B 30.1 ist nur ////// erhalten, möglicherweise die Reste von *gm wš* "leer gefunden".

100 Hier beginnt wieder ein Ritualvermerk; die Übersetzung folgt dem Text von B 30.2; S und A sind hier teilweise verderbt. Am Anfang ist das nur in B überlieferte *[...]sḥ.tj* sicher zu *jmj-sḥ.tj* zu ergänzen. - Zur Gottheit *jmj-sḥ.tj* s. ausführlich Derchain (1965), 153ff., n.33.

101 Trotz des Determinativs ist m.E. *sk* "abwischen" zu verstehen und nicht "vernichten", zumal in einem Ritualvermerk.

102 Die Unsicherheit der Überlieferung zeigt sich an der Variante in B 30.2 und an den Verderbnissen in S und A 3.29. In B 30.3 folgt noch ; s. hierzu für S und A Z. 6.16.

103 In B 30.4 steht *r rd.wj=sn* "zu ihren Beinen"; hier ist zweifellos der Lesart von S und A 3.30 der Vorzug zu geben.

104 So mit B 30.5. S 6.15-16 und A 3.31-32 überliefern einen erheblich umfangreicheren, allerdings teilweise unverständlichen Text, der offenbar weitere Ritualanweisungen enthält. Die Zeile 6.15 in der Fassung S und A ist vielleicht folgendermaßen zu übersetzen: "dann sollen der Vorlesepriester (und) der Web-Priester rufen; zu sprechen (? *ḏd*) bei der Zeremonie (? *m jrw*) vor dem Gott."

105 Diese Zeile, die in B nicht überliefert ist, s.a. Anm. 101, ist in der in S und A überlieferten Version vorläufig nicht zu übersetzen.

106 Ebenfalls sehr problematische Stelle; die Übersetzung folgt dem Text von S und A 3.33; B 30.6-7 lautet völlig anders, s. die Transkription dieser Passage im Anhang. *sḥwj* ist der Schreibung von B nach (Determinativ) das Verbum "sammeln, zusammenfassen", Wb IV, 211, 13 - 212, 5. Die Bedeutung von *wdj* in diesem Kontext ist nicht klar, falls nicht das Wort "angreifen", Wb II, 386, 11 vorliegt. *twt=sn* nach S und A; B 30.7 schreibt im Kontext unverständliches *sntj* "gründen, schaffen". *jw.tjw* "Verwestes" ebenfalls nach S und A. Ein Wort mit dem Determinativ wie in B ist im Wb nicht belegt.

107 Schott übersetzt "der den Bösen schlafen legte", wohl wegen der Schreibung in S nach *ꜥ.wj*; diese fehlt in B 30.8.

108 So von Schott übersetzt; zu *jmjw* "Eingeweide" vgl. auch Meeks (1977), 25, Nr. 77.0250. Der Sinn der Aussage erscheint freilich rätselhaft.

6.20 es stößt[109] das Messer,[110] das seinen 'Besitz' kennt, die Waffe(?)[111] ist unter dem Räuber.

--?--[112]

--?--[113]

Wir weinten 'unter' seinem Leid;[114]

wir sind hierher gekommen aus(?) Busiris, wir sind hierher gelangt aus(?) Abydos.

6.25 Wir liebten den Sokaris mehr als die (anderen) Götter, nachdem wir ihn (? *jm=f*) gesehen hatten.

Wir haben uns dir zugewandt, --?--[115] die beiden Länder(?) vor dir(?),

[109] *khb* "stoßen", Wb V, 137, 2-15.

[110] *npḏj* "Messer", Wb II, 250, 8.

[111] Schott: "(das Messer,) unter dem Räuber angesetzt"; er faßt offenbar *ms* als Partizipialform von *msj* "gebären, hervorbringen" auf. Doch ist damit der Bedeutungsspielraum von *msj* zu weit gefaßt; eine andere Lösung erscheint plausibler, zumal sie auch durch die Version in B 30.11 gestützt wird: dort steht unter , teilweise zerstört, offenbar noch (Möller III, 439). Dies läßt an ein Wort der Konsonantenverbindung *msn* denken, vgl. *msnw* "Harpunierer", Wb II, 145, 4-8, und *msnj* "Messer", Wb II, 146, 2. Auf dieser Voraussetzung basiert die obige Übersetzung; infolge der Unsicherheit in der näheren Spezifikation wurde der allgemeine Ausdruck "Waffe" gewählt.

[112] Dieser nur in S überlieferte Vers entzieht sich einer sinnvollen Übersetzung. Als einzige Möglichkeit, deren Stellung im Kontext allerdings problematisch ist, wäre denkbar: *pꜣjw mꜣ(ꜣ) mꜣw.t=f*: *pꜣjw* wäre in diesem Fall eine Form des Modalverbums *pꜣj*, zu *mꜣw.t* s. jetzt Meeks (1977), S. 149, Nr. 77.1606: "tristes pensées, complaintes". Die Übersetzung lautet in diesem Fall: "die seine Trauer gesehen haben", wobei aber, wie erwähnt, der Kontext fraglich ist; sollte ein Bezug zum - hier freilich singularisch überlieferten - *jrj ꜥwꜣj* in 6.20 herzustellen sein?

[113] Schott: "Messer, das in seinem (den Bösen) Fällen die Erde trifft". Abgesehen von der Problematik des Sinngehalts in diesem Kontext ist ein Wort *tḫn* o.ä. "Messer" nicht belegt. Eine andere Lösung dieser problematischen Stelle ist freilich nicht zu erkennen. M.E. ist die Passage teilweise verderbt, veranlaßt wohl durch die Spielerei mit dem Wort bzw. der Konsonantenfolge *ḫn*, die insbesondere bei der Determinierung leicht Anlaß für Verwirrung gewesen sein kann. Vielleicht - dies aber nur mit Vorbehalt - liegt am Anfang das Verbum *tḫn* "verbergen, verborgen sein", Wb V, 327, 8-18 vor: "Der Verborgene, der das Land durchzieht bei seinem Sich-Niederlassen"? - Auch dieser Vers ist nur in S überliefert.

[114] Schotts "der unter seinem (*sic*) Verderben blickte" ist sicher nicht haltbar. Die obige Übersetzung geht von der Version B 30.12 aus, wo *bjf* "weinen" steht. Zu *jꜥb* "Leid" vgl. Meeks (1978), 19, Nr. 78.0190. Die Version in S mit *bjt* = *bjdj* "krankhafter Zustand des Auges" (s. Wb I, 445, 18) ist sicher verderbt; eine Verlesung aus hieratischem  zu 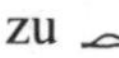 ist leicht möglich.

während der Böse auf der Erde --?--.[116]

Seine Übeltat hat ihn von den Göttern vertrieben:

das Sich-Gesellen zu den Feinden.[117]

Du bist im Himmel, während er zerstört[118] ist,

du bist gepriesen, während er niedriger ist[119] als die Götter.

--?--[120] seine(?) Richtstätte,[121] ausgeschnitten(?)[122] ist sein Name unter[123] den Göttern,

seine Untat hat ihn hintangesetzt(?).

Du aber bist ein Gott unter den Göttern,[124]

du bist der Nil, der die Flut erzeugt, der Erste, der sich um die Dinge kümmert, der Fürst, der für den Bedarf sorgt.

Kein Mund ist frei von dir, solange er auf Erden lebt.

[115] S: *šṯꜣ tꜣ.wj ḥr=k*, B: *šṯꜣ=n ⸢tꜣ.wj ḥr=k⸣*; dementsprechend ist entweder zu übersetzen: "verborgen sind die beiden Länder vor(?) dir", oder "wir haben die beiden Länder verborgen vor(?) dir", wobei in beiden Fällen nach dem Sinn zu fragen wäre. Schott: "(verschlossen) sind die Länder über dir", doch hilft auch diese Übersetzung inhaltlich nicht weiter.

[116] Ein Verbum *(j)ꜥb* mit den hier verwendeten Determinativen (S: ; B 30.17:) ist im Wb nicht belegt; vgl. vielleicht Wb I, 174, 13: *ꜥb* "Feind"; ein damit verwandtes Verbum würde sich gut in den Kontext fügen: "während der Böse feindlich handelt auf der Erde". Schott übersetzt, ohne diese Übersetzung belegen zu können: "der Böse verdirbt in der Erde".

[117] Zu *(ṯsw)* "Feinde" s. Wb V, 409, 2; die Schreibung von *snsn* nur mit ist im Wb zwar nicht belegt, aber plausibel.

[118] Ob s. Wb II, 486, 12: *hbw* "Zerstörung"? B 30.19 schreibt ein in dieser Determinierung nicht belegtes *hꜣj*: .

[119] Ich lese *dḫ sw*.

[120] Diese Zeile ist insgesamt sehr problematisch, wie auch die starken Varianten in den beiden Hss belegen. Die Gruppe am Anfang: (S) bzw. (B 30.21) entzieht sich vorläufig einer sinnvollen Deutung.

[121] *ḫb.t* ist eindeutig in B überliefert, doch erlaubt auch die Schreibung diese Lesung, vgl. etwa Wb III, 252, wo zumindest die Schreibung belegt ist.

[122] *šꜥd* in Verbindung mit *rn* ist zwar nicht belegt, aber plausibel. In B steht vor *šꜥd* noch ein . Diese Passage ist vorläufig nicht zu deuten; ein Wort *šꜣšꜣ* o.ä. in dieser Schreibung ist im Wb nicht belegt.

[123] In B steht offenbar *m nḏm*: , doch dürfte dies ein Lesefehler aus *m-m* sein.

[124] Ich lese den Satz: *nḥm-n tw=k m nṯr m hꜣw(?) nṯrw*. Die Verschreibung *hꜣw* ---> *hrw* ist ein leicht denkbarer Fehler.

Doch Re ist bei dir(?),[125]

er erzeugte dich, damit du ein Gleiches tuest.

--?--[126] sein Thron(?)

6.40 --?--,[127] du hast veranlaßt, daß die Götter zu ihr(?) gehen.

--?--[128]

Ihre Kraft durchzieht(?)[129]) dieses Land, sie benetzt unsere Kehlen(?).[130]

--?--[131] das Ruder auf --?--[128]

7.1 [...] wir [...] unser Haupt, wir trauern(?)[132] um dich.

[...] --?-- nützlich unter(?) den Frauen[133]

[...] in(?) uns

[...] wir haben gemacht(?) verbrennen(?) --?--.

7.5 Du [...] uns(?) durch dein es-Erbitten(?); wir rufen auf der Erde [...](?)[134]

[...] unsere Stimme(?)[135]

125 Ich lese *nḥm(-n) Rꜥ js r=k. nḥm* "retten" kommt wegen des *r=k* am Versende, wegen des fehlenden Objekts und auch aus inhaltlichen Gründen nicht in Betracht; es bleibt also die Partikel *nḥm-n* "doch".

126 Eine sinnvolle Übersetzung dieses Verses ist nicht möglich.

127 Die erste Hälfte dieses Verses ist ebenfalls unübersetzbar; mit Schott ist vielleicht daran zu denken, die Gruppe  *nšp* zu lesen; dies trägt freilich zum Verständnis des Ganzen nicht viel bei.

128 Dieser Vers läßt sich nicht übersetzen.

129 Sehr problematische Stelle; ich lese *ꜣ.t=s ḥwj=s.* Zur vorliegenden Schreibung von *ꜣ.t* "Stärke" s. Wb I, 2; zur Bedeutung von *ḥwj* "betreten" o.ä. s. Wb III, 47, 21-24; zur Lesung *ḥ* von  s. Fairman (1943), 232, Nr. 217. Denkbar ist auch die Lesung *mḥ,* dann in der Bedeutung "bewässern" o.ä.

130 Die zerstörte Stelle ist vielleicht mit Schott zu *qbb.t* "Kehle" zu ergänzen.

131 Bedeutungen unklar.

132 *ꜣr* = wohl *jꜣr*, Wb I, 32, 2 ist allerdings nur das Substantiv "Trauer" belegt; evtl. auch *ꜣr.t* "Perücke", dann wäre zu übersetzen: "[...] unser Haupt und unsere Perücken für dich".

133 In S, der einzigen Hs, die die folgenden Zeilen überliefert, ist der Zeilenanfang jeweils zu ca. einem Drittel zerstört.

134 Sehr unsicher wegen der Zerstörungen.

135 So nach B vso.(von col. 30/31) 2, s. die Transkription im Anhang; es ist zu lesen: *[...] ṯnw(?) r ḫrw=n* .

--?--[136]

[137] --?--[138]

denn(?)[139] wir sind rein in deinem Gefolge.

7.10 Gefunden wird(?)[140] der Gott in(?) Busiris.

Du zerbrichst das Land durch Geb (?), er vereinigt dich zu einer lebenden Gestalt.

Die --?--[141] sind zu deinem Gefolge geworden;

du hast erfreut[142] seine(?) Götter,

indem du ruhst in deiner Gestalt als großer Gott, indem du versehen bist mit deiner Gestalt.[143]

7.15 Komm mit(?)[144] deinen zahlreichen Tänzerinnen,

die Ufer trauern, bis du entstehst.(?)[145]

Wenn du vorbeigehst, frohen Herzens (?), hinter uns(?),[146] wird nicht böse gesprochen über dich(?)[147] an den Straßenecken(?).[148]

136 B ist vollständiger erhalten (vso. 2, s.o. Anm. 132), doch ist auch dann der Sinn noch unklar.

137 In S ist der linke Teil von col. 7, der in der ganzen Länge vom Rest des Blattes abgebrochen war, eine Zeile zu tief montiert worden. Im Gegensatz zur Transkription Schotts ist von Z. 8 nur das linke Ende erhalten; erst ab Z. 9 sind die Zeilen wieder so gut wie komplett. In Schotts Transkription sind bis zum Ende der Kolumne die Zeilen jeweils um eine gegeneinander verschoben; aus diesem Grund fehlt eine Übersetzung völlig, da er in dem ihm so vorliegenden Text keinen Sinn erkennen konnte.

138 Trotz des in B (s.o. Anm. 132) fast vollständig erhaltenen Textes ist eine sinnvolle Übersetzung nicht möglich.

139 In B vso. 3 steht offenbar *m-ḏr*; an entsprechender Stelle in S steht ein unverständliches 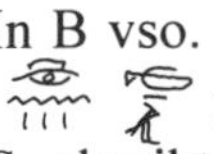 ; ob verderbt aus *dgꜣ=n* wir blicken"?

140 S schreibt *gm m nṯr r(?) Ḏdw*ʾ, B vso. 4: *gm nṯr Ḏdw*.

141 Es steht *jꜣw nw ḫʿw=f*; die Bedeutung im Kontext ist unklar.

142 Mit S lese ich *msḫꜣ.n=k*; B vso. 6: *msḫꜣ.n sw* "es haben ihn erfreut ...".

143 Wohl *jm* "Gestalt" zu lesen: 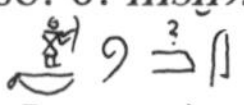 ; B vso. 7 schreibt wie *jrj* "Genosse".

144 *ḥnʿ* mit B vso. 8 (vermutliche Lesung) ergänzt; dort folgt allerdings noch 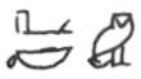 *mk*.

145 Ich lese am Ende *r ḫpr=k*; S schreibt *ḫpr.n=k*, B vso.8 offenbar (z.T. zerstört) *ḫprw=k*. Zu *mꜣṯ* "trauern" s.o. Anm. 6.

146 Sinn unsicher. Die Stelle ist zumindest teilweise verderbt; S schreibt am Anfang hier wohl unverständliches *sʿḥ=n; msḫꜣ* ist rekonstruiert aus dem in beiden Hss nicht verständlichen 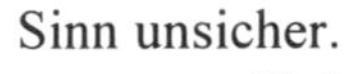, (S) bzw. 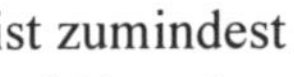 (B vso. 9).

Wir künden dir an --?--[149]

Es besteht Mangel, wenn du davon(?) abgewehrt wirst.

Der Böse ist zugrundegegangen vor <dir(?)>,[150]

Thot bezeugt sein Bösesein durch Zählen an seinen Fingern.

Er wird vertrieben aus dem Erbe wegen seines Verbrechens,[151]

er wird zur Richtstätte gebracht.[152]

Sie kündigen dir an[153] den Tag (?), die Frauen insgesamt legen Fürsprache ein für dich.(?)[154]

--?--[155]

--?-- Schai und Reret (?).[156]

Es ist zu Ende gekommen.[157]

[147] Übersetzung sehr unsicher; ich lese am Beginn *nn mdw=k* "nicht wird über dich gesprochen", was im Kontext nur einen negativen Beisinn haben kann; warum sollte sonst über den endlich erschienenen Gott nicht gesprochen werden?

[148] *ḫssw* "Ecken" (eines Gebäudes oder von Straßen), vgl. Wb III, 400, 9-13.

[149] Keines der *psḏ* geschriebenen Wörter des Wb scheint in den Kontext zu passen: "sie künden dir (für dich?) an, wenn du aufgegangen bist" o.ä. ist von der inhaltlichen Aussage her fraglich, *psḏ* "Rücken" ergibt keinen Sinn. Unklar ist auch, ob noch zum Determinativ von *psḏ* gehört oder *jrj* "tun" zu lesen ist.

[150] Am Anfang ist wohl mit B vso. 12 *nbḏ* zu lesen; am Ende ist möglicherweise das Suffix *=k* ausgefallen.

[151] Ein Wort *sḫbn* ist im Wb nicht belegt; es liegt also sehr wahrscheinlich das Wort *ḫbn* Verbrechen, Schuld", Wb III, 254, 6-7 vor.

[152] Trotz der in beiden Hss überlieferten ungewöhnlichen Schreibung liegt wohl *jnj* "bringen" vor.

[153] Ich lese *[s]jw=sn* mit B; in S ist das Doppelschilfblatt in *smj* wohl in zu emendieren; dann lautet die Lesung dort *smj=sn*.

[154] So mit B vso. 15; in S steht unverständliches *m mdw ḥr mjt.t.=k*. Der erste Teil des Satzes ist in der Bedeutung unsicher, vor allem die Lesung und damit Bedeutung von *hrw*; das in S darauf folgende ist unverständlich.

[155] Der Vers ist nur in S, und dort fragmentarisch überliefert; das erste Wort ist vielleicht zu *mꜣꜣ* "sehen" zu ergänzen.

[156] In beiden Hss ist dieser Vers nicht vollständig erhalten und wohl auch zumindest teilweise verderbt. Das Determinativ des Nilpferdes in B 31.1 und das scheinbare *sḫ.t*: in beiden Hss lassen vermuten, daß - bei zerstörtem bzw. verderbtem Kontext - hier von den beiden Gottheiten Schai (aus) und Reret die Rede ist. Zur Verbindung dieser beiden Gottheiten gerade in griechischer Zeit s. Quaegebeur (1975) passim, s. den Index s.v. Reret, a.a.O. S. 329.

"Osirisliturgie"

Formale und inhaltliche Gliederung

Die außerordentlichen Schwierigkeiten, die dieser Text unserem Verständnis entgegensetzt, wurden schon mehrfach erwähnt und sind auch den obigen Bemühungen, ihn zu übersetzen, sehr deutlich zu entnehmen. Eines der Grundprobleme, die er bietet - sieht man einmal von den insgesamt ja relativ geringen Zerstörungen ab -, ist die Tatsache, daß uns eine im Gegensatz zu anderen Texten frappierend hohe Anzahl von Wörtern unverständlich bleibt. Insbesondere die Handschrift S zeichnet sich in dieser Weise aus: Wo nur sie den Text überliefert, bleibt uns viel zu häufig nur der frustrierende Vermerk, daß die Stelle "unverständlich" oder "vorläufig unübersetzbar" ist.

Man könnte dies darauf zurückführen, daß einfach das Fehlen weiterer Belege, also eine Häufung von hapax legomena, uns das Verständnis versperrt. Doch kommt eine weitere Beobachtung hinzu: Wo der Text in mehreren Hss erhalten ist, weichen die übrigen - besonders B; A hält sich i.d.R. näher an den auch in S überlieferten Text - nicht selten ab; B tut dies dann auch nicht nur in der Randglosse, sondern eben auch im Haupttext.

Diese beiden Beobachtungen lassen aber eigentlich nur einen Schluß zu: S - und, mit gewissen Abstrichen, auch A - ist eine relativ schlechte Hs, d.h. sie enthält einen teilweise korrumpierten Text. Dem entspricht im übrigen auch Möllers Bemerkung, daß von den von ihm bearbeiteten Pyramidentexten die Version von S die "weniger gute" ist.[158]

Allerdings ist auch eine weitere Beobachtung Möllers zu beachten: Seinen Untersuchungen nach ist dieser Papyrus, obwohl sekundär wohl als Totenbuch verwendet, eine originale Bibliothekshandschrift.[159] An eine solche Hs aber sollten höhere

[157] So eindeutig in S 7.27: der Beginn von □ ist noch deutlich erkennbar und der untere Teil von 9 ist ebenfalls noch gut zu sehen. Zudem ist trotz des senkrechten Bruches im Papyrus (s.a. oben Anm. 134) sicher, daß die Zeile damit beendet war. In B 31.2 steht dieser Vermerk nicht, der Text fährt mit dem Text von S 7.28 fort: *twt Skr [...].* In S 7.31 (=B31.6) folgt in jedem Fall mit *ḏd m ḥb wꜣg ...* ein Ritualvermerk; aber auch in unserem Text findet sich in 4.35 ein solcher Vermerk, dem einige Zeilen vorausgehen, s. dort. Es ist daher wohl auch für A zu rechtfertigen, mit der Version S hier das Textende anzusetzen und das Folgende einem neuen Zusammenhang zuzuweisen.

[158] S. Möller (1900), 51.

Qualitätsansprüche zu richten sein als an ein Totenbuch, das ja letztlich nicht "benutzt" wurde.

Wie dieses Dilemma zu lösen ist, muß - wie so viele Stellen dieses Textes - zunächst offen bleiben. Immerhin scheint die Feststellung zulässig, daß der Text von S allerhöchsten Ansprüchen auf Exaktheit nicht genügen konnte, sei dies nun seinem Schreiber oder dem einer Vorlage anzulasten (für letzteres sprechen die Parallelen in der Version A): die Varianten der Londoner Hs verweisen auf die zweite Möglichkeit.

Andererseits ist auch die mögliche Verwendung als Tempelhandschrift zu berücksichtigen. Dies wäre seinerseits ein Hinweis darauf, daß häufig vielleicht doch nur besondere Schreibungen vorliegen, die sich unserem Verständnis noch verschließen oder es erschweren: vgl. etwa die dem ptolemäischen usus entsprechende Schreibung von *ḫ* mit  oder die von *šd* mit  u.a.m., s. jeweils den Kommentar.

So wird die "Wahrheit" wohl irgendwo in der Mitte zwischen den beiden genannten Beobachtungen liegen: Ein Text, der in seiner "extremsten" Version, d.h. in S, einerseits nicht optimal überliefert ist, andererseits aber, wie auch noch die Version B sehr deutlich zeigt, tatsächlich ungewöhnliche Schreibungen schon in den Vorlagen enthielt. Genau dies ist ja auch der Grund für seine Teilübersetzung in den Randglossen von B.

Der folgende Versuch einer Analyse des inhaltlichen und formalen Aufbaus dieses Textes ist naturgemäß geprägt von diesen Unzulänglichkeiten des Verständnisses. Er kann daher mehr als bei allen anderen hier vorgelegten Untersuchungen nur ein Versuch, eine erste Skizze, sein. Da der Text in S und in A grundsätzlich, in B gelegentlich stichisch geschrieben ist, erübrigt sich im folgenden die Transkription der einzelnen Abschnitte.

1) 4.21 - 4.26

6 Verse, in denen nach Osiris, der dabei mit verschiedenen Epitheta belegt wird, gesucht bzw. gerufen wird: "Wo bist du?" (*wnn=k ṯn*).

2) 4.27 - 4.31

6 Verse,[157] die im Unterschied zum Vorausgehenden Osiris direkt ansprechen und zum Handeln aufrufen.

[156] s. Möller (1900), S. 2-3, Anm. 2.

3) 4.32 - 4.34

3 Verse, die, als Abschluß des Gesamtabschnitts 4.21 - 4.34 nochmals, und drängender, rufen: "Wo bist du denn?" (*wnn=k rf tr tn*).

Es folgt der eine Zeile umfassende Vermerk für den Zeitpunkt der Rezitation, von dem sich nicht eindeutig sagen läßt, ob er für den vorausgehenden, den folgenden, oder, als eine Art Zwischenvermerk, für beide Texte gelten soll.

4) 4.36 - 4.40

5 Verse, die, wenn der Kontext richtig interpretiert wurde, von der Besiegung der Gegner des Osiris handeln und, noch eingebettet in diesen Bericht (in 4.39), von der Freude darüber.

5) 4.41 - 4.44 (+x)

4+x Verse; die Zerstörungen in 5.1 ff. lassen eine genaue Einteilung nicht zu. Sicher ist jedenfalls, daß das Thema "Jubel über die Besiegung der Feinde" bis 4.44 reicht, eingeleitet durch den Aufruf *ts jrk* "erhebe dich" an Osiris in 4.41.

6) (x+)5.5 - 5.8

(x+)4 Verse; die Zerstörungen erlauben hier weder eine genaue Einteilung noch eine exakte Inhaltsbestimmung. Es scheint die Rede von bestimmten Ritual- bzw. Opferhandlungen zu sein.

7) 5.9 - 5.12

4 Verse, die in zwei Verspaare geteilt sind, die beide nach einheitlichem Schema aufgebaut sind: Vers A: Aufforderung an Osiris ("komm", "erhebe dein Antlitz"); Vers

[157] Die Zeile 4.29 ist in zwei Verse zu gliedern; die Caesur ist nach *Gb* anzusetzen .

B: die Eigenschaften bzw. Tätigkeiten der Götter (Gefolgsleute des Osiris; sie legen Fürsprache ein).

8) 5.13 - 5.22

8 Verse, die zum einen, als solche auch durch einleitendes Rubrum gekennzeichnet, als Ritualvermerk dienen: Die handelnden Personen und ihre Aufgaben werden genannt; es sind, wie aus der Beschreibung der "beiden Frauen" und etwa aus dem Vergleich mit den Ritualanweisungen für die Gesänge und die Klagen der Isis und Nephthys hervorgeht,[158] zwei Frauen, die diese beiden Göttinnen verkörpern. Zum anderen aber ist dieser Text offenkundig gleichzeitig selbst Bestandteil des zu rezitierenden Textes: nur so läßt sich die direkte Anrede "siehe doch" an Osiris erklären: durch die Rezitation des Vermerkes wird er des korrekten Ritualablaufs versichert.

In 5.21 - 5.22 liegt dann m.E. ein echter Rezitationsvermerk vor: das unpersönliche "Erscheinenlassen dort vor dem Allerheiligsten; man soll aber sprechen" ist sicher nicht mehr direkt an Osiris gerichtet.

9) 5.23 - 5.28 (?)

6 Verse. Der noch teilweise unverständliche Kontext erschwert auch die Einteilung. Zu ersterem - es ist u.a. vom Schrecken, der beendet wird, die Rede - s. oben die Übersetzung. Der Personenwechsel in 5.29 war der Anlaß für einen Neuansatz mit diesem Vers.

10) 5.29 - 5.32

5 Verse, in denen, wie das Determinativ der 1. sg. zeigt (𓁐), eine Göttin, d.h. Isis, spricht. Sie bestätigt die Legitimation und den Machtanspruch des Osiris und fordert zu Verehrung und Jubel auf.

[158] S. dazu auch oben S. 159 mit Anm. 135 .

11) 5.33 - 5.37

5 Verse: die Taten des Osiris. Jeweils in der *sḏm.n=f*-Form wird über die Taten des Osiris gegenüber seinen Gegnern berichtet; unklar ist hier allerdings v. 5.35 mit der Aussage über sein Handeln gegen seine Mutter.

12) 5.38 - 5.42 (?)

5 Verse: die Eigenschaften des Osiris. Hier ist nun nicht mehr Osiris der Handelnde, sondern es wird über ihn in Form von Epitheta berichtet. Die Unsicherheiten im Verständnis insbesondere ab v. 5.43 lassen das Ende des Abschnitts nicht ganz sicher erscheinen, doch spricht das "sie umarmt ..." in 5.43 mehr für einen Neuansatz mit diesem Vers.

13) 5.43 - 6.4 (?)

5 Verse, deren Zusammengehörigkeit zu einem Abschnitt nur eine Vermutung sein kann, da zuviel vom Text unverständlich oder auch zerstört ist. Die Einteilung basiert zum einen auf der Voraussetzung, daß hier tatsächlich häufiger das Suffix der 2.sg.f. verwendet wird, daß der Abschnitt also eine weibliche Hauptperson (Isis?) hat. Zum anderen beginnt sehr klar ab 6.5 ein neuer Kontext.

14) 6.5 - 6.7

3 Verse, die von den Taten des ungenannten Bösen, sc. des Seth, berichten. Die Abgrenzung dieses Abschnitts nach unten ist evident durch den inhaltlichen Neuansatz: Triumph und Bericht über die Vernichtung des Bösen ab 6.8.

15) 6.8 - 6.12

6 Verse,[159] die von der Freude über das Erwachen des Osiris und über die Vernichtung der Feinde berichten. Sie bilden gleichzeitig den Abschluß eines größeren

Abschnitts, d.h. des mit dem Ritualvermerk in 5.21-22 beginnenden Teils; in 6.13 beginnt ein neuerlicher Ritualvermerk.

Dieser Ritualvermerk umfaßt die Zeilen 6.13 - 6.16; diese Passage ist ausschließlich als Vermerk gedacht, also nicht zum Rezitieren vorgesehen wie oben die Zeilen 5.13 - 5.20. Als Ritualisten sind der *jmj-sḥtj*-Priester und der Erste Vorlesepriester genannt. Das etwas überraschende "dann sollst du die Frauen zu ihrer Kammer führen" richtet sich mit Sicherheit ebenfalls an einen Teilnehmer am Ritual, der ungenannt bleibt, falls nicht diese Anweisung noch dem in der vorausgehenden Zeile genannten *jmj-sḥtj*-Priester gilt.

Die Zeile 6.16 ist vorläufig unverständlich; sie ist bezeichnenderweise auch nur in S und A überliefert, in B fehlt sie ohne Einfluß mechanischer Ursachen. Immerhin dürfte - etwa erkennbar am sicher parallel gedachten *ẖft-ḥr nṯr* in 6.15 und dem zweimaligen *ẖft* in 6.16 - eine Zugehörigkeit noch zum Ritualvermerk als gesichert gelten.

16) 6.17 - 6.22

6 oder 8 Verse,[160] in denen offensichtlich von der Besiegung des Feindes die Rede ist. Die besondere Schwierigkeit dieser Passage - s. dazu oben die Übersetzung - verhindert eine nähere Bestimmung des Inhalts. Die beiden letzten Verse 6.21 - 6.22 sind zudem vorläufig so gut wie unverständlich und erneut nur in S überliefert (A ist hier zerstört). Die Abschnittsbegrenzung ergab sich durch den inhaltlichen Neuansatz in 6.23, der sich nicht zuletzt durch die ab dann dominierende Verwendung der 1.pl. deutlich zeigt.

17) 6.23 - 6.29

8 Verse.[161] Sie sind inhaltlich zum einen, und zwar im ersten Teil, geprägt durch die Verehrung für den Gott: hier Sokaris, letztlich natürlich Osiris, die "wir", d.h. wohl Isis und Nephthys, zum Ausdruck bringen. Zum anderen wird erneut über die Übeltaten des "Bösen" berichtet und die Folgen: Vertreibung von den Göttern. Die Partikel *tj* am

159 6.12 ist in zwei Verse zu unterteilen; die Caesur ist nach *wꜥ=f* anzusetzen.

160 Die Zeilen 6.17 und 6.20 sind möglicherweise, wie dies auch in B der Fall ist, jeweils in zwei Verse zu unterteilen. Die Caesur ist dann mit B in 6.17 nach *wdd=sn*, in 6.20 nach *ẖ.t=f* anzusetzen.

161 Mit B 30.13-14 ist die eine Zeile 6.24 in zwei Verse zu untergliedern. Die Caesur ist nach *Ḏdw* anzusetzen.

Beginn von 6.27 leitet zu diesem zweiten Teil über und verbindet gleichzeitig die beiden Teile.

18) 6.30 - 6.36

8 Verse.[162] Im Mittelpunkt steht wieder Osiris, der hier vor allem im Kontrast zu Seth charakterisiert wird: Osiris ist im Himmel, Seth zerstört (6.30); Osiris ist gepriesen, Seth erniedrigt (6.31) usw. Das Abschnittsende ist dann ausschließlich Osiris gewidmet, der als "Gott", als "Nil" geschildert wird und der darum in aller Munde ist.

19) 6.37 - 6.40

4 Verse; die Einteilung ist allerdings hier und noch mehr im Folgenden außerordentlich unsicher. Dieser Abschnitt ist klar geprägt durch Re; er ist, wenn sich *sw* in 6.40 noch auf Re bezieht, mit diesem Vers zu Ende; im folgenden dominiert dann die 1.pl. Re ist hier als Schützer und Erzeuger des Osiris gesehen.

20) und 21) 6.41 - 7.9 (?)

Innerhalb dieser Passage ist eine Abschnittseinteilung vorerst nicht möglich. Zum einen wirkt sich hier aus, daß der Text starke Zerstörungen aufweist, zum anderen, und die Problematik verschärfend, die Tatsache, daß mit wenigen Ausnahmen S die einzige zur Verfügung stehende Hs ist. Die eingangs dieses Kapitels beschriebene besondere Problematik dieser Hs wirkt sich in dieser Passage sehr stark zu Lasten einer sinnvollen Interpretation ihres Inhalts aus.

Der Umfang dieser Passage - 12 Zeilen - läßt anhand der ansonsten in diesem Text beobachteten Abschnittlängen den Schluß zu, daß sie zwei Abschnitte umfaßt.

[162] Die Zeile 6.35 enthält vier Sinneinheiten und ist sicher in zwei Verse zu untergliedern; diese bestehen ihrerseits dann aus je zwei kürzeren Sinneinheiten. Der erste Vers lautet somit *ḥʿpj jm=k / wtṯ ntf*, der zweite *ḥꜣ.tj ḥꜣ jḥ.t / sr jrj ẖr.t.*

22) 7.10(?) - 7.14

5(?) Verse. Der erste Vers, 7.10, fällt insofern etwas aus dem Rahmen, als nur hier von Osiris in der 3. Person die Rede ist. In 7.9 geht *šmsw=k* "dein Gefolge" voraus, und auch im folgenden wird Osiris jeweils direkt in der 2. Person angesprochen. Diese Zwischenstellung erlaubt keine eindeutige Entscheidung, ob er noch zum vorausgehenden oder zu diesem Abschnitt zu rechnen ist. Thema des Abschnitts ist der wiederbelebte, "mit seiner Gestalt versehene" (7.14), Osiris.

23) 7.15 - 7.19

6 Verse.[163] Eingeleitet durch *mj* "komm" wird Osiris letztmals in diesem Text aufgefordert, samt seinem Gefolge (hier den "Tänzerinnen") zu kommen, wobei die Freude hierüber und die Trauer im gegenteiligen Fall hervorgehoben werden.

24) 7.20 - 7.23

4 Verse, die, ebenfalls letztmals, die Vernichtung des "Bösen" bekräftigen, mit der abschließenden Versicherung, daß er "zur Richtstätte gebracht" wurde.

25) 7.24 - 7.26

Die letzten drei Verse des Textes wenden sich nochmals an Osiris zurück, wodurch die erneute Abschnittsgliederung zu rechtfertigen ist. Leider ist der Text teilweise zerstört, so daß eine genaue Inhaltsbestimmung nicht möglich ist.

Markant ist das Textende mit - falls die zerstörte Stelle richtig gelesen bzw. ergänzt wurde - der Erwähnung von Schai und Reret. Zur Verbindung dieser beiden Gottheiten miteinander s. oben die Übersetzung mit Anm. 153. Die Verbindung dieser beiden Gottheiten mit Osiris ist in griechischer Zeit gut belegt; die beiden folgenden Stellen seien als Beispiele genannt:[164]

[163] Die Zeile 7.17 ist mit B in zwei Verse zu unterteilen; die Caesur ist nach *m-ḫt=n* anzusetzen..

[164] Beide Belege und die Übersetzung stammen aus Quaegebeur (1975), 98.

Im Ipet-Tempel in Karnak findet sich die Aussage: *Š3w Rr.t m wḏ n=f k3w ḥr ḫ3.t=f* "Shai et Reret sont placés devant lui (Osiris) et lui donnent les aliments." In Dendera lautet eine Stelle: *ʿnḫ r gs=f mwt ẖr s.t ḥr=f Š3w Rr.t mj wḏ.n=f* "la vie est à son coté, la mort est sous son autorité, Shai et Reret sont comme il décide."

Wie eingangs gesagt, mußte diese Analyse des formalen und inhaltlichen Aufbaus dieses Textes wegen seiner Schwierigkeiten mit vielen Unsicherheiten belastet bleiben. Dennoch läßt sich wohl mit genügender Sicherheit sagen, daß auch hier das Prinzip des Aufbaus des Gesamttextes aus kleinen, inhaltlich kohärenten Abschnitten deutlich erkennbar ist. Der Umfang dieser Abschnitte bewegt sich, soweit dies gesichert festzustellen ist, innerhalb einer Größenordnung von drei bis acht Versen, also ebenfalls innerhalb der auch an anderen Texten beobachteten Grenzen. Die Binnengliederung dieser Abschnitte, aus den gleichen Gründen wie bei den übergeordneten Abschnitten teilweise sehr undeutlich zu erkennen, zeigt ebenfalls Vertrautes, d.h. vor allem den Doppelvers als signifikanten Grundbaustein (s. dazu die Übersetzung).

Die Frage der Gattungszugehörigkeit dieses Textes läßt sich, unter Aufrechterhaltung der genannten Einschränkungen, in etwa wie folgt beantworten: Die mehrfach eingestreuten Ritualanweisungen qualifizieren ihn zweifelsfrei als Ritualtext. Die inhaltliche Gesamtstruktur etwa mit dem häufig wechselnden Schauplatz bzw. Blickwinkel, die immer wieder einmal ergehende Aufforderung "komm" oder auch "wo bist du" und die jeweils in Verbindung damit stehende Versicherung, daß der Feind besiegt ist, zeigen eine recht deutliche Verwandtschaft zu beispielsweise den Gesängen der Isis und Nephthys. In etwa vergleichbar dürfte daher wohl auch der Sinn bzw. die Aufgabe dieses Textes sein: Ein nicht einzelne Ritualhandlungen, sondern einen ganzen Ritual- bzw. Festablauf begleitender, vom Vorlesepriester und/oder von zwei Isis und Nephthys verkörpernden Sängerinnen rezitierter "Ritual-Begleittext".[165]

165 Vgl. dazu auch oben in der Einleitung die Bemerkungen zu den Gesängen der Isis und Nephthys und zu den "begleitenden", kultische Handlungen ausdeutenden Texten etwa Assmann (1984), 152f.

Papyrus des *Ns-bꜣ-nb-ḏd* I (?)
La sortie en procession de Ptah-Sokar-Osiris
Übersetzung

Ich [berühre][1] den Boden vor dir,

meine Augen [betrachten] deine Augen,

[...] gezogen(?), um dich zu sehen.

Komm zu mir, mein Vater Osiris, ich bin dein Sohn Horus,

der eintritt für seinen Vater,

der tüchtige Erbe dessen, der ihn erzeugt hat,

der [...][2] das Amt von dem, der ihn beraubt[3] hatte,

der vollkommen gemacht wurde als Auserwählter an Kraft,

[der errettet wurde][4] vor seinen Feinden,

[der geboren wurde][5] in Chemmis,

[der aufgezogen wurde] in den Sümpfen,

1 Die Ergänzungen wurden, soweit nicht besonders vermerkt, von Barguet (1962) übernommen; hier ist aufgrund des erhaltenen Determinativs die Ergänzung zu *ḥpt=j* so gut wie zweifelsfrei.

2 In der Lücke ist wohl ein Wort wie "beanspruchen" oder auch "erstreiten" zu ergänzen.

3 Barguet übersetzt *jwḥ* mit "procréer"; aber diese Bedeutung wäre allenfalls aus *jwḥ* "benetzen, befeuchten" abzuleiten; hier steht aber *jwḥ* "vernichten, rauben", Wb I, 57, 10-12; dementsprechend ist es auch nicht möglich, in der Lücke am Zeilenbeginn ein Wort der Bedeutung "empfangen" o.ä. (Barguet: "réçu") zu ergänzen; dagegen würde auch das Determinativ sprechen. Im Kontext mit *jwḥ* "berauben" liegt eine Ergänzung zu einem Verbum der Bedeutung "einklagen, fordern" o.ä. nahe. *jwḥ* in der Bedeutung "vernichten" steht wohl auch im P. Bremner-Rhind 5,6, dort sicher falsch wie *jwḥ* "bewässern" determiniert.

4 *nḥm* mit Barguet ergänzt.

5 Mit Barguet ist aus inhaltlichen Gründen sicher so zu ergänzen; ägyptisch vermutlich *ms*.

[...] sein [...],[6] um niederzutreten[7] die Rebellen.

[mögest du kommen] zu mir, mein Vater Osiris,

[ich bin(?) der, der sich freut(?)] über deine Größe,

leuchtend wie der Auslauf des Apis,[8]

[stark][9] und eifrig, den Bösen zu töten.

[Horus] der Falke,[10] der seine Flügel ausbreitet[11] zum Himmel,

[es greifen][12] seine scharfen Krallen den Rücken des Bösen.

(Er ist) [ausgestattet][13] mit Flügeln gegen den Rebellen(?),[14]

Großer [...][15] deines Schatzhauses(?).

[Oh mein Vater][16] Osiris, mögest du veranlassen, daß ich [dich(?)][17] sehe,

[...] --?-- [...]

[...] der ergreift(?) mit(?) seinen beiden Armen

[...] der Kammer des Osiris

[...] niederwerfen den Bösartigen

[...] der gekommen ist beim Rauben.

6 Barguet ergänzt die Lücke sinngemäß: "qui préparait sa (ses) forces ...".

7 *sḥsḥ* als Verbum ist im Wb nicht belegt; vgl. Meeks (1977), Nr. 77.3766: "piétiner, frapper du pied"; und vgl. Cerny (1976), 175: ⲥⲁϩⲥⲉϩ "roll down, rub down, plane".

8 Zum "Auslauf des Apis", der wohl auf einen alten, den Feldern und den Herden geltenden Fruchtbarkeitsritus zurückgeht, s. Blackman (1938), 7-9.

9 *qn* mit Barguet ergänzt.

10 *Ḥr pꜣ* mit Barguet ergänzt.

11 *ḥdj* "umspannen, ausbreiten", Wb III, 205, 2-6.

12 *nḏr* mit Barguet ergänzt.

13 Ergänzung *ʿpr dmꜣ.tj* mit Barguet.

14 Lesung *ẖn* nach Barguet unsicher.

15 Ergänzungsvorschlag Barguets: "gardien et protecteur de ton palais"; aber dann ist das *wr* nicht berücksichtigt, das im P. Louvre N.3176(S) und, soweit die Reste es erkennen lassen, auch hier in Taf. 44b, fr.2, Z.1 steht.

16 *j jt=j* mit Barguet ergänzt.

17 Ob in der Lücke *ṯw* zu ergänzen ist? Viel mehr Raum steht nicht zur Verfügung.

[Komm zu(?)] mir, mein Vater Osiris,
[...] Verklärter, Ruti, der unter den Göttern ist.
[...] Schlachtrind(?), das herauskommt als Schlachtopfer(?),[18]
[...] gewaltig an Kraft.
[Der Einhalt gebietet(?)][19] der Kraft gegen(?) den Zorn,
[...] Antlitz in seiner Macht.
Komm doch zu mir, ich bin der Sohn der Isis,
der Same des schwarzen Stieres.[20]
Ich bin der Schakal, der eilt bei seinen Schritten,
der hochhebt den Hals auf seiner Tragestange.[21]
der mit weitem Schritt, um zu vertreiben den Verschwörer,
der den Streit schlichtet auf seinen beiden Seiten.
Der auf seinem großen [Thron][22] ist, auf seinem Geheimnis,

[18] Sehr tentative Übersetzung; wie Barguet gehe ich davon aus, daß das liegende Rind *smꜣ* oder *ḫrj.t* gelesen werden kann; welche Lesung hier vorliegt, ist vorerst nicht zu entscheiden; *smꜣ* ist auch als Bezeichnung für Seth belegt, s. Wb IV, 123, 17. Zu Anubis als Herr der Opferrinder (*ḫrj.t*) vgl. P. Jumilhac V, 11, s. Vandier (1961), 116 und 153, n. 117. In den Stundenwachen ist Anubis der Schlächter der Opferrinder, und zwar in der fünften Stunde, s. Junker (1911), 51; *ḫrj.t* und *jḥw* als von Anubis geschlachtete Opfertiere auch im Opet-Tempel in Karnak, s. de Wit (1958), 224.

[19] Ergänzung mit Barguet; problematisch ist das *r*, das Barguets Übersetzung: "qui brise la force des violents" eigentlich verbietet.

[20] Das Epitheton *km wr* für Osiris ist bereits in den Pyramidentexten belegt, s. Barguet 7, n. 1.

[21] Hier ist sicher nicht von Anubis die Rede, sondern von Upuaut: dessen übliche Darstellungsweise ist die auf der Tragestange, während Anubis i.d.R. auf dem Bauch liegend dargestellt wird, vgl. z.B. B. Altenmüller in: LÄ I, 327, s.v. "Anubis". Zur Rolle des Upuaut bei den Osirismysterien s.a. Schäfer (1904), 21-22: sein Kultbild führt die Prozession an und er wird (der zugrundeliegende Text ist die Stele des *Jj-ḫr-nfr.t*) auch ausdrücklich als Sohn des Osiris bezeichnet. Die kämpferische Rolle, die Upuaut hier spielt (neben der des Totengottes, s.z.B. Graefe in: LÄ VI, 863, s.v. "Upuaut"), wird auch aus dem folgenden Vers deutlich. Zur Bezeichnung des Upuaut: "auf seiner Tragestange" vgl. auch Chassinat/Daumas (1976), 85: (Upuaut) *qꜣ ḥr jꜣ.t*.

[22] Die Ergänzung zu *s.t* ist zweifelhaft, u.a. wegen des folgenden *wr* (statt *wr.t*).

der wacht über die Herrlichkeit(?) dessen, der sich geschaffen hat(?)[23].

Komm zu mir, mein Vater Osiris, ich bin Anubis,[24] der Sohn der Bastet,

über den seine Mutter schützend die Flügel gebreitet hat im Sumpf,

bis erfüllt waren alle ihre Aufträge.

Als ihr Zeitpunkt kam, gedeihen zu lassen deinen Samen,

da machte die sich Tummelnde Halt auf der Erde.

Ich bin eine Ähre aus Gold,[25] die herauskam aus der Myrrhe,

der Nachfolger des Re,[26] der hervorgekommen ist aus Osiris:

Erster der Götter, die danach entstanden sind,

erhabenes Bild(?)[27], das gekommen ist aus Tenenet.[28]

Ich verkläre meinen Vater, ich mache zahlreich (seine) Geburten,

es gibt keinen anderen, der ihm gleichkommt.

23 Die Übersetzung ist unsicher; Barguet: "qui veille sur la retraite de Celui-qui-s'est-recréé"; aber wie kommt er zu der Bedeutung "retraite"?

24 Zur Sohnesrolle des Anubis vgl. etwa P. Jumilhac VI,2 - VI,16: "was Uadjet ... anbetrifft, das ist Isis, die Mutter des Anubis. Was Horus, das Kind, anbetrifft, ..., das ist Anubis, der Sohn des Osiris, als er ein herrliches Kind war in der Umarmung seiner Mutter Isis ..." (Übersetzung nach Köhler (1975), Teil B, 411). Zu Anubis (als Sohn der Isis und) in der Gestalt des Horus bzw., umgekehrt, Horus als Anubis vgl. etwa auch P. Jumilhac V, 6-8 (Übersetzung nach Vandier (1961), 116): "Quant à Anubis qui est dans la maison de l' embaumement, d'après une autre tradition, c'est Horus, fils d'Isis. Ce fut lui qui entoura de bandelettes son père Osiris, afin qu'aucun autre dieu ne le vit. Il le cacha et le dissimula, enveloppé dans ses bandelettes." Auch a.a.O. XV, 1-7 tritt Anubis in der Funktion des Horus auf, s. Vandier a.a.O. 126 und den Kommentar S. 189. Diese Rolle des Osiris-Sohnes, der seinen Vater rächt und schützt, indem er seine Feinde bestraft und auch rituell für seinen Vater tätig ist, ist für Anubis seit dem Ende des MR belegt, s. Köhler a.a.O. 384, Anm. 1.

25 Barguet liest hier  und übersetzt die Passage "je suis celui qui est attaché aux céréales d'or"; es steht aber zweifelsfrei *ẖms* "Kornähre", s. Wb III, 367, 6:

26 Auf das Wortspiel *s.t-Rꜥ - Wsjr* (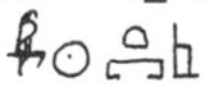 -- ) verweist bereits Barguet 8, n. 5.

27 Zu *mꜣṯ* vgl. Wb II, 33, 10.

28 Tenenet ist schon im MR auch als Bezeichnung für das Grab des Osiris belegt, s. Urk. V, 80; vgl. dazu auch Bergman (1968), 247 und 248 mit Anm. 1; vgl. auch Schlögl (1980), 105-106.

2.20 Der gekommen ist als(?) Millionen [von Millionen, ...][29] Ewigkeit,

es entstehen [die Verkörperungen(?) in][30] seinen Verkörperungen.

Komm [doch zu mir, damit ich sehe(?)][31] dein schönes Angesicht,

Osiris, Vater des Horus.[32]

Sei mir geneigt, (dem), der aus dir hervorkam,

2.25 du, der erschafft, ohne daß es Grenzen für deinen Ka gibt.

Mögest du empfangen meine Opfergaben aus meinen beiden eigenen Armen,

mögest du dich der Opfergaben bemächtigen,[33]

Brot und Bier für deinen Ka.

Mögest du die Arme ausbreiten um(?)[34] deine Opfergaben,

2.30 dargebracht sind die Erträge des Überschwemmungswassers,[35]

die große Libation bedeutet(?)[36] deine Ausflüsse.

Ich habe richtig (o.ä.) gemacht für dich die Opfer an jeder guten Sache,

Speisen und(?)[37] Opfergaben.

3.1 Es gedeiht das Land, seit du (darauf) ruhst,[38]

und (es) überschwemmst als der, der sich (selbst) erschafft.

29 Ergänzung der Lücke unsicher; Barguet übersetzt: "et égal à l'éternité".

30 Übersetzung unsicher; Ergänzungen nach Barguet.

31 Ergänzungen unsicher.

32 D.i. "mein Vater", da Horus spricht.

33 *jšbw* wohl für *šbw*.

34 Ob *ʿḥ* "fangen, einfangen, die Arme breiten" ? vgl. Wb I, 213, 17-19; aber diese Schreibung ist dort nicht belegt.

35 *n* nach *mw* ist wohl zu streichen.

36 Oder "... ist in deinen Ausflüssen"?

37 Oder "als"? es steht *m*.

38 Barguet nimmt die Passage 3.1 - 3.6 zum Anlaß, aus inhaltlichen Gründen (Erwähnung der Überschwemmung) an eine Durchführung des Rituals nicht im Choiak, sondern am Ende des 1. *ꜣḫ.t* (am 22. Thot) zu denken, s. Barguet 13.f.

Es preisen dich die beiden Sängerinnen[39] von Ober- und Unterägypten,
die beiden weinenden Schwestern des Osiris,
die Hathoren als Bilder der Götter,
die Verklärerinnen[40] am großen Fest.
Sie spielen für dich[41] mit dem Menat und dem Sistrum,
sie[42] halten an für dich, um deine Schönheit zu sehen.
Freundlich ist dein Herz und leuchtend ist dein Angesicht.
Du freust dich über den *ʿḏ-nṯr*-Priester,
der dies aufgeschrieben hat, um zu erleuchten deine Größe.
Statte ihn aus[43] mit einem (hohen) Alter,
er möge leben in Herzensfreude,
ohne daß man auftritt gegen ihn.
Das Geschenk des Gottes ist es, die Lebenszeit zu erhöhen,
groß ist die Begünstigung dessen, der ihn anruft.
Komm du zu mir, damit du dich erfreust an meinen Aussprüchen,[44]
nicht gibt es ein "oh hätte ich doch" für den, der deine Schönheit anbetet.
Nach diesem: die Riten vollziehen. Opferlitanei[45] für
Ptah-Sokar-Osiris in allen seinen Namen,

39 Vgl. *Jrj-jrj* col. x+6, Z. x+7 und meine dortige Anmerkung.
40 *sꜢḫ.wt* mit Barguet statt *sꜢḫw* gelesen.
41 Mit Barguet zu *jḥj=sn n=k* ergänzt.
42 *sw* wohl zu *sn* zu emendieren, s.a. Barguet z.St.
43 *pḫꜢ* "ausstatten", s. Wb I, 543, 9; das Wort ist in griechischer Zeit belegt.
44 Abschließende Anrufung durch den rezitierenden Priester.
45 Beginn des Ritualvermerks, zur Übersetzung von *wdḥw* mit "Opferlitanei" s.z.B. Assmann in: LÄ III, 1062, mit Anm. 5.

an allen seinen Plätzen, an denen sein Ka verweilen möchte,

beim Preisen des Sohnes des Re, Pharao, l.g. - Zu sprechen durch

den obersten Vorlesepriester:

Für[46] Ptah mit schönem Antlitz,[47] der auf seiner großen Stätte ist[48]

für Ptah-Sokar-Osiris

für Ptah an der Spitze des Goldhauses[49]

für Ptah an der Spitze des Weihrauchhauses[50]

für Ptah-Osiris

für Ptah unter seinem Olivenbaum[51]

für Ptah, verklärter als die (übrigen) Götter

für Ptah, den Herrn der Maat

für Ptah, der das Udjat-Auge bringt[52]

[46] Entgegen der Transkription und Übersetzung Barguets steht am Beginn von Zeile 3.24, auf dem Foto deutlich erkennbar, ein rot geschriebenes *n* "für", ebenso wie am Beginn der folgenden Kolumne, in 4.1. Dieses *n* gilt, ohne jedesmal wiederholt zu werden, für jede einzelne Anrufung, vgl. hierzu etwa Schott (1955), bes. Z. 289. Im vorliegenden Papyrus sind die entsprechenden Stellen zerstört.

[47] Zum Epitheton *nfr ḥr*, das zwar nicht ausschließlich, aber doch bevorzugt in Verbindung mit Ptah verwendet wurde, vgl. Sandman-Holmberg (1946), 108-110. Zur Verbindung von Ptah mit Sokar und Osiris allgemein s.a.a.O. 123-147.

[48] Sandman-Holmberg (1946), 246-247 verweist auf *s.t wr.t* als häufige Bezeichnung für den Tempel von Edfu, wo Ptah in ptolemäischer Zeit einen Kult hatte. Doch ist dieses Epithethon, zumal am Beginn der Litanei und im Kontext weiterer Epitheta, wohl eher mit Bonnet, RÄRG 618 als "Erinnerung an seine einstige Bedeutung als Residenzgott" zu interpretieren, d.h. als allgemeines Attribut.

[49] Als Bezeichnung für den Tempel des Ptah ist *ḥw.t-nb* seit der 18. Dyn. belegt, vgl. zuletzt E. Schott in: LÄ II, 739.

[50] Ob lies *snṯr*? allerdings steht auch in der vorliegenden Hs zweifelsfrei  ; ob eine Verschreibung aus  vorliegt? Weder *ḥw.t-snṯr* noch *ḥw.t-gnw.tj(?)* sind m.W. sonst belegt.

[51] Singular mit vorliegender Hs; P. Louvre N.3176(S): Plural; zu *ḫrj bꜣq=f* als ursprünglich selbständiger Gottheit und ihrer Verbindung mit Ptah vgl. Sandman-Holmberg (1946), 147-150; Bonnet, RÄRG S. 86 s.v. "Baumkult"; zuletzt I. Gamer-Wallert in: LÄ I, 940, s.v. "Cheribakef".

[52] Louvre N.3176(S): *jmj* "der befindlich ist (im Udjat-Auge)"; der Text der vorliegenden Hs ist sinnvoller: Ptah ist hier in der Funktion des Thot beschrieben, der dem Horus das

4.1 für Ptah auf seiner großen Stätte

für Ptah an der Spitze von Tenenet[53]

für Ptah, den erhabenen Djedpfeiler[54]

für Ptah, den größten der Götter[55]

4.5 für Ptah in allen seinen Häusern[56]

für Ptah an jedem Platz, an dem sein Ka sein möchte

für Ptah-Sokar an seiner großen Stätte[57]

für Ptah-Sokar im *št3j.t*-Heiligtum

für Sokar im *št3j.t*-Heiligtum

4.10 für Sokar im *ḥr.t-jb*[58]

für Sokar im *ẖnw.t(?)*[59]

Udjat-Auge bringt, s. dazu Boylan (1922), 34; 73-75; 181. Dargestellt ist die Szene in der vierten Stunde des Amduat, s. Hornung (1963), Teil 1, 4. Stunde, Nr. 306 - 308; Teil 2, S. 87, Nr. 306 - 308.

53 Zur möglichen Bedeutung als "Ptah an der Spitze des Totenreiches" s. Sandman-Holmberg (1946), 218.

54 Zur Verbindung von Ptah und dem Djed-Pfeiler s. ausführlich Sandman-Holmberg (1946), 154 - 166.

55 Zum Attribut *wr* vgl. etwa Hornung (1971), 181ff.

56 Reihenfolge der Zeilen 4.4 - 4.5 nach Louvre; in der vorliegenden Hs sind die beiden Zeilen umgestellt; wegen der folgenden Z. 4.6 erscheint die Reihenfolge im P. Louvre sinnvoller.

57 Die Zeilen 4.7 und 4.8 bilden die Überleitung zwischen den Anrufungen an Ptah und denen an Sokar. Dies geschieht einmal durch die Anrufung der einen, aus beiden Namen zusammengesetzten Gottheit Ptah-Sokar, deren Epitheta, zum anderen, jeweils in den vorausgehenden bzw. den folgenden Abschnitt verweisen: zu 4.7 *ḥrj s.t wr.t* vgl. 4.1 (Ptah) *ḥrj s.t wr.t*, zu 4.8 *ḥrj-jb št3j.t* vgl. 4.9 (Sokar) *m št3j.t*.

58 Zum Begriff *ḥr.t-jb* vgl. zuletzt Spencer (1984), 85-89 ("term for an intermediate hall or building within a temple complex"), mit weiteren Literaturangaben. Aufgrund dieser Untersuchung ist nicht anzunehmen, daß *ḥr.t-jb* die Bezeichnung für einen bestimmten Kultort des Sokar ist - als solchen führt ihn noch das Wb III, 138, 20 auf; die dort gegebenen Belege lassen sich aber alle zwanglos im obigen Sinne verstehen - sondern eben für eine Räumlichkeit in einem (beliebigen) Tempel, in der Sokar präsent ist. Barguet übersetzt denn auch (S. 12): " ... dans la heret-ib", Gaballa-Kitchen (1969), 4 dagegen: " ... in Heryt-ib". Auch Brovarski in: LÄ V, 1065 s.v. "Sokar" führt "Heryt-ib" als vermeintlichen Kultort des Sokar auf.

59 Barguet übersetzt (S. 12) "... la khenout"; Gaballa-Kitchen (1969), 4 übersetzen "in the

für Sokar in Rosetau

für Sokar an der Spitze von Rosetau

für Sokar in *Rw.t-js.t*[60]

für Sokar auf dem Sand

für Sokar an seinem Platz in Rosetau

für Sokar in Tenenet

für Sokar an der Spitze der Halle der Künstler

für Sokar in Peqer

für Sokar in Assiut

für Sokar, den Herrn von *Nw.tj-wr.t*

für Sokar als die beiden Falken

für Sokar als Falke

für Sokar im Land des Sokar

für Sokar als Widder

für Sokar an jedem Platz, an dem sein Ka sein möchte.[61]

Es ist schön zu seinem Ende gekommen, mit dem (Ritual des) Erscheinen(s) des Sokar,

geschrieben vom Gottesvater und *ḥꜣp*-Priester

Residence(?)", mit Anm. 4: "or: within the house (*m ḫnw pr*); Brovarski übersetzt a.a.O. ebenfalls "Residence". M.E. liegt auch hier, wie bei *ḥr.t-jb*, nicht die Bezeichnung einer bestimmten Kultstätte vor,sondern die einer Räumlichkeit in einem Tempel, vielleicht des Allerheiligsten; allerdings wäre in diesem Fall eher eine Schreibung *ḫnw pr* zu wünschen. Zu diesem Begriff vgl. Barguet (1962 B), 327-328. Vgl. etwa auch die folgenden, bestimmte Örtlichkeiten bezeichnenden Schreibungen von *rꜣ-sṯꜣw* oder *rw.t-js.t*, die mit dem Stadtdeterminativ versehen sind.

60 Wohl das heutige Abusir, vgl. Barguet (1962 B), n. 2.

61 Barguet verweist auf eine ähnliche Liste mit Sokar-Epitheta in Medinet Habu, s. Nelson (1940), pl. 221.

in Karnak, *Pꜣ-šr-Ḫnsw*,

4.30 Sohn des *Ššnq, Jr.tj-r=w* ist der Name seiner Mutter.

La sortie en procession de Ptah-Sokar-Osiris

Formale und inhaltliche Gliederung

Die "Sortie en procession de Ptah-Sokar-Osiris" läßt sich offenkundig in zwei grundverschiedene Hauptabschnitte gliedern:

1. 1.1 - 3.18: ein Ritualtext aus dem Kontext des Osiriskultes: Osiris ist hier der allein angesprochene Gott; weder Ptah noch Sokar, noch die Verbindung Ptah-Sokar-Osiris spielen in diesem Teil eine Rolle.

Dem schließt sich 3.19 - 3.23 ein überleitender Ritualvermerk an, der die beiden Abschnitte miteinander verbindet.

2. 3.24 - 4.26: eine Litanei für Ptah-Sokar-Osiris. Diese ist in sich klar gegliedert in zwei Teile mit einer dazwischenstehenden Überleitung:

a)	3.24 - 4.6:	Anrede an Ptah
	4.7 - 4.8:	Überleitung: Anrede an Ptah-Sokar
b)	4.9 - 4.26:	Anrede an Sokar

In diesem zweiten Abschnitt spielt Osiris - abgesehen von zwei Erwähnungen im Abschnitt 2a - keine Rolle.

Der Gesamttext endet mit dem Kolophon 4.27 - 4.30.

Die im folgenden vorgenommene und erläuterte Binnengliederung des Textes stützt sich sowohl auf mehr äußere, morphologisch-semantische, wie auch auf innere, d.h. inhaltliche, Kriterien.

Die äußeren Gliederungskriterien sind i.d.R. sehr klar zu erkennen: die signifikante Anwendung des Wortes *mj* "komm" und vergleichbare Anreden, häufig direkt gefolgt von einer Selbst-Vorstellung des Sprechers, sowie ein ebenso eindeutig gliedernder Subjekt- = Sprecherwechsel.

Die inhaltlichen Kriterien werden im folgenden für jeden Teilabschnitt einzeln benannt.

Die so gewonnene Gliederung des Textes wird abschließend der aufgrund z.T. andersartiger Kriterien vorgenommenen Gliederung Barguets gegenübergestellt.

1. Das Osirisritual

1. Strophe[62]*: 1.1 - 1.3*

Hier liegt nur der Rest einer Strophe vor, der zudem so gering ist, daß eine sichere Aussage über ihren Inhalt nicht mehr möglich ist. Daß die Zeile 1.1 nicht den Anfang des Textes markiert, steht m.E. außer Zweifel, da eine wie auch immer geartete Einleitung fehlt und die erhaltene Passage mitten in einem Textzusammenhang beginnt.

2. Strophe: 1.4 - 1.12

Äußere Einteilung: Sie ist durch das signifikante "komm zu mir, mein Vater Osiris" in 1.4 und das "mögest du zu mir kommen, mein Vater Osiris" in 1.13 klar markiert.

Inhalt: Horus präsentiert sich dem Osiris als Sohn und als Erbe und zukünftiger Rächer. In einer Selbst-Prädikation schildert er seinen Werdegang: Rettung vor den Feinden; Geburt und Erziehung in den Delta-Sümpfen, also in Verborgenheit; Vorbereitung auf seine Aufgabe, "die Rebellen niederzutreten".

62 Die Bezeichnung "Strophe" gilt im folgenden der Charakterisierung eines aus einer Mehrzahl von Versen bestehenden, durch formale und inhaltliche Kriterien vom Kontext abgrenzbaren Teilabschnitts. Im Gegensatz zur ansonsten gehandhabten Praxis, für die formale Analyse den neutraleren Terminus "Abschnitt" oder "Teilabschnitt" zu verwenden, wird für diesen Text "Strophe" gebraucht: dies zur Vermeidung terminologischer Verwirrungen innerhalb dieses Textes, da Barguet "strophe" verwendet. Der Einfachheit halber beginnt die Strophenzählung mit 1, unabhängig vom möglichen Umfang des davor zerstörten Textes. - Die Versgliederung dieses Textes steht infolge seiner stichischen Schreibung außer Frage. Auf eine erneute Auseinandersetzung mit dem Problem der ägyptischen "Metrik", d.h. mit den diesbezüglichen Untersuchungen insbesondere Fechts, kann und muß in diesem Kontext verzichtet werden. Meine grundsätzlichen Bedenken habe ich in SAK 10, 1983, 79-118 geltend gemacht; dort ist auch die bis dahin zu dieser Thematik erschienene Literatur zusammengefaßt (ergänzend sei auf den Beitrag Fechts im LÄ III, 1127-1154 s.v. "Prosodie" verwiesen); s. jetzt auch Burkard (1993). Daß diese Bedenken auch durch den vorliegenden Text erhärtet werden, sei anhand der Zeilen 1.4 und 2.9 als zwei besonders auffälliger Beispiele belegt:

1.4 *mj-n=j jt=j Wsjr jnk-sꜣ=k Ḥr*
2.9 *mj-n=j jt=j Wsjr jnk-Jnpw sꜣ-Bꜣst.t*

Beide Zeilen bilden in der überlieferten Form nach den Regeln der Metrik strikt verbotene "Fünfheber". Dies darf jedoch kein Grund sein, in diesem grundsätzlich zuverlässig tradierten Text an beiden Stellen einen Überlieferungsfehler anzunehmen und die beiden Zeilen in je zwei Verse zu zerlegen.

3. Strophe: 1.13 - 1.20

Äußere Einteilung: Zum Strophenbeginn s. oben zur 2. Strophe. Das Strophenende wird durch die signifikante Anrede an Osiris in 1.21: "[Oh mein Vater] Osiris ..." (= 4. Strophe) markiert.

Inhalt: Selbstprädikation des Horus als Rächer des Osiris. Er belegt seine Stärke dabei vor allem durch den Vergleich mit Tiermächten: er ist "leuchtend wie der Auslauf des Apis" und vor allem ist er der Falke, der seine Flügel ausbreitet und dessen Krallen den Feind packen.

4. Strophe: 1.21 - 1.26

Äußere Einteilung: Zum Strophenbeginn s. oben zur 3. Strophe; das Strophenende ergibt sich aus dem markanten Beginn der 5. Strophe in 1.27: "[Komm zu] mir, mein Vater Osiris".

Inhalt: Die starken Zerstörungen des Abschnitts erschweren ein Verständnis seines Inhalts. Klar ist, daß Horus weiterhin der Sprecher ist. Wahrscheinlich ist auch, daß die Selbst-Prädikation des Horus hier fortgesetzt wird: Aussagen wie "niederwerfen den Bösartigen" (1.25) oder auch "... Kammer des Osiris" (und nicht: "deine Kammer": 1.24) sprechen dafür, auch wenn das "mögest du veranlassen, daß ich [dich] sehe" in 1.21 - vorausgesetzt, die Ergänzung "dich" ist richtig - den Gedanken an eine darauf folgende Prädikation des Osiris selbst nahelegen könnte.

5. Strophe: 1.27 - 1.32

Äußere Einteilung: s. oben zur 4. Strophe; die Abgrenzung nach unten ergibt sich durch den Neueinsatz "komm doch zu mir" in 2.1.

Inhalt: Auch hier erlauben die Zerstörungen kein gesichertes Verständnis des Inhalts. Es hat jedoch den Anschein, daß zumindest ein Großteil der Strophe der Prädikation des Osiris gewidmet ist: vgl. bes. 1.28 und 1.29. Dies darf an dieser Stelle nicht ohne Berechtigung angenommen werden, da sie in gewisser Weise einen Übergang anzeigt: Während sich der Sprecher bisher ausschließlich mit Horus identifiziert hat, setzt er sich im folgenden, ab 2.1, mit anderen Gottheiten gleich, oder, anders ausgedrückt:

vorher spricht Horus, ab 2.1 sprechen andere Gottheiten: Upuaut, Anubis und nochmals Horus; s. dazu im folgenden.

6. Strophe: 2.1 - 2.8

Äußere Einteilung: Zusätzlich zur schon gewohnten Markierung durch *mj jrk n=j* (2.1) bzw. *mj n=j jt=j Wsjr* (2.9) tritt hier als besonders gewichtiges Indiz der Wechsel des Sprechers hinzu: In dieser Strophe wird Horus durch Upuaut abgelöst.

Inhalt: Der Sprecher ist also nunmehr Upuaut (und nicht, wie Barguet annimmt, Anubis! S. dazu auch weiter unten), der sich hier in seiner Funktion als Schutzgottheit präsentiert.[63] Die Identifikation des Sprechers mit Upuaut ergibt sich z.B. durch 2.3 ("... der Schakal, der eilt bei seinen Schritten") oder 2.4 ("... auf seiner Tragestange"), s. hierzu oben die Übersetzung, bes. mit Anm. 21 (s. dort auch zur Rolle des Upuaut bei den Osirismysterien).

7. Strophe: 2.9 - 2.21

Äußere Einteilung: Auch hier kommen morphologische Merkmale (2.9: *mj n=j ...;* 2.22: *mj jrk n=j*) und ein Wechsel in der Sprecherrolle (ab 2.9 spricht Anubis) als eindeutige Einteilungskriterien zusammen.

Inhalt: Anubis spricht jetzt, wobei er freilich eindeutig Züge des Horus übernommen hat: vgl. bes. 2.10 - 2.13 mit der Empfängnis des Gottes und seiner Geburt im Sumpf.[64]

Die insgesamt 13 Verse dieser Strophe sind in drei Unterabschnitte aufteilbar:

a) 2.9 - 2.13: mythologischer Abschnitt: Empfängnis und Geburt des göttlichen Kindes

b) 2.14 - 2.17: Selbstprädikation des Sprechers als Gott (2.15: "Nachfolger des Re"; 2.16: "Erster der Götter")

c) 2.18 - 2.21: Anubis als "Verklärer" seines Vaters Osiris[65]

63 Diese Funktion ist für Upuaut bereits seit der vordynastischen Zeit belegt; s. dazu zusammenfassend und mit Literaturangeben Graefe in: LÄ VI, 863, s.v. "Upuaut".

64 Über die mögliche synkretistische Verbindung Horus-Anubis sind wir insbesondere durch den P. Jumilhac unterrichtet, s. dazu oben die Übersetzung, Anm. 24 und zusammenfassend B. Altenmüller in: LÄ I, 327-333 s.v. "Anubis".

65 Zu dieser Rolle des Anubis vgl. z.B. Kees in: RÄRG 43, s.v. "Anubis".

8. Strophe: 2.22 - 3.2

Äußere Einteilung: Zum Strophenbeginn s. oben zur 7. Strophe. Das Strophenende wird durch den markanten Neubeginn in 3.3 bestimmt; dort findet ein erneuter Subjektwechsel statt: In der dann folgenden Passage sind Isis und Nephthys die Trägerinnen der Handlung.

Auch der Beginn der 8. Strophe ist durch einen Wechsel des Sprechers geprägt; gleichzeitig findet ein markanter Wechsel in der angesprochenen - und handelnden - Hauptperson statt: vom "ich" zum "du": Bis 2.31 ist durchgehend Osiris der Träger der Handlung bzw. wird Osiris zum Handeln aufgefordert. Das unterscheidet diese Passage von allen vorhergehenden; zwar war auch in der 5. Strophe Osiris direkt angesprochen, dort aber, das steht trotz der Zerstörungen fest, mit einer Reihe von Epitheta, nicht als selbst Handelnder.

Mit 2.32 sind dann Sprecher und Träger der Handlung wieder identisch: Der Sprecher bekräftigt, das Opfer, von dem vorher die Rede war, ordnungsgemäß durchgeführt zu haben und betont abschließend den Segen für das Land, auf dem Osiris ruht.

So einsichtig diese Einteilung an sich ist, so diffus ist auf der anderen Seite die Frage nach dem Sprecher. Die Zeilen 2.23 und 2.24 könnten auf Horus verweisen (bes. 2.24: "... der aus dir hervorkam"), andererseits fällt gerade in 2.23 auf, daß hier von Horus nur in der 3. Person die Rede ist. Es drängt sich daher ein anderer Gedanke auf: Hier spricht bereits, so wie eindeutig am Ende des Osirisrituals ab 3.10, der das Ritual vollziehende Priester. Fast bis zur Gewißheit verstärkt wird dieser Eindruck durch die in 2.32 stehende Aussage: "Ich habe richtig gemacht für dich die Opfer an jeder guten Sache", also Worte, die eindeutig dem Ritualisten zuzuweisen sind.

Inhalt: Auch die 8. Strophe gliedert sich in drei Teilabschnitte:

a) 2.22 - 2.25: Osiris der schöpfende Gott und Vater des Horus

b) 2.26 - 2.29: Osiris der Empfänger des Opfers

c) 2.30 - 3.2: Bestätigung des Opfer-Vollzugs und die daraus resultierende segensreiche Wirkung des Osiris

9. Strophe: 3.3 - 3.8

Äußere Einteilung: s.a. oben zur 8. Strophe. Die 9. Strophe ist dadurch geprägt, daß Isis und Nephthys hier Trägerinnen der Handlung sind. Dies endet mit 3.8; ab 3.9 ist dann wieder Osiris direkt angesprochen.

Inhalt: Im Text spiegelt sich eine spezielle Szene des Ritualablaufs: Der Auftritt der beiden Isis und Nephthys verkörpernden Frauen.

10. Strophe: 3.9 - 3.18

Äußere Einteilung: s.a. oben zur 9. Strophe. Die Blickrichtung hat wieder gewechselt: Osiris ist nunmehr - abschließend - wieder die angesprochene Person. Die beiden Verse 3.17 - 3.18 schließen den eigentlichen Ritualtext ab; das *mj jrk n=j* in 3.17 hat somit hier klar die Funktion des abschließenden, zusammenfassenden Anrufs an Gott und nicht die des Strophenbeginns.

Inhalt: abschließender Anruf an Osiris; Einbeziehung des Ritualisten, der als Gegenleistung für den richtigen Vollzug des Rituals die besondere Gunst des Gottes erbittet.

Ritualvermerk: 3.19 - 3.23

Dieser steht, wie aus seinem Inhalt hervorgeht, nicht am Ende des Osirisrituals, sondern am Beginn der folgenden "Opferlitanei für Ptah-Sokar-Osiris in allen seinen Namen ..." (3.19 - 3.21). Es ist somit davon auszugehen, daß ein Ritualvermerk für das Osirisritual - dessen Existenz vorausgesetzt werden darf - vor diesem, d.h. im heute nicht mehr erhaltenen Teil des Papyrus stand.

Es sei an diesem Schnittpunkt erlaubt, den Blick sowohl zurück auf das Osirisritual, als auch nach vorne auf die Opferlitanei zu werfen. Dabei fallen markante Unterschiede sofort ins Auge:

Formal ist ersteres eindeutig ein Ritualtext, in dem jeweils "ein Handelnder über sich und sein Handeln zum Adressaten spricht."[66] Der zweite Teil entspricht ebenso klar dem Typus der strengsten Form der Litanei, der Opferlitanei (*wdnw*), als die sie auch in 3.19 ausdrücklich bezeichnet wird.[67]

Inhaltlich fällt ebenso klar die Präsenz bzw. Nicht-Präsenz des Osiris ins Auge: Während im ersten Teil ausschließlich Osiris inhaltlicher Mittelpunkt und Ziel von Text und Handlung ist, spielt er in der Opferlitanei so gut wie keine Rolle mehr. Er wird,

66 Zu dieser prägnanten Definition des Sprechbezugs s. Assmann in: LÄ VI, 1001, s.v. "Verklärung".

67 S. zum Begriff "Litanei" zusammenfassend Assmann in: LÄ III, 1062-1066 s.v. "Litanei".

einschließlich des Ritualvermerks, lediglich dreimal genannt, und das nur in Götterverbindungen: Ptah-Sokar-Osiris (3.20 und 3.25) und Ptah-Osiris (3.28).

Auch von daher drängt sich, verstärkt noch durch die Zwischenstellung des Ritualvermerks, der Gedanke auf, daß hier zwei ursprünglich selbständige Einheiten: ein Osiris-Ritual und eine Ptah-Sokar-Litanei (oder eine Ptah- und eine Sokar-Litanei! s. dazu weiter unten) für die Zwecke des Gesamtrituals "La sortie en procession de Ptah-Sokar-Osiris" zusammengefaßt wurden.

2. Die Litanei für Ptah-Sokar-Osiris

Dieser zweite Teil des Gesamttextes ist seinerseits deutlich in zwei Abschnitte gegliedert: in eine Litanei für Ptah (3.24 - 4.6) und eine für Sokar (4.9 - 4.26). Zwischen beiden Teilen, ebenso markant als Übergang bestimmbar, stehen die Zeilen 4.7 - 4.8, in denen Ptah-Sokar angesprochen ist. Die Litanei wurde im Kontext des Rituals vom obersten Vorlesepriester rezitiert (s. 4.23); in der Regel sind derartige Rezitationen von Räucherungen begleitet.[68]

Das Prinzip der Variation beruht, wie Assmann beobachtet hat,[69] vor allem auf der Kulttopographie, wie dies insbesondere im zweiten Abschnitt des vorliegenden Textes, also in der 'Sokarislitanei', deutlich zutage tritt. In der 'Ptahlitanei' liegt die Betonung mehr, oder zumindest auch, auf den verschiedenen Erscheinungsformen dieses Gottes.

Der eigentliche Litaneitext umfaßt insgesamt 35 Zeilen: 15 Zeilen 'Ptahlitanei', 2 Zeilen Übergang und 18 Zeilen 'Sokarlitanei'. Eine Binnengliederung der beiden Teilabschnitte ist innerhalb der Gattung Litanei, zumindest innerhalb so relativ kurzer Textstücke, wohl nicht zu erwarten und in jedem Fall hier nicht zu beobachten.

3.24 - 4.6: die Ptah-Litanei

Mit Ausnahme der beiden schon genannten Zeilen 3.25 (Ptah-Sokar-Osiris) und 3.28 (Ptah-Osiris) wird immer nur Ptah allein angesprochen und mit verschiedenen Epitheta belegt, s. dazu ebenfalls oben. Damit gleicht dieser Abschnitt dem Grundtypus des "Hymnus mit der Namensformel",[70] den aber das davor gesprochene *n* "für"[71] als Litanei

[68] S. hierzu Assmann in LÄ III a.a.O. und Schott (1955), bes. 293.
[69] S. Assmann in: LÄ III, 1062, mit weiteren Literaturangaben in den Anmerkungen.
[70] S. hierzu zusammenfassend und mit weiteren Literaturangaben Assmann in: LÄ III, 104, s.v. "Hymnus".

ausweist. Nur an einer Stelle, in 3.32 ("der das *wḏꜣ.t*-Auge bringt"), ist Ptah als handelnde Gottheit genannt, übrigens auch nur in der Version der Asasif-Papyri, s. dazu oben die Übersetzung mit Anm. 52.

4.7 - 4.8: der Übergang

Diese beiden Verse, die die Konstellation Ptah-Sokar ansprechen, bilden eine Art Scharnier zwischen der Ptahlitanei und der Sokarlitanei. Diese Scharnierfunktion wird bei einem näheren Blick auf die verwendeten Epitheta besonders deutlich: In beiden Versen wird nichts Neues oder Einmaliges gesagt: 4.7 nimmt mit *ḥrj s.t wr.t* den ersten Vers der Ptahlitanei, 3.24, wieder auf; 4.8 nimmt seinerseits mit *(ḥrj-jb) štꜣj.t* das Stichwort des in 4.9 folgenden ersten Verses der Sokarislitanei voraus. Ob dies im Rahmen einer einheitlichen Konzeption so geplant war, oder ob dies als Indiz dafür zu werten ist, daß dieses Scharnier zwei ursprünglich selbständige Einheiten nachträglich zusammenfügt, ist vorerst nicht eindeutig zu beantworten; s. jedoch unten zum Schlußvermerk.

4.9 - 4.26: die Sokaris-Litanei

In diesem Abschnitt ist ausschließlich Sokar als selbständige Gottheit angesprochen, wobei, von wenigen Ausnahmen abgesehen (etwa 4.22; 4.23; 4.25), die Epitheta durch kulttopographische Aspekte bestimmt sind, s. dazu oben.

4.27 - 4.30: der Schlußvermerk

Er entspricht im P. Louvre dem "Standard" mit Nennung des Schreibers, seiner Titulatur und seiner Filiation. Vermutlich war das Ende der Asasif-Handschrift ebenso gestaltet: ein Fragment enthält möglicherweise Reste des Schlußvermerks.[72]

Von besonderem Interesse ist im Schlußvermerk die Formulierung in 4.27: ... *m pꜣ sḫꜥ Skr* "... mit dem (Ritual des) Erscheinen(s) des Sokar": weder Osiris, dem der gesamte erste Abschnitt des Textes gewidmet ist, noch Ptah sind erwähnt. Dadurch wird eine oben bereits angedeutete Vermutung verstärkt: der Gedanke an die Möglichkeit,

[71] S. hierzu oben die Übersetzung mit Anm. 46): in Barguets Transkription und Übersetzung fehlt das *n*.

[72] S. dazu Burkard (1986), 58, Taf. 44b, fr. 7 und S. 56 mit Anm. 26.

daß hier zwei oder gar drei aus anderen Kontexten kommende bzw. selbständige Einheiten zusammengefaßt wurden. Die Bestimmung dieser anderen Kontexte erscheint relativ problemlos: der erste Abschnitt bezeigt deutlich seine Herkunft aus dem Kreis der Osiris-Rituale, ohne einen Bezug zu anderen Gottheiten. Das Gleiche gilt, sei es für Ptah-Sokar, sei es für Ptah und Sokar, für den zweiten Abschnitt. Der Schlußvermerk wäre in diesem Fall vom zweiten (Ptah-Sokar) oder sogar vom dritten Abschnitt (Sokar allein) unter den Gesamttext übernommen worden.

Diese beiden Gesichtspunkte: der (stärker wiegende) inhaltliche und der äußere der Formulierung des Schlußvermerks, geben der Annahme der Zusammenfassung ursprünglich selbständiger Einheiten einiges Gewicht. Daß hier nicht andererseits unterschiedliche Texte im Rahmen der sekundären Verwendung für ein Totenbuch ohne einen bestimmten Zusammenhang nacheinander abgeschrieben wurden, unterliegt freilich keinem Zweifel: dies zeigt zum einen die verbindende Ritualanweisung in 3.19 - 3.22, zum anderen die Tatsache, daß auch die Asasif-Version trotz ihres fragmentarischen Zustandes die Abfolge des gleichen Gesamttextes belegt.

Weitergehende Vermutungen, etwa der Versuch einer lokalen Differenzierung (Ptah/Sokar = Memphis?) wären im vorliegenden Kontext und in diesem Rahmen nur Spekulation, die deshalb zunächst auf sich beruhen mag.

Wie eingangs bereits angekündigt, sei im folgenden noch die oben erläuterte Einteilung des Textes der durch Barguet vorgenommenen gegenübergestellt. Barguets Gliederung stimmt, dies sei grundsätzlich vorweggenommen, in großen Teilen mit der von mir vorgenommenen überein, weicht jedoch verschiedentlich auch deutlich ab.

Barguet teilt den Text folgendermaßen ein:

I. 1. Gruppe: col. 1: Horus spricht; 9, 14, 6 Verse

II. 1. Gruppe: col. 2, 1. Hälfte: Anubis spricht; 8, 13, 4Verse

III. Opfertext ('texte d'offrandes') für Osiris, mit einer Verklärung endend, samt einem persönlichen Gebet des Rezitierenden: col. 2, 2. Hälfte bis col. 3, 1. Hälfte

IV. Opferlitanei ('litanie d'offrandes') für Ptah-Sokar-Osiris

Insbesondere die schematisierte Einteilung nach der Person des Sprechers in col. 1-2 ist problematisch, zumal sie ab col. 2 Mitte offenbar nicht fortgeführt wird. Zum Abschnitt "Anubis spricht" s. unten; doch ist auch die Zuweisung von col. 1 an Horus so nicht korrekt und in ihrem implizierten Schematismus irreführend: Die von Barguet (und daher, der einheitlichen Zitierweise wegen, auch hier) so bezeichnete col. 1 ist sicher nicht die erste Kolumne des vorliegenden Textes. Z. 1 erfüllt in keiner Weise die Voraussetzungen für die erste Zeile eines Textes: Sie ist weder eine Überschrift, noch der Beginn einer Ritualanweisung, auch nicht der Beginn einer Strophe. Wie oben in der ausführlichen Gliederung belegt, beginnt jede Strophe dieses Textes mit einer typischen Anrede an Osiris, und das ist hier nicht der Fall. Im übrigen liegt in 1.4 (in Übereinstimmung mit Barguets Einteilung) ein Strophenbeginn vor; die vorausgehenden drei Zeilen können schon vom Umfang her keine eigene Strophe bilden.

Eine weitere Beobachtung kommt hinzu: In der Version der Asasif-Papyri sind einige Fragmente erhalten, die der Handschrift nach zweifelsfrei zum gleichen Papyrus gehören, die aber mit dem im Louvre-Papyrus erhaltenen Text keine Parallele bilden. Auch wenn nicht ausgeschlossen werden kann, daß sie zu einem anderen, von der gleichen Hand niedergeschriebenen Kontext gehören, ist andererseits nicht auszuschließen, daß sie Bruchstücke des im Louvre-Papyrus nicht erhaltenen Textbeginns darstellen.[73]

Aus all dem ist zu schließen, daß der Text ursprünglich einen größeren Umfang hatte, als er heute erhalten ist, m.a.W.: im Louvre-Papyrus fehlt am Beginn mindestens eine Kolumne Text, der in den in col. 1-4 erhaltenen Gesamt-Zusammenhang gehört.[74]

Den Text von col. 1 teilt Barguet in drei Strophen ein. Strophe 1 entspricht dabei der Strophe 2 meiner Gliederung (1.4 - 1.12). Die vorausgehenden Zeilen 1-3 (von mir als Rest von Strophe 1 gezählt) rechnet Barguet also auch nicht zu dieser Strophe; allerdings fehlt auch jeder Hinweis darauf, welche Rolle im Text er ihnen zuweist. Daraus ergibt sich ein von ihm nicht geklärter Widerspruch zu seinem Postulat, daß dieser Text komplett erhalten sei, s. weiter unten.

Strophe 2 Barguets entspricht meinen Strophen 3 und 4. Seine Einteilung erfolgte aufgrund der von ihm formulierten Voraussetzung, daß jede Strophe durch ein "komm zu mir, mein Vater Osiris" eingeleitet werde.[75]

In der Tat ist diese Einleitung häufig anzutreffen, sie bildet jedoch nicht die ausschließliche Markierung für einen Strophenbeginn; weder innerhalb der - von Barguet so ge-gliederten - Sprechabschnitte für Horus und Anubis, noch gar im Osirisritual insgesamt ist dies der Fall: s. hierzu meine Bemerkungen eingangs dieses Kapitels.

Im vorliegenden Fall erfolgte meine Einteilung aufgrund der auch ohne *mj* "komm" signifikanten Anrede an Osiris.

73 S. dazu auch Burkard (1986), 55, Nr. 8.

74 Barguet (1962), VIII nimmt zwar ebenfalls an, daß die Handschrift an sich unvollständig ist, weist den verlorenen Beginn aber ausdrücklich einem anderen Kontext zu.

75 Barguet (1962), 3

Barguets Strophe 3 stimmt wieder mit meiner Einteilung (meiner 5. Strophe) überein.

Barguets Strophe 4 und 5 entsprechen meinen Strophen 6 und 7, allerdings besteht in Strophe 6 (=Barguet 4) ein erheblicher Unterschied in der Interpretation: Nach Barguets schematischer Einteilung beginnt hier der Part, den Anubis spricht, nach meinem Verständnis spricht hier Upuaut: s. dazu meine Bemerkungen oben zur 6. Strophe und die Übersetzung mit Anm. 21.

Die weitere Gliederung des Osirisrituals durch Barguet ist mit zusätzlichen Unklarheiten belastet und auch innerhalb seiner Publikation widersprüchlich: Folgt man seiner Verszählung auf S. 4, dann beginnt (nach seiner Strophe 6) in col. 2, Z. 26 der Opfertext für Osiris, dem bis zur Mitte von col. 3 der Verklärungstext und das persönliche Gebet folgen, s. oben. In der Zusammenfassung (S. 59) dagegen postuliert er eine klare inhaltlich-formale Gliederung, die den Kolumnengrenzen entspricht: "col. I: Horus récitant; col. II: Anubis récitant; col. III-IV: invocation du prêtre récitant et litanie d'offrandes".

Da er der dritten Strophe des Anubis nur vier Verse zumißt, muß davon ausgegangen werden, daß entgegen der zuletzt zitierten schematischen Einteilung mit 2.26 ein neuer Abschnitt, eben der Opfertext für Osiris beginnt. Diese Gliederung ist jedoch sicher nicht haltbar:

Zum einen ist kein Grund zu erkennen, warum der Sprecherpart des Anubis über 2.21 hinausreicht: Mit 2.23 und 2.24 wird einerseits durch die Nennung des Horus eindeutig nicht mehr auf Anubis Bezug genommen, andererseits liegt aus inhaltlichen Gründen der Gedanke näher, daß hier bereits der Ritualist spricht, s. meine Erläuterungen oben zur 8. Strophe. Zum anderen ist es in keinem Fall gerechtfertigt, mit 2.26 einen neuen Abschnitt zu markieren: Der Aufruf an Osiris, dem Sprecher gnädig gesinnt zu sein und das Opfer anzunehmen, beginnt spätestens mit 2.24; die Passagen 2.24: *ḥtp=k n=j;* 2.26: *šsp=k ʿbw=j;* 2.27: *sẖm=k m šbw;* 2.29: *jḥ=k m mrrw=k* sind zudem so eindeutig parallel konstruiert, daß es allen Grund gibt, sie innerhalb einer Einheit zu sehen.

Die 9. Strophe meiner Einteilung stimmt ebenfalls nicht mit der Barguets überein. Er verzichtet zwar ab dem Ende seiner 6. Strophe, d.h. ab dem Ende des Teiles, in dem seiner Meinung nach Anubis spricht, auf eine detaillierte Gliederung; doch sind in seiner Übersetzung die Zeilen 3.2/3.3 nur durch ein Semikolon getrennt.

Auf den markanten Subjektswechsel hin zu Isis und Nephthys in 3.3 wurde oben bereits verwiesen. Zum anderen ist die inhaltliche Aussage der ganz sicher zusammengehörenden Zeilen 3.1 und 3.2 die eines abschließenden Ausblicks auf die positive

Wirkung nach der richtigen Durchführung des Opfers; die beiden Zeilen sind also dem vorausgehenden Abschnitt zuzuordnen.

Der letzte Abschnitt - meine Strophe 10 - wird von Barguet ebenso eingeteilt, wie aus seiner Übersetzung hervorgeht: dort steht die Z. 3.9 am Beginn eines neuen Absatzes.

Die weitere Einteilung des Textes bietet dann aufgrund ihrer Evidenz keine Probleme mehr und weist keine Unterschiede in der Gliederung auf.

Abschließend sei das Ergebnis meiner Gliederung schematisch zusammengefaßt:

1.1 - 1.3	Strophe 1	unklarer Kontext	x+3 Verse
1.4 - 1.12	Strophe 2	Horus spricht als Sohn und Erbe	9 Verse
1.13 - 1.20	Strophe 3	Horus spricht als Rächer	8 Verse
1.21 - 1.26	Strophe 4	Horus spricht; unklarer Kontext	6 Verse
1.27 - 1.32	Strophe 5	Sprecher unklar; Prädikation des Osiris	6 Verse
2.1 - 2.8	Strophe 6	Upuaut spricht als Schutzgott	8 Verse
2.9 - 2.21	Strophe 7	Anubis spricht als Osiris-Sohn	13 Verse
2.22 - 3.2	Strophe 8	der Priester (Horus?) spricht zum Opfervorgang	14 Verse
3.3 - 3.8	Strophe 9	Isis und Nephthys sprechen als Verklärerinnen	6 Verse
3.9 - 3.18	Strophe 10	der Priester spricht zu Osiris	10 Verse
3.19 - 3.23	Ritualvermerk; keine Verseinteilung		
3.24 - 4.6	Ptah-Litanei		15 Verse
4.7 - 4.8	Überleitung: Ptah-Sokar		2 Verse
4.9 - 4.26	Sokar-Litanei		18 Verse
4.27 - 4.30	Schlußvermerk; keine Verseinteilung		

Papyrus des *Ns-bꜣ-nb-ḏd* II

Das Sokarisritual

Übersetzung

Ritual für das Hinausbringen des Sokaris aus dem[1] *štꜣj.t*-Schrein.[2] Zu sprechen:

Oh du (mit der weißen Krone) Gekrönter[3], als du herauskamst aus dem Leib,

oh du ältester Sohn des Ersten Anfänglichen[4]

oh Herr von Gesichtern,[5] zahlreich an Gestalten,[6]

oh Bild(?)[7] aus Gold in den Tempeln,

[1] Zur Übersetzung "hinaus aus" von *r bnr n* s. auch Gaballa-Kitchen S. 55, Anm. 4; auch Goyon übersetzt (S. 65) "du".

[2] Die genaue Lage des Sokaris-Heiligtums *štꜣj.t* oder *šṯj.t* in der memphitischen Gegend ist noch immer nicht bekannt. Vgl. Vandier (1961 B), 111-114. Gaballa-Kitchen (S. 46) plädieren für eine Lage in der Nähe des Ptah-Tempels; Brovarski in: LÄ 5, 1058 s.v. "Sokar" vermutet, daß das *štꜣj.t* eine unterirdische Krypta war.

[3] *sṯnw* von *sṯnj* "erheben, krönen"; die Übersetzung "mit der weißen Krone" ergibt sich aus dem Determinativ.

[4] Mit *pꜣw.tj tpj* ist Re gemeint; vgl. etwa P. Bremner-Rhind 33.1 (Apophisbuch). Der Hinweis Goyons (S. 89, n. 3) auf *Šw* ist nicht ganz korrekt: Urk. VI, 11,2 steht *<sꜣ> smsw n nb-r-ḏr*.

[5] Zu *nb ḥrw* s. Goyon 89, Anm.4. Vgl. auch Assmann (1969), 205, Nr. 31: die Mehrzahl von *ḥrw* bedeutet danach eine "Potenzierung der Mächtigkeit und blickhaften Ausstrahlung" des Gottes.

[6] *ḫpr* "Verkörperung" als die kosmische Dimension der Gottesvorstellung, vgl. Assmann (1980), S. 50. Zu *ḫprw* als "geistigem Symbol", d.h. als etwas Nicht-Stofflichem, vgl. Assmann (1969), S. 43. - Es ist zu überlegen, ob *nb ḥrw* zur gleichen Dimension gehört oder zur kultischen/lokalen Dimension (*jrw*); diese wird allerdings im folgenden Vers angesprochen. Vgl. jetzt auch Assmann (1984), 76-77.

[7] Graefe (1979), 112, Anm. am) schlägt vor, *rr* zu lesen und übersetzt "Halsband". Aufgrund seiner Hinweise auf das Demotische und Koptische dürfte dem zuzustimmen sein. Die Übersetzung ist allerdings fraglich. Aus dem Kontext hier könnte man entnehmen, daß eine Bedeutung in Richtung "Bild, Standbild", evtl. auch "Geschmückter" o.ä. zu suchen ist. - Goyon (S. 89, Anm.5) liest noch *pḫr*. Er denkt an eine (Holz-)Statue, umgeben (=*pḫr*) von Gold. Sokaris war im AR speziell auch Patron der Metallarbeiter, s. Brovarski in: LÄ 5, 1056, s.v. "Sokar". Ob *rr* daher im Kern einen "Gegenstand aus Metall" bezeichnet?

oh Herr der Lebenszeit, der die Jahre verleiht,

oh Herr des Lebens in Ewigkeit,

oh Herr von Millionen, zahlreich an Zehntausenden,[8]

oh du Leuchtender beim Aufgehen und Untergehen,[9]

oh du, dem die Kehle[10] geheilt wurde,[11]

oh Herr der Furcht, groß an Schrecken,

oh Herr von Gesichtern, zahlreich an Uräen,[12]

oh du, der erscheint in der weißen Krone, Herr der *wrr.t*-Krone,[13]

oh du erhabenes Kind des Horhekenu,[14]

oh du Ba des Re[15] in der Barke der Millionen,

oh du Bild eines Ermatteten[16], komm zu deinem *štꜣj.t*-Schrein,

[8] Nach Faulkner (S. 14) sind, nach P. Chester Beatty IX, rto 3.3, Opfer gemeint. Im P. Louvre 3079 steht *ḥtpw* statt *ḥfnw*; dieses Wort ist vielleicht zur Präzisierung (als ursprüngliche Glosse?) in den Text gelangt.

[9] Gegen Faulkner (S.12) und Goyon (S. 65) ("aufgehen in Frieden") übersetze ich so, vgl. Wb I, 293,14.

[10] Die Schreibung *jḥ.tj für *ḥtj.t* ist gut belegt, s. Wb III, 181.

[11] Diese Übersetzung ist wohl sinnvoller; Faulkner (S.12): "oh thou who healest for thyself (thy?) throat"; aber was soll das bedeuten? Sein Hinweis (S. 14) auf Lamentations 1, 7-8 erbringt nichts: "he whose throat is constricted". Goyon übersetzt (S. 66): "o celui dont la gorge a été soulagée". Die Kehle ist die Osirisreliquie, die dem 15. o.ä. Gau zugerechnet wird, z. zuletzt Beinlich (1984), 230-232. Sokaris ist hier also in seiner Osiris-Relation angesprochen.

[12] Für Osiris sind "zahlreiche Uräen" gut belegt, meist um die zehn, aber auch 377, vgl. Derchain (1965), 184, n. 178.

[13] *wrr.t* kann die oberägyptische Krone sein, aber auch die Doppelkrone, je nach dem Determinativ; im P. BM ist es die oberägyptische Krone, im P. Louvre und hier steht die Uräusschlange als Determinativ.

[14] Horhekenu ist die lokale Erscheinung des Horus in Bubastis, als Sohn der Bastet. In Abydos ist er eine Erscheinungsform des Nefertem und damit eines Beschützers des Sokaris, und weiteres, s. Goyon 90, n. 10. Den Namen übersetzt Hornung (1963), Teil 2, 22: "Horus welcher preist"; er zitiert allerdings auch abweichende Meinungen.

[15] Der Ba des Re ist Osiris-Phoenix in der Re-Barke, s. Goyon 90, n. 11.

[16] "Bild eines Ermatteten" in Anlehnung an die Übersetzung Goyons: "Celui-qui-est-dans-l'abattement" (S. 66); so wohl besser als Faulkners "weary leader" (S.13).

oh Herr der Furcht, der aus sich selbst entstanden ist,

oh Herzensmüder, komm zu deiner Stadt,

oh du, der Trauer(?)[17] hervorruft, komm zu deiner Stadt,

oh du Liebling der Götter und Göttinnen,[18]

oh du großer Ertrunkener,[19] komm zu deinem Platz,

oh du, der in der Unterwelt ist, komm zu deinen Opfern,

oh du, der sich selbst beschützt, komm zu deinen Tempeln,

oh du, der die *knm.tjw*-Statue stärkt[20], bis die Sonnenscheibe (wieder) leuchtet,

oh du erhabene *kkw*-Pflanze des Großen Hauses,

oh du, der das Seil der Nachtbarke dreht,[21]

oh du Herr der Henu-Barke, der sich verjüngt im *štꜣj.t*-Schrein,

oh du wirksame Macht,[22] die in der Nekropole ist,

oh du erhabener Prüfer von Ober- und Unterägypten,[23]

oh du Verborgener[24], den die Rechit nicht kennen,

oh du Erwachender[25], der in der Unterwelt ist, um die Sonnenscheibe zu sehen,

[17] Nach Goyon S. 66; sein Beleg (S. 90 n. 13): Schott (1954 B), 54, ist allerdings nicht richtig; vgl. evtl. Wb I, 118,2-4: *jḫj* "klagen, Klage" etc.

[18] Bezeichnung für den wieder auferstandenen Osiris, s. Goyon 90, n. 40.

[19] Bzw., mit P. Berlin 3057 und NY: *n(n) mḥw* "der nicht (mehr) ertrunken ist"? vgl. Goyon 90, n. 15.

[20] Mit Goyon 66; allerdings muß dann wie in L. 3135 *srwḏ* gelesen werden.

[21] Wohl so zu übersetzen und nicht wie Goyon (S. 66: "hale"); vgl. Faulkner (1972), 61-62, n.13: es liegt *nꜥj* "drehen" (eines Seiles) vor, das in den Hss zum geläufigeren *nꜥj* "fahren" verderbt ist.

[22] In L. 3135 steht in der Tat das erforderliche *pꜣ bꜣ*; hier wäre der Plural "oh ihr wirksamen Mächte" nicht am Platz, da ja Sokaris angesprochen ist.

[23] Nach Goyon (S. 91, n. 22) Funktion des Osiris-Phoenix.

[24] Nach Goyon (S. 91, n. 23) wird dieses Epitheton des Amun gelegentlich für Osiris-Sokar verwendet.

oh Herr der großen Atefkrone[26] in Herakleopolis[27],

oh du, der groß an Ansehen ist an der Spitze von Naret[28],

oh du, der in Theben ist, grünend[29] in Ewigkeit,

oh Amunrasonther, der sein Fleisch stark macht beim Aufgehen <in> Frieden[30],

oh du, der verdoppelte die Opfer und die Gaben[31] von Rosetau,

oh du, der die Uräusschlange auf das Haupt ihres Herrn gibt,

oh du, der die Erde befestigt an ihrem Platz,[32]

oh du, der den Mund der vier großen Ba's öffnet,[33] die in der Nekropole sind,

oh lebender Ba des Osiris, der erscheint als Mond,

oh du, dessen Körper verborgen ist im großen *Štꜣj.t*-Heiligtum in Heliopolis,

oh du Göttlicher, Verborgener,[34] Osiris in der Nekropole,

oh du, dessen Ba im Himmel ruht, während seine Feinde gefallen sind.

Es sagt zu dir deine Mutter Isis: Der Lärm des Jubels (ist) auf dem Fluß,[35]

25 Möglich, wenn auch weniger wahrscheinlich, ist auch "oh du, der aufweckt den, der ..."; oder auch, mit Goyon, "Wächter" ("veilleur", s.S. 66).

26 *ꜣtf wr* und nicht *wr m* mit Goyon 91, n. 25.

27 Herakleopolis ist Krönungsort des Osiris.

28 *nꜥr.t* ist der 20. o.ä. Gau, also der herakleopolitanische.

29 In L. 3135 steht *n ꜣḫꜣḫ; n* ist wohl mit P. Bremner-Rhind zu streichen.

30 *ḥtpw* ist möglicherweise auch als Infinitiv aufzufassen: "beim Aufgehen und Untergehen"; oder auch als Pseudopartizip: "indem er zufrieden ist".

31 *jmnw* und *ḥtpw* mit Faulkner (S.13) parenthetisch aufgefaßt.

32 Dies ist zunächst die Aufgabe des Schu, später auch des Osiris, s.a. Goyon 92, n. 30.

33 Nach dem Text der anderen Hss; hier steht ein trotz der Lücke eindeutig erkennbares *rꜣ=k n ...* "deinen Mund zu ...", aber das ist sicher nicht richtig.

34 *nṯrj* und *jmnw* sind beide sicher adjektivisch zu verstehen; in L. 3135 steht auch eindeutig die Endung *j* in *nṯrj*.

35 Im P. Bremner Rhind steht ab hier ein längerer Kontext nicht mehr in stichischer Schreibung. Es besteht aber deshalb kein Anlaß, das Folgende mit Faulkner (S. 12) als "prose re-

45 es teilt der reine *3bḏw*-Fisch (das Wasser)[36] vor der Barke des Re,

die Herrin des Gehörns ist entstanden[37] in Freude, das Ei[38] ist entstanden(?) im Flußarm,

die abschneidet[39] die Häupter der Rebellen in ihrem Namen Herrin von Aphroditopolis,

die Herrin des Gehörns ist gekommen in Frieden[40] in ihrem Namen Hathor, Herrin des Türkis[41],

die Herrin von Theben ist gekommen in Frieden in ihrem Namen Hathor, Herrin von Theben,

50 sie ist gekommen in Frieden <als(?)> *T3j.t* in ihrem Namen *Nb.t-ḥtp.t*,

sie ist gekommen in Frieden(?)[42], um zu fällen die Rebellen in ihrem Namen Hathor, Herrin von Herakleopolis,

das "Gold" ist gekommen in Frieden in ihrem Namen Hathor, Herrin von Memphis[43],

du läßt dich nieder an der Seite des Allherrn in deinem Namen Hathor, Herrin des roten Sees,[44]

cital" aufzufassen. Faulkner verzichtet auch in der Übersetzung auf eine stichische Schreibung. Die übrigen Hss, auch die vorliegende, zeigen, daß der Verzicht auf die stichische Schreibung eine Besonderheit des P. Bremner-Rhind ist.

36 Es ist wohl *pḫ3* zu lesen und nicht *pḫ3 mw*; P. Bremner-Rhind schreibt ausdrücklich so, und in L. 3135 steht zwar 𓈗 , aber dort als einziges Determinativ.

37 "entstanden" ist fraglich; besser wohl Goyon S. 68: "se manifeste"; Faulkner S. 13: "is come into being".

38 *swḥ.t* ist nach Goyon 92, n. 37 ein Beiname der Hathor.

39 Faulkner übersetzt S. 13: "... are cut off"; aber in den Versen mit dieser "Namensformel" ist eher zu erwarten, daß am Anfang die benannte Person als handelnd genannt ist.

40 Die Schreibung von *ḥtp* basiert auf akrophonischem *ḥ3.t*, und 𓎛IIII III ist "der Körperteil mit den sieben Öffnungen" = *tp* "Kopf": --> *ḥtp*, zu *tp* s. Sauneron (1963), S. 61, n.3.

41 Bzw. einer *mfk3.t* genannten Gegend im Sinai, wohl um Serabit el Kadim.

42 *ḥ3.t* steht wohl für die spielerische Schreibung von *ḥtp*, s. oben Anm. 40, hier nur unvollständig.

43 *jnb* ist nach Goyon 93, n. 45 Abkürzung für *jnbw-ḥḏ*.

44 Goyon faßt (S. 68) v. 53/54 als konsekutives Satzgefüge auf, so daß die Übersetzung lauten würde: "wenn du dich niederläßt ..., dann ..."; aber das ist nicht notwendig, ein Konsekutivsatz in diesem Kontext wäre zudem ungewöhnlich.

es erscheint die Goldene an der Seite ihres Vaters in ihrem Namen Bastet,

die nach oben(?) geht[45] an der Seite des *pr-wr* in ihrem Namen *Šsm.t*(?)[46],

die die beiden Länder ergrünen läßt und die Götter leitet in ihrem Namen *W3ḏ.t*,

es hat Macht Hathor über die Rebellen gegen ihren Vater in ihrem Namen Sachmet,

es hat Macht die Schöne über das Schöne in ihrem Namen Herrin von Imau,

Myrrhe ist auf ihrem Scheitel in ihrem Namen Neith.

60 - 69 Die Götter schützen ihn(?)[47]

Preis sei dir, Hathor, Herrin von Theben,

Preis sei dir, Hathor, Herrin von Herakleopolis,

Preis sei dir, Hathor, Herrin von Nehet,

Preis sei dir, Hathor, Herrin von *Rḥs*,

Preis sei dir, Hathor, Herrin des Türkis,

Preis sei dir, Hathor, Herrin von Memphis,

Preis sei dir, Hathor, Herrin von Wawat,

[45] Goyon (S. 68): "s'avancant avec ceux-d'en-haut"; aber ob das die Schreibung zuläßt, vor allem die des P. Bremner-Rhind: 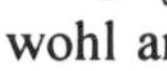 ?

[46] Mit Goyon (S. 93, n. 47) ist wohl an *Šsm.t* statt des überlieferten *Sṯ.t* zu denken, wegen des Wortspiels mit *šm*; s.a. Gaballa-Kitchen (1969), 63, Anm. 1: danach hat Satis in einem memphitischen Ritual keinen Platz.

[47] *nṯrw ḥr mk.t=f* steht in senkrechter Zeile; die Worte sind in den Zeilen 61 - 69 nach jedem Vers zu sprechen. Nach Goyon (S. 93, n. 50) bezieht sich das *=f* sicher auf Sokaris; auch Faulkner übersetzt (S. 13): "the gods, (each) in his place". Zur obigen Übersetzung ist zu bemerken: In allen Hss steht *mk.t* mit Determinativ 𓊌 , also "Stelle, Platz"; es ist dennoch aus inhaltlichen Gründen zu überlegen, ob nicht *mkj* "schützen" (mit femininem Infinitiv *mk.t*) oder auch das Nomen *mk.t* "Schutz" vorliegt: "Die Götter schützen ihn" bzw. "... sind bei seinem Schutz" erscheint wegen des Suffixes *=f* (und nicht *=sn*) sinnvoller; s.a. Goyon S. 68: "(et) que les dieux le protègent!"

Preis sei dir, Hathor, Herrin von Imau,[48]

Preis sei dir, Hathor, Herrin der Sechzehn(?)[49],

Preis sei dir, Hathor, Herrin von *Nfr-wsj.*

Ihr neun 'Freunde', kommt, indem eure Arme unter eurem Vater Sokar-Osiris sind,[50]

(und unter dem Osiris NN. ebenso),

wenn der Gott kommt, Festruf[51], viermal.

Oh <König, triumphiere, triumphiere,> Herrscher,[52]

oh wie angenehm ist der Duft, den du liebst,

oh mögest du leben, mögest du leben, in Ewigkeit,

oh mögest du triumphieren in ewiger Dauer,[53]

oh möge die Erde geküßt und mögen die Wege geöffnet werden,[54]

48 In den übrigen Hss folgt ein weiterer Vers, der hier nicht belegt ist: *... nb.t jm.t* "(Preis sei dir, Hathor,) Herrin von Imet", vgl. Goyon S. 68.

49 S. Goyon, S. 94, n. 54: "16" stehe hier möglicherweise kryptographisch für ein Wort, das "Freude" o.ä. ausdrückt; allerdings ist sicher auch ein geographischer Bezug erforderlich, wie sonst durchgehend in diesem Abschnitt; Goyon a.a.O. verweist auf einen Zusammenhang mit dem Gau von Edfu (Lykopolites), in dem Hathor eine besondere Rolle als "Herrin der Sechzehn" spielt. - Sehr viel plausibler erscheint jedoch ein anderer Bezug: Die großen Osirisfeste wurden, zumindest in römischer Zeit, vom 12. - 30. Choiak in den Hauptstädten von 16 Gauen gefeiert, in denen die Überreste von 16 Gliedern des Gottes gefunden wurden, s.u.a. Barguet (1962), 25. Von diesen 16 Gauen ist hier wohl die Rede, so daß auch hier der erforderte geographische Bezug gegeben ist.

50 Ritualanweisung an die Träger der Barke. Die "neun Freunde" stimmen zahlenmäßig zwar nicht mit der entsprechenden Abbildung in Medinet Habu überein, wo 16 Träger dargestellt sind (vgl. Wohlgemuth (1957), 55; Gaballa-Kitchen (1969), 6; aber die Zahl neun ist aus einem anderen Grund sinnvoll: Goyon verweist (S. 94, n. 56) darauf, diese Zahl sei "correspondant à celui des corporations divines", unter Verweis auf Alliot (1949-1954), 780; s.a. Barguet (1962), 56, n. 1. Mit der Zahl neun liegt also ein Bezug zu den "Neunheiten" der Götter vor.

51 So o.ä.; vgl. Goyon S. 94, n. 57: *sꜣ-tꜣ* "cris de fête".

52 Zu dieser Stelle s. Goyon S. 94 - 95, n. 58.

53 Die Medinet-Habu-Version hat *jw(?) ḥbw=k ḏ.t* "mögen deine Feste ewig dauern", der Satz gehört also zum vorhergehenden. Die Version der Papyri ist im Interesse der Durchgängigkeit der mit *j* eingeleiteten Anrufungen vorzuziehen.

54 Goyon übersetzt S. 69 in der ich-Form, weil in P. Louvre I. 3079 *wbꜣ=j* steht; aber das ist wohl nicht notwendig; daß andererseits der Gott selbst als Handelnder angesprochen wird

oh mögest du dauern im oberen Djedet,[55]

oh Gott, mögest du hören den Festruf und den Jubel,

mögest du hören den Festruf im Munde der Gottesgaue,[56]

oh, einer, der in <seine Aufgabe> eingeführt ist, Sohn eines Propheten,[57]

oh, es wird (der Ritus) *stp-sꜣ* vollzogen, so wie du es gesagt hast (?),[58]

oh, siehe mich, Pharao[59], beim Tun dessen, was du liebst,

oh, siehe mich, Pharao, beim Tun dessen, was du lobst,

oh du Sitzender, komm doch, du Herzensmüder,

oh, der Sohn eines Propheten ist es, der die Festrolle vorgelesen hat,[60]

("oh du, der ..."), ist auszuschließen. Die Ich-Form ist auch in Medinet Habu belegt, wo der König als Handelnder fungiert. Da die Handlung nur vom Vollzieher des Rituals ausgeführt werden kann, ist diese Version vielleicht sinnvoller als die unpersönliche. In unserem Papyrus ist freilich kein Suffix belegt. - In Medinet Habu folgt noch *ḥs.tjw(?) ꜣbḏw* "Ihr Gelobten(?) von Abydos".

55 Diese Zeile fehlt in Medinet Habu. Zu den Unterschieden in den beiden Versionen hat Wohlgemuth (1957), 67ff. ausführlicher Stellung genommen. Er hält die Fassung der Papyri für die originale, der Text von Medinet Habu sei einer Redaktion unterzogen worden. Zur Diskussion der Bedeutung von *ḏd.t* > *ḏdj.t* = Nekropole von Memphis s. Wohlgemuth S. 72-76.

56 Die Zeile 79 ist in unserem Papyrus in zwei Zeilen unterteilt; vielleicht ist aber doch nur ein Vers anzunehmen, da diese zweite Zeile nicht mit der Anrede *j* beginnt. Goyon übersetzt S. 69: "... autres dieux" und verweist auf Daumas (1952), 25 d; dort ist aber "les dieux des nomes" übersetzt; nur in einem griechischen Text steht stattdessen: τῶν ἄλλων ναῶν "der anderen Tempel". Anlaß für die Verwirrung in den Hss könnte eine frühe Verderbnis sein, vgl. etwa die Version von Medinet Habu:  *j m(?) hj(?)* "oh komm, sei froh(?)"; möglicherweise ist auch diese Version bereits verderbt; immerhin findet sich dort ein Hinweis auf das hier ebenfalls zu erwartende *j*. Ob dieses vor *sḏm=k* zu ergänzen ist und das gleichzeitig die einzige erforderliche Textemendierung wäre?

57 Goyon übersetzt (S. 69) in der ich-Form; aber das steht genau genommen nicht da; die Belege für seine Emendation zu *jrr=f* sind überzeugend. Diese Zeile beinhaltet die Selbstvorstellung des Ritualisten, vgl. etwa Wohlgemuth (1957), 136, Anm. 204: Im Abydos-Ritual stellt sich der Priester vor: "wahrlich, ich bin ein Prophet, Sohn eines Propheten in diesem Tempel".

58 So nach Goyon S. 69, mit S. 95, n.65.

59 Andere: *Wsjr NN*; die Beibehaltung von *pr-ꜥꜣ* etwa in unserer Hs zeigt deutlich die Herkunft des Textes aus dem Götterkult.

60 Sicher mit Goyon (S. 69) als eine Art Ritualvermerk zu verstehen und nicht als Anrede wie Faulkner (S. 11); wieso sollte auch Sokaris als "Sohn eines Propheten" angesprochen werden.

oh Djed-Pfeiler <am> Eingang von Busiris(?),[61]

oh du Süßer an Duft im oberen Djedet,

oh komm, du, der die Rebellen vertreibt,

oh komm, du, der das Kind unterweist,

oh gib <deine>[62] Furcht unter die Rebellen,

oh, der Diener, der seinem Herrn folgt, nicht wird die Majestät(?)[63] der Bastet Macht über ihn haben,

oh, der Rebell, den der Tempel haßt,[64] es wird ein Pfahl in seinen Hals geschlagen,[65]

oh, es kam der Herr ins[66] obere Djedu, nachdem er die Rebellen geschlagen hatte.

Zu rezitieren 16mal;[67] die Chorsänger;[68] es werden geöffnet die Tore des Himmels,

[61] Übersetzung nach Goyon S. 69; er hat wohl recht, daß dieser Vers in allen Hss (zumindest leicht) verderbt ist. In Medinet Habu steht wohl *ḏd rn* <*m*> ... "dauernd an Namen <im> ..."; diese Version erscheint sinnvoller.

[62] Das *snḏ=f* einiger Hss ist mit Faulkner (S. 14) und Goyon (S. 95, n. 70) zu emendieren; was in der vorliegenden Hs stand, ist vollständig der Lücke zum Opfer gefallen.

[63] Zur Übersetzung "Majestät" s. Goyon S. 95-96, n. 71. In Medinet Habu steht nur *B3st.t*; die einheitliche Version der Papyri (Ausnahme: P. Bremner-Rhind schreibt *ḥm-nṯr*; diese Lesart ist sicher auszuschließen) spricht freilich für deren Beibehaltung. Goyon zitiert a.a.O. Alliot-Barucq (1964), 64, 141a mit der Vermutung, diese durch *jr* eingeleitete Zeile sei eine Glosse, die schon sehr früh - da auch in Medinet Habu vorhanden - in den Text geraten sei.

[64] Mit Goyon (S. 89) ist *msḏ* als Relativform verstanden, nicht als transitives Verb wie Faulkner (S. 14).

[65] In P. Bremner-Rhind steht nur *ḥwj mnj.t*. In unserem Papyrus ist die Lesung *ḥwj=f* wahrscheinlich, wenn auch nicht ganz auszuschließen ist, daß 𓎛𓏏 *.tw* gelesen werden kann. In jedem Fall ist *=f* hier fehl am Platz (wer sollte mit "er schlägt ..." gemeint sein?), die Lesart der übrigen Hss ist vorzuziehen. Am Anfang ist, wegen des Suffixes *=f* in *ẖẖ=f*, wohl der Singular *ẖ3k-jb* zu lesen. Zu *ḥwj mnj.t r ẖẖ* s. Alliot (1949-1954), 731, Anm. 5. Nach Alliot wäre auch diese Zeile als Glosse anzusehen. In Medinet Habu ist die Zeile nicht belegt.

[66] *r* hier nach P. Berlin 3057 und P. Louvre 3129; die übrigen Hss schreiben *nb Ḏdw*.

[67] Die Zahl 16 entspricht der Zahl der Träger der Götterbarke, wie dies auch in Medinet Habu dargestellt ist (in Szene IV, vgl. etwa Gaballa-Kitchen (1969), 6).

[68] Zum Ritus *ẖn* bzw. *wdj ẖn* und zum Ausdruck *šsp(.t) dḥnw* s. ausführlich Gutbub (1961), 55-69. Goyon übersetzt hier: "(tandis que) le choeur accomplit le rite-*ẖn*"; die Determinie-

es kommt heraus der Gott.[69]

Es ist zu Ende gekommen.

rung mit 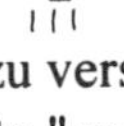 in allen Hss ist freilich eindeutig, so daß hier *šsp(.t nt) dẖnw* "Chor, Chorsänger" zu verstehen ist.

[69] Die Worte "geöffnet ... der Gott" sind in Medinet Habu im Ritualtext nicht überliefert. Dagegen finden sie sich dort ganz zu Beginn der Darstellung des Sokarfestes, als Beischrift zu zwei Priestern, die unmittelbar hinter dem die Prozession anführenden Chor gehen, s. Wohlgemuth (1957), 40 mit Anm. 108.

Das Sokarisritual
Form, Inhalt und Ritualablauf
I. Formale und inhaltliche Gliederung

Die insgesamt 95 Zeilen dieses Ritualtextes lassen sich durch rein äußerliche Kriterien sehr klar in drei Abschnitte unterteilen - sieht man von dem notwendigen Rahmenwerk wie Einleitung, Ritualvermerk oder Schlußvermerk einmal ab -, die im folgenden einzeln betrachtet werden sollen.

1. Z. 2-43: Hymnus an Sokaris in Litaneiform

Das zunächst am deutlichsten ins Auge fallende Element dieses Abschnitts ist der konsequent durchgeführte anaphorische Zeilenbeginn mit *j* "oh". Es folgt eine Aufzählung der epitheta ornantia des Sokaris, gelegentlich, verstärkt in der zweiten Hälfte, unter kulttopographischem Aspekt; der Name Sokaris wird, abgesehen von der Anfangszeile, dabei überhaupt nicht genannt. Die innere Bauform dieses Abschnitts entspricht somit dem Typus, dem Assmann die Bezeichnung "eulogische Litanei" gegeben hat.[70]

Eine Binnengliederung der insgesamt 42 Zeilen dieses Abschnitts ist nicht zu erkennen, die verschiedenen Epitheta fügen sich in ihrer Abfolge keinem erkennbaren Ordnungsprinzip: das Prinzip des anaphorischen Beginns der einzelnen Verse dieser "Liste" scheint als ordnendes Element genügt zu haben.[71] Dieser Eindruck hat sich auch nach einer detaillierten Analyse der inhaltlichen Aussagen der einzelnen Zeilen bestätigt.

Diese Beobachtung darf jedoch nicht zu der Annahme führen, daß auch auf inhaltlicher Ebene der Wahl der Epitheta keine Grenzen gesetzt waren. Vielmehr lassen sich sehr klar zwei inhaltliche Schwerpunkte erkennen - zum Teil mit weiteren, hierarchisch gestuften Differenzierungen -, mittels derer das Wesen und die Wirkung dieses Gottes

70 LÄ III, 1063, s.v. "Litanei".

71 Der Verzicht auf eine Binnengliederung - sofern eine solche nicht doch existierte und nur dem Auge des heutigen Betrachters verborgen bleibt - scheint ein Prinzip in der Gattung "Litanei" dargestellt zu haben, vgl. etwa Assmann (1969), 84f.

beschrieben werden. Diese Eigenschaften sind: 1. der Gott als beschriebenes "Objekt": sein Wesen und seine Eigenschaften werden durch entsprechende Epitheta geschildert, und 2. der Gott als Geschehensmittelpunkt. Dieser zweite Punkt läßt sich zunächst weiter untergliedern, in erneut zwei Abschnitte: der Gott ist einerseits gebend, d.h. handelnd oder wirkend geschildert, andererseits nehmend, d.h. annehmend oder auch erleidend, m.a.W.: der Gott als Subjekt oder Objekt einer Handlung. Der letztere Punkt läßt sich erneut - und letztmals - differenzieren: der Gott ist entweder das Objekt an ihn gerichteter oder für ihn durchgeführter Handlungen, oder er ist das Objekt von Anrufungen, die ihn seinerseits zum Handeln auffordern: letzteres beschränkt sich auf die Aufforderung *mj* "komm" im Mittelstück des Abschnitts.

Diese Beobachtungen zusammengenommen führen zu folgendem Schema:

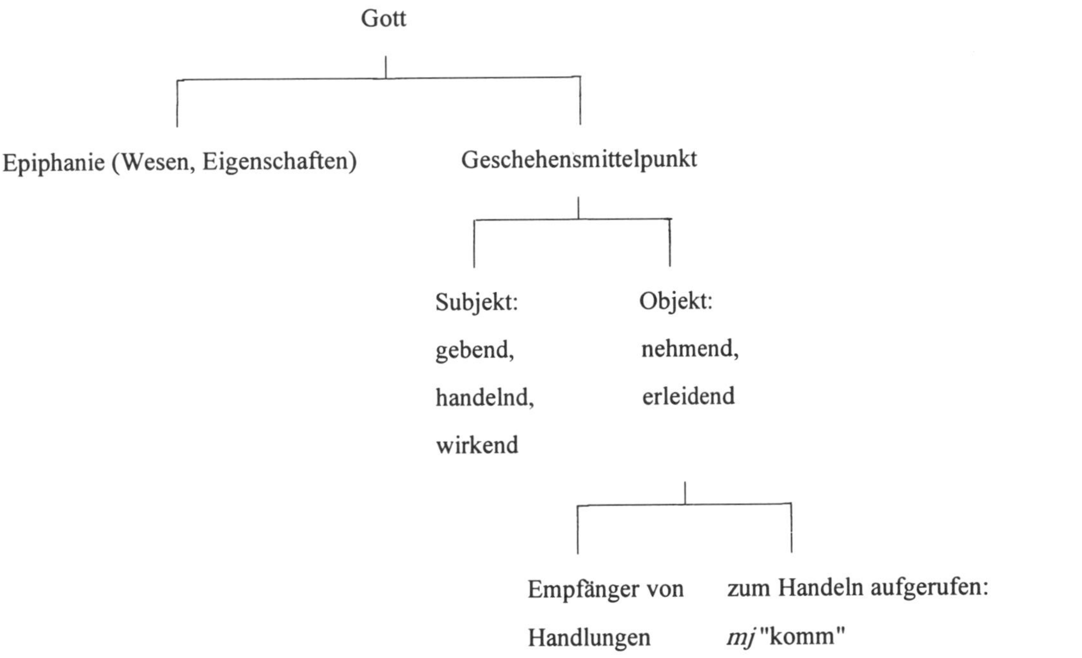

Die folgende Aufstellung enthält die Details der Analyse, die zum obigen Schema geführt haben. Zudem belegt die Abfolge der einzelnen Punkte die Beobachtung, daß eine erkennbare Binnengliederung in der Tat nicht vorliegt:

Zeile	I. Epiphanie	II. Geschehensmittelpunkt: a) Subjekt	b) Objekt: empfangend	c) Objekt: angerufen
2	Gekrönter			
3	Sohn			
4	Herr von Gesichtern, reich an Gestalten			
5	Bild aus Gold			
6		Herr der Lebenszeit, der Jahre verleiht		
7		Herr des Lebens		
8			Herr von Millionen, reich an Zehntausenden[72]	
9	Leuchtender			
10			dessen Kehle geheilt wurde	
11		Herr der Furcht, groß an Schrecken		
12	Herr von Gesichtern, reich an Uräen			
13		der erscheint in der weißen Krone, Herr der *wrr.t*-Krone		
14	Kind des Horhekenu			
15	Ba des Re			
16	Bild eines Ermatteten			komm
17		Herr der Furcht, der aus sich selbst entstanden ist		
18	Herzensmüder			komm
19		Trauer Hervorrufender		komm
20	Liebling			
21	Ertrunkener			komm
22	Unterweltlicher			komm
23		der sich selbst beschützt		
24		Stärker der *knm.tjw*-Statue		
25	*kkw*-Pflanze			
26		der das Seil dreht		
27	Herr der *ḫnw*-Barke	der sich verjüngt		
28		wirksame Macht		
29		erhabener Prüfer		
30	Verborgener			

72 Unter der Voraussetzung, daß von Opfern die Rede ist, vgl. oben die Übersetzung, Anm. 8.

31	Erwachender	
32	Herr der Atef-Krone	
33	groß an Ansehen	
34	der in Theben ist	
35		"Götterkönig", der sein Fleisch stark macht
36		der die Opfer verdoppelt
37		der den Uräus gibt
38		der die Erde befestigt
39		der den Mund der Ba's öffnet
40	lebender Ba, Mond	
41	Verborgener	
42	Göttlicher, Verborgener	
43	ruhender Ba	

An einzelnen Stellen mögen diese Zuweisungen nicht ganz eindeutig sein, etwa, um ein Beispiel zu nennen, in Z. 27: der "Herr der *ḥnw*-Barke" ist möglicherweise ebenfalls der Kategorie IIa zuzurechnen; doch ändern diese Detailunsicherheiten nichts am Gesamtbild.

Deutlich wird auch, daß zwar gelegentlich bestimmte Kategorien verstärkt auftreten, etwa Kategorie IIIc mit *mj* "komm" in den Zeilen 17-22 oder die Gruppen Z. 30-34 (=I), 35-39 (=IIa), 40-43 (=I). Doch auch daraus ergibt sich keine Änderung des Gesamteindrucks vom Fehlen eines inhaltlichen Ordnungsprinzips.

Aus dem Schema ergibt sich klar, daß das Hauptgewicht in der Tat auf der Beschreibung von "Wesen und Wirken" des Gottes liegt; die beiden Stellen in Z. 8 und 10, in denen er als Nehmender beschrieben ist, fallen demgegenüber nicht ins Gewicht. Bei den Belegen für die Kategorie IIIc, in denen der Gott zum Handeln aufgerufen wird, fällt auf, daß diese nie allein, sondern immer hinter einem Epitheton stehen, das entweder der Kategorie I oder IIa zuzuweisen ist.

Der Blick auf die sprachliche Form dieses Abschnitts bestätigt die obige Zuweisung zur Gattung "Hymnus" in der speziellen Form der "eulogischen Litanei": So gut wie ausschließlich sind - wenn überhaupt - nominalisierte Verbalformen verwendet, im gesamten Abschnitt wird, wie es Assmann ausgedrückt hat, "in der zeitreferenzfreien Form appositiv gereihter Nominalsyntagmen" das "zeitenthobene Wesen des Gottes" 'nennend' dargestellt.[73]

[73] Assmann in: LÄ III, 106, s.v. "Hymnus".

2. Z. 44-69: Zwei Hymnen für Hathor

Dieser Abschnitt, in dem Hathor der Geschehensmittelpunkt ist, erscheint im Kontext des Sokaris-Rituals zunächst erstaunlich, und so, ohne Möglichkeit der Erklärung, hat es auch Faulkner in seiner Übersetzung der Version des P. Bremner-Rhind noch gesehen.[74]

Tatsächlich ist jedoch eine enge Verbindung zwischen Hathor und Sokar mindestens seit dem MR belegt: Aus dieser Zeit etwa stammen zwei Belege, in denen Hathor als "Herrin des Schetait-Schreines" bezeichnet wird; zudem ist Hathor schon sehr früh in Memphis beheimatet, steht also auch geographisch dem Sokaris sehr nahe.[75]

Die Zweiteilung dieses Abschnitts wird aufgrund formaler Indizien evident: den ersten Abschnitt bildet ein Hymnus mit der Namensformel (-Z. 59), den zweiten ein Hymnus in Form einer eulogischen Litanei; damit ist dieser Teil vergleichbar mit dem ersten Hauptabschnitt Z. 2-43, mit dem Unterschied, daß dort der anaphorische Versbeginn *j* "oh" lautet, hier *jnḏ ḥr=t Ḥw.t-Ḥr.t* "Preis sei dir, Hathor".

a. der Hymnus mit der Namensformel, Z. 44-59

Prägendes Element dieses Abschnitts ist die in Z. 47-59 regelmäßig wiederkehrende Namensformel *m rn=s /=t pf /pwj*. Zu dieser charakteristischen Form hat sich zuletzt Assmann geäußert.[76] Das Prinzip dieser Namensformel besteht darin, einen Gott, eine bestimmte Handlung und ein "Objekt der sichtbaren, meist der kultischen Sphäre"[77] miteinander in Beziehung zu setzen. Dieses Objekt wird durch die vorausgehende Formel zum Namen der Gottheit; Handlung und Objekt sind dabei häufig durch ein Wortspiel in eine zusätzliche Beziehung gesetzt.

Eine Betrachtung der Zeilen 47-59 unter diesem Aspekt ergibt folgendes Schema:

[74] S. Faulkner (1937), 12.

[75] Einen zusammenhängenden Überblick über die Verbindungen zwischen Hathor und Sokaris geben Gaballa-Kitchen (1969), 62ff.

[76] S. Assmann (1984), 102ff.

[77] S. Assmann (1984), 104

Zeile	Handlung	Objekt	Wortspiel
47	die Häupter der Rebellen abschneiden	**Ort:** Aphroditopolis	*tpw - tp-jḥ.t*
48	in Frieden kommen	**Ort:** "Türkis" = Sinai	nicht feststellbar
49	in Frieden kommen	**Ort:** Theben	kein Wortspiel; Wiederholung von *nb.t wꜣs.t*
50	in Frieden kommen	**Gottheit:** *Nb.t-ḥtp.t*	*m ḥtp - Nb.t-ḥtp.t*
51	in Frieden kommen, die Rebellen fällen	**Ort:** Herakleopolis	nicht feststellbar
52	in Frieden kommen	**Ort:** Memphis	*nb.t - jnb*
53	sich niederlassen	**Ort:** roter See	*(nb-r-)ḏr - (š) dšr* (unsicher)
54	erscheinen	**Gottheit:** Bastet	nicht feststellbar
55	nach oben gehen	**Gottheit:** *<Šsm.t>*[78]	*šm.tj - <Šsm.t>*
56	ergrünen lassen	**Gottheit:** *Wꜣḏ.t*	*wꜣḏ.t - Wꜣḏ.t*
57	Macht haben	**Gottheit:** *Sḫm.t*	*sḫm - Sḫm.t*
58	Macht haben	**Ort:** *Jmꜣw*	nicht feststellbar[79]
59	(Myrrhe) befindet sich	**Gottheit:** *N.t*	*ꜥn.tjw - N.t*

Der litaneiartige Aufbau dieses Teilabschnittes läßt eine formale Binnenstruktur nicht erkennen und wohl auch nicht erwarten.[80] Gewisse Gesetzmäßigkeiten inhaltlicher Art in der Gruppe der "kultischen Objekte" sind dagegen nicht zu übersehen.

Diese beschränken sich einmal auf zwei "Objektgattungen": Orte, also geographische Begriffe, und Gottheiten. Betrachtet man die Abfolge bzw. den Wechsel zwischen diesen beiden Gattungen, dann ergibt sich eine gewisse Regelmäßigkeit:

1. 3 Zeilen geographische Begriffe:	Z. 47-49
2. 1 Zeile Göttername:	Z. 50
3. 3 Zeilen geographische Begriffe:	Z. 51-53
4. 4 Zeilen Götternamen:	Z. 54-57

78 S. die Übersetzung mit Anm. 46.

79 Es ist vielleicht an einen mehr inhaltlichen Bezug zu denken: *nfrw* "Schönheit" - *jmꜣw* "Liebenswürdigkeit".

80 Vgl. etwa auch oben S. 222 in den Bemerkungen zur formalen Gliederung der "sortie en procession de Ptah-Sokar-Osiris".

5. 1 Zeile geographischer Begriff: Z. 58
6. 1 Zeile Götternamе: Z. 59

Inwieweit damit freilich eine absichtliche Regelmäßigkeit intendiert ist, läßt sich nicht sagen.

Deutlicher ist dagegen eine gliedernde Tendenz bei der Abfolge der geographischen Begriffe zu erkennen: Mit Ausnahme der Z. 48, wo mit "Türkis" auf den Sinai angespielt wird, wobei die Sonderstellung von Z. 48 durch den Gebrauch der Metapher noch verstärkt wird, werden nur innerägyptische Kultorte der Hathor genannt. Die drei ersten dieser insgesamt sechs Kultorte: Aphroditopolis, Theben und Herakleopolis liegen in Oberägypten, die restlichen drei in Unterägypten.[81]

Die Zusammengehörigkeit - nicht die Abfolge - der Zeilen 54-57 wird im übrigen durch die bildliche Darstellung der Sokaris-Fest-Prozession in Medinet Habu bestätigt. Dort[82] ist, in der größten zusammenhängenden Szene dieser Darstellung, ein Zug von fünf von Priestern getragenen Götterbarken dargestellt: 1. Hathor (also auch hier ein deutlicher Beleg für die Verbindung von Hathor und Sokaris!); 2. vermutlich *Wꜣḏ.t*[83]; 3. *Šsm.t*; 4. Bastet; 5. Sachmet.

Die ersten drei Zeilen dieses Abschnitts, Z. 44 - 46, enthalten neben der "Überschrift": "Es sagt zu dir deine Mutter Isis" einen kurzen Bericht über das Erscheinen der Hat- hor;[84] sie bilden also inhaltlich gewissermaßen die Überleitung zum eigentlichen Hymnus mit der Namensformel. Abgesehen von der genannten Überschrift - die möglicherweise auch einen Sprecherwechsel innerhalb des Ritualvollzugs markiert: die Rolle der Isis wird von einer Priesterin rezitiert worden sein - sind sie aber nicht als ein formal selbständiger Abschnitt "Überleitung" zu sehen, sondern als Bestandteil des Hymnus, vgl. etwa das Beispiel aus den Pyramidentexten, das Assmann (1984), S. 105f. zitiert.

[81] Im einzelnen: Aphroditopolis ist die Hauptstadt des 22. o.ä. Gaues, s. etwa Goyon (1968), 92, Anm. 38; die geographische Einordnung von Theben, Herakleopolis und Memphis ist evident; der "rote See" lag im memphitischen Gau, s. Goyon a.a.O. S. 93, Anm. 46; Imau ist das heutige Kom-el-Hisn, s. Goyon a.a.O. S. 93, Anm. 48.

[82] S.z.B. Gaballa-Kitchen (1969), Tafel II, links, oberes und unteres Register, s. dazu a.a.O. S. 8-10.

[83] S. dazu Gaballa-Kitchen (1969), 63.

[84] Zu Hathor in der Sonnenbarke (Z. 46) vgl. Allam (1959), bes. S. 113-114.

b. der Hymnus an Hathor in Litaneiform, Z. 60-69

Dieser Teilabschnitt entspricht dem Idealschema der "eulogischen Litanei"[85]: durchgehend anaphorischer Zeilenbeginn mit *jnḏ ḥr=k*, gefolgt vom Götternamen Hathor und einem Epitheton, das ebenfalls durchgehend die Form *nb.t* + geographischer Begriff hat. Dazu gehört auch das in senkrechter Zeile geschriebene konstante Element des Refrains: *nṯrw ḥr mk.t=f* "die Götter schützen ihn".[86]

Das Prinzip der Variation beruht hier - wie etwa auch in der "sortie en procession de Ptah-Sokar-Osiris", besonders in deren letztem Abschnitt - auf der Kulttopographie, d.h. die verschiedenen Lokalformen der Göttin werden listenartig aufgezählt.

Eine Binnenstruktur läßt dieser Teilabschnitt nicht erkennen; im Gegensatz zum vorausgehenden Hymnus mit der Namensformel läßt auch die Abfolge der geographischen Begriffe kein gliederndes System erkennen: in unregelmäßiger Folge wechseln ober-, unter- und außerägyptische Begriffe einander ab.

3. Z. 73-93: die Sokarislitanei

Diesem letzten Abschnitt geht in Z. 70-72 ein Ritualvermerk voraus, in dem die "neun Freunde", d.h. die Träger der Götterbarke, aufgerufen werden.[87] Dieser Vermerk ist nur in der Fassung der Papyri überliefert, fehlt also in der Medinet-Habu-Version; es findet sich dort der in den Papyri beschriebene Vorgang bildlich dargestellt, s. Wohlgemuth (1957), 49f.: Der Text der Papyri ist somit, wie dies auch vorauszusetzen ist, deren speziellem - originalen - Verwendungszweck als Festrolle adaptiert. Zusätzlich für die sekundäre Verwendung des Textes im Totenbuch ist in einige Papyri die Z. 71: "und unter dem Osiris NN ebenso" aufgenommen worden.

Der folgende Text, dessen Litaneiform durch den anaphorischen Zeilenbeginn mit *j* "oh" charakterisiert ist, entspricht dem Typus der "Satzlitanei",[88] d.h. in der Regel bildet jede Zeile einen kompletten (Verbal-)Satz.

Wie aus Z. 74 hervorgeht, ist der Text wohl zu Räucherungen rezitiert worden. Inhaltliche Beobachtungen erlauben die Einteilung in mehrere Unterabschnitte:

[85] Zu diesem Begriff und seiner Definition s. Assmann in LÄ III, 1063, s.v. "Litanei".
[86] S. dazu die Übersetzung mit Anm. 47.
[87] S. dazu auch die Übersetzung mit Anm. 50.
[88] Zu diesem Begriff s. Assmann in LÄ III, 1063, s.v. "Litanei".

a. Z. 73-79: Der Gott als Empfänger von Segenswünschen

Stichwörter für diese Segenswünsche sind: Triumph (Z. 73, 76), Leben (Z. 75), Dauer, Ewigkeit (Z. 75, 76, 78); gleichzeitig werden, als Voraussetzung für die Erfüllung dieser Wünsche, konkrete Ritualhandlungen genannt bzw. angedeutet, die diesem Ziel dienen: Räucherung (Z. 74), "die Erde küssen" (*sn tȝ*, Z. 77), "die Wege öffnen (*wbȝ wȝw.t*), Z. 77); auch "Festruf" und "Jubel" (*sȝ-tȝ, hj*, Z. 79) sind in diesem Zusammenhang zu nennen.

b. Z. 80-85: Der Ritualvollzieher stellt sich vor

Diese ausführliche Selbsteinführung des Ritualisten - unterbrochen lediglich durch den Anruf "oh du Sitzender, komm doch, du Herzensmüder" in Z. 84 - ist etwas überraschend, aber unzweifelhaft und einheitlich, einschließlich der Version des NR in Medinet Habu, überliefert: man ist zunächst versucht, an einen eingeschobenen Ritualvermerk zu denken, aber die einheitliche Überlieferung des anaphorischen *j* "oh" am Beginn aller dieser Zeilen zeigt zweifelsfrei, daß diese zum rezitierten Text gehören. Auf eine vergleichbare, wenn auch bei weitem nicht so ausführliche Selbsteinführung im Abydosritual hat bereits Wohlgemuth verwiesen, s. oben die Übersetzung, Anm. 57.

c. Z. 86-93: Beschwörung des Gottes als schützende Gottheit

Nach zwei eulogischen Anreden an den Gott (Z. 86-87) folgt eine Gruppe von drei imperativischen Zeilen (Z. 88-90), in denen der Gott aufgefordert wird, zu kommen: als Schutz gegen die - den Ritualvollzug bedrohenden (? s. Wohlgemuth (1957), 72) - "Rebellen" (*ẖȝkw-jb*), wie aus den abschließenden Zeilen (Z. 91-93) deutlich wird.

Den Abschluß des gesamten Rituals bildet dann der Ritualvermerk in Z. 93f. Diesem ist zu entnehmen, daß der Text vor dem Beginn der Götterprozession rezitiert wurde, genauer: unmittelbar bevor die Türen des Naos geöffnet wurden und der Prozessionszug begann.

Damit besteht das Sokarisritual in der in den Papyri überlieferten Form aus insgesamt vier Hymnen, die alle die Form von Litaneien haben, die aber dennoch alle unterschiedlich gestaltet sind.

II. Der Ablauf des Rituals

Die bislang wichtigsten Untersuchungen zum Sokarisritual, die von Wohlgemuth (1957) und von Gaballa-Kitchen (1969), bewerten den Ablauf des Rituals anhand der großen Darstellung in Medinet Habu unterschiedlich:[89]

1. Wohlgemuth:

Drei Szenen werden im Gegensatz zu Gaballa-Kitchen von vornherein nicht berücksichtigt: das *jrj.t wdn* des Königs für Sokar, das "Räuchern für seinen Vater Chnum" und das *f3j jḫ.t* für Sokar-Osiris (=Szene III, II, I).

Wohlgemuths Interpretation des eigentlichen Festzuges ist von der grundsätzlichen Voraussetzung geprägt, daß dort, wo die Darstellung in zwei Register aufgespalten ist, dies weder einem Nacheinander (etwa oberes Register vor unterem), noch einem Nebeneinander entspricht, sondern gewissermaßen einem "Ineinander": "... ist jeweils die Person, Personengruppe oder Barke des oberen Registers als vorausgehend zu denken."[90]

So bildet beispielsweise die Spitze des Zuges - die in Wohlgemuths Interpretation vom linken Rand der Szene VI gebildet wird, s. unten - eine Gruppe, die aus den Chorsängern (oberes Register, erste Figurengruppe) und zwei räuchernden und libierenden Priestern (unteres Register, die beiden ersten Figuren) besteht. Es folgt der Zug der fünf Barken, die Schar der Priester, usw., s. im einzelnen Wohlgemuth (1957), 39ff.

Insgesamt gesehen spiegelt die Darstellung des Festzuges (abgesehen vom oben genannten "Ineinander" der Registerdarstellungen) nach Wohlgemuths Interpretation die tatsächliche Abfolge wider, wobei die Blickrichtung der Personen der Richtung des Zuges entspricht: Dieser beginnt somit am linken Rand von Szene VI, an die sich Szene V und IV anschließen. Übertragen auf den Anbringungsort bedeutet das: Die Prozessionsdarstellung beginnt in der Mitte der Ostwand des zweiten Hofes, neben der Eingangstüre, läuft nach rechts zur Südwand und auf dieser weiter bis zu den von Wohlgemuth nicht berücksichtigten Szenen III - I.

89 Für das Folgende sind die beiden Tafeln I und II bei Gaballa-Kitchen, insbesondere deren Einteilung in die Abfolge von sechs Szenen (=I - VI), zugrundegelegt.

90 Wohlgemuth (1975), 39.

2. Gaballa-Kitchen:

Wie schon die Numerierung der Szenen zeigt, sehen Gaballa-Kitchen den Verlauf des Rituals in exakt umgekehrter Reihenfolge wie Wohlgemuth: Nach ihrer Interpretation beginnt es an der Südwand mit den Szenen I - III. Daran schließt sich dann die Prozession mit den Szenen IV - VI. Der Zug der fünf Barken steht hier also am Ende der Prozession, die Szene mit dem Chor und den beiden Priestern bildet ihren Abschluß. Die Begründung für diese Reihenfolge ergibt sich für Gaballa-Kitchen aus der Abfolge der Szenen in der Darstellung des Minfestes, die, ebenfalls im zweiten Hof, die linke Hälfte der Ostwand und die Nordwand einnimmt: beide Abläufe seien klar parallel dargestellt.[91]

Auf den ersten Blick erscheint Wohlgemuths Interpretation als die überzeugendere. Die Blickrichtung der beteiligten Personen wurde bereits erwähnt; bei einer Abfolge im Sinne Gaballa-Kitchens wäre jede einzelne der sechs Szenen in sich um 180° gedreht zu denken, erst dann ergäbe sich der vorausgesetzte Ablauf. Ein Weiteres kommt hinzu: Die Parallelität zur Darstellung des Minfestes ist nicht so eindeutig und selbstverständlich, wie dies vorausgesetzt wird. Bleeker kommt in einer Analyse des Minfestes zu dem Ergebnis, daß die Darstellung zum einen unvollständig und zum anderen "keine genaue Wiedergabe des Verlaufes des Minfestes von der einen Handlung zu der anderen" sei.[92]

Doch auch Wohlgemuths Interpretation ist nicht frei von Widersprüchen, etwa innerhalb der Szene IV, wo es schwerfällt, die zwei Teilszenen: das Tragen des Strickes durch den König und 16 Hofleute und das Tragen der Barke durch 16 Propheten als Darstellung ein und derselben Handlung "Ziehen der Sokarbarke" zu verstehen; warum ist z.B. der König in beiden Szenen und in jeweils unterschiedlichem Ornat und mit verschiedenen Attributen dargestellt?[93]

Auch die Heranziehung der in den Papyri überlieferten Version des Rituals bzw. der Abfolge der drei Textabschnitte kann diese Frage nicht eindeutig klären, obwohl eine Zuordnung zu bestimmten Szenen der Darstellung kaum Schwierigkeiten bereitet:

Der erste Teilabschnitt ("Hymnus an Sokaris") kann mit einer der Szenen I - III in Verbindung gebracht werden, d.h. insbesondere, da in Szene II Chnum der angesprochene Gott ist, mit I oder III; da Szene III selbst eine Sokarislitanei enthält, bleibt als

[91] Gaballa-Kitchen (1969), 2.

[92] Bleeker (1956), 77.

[93] Wohlgemuth (1957), 51: "Vermutlich gilt das Tragen des Strickes durch den König und die sechzehn Männer vor ihm als Ziehen der Barke. In Wirklichkeit wird sie ... auf vier Holmen von 16 Priestern getragen."

wahrscheinlicher Bezugspunkt Szene I, die in Medinet Habu mit *fꜣj jḫ.t n jt=f* bezeichnet ist.

Der zweite Teilabschnitt, die beiden Hymnen an Hathor, verweist auf den Zug der fünf Barken, unter ihnen die der Hathor, s. oben zu diesem Abschnitt.

Der dritte Teilabschnitt verweist, wie schon der vorausgehende Ritualvermerk zeigt, eindeutig auf die Festprozession selbst, d.h. auf Szene V und VI.

Diese Abfolge steht zwischen den beiden oben skizzierten Interpretationen. Die Abfolge Szene I-III / Prozession spricht für die von Gaballa-Kitchen vorgeschlagene Reihenfolge, die Abfolge der drei auf die Prozession selbst verweisenden Abschnitte IV-VI für die Wohlgemuths. Andererseits ist in der Version der Papyri als eine der letzten Ritualhandlungen der Auftritt des Chores genannt: der ersten Szene bei Wohlgemuth, der letzten bei Gaballa-Kitchen.

Vor diesem Hintergrund bleibt eigentlich nur eine Schlußfolgerung übrig, die in etwa der oben zitierten Bleekers entspricht: Weder die Darstellung in Medinet Habu noch die Papyri erlauben eine eindeutige Rekonstruktion des Ritualablaufes. Die Darstellung selbst läßt bereits verschiedene Interpretationsmöglichkeiten zu, die ihrerseits durch die Papyri weder bestätigt noch widerlegt werden können - ganz abgesehen von einer anderen Möglichkeit, die nicht aus den Augen verloren werden darf: Zwischen der Version von Medinet Habu und derjenigen der Papyri liegen mehr als 800 Jahre. Änderungen im Ritualablauf können daher keinesfalls ausgeschlossen werden.

Papyrus des *Ns-bꜣ-nb-ḏd* II
Hymnus an Osiris
Übersetzung

col. x+3

Den Osiris anbeten, seinen Ba aufsteigen lassen zu seinen Opfern und zu seiner Nahrung.[1] Zu sprechen:

Preis sei dir, Re, in seinen Verklärungen[2], Osiris, Horus, in Abydos,

der Große, der in Heliopolis[3] ist, der älteste Fürst(?)[4] in *Ḫrj-ꜥḥꜣ*

[...] er die Farbe(?)[5]

[...] *mnḫ ḏw* (?) in der herrlichen Kammer

[...] *sḫm* [...]

col. x+4

Osiris Chontamenti, komm zu deinen Opfern,

Osiris Chontamenti, komm zu deinem Leib,

Osiris Chontamenti, komm zu deinem Schatten,

Osiris Chontamenti, --?--[6] im Tempel,

[1] Ein vergleichbarer Hymnenbeginn findet sich z.B. in Dendera, s. Mariette (1873), Taf. 73 und 75: *dwꜣ Wsjr swꜣš kꜣ=f ...* "den Osiris anbeten, seinen Ka verehren ..."; vgl. Goyon (1978), 432, Anm. 1.
[2] *ꜣḫw*: z.B. Assmann (1969), 129 und 132, Anm. 11, so übersetzt.
[3] Die Zeichen  sind *Jwnw* zu lesen, s. Wb I,54,6.
[4] Ob lies *sr smsw*?
[5] Oder: das Äußere, die Gestalt(?).
[6] Die Stelle ist vorerst nicht übersetzbar. Ob eine redundante Schreibung vorliegt, die einfach nur *jmj* zu lesen ist bzw. keine besondere Schreibweise, sondern Schreibfehler? Die

Osiris Chontamenti, dein Leib ist aus Erz, nicht gibt es seine[7] Geschwulst,

Osiris N., mögest du keinen Mangel leiden,

Osiris N., mögest du nicht wehklagen[8],

Osiris N., dein Fleisch ist aus Gold, nicht möge es vergehen[9],

Osiris N., dein Knochen(gerüst) ist aus Silber,[10]

[nicht][11] möge es zugrundegehen in alle Ewigkeit[12].

Osiris N., komm zu deiner Erscheinungsform[13],

Osiris N., komm zu deinem Bild[14],

Osiris N., komm zu deiner Gestalt[15],

Osiris N., komm zu deiner Mumie in der herrlichen Kammer,[16]

Osiris N., nicht entferne dich von deinem Tempel.

Abydos, seine beiden Arme werden [dich(?)] empfangen[17],

Übersetzung würde in diesem Fall lauten: "Osiris Chontamenti, der im Tempel ist".

7 Das *=f* in *ẖsd=f* ist wohl auf *ḥʿw* bezogen.

8 Vgl. Wb I, 227, 18 und 19; vgl. Pyr. 590a: *hꜣj Wsjr NN m gꜣw m ʿšw*, also wie hier Z. 6-7. In der Teti-Pyramide ist *ʿš* auch wie hier mit determiniert.

9 *nn sḏm=f* ist optativisch übersetzt, s. Gilula (1970), 211, B II; nach Gilula a.a.O. würde eine prospektive Negation *nn jw=f r ...* lauten.

10 Der Topos von den metallenen Körpergliedern ist vor allem durch die Stelle im Buch von der Himmelskuh v. 5-7 - vgl. Hornung (1982), 37 - bekannt. Dort wird mit diesem Vergleich zwar der alternde Sonnengott gekennzeichnet, allerdings liegt auch dieser Stelle die alte Vorstellung zugrunde, daß die Glieder der Götter aus edlen Materialien gebildet sind, s. Hornung a.a.O. 52, Anm. 6. Diese Vorstellung liegt auch hier zugrunde, ebenso z.B. in den Klagen der Isis und Nephthys 15.24-25, wo die Glieder des Osiris als aus oberägyptischem Erz (*bjꜣ šmʿw*) und seine Knochen als aus Silber gefertigt beschrieben sind.

11 In der Lücke ist sicher die Negation zu ergänzen.

12 *jwfw* "Fleisch" und *qsw* "Knochen" sind pluralisch geschrieben, in beiden Fällen steht allerdings beim Verbum *=f*. Die beiden Begriffe sind hier daher kollektivisch und damit singularisch übersetzt.

13 Zu *ḫprw* "Erscheinungsform" s. Hornung (1967), 131-134; s.a. Sokarisritual, Anm. 6.

14 Zu *sšm* "Bild" s. Hornung (1967), 139-141.

15 Zu *jrw* "Gestalt" s. Hornung (1967), 126-128.

16 S.a. Urk. VI, 21, 15: *... ʿ.t twj šps.t nt Jw=s-ʿꜣ=s* "diese herrliche Kammer von *Jw=s-ʿꜣ=s*.

17 Am Ende wird zu *šsp[=k]* zu ergänzen sein.

Der Herr des Lebens[18] ist in Jubel, wenn eingetreten ist der Herr des Jubels,

das siegreiche Theben[19] ist in Freude über dein Kommen,

Osiris N., komm zu deiner Höhe,[20]

Osiris N., komm zu [...]

Osiris N., ruhe(?) in dein[...]

Das prächtige Abydos ist in Freude über dein[...]

Siehe, der Herr, gesalbt(?) wird der Herr [...]-Fest in deinem Namen (?)[21]

siehe, der Herr der Wüste(?), --?-- der Herr [...] in Freude[21]

Herakleopolis ist in Jubel.

Ermatteter, oh komm doch zu dein[...][22]

Du, der nicht ertrinkt, komm zu dein[...][23]

Du in der Unterwelt Befindlicher, komm zu deinen Opfern,[24]

komm zu deinem Fest, das dir veranstaltet hat dein Sohn Horus.

[.................................]

18 Entweder der Sarkophag selbst, oder, hier wohl besser: die Nekropole (von Abydos), vgl. Gauthier (1925-1929), III, 82.

19 S. Wb II, 314, 23-24.

20 Sc. zur Höhe des Himmels (*qꜣw n p.t*), vgl. Pyr. 335 und 949.

21 Die Übersetzung ist sehr fraglich.

22 *hꜣ* ist Verstärkung des Imperativs vor *mj*, s. Wb II,471,9; die Ergänzung der Lücke ist nicht sicher möglich; evtl. kann *r pr=k* zu ergänzen sein. In jedem Fall fehlt nur ein kurzer Ausdruck, die sehr geringen Reste könnten zu *r pr=k* passen.

23 Ob zu *r s.t=k* zu ergänzen ist? Auch hier würden die geringen Schriftreste dem nicht widersprechen.

24 Vgl. P. Bremner-Rhind 18,22 und die Übersetzung von Faulkner; vgl. auch die Übersetzung Goyons (Sokarisritual Z. 22).

col. x+5

Osiris N., im Triumph.
Isis, die Verklärte(?)[25] war es, die ihn rief, und er kam,
er ist zufrieden(?)[26] mit den Opfern seines Sohnes Horus,
--?--,[27], wenn er hört, was ich sage,
ich geleite seinen Ba zu den Tempeln des Re(?).[28]
Amsti ist es, der mir zur Ruhe bringt meinen Vater,[29]
Hapi ist es, der ihn aufrichtet, wenn er kommt,
Duamutef ist es, der ihn schützt,
möge er empfangen die Opfer seines Sohnes Horus,
Qebehsenuef ist es, der ihn reinigt(?) bei seinem Erscheinen,
er hat libiert frisches Wasser,[30] damit er lebe,
die Uräusschlange erleuchtet[31] ihm seinen Sitz,
seine Flamme, sie(?)[32] leuchtet in eurem (sic) Namen.
Lasset uns gehen in seinem Gefolge, er hat die Wege erleuchtet,
bis er ruht an seinem Platz in *štꜣj.t*.

25 Das Determinativ hinter *ꜣḫ.t* sieht nicht wie eine der Schlangen in Möller III aus.
26 Wohl besser als "er ruht auf" o.ä.
27 Bedeutung unklar.
28 Wirklich "Tempel des Re"?
29 Die vier Horussöhne sind hier in ihrer Funktion als Teilnehmer an der Wiederbelebung des Toten (=Osiris) geschildert. Dazu gehört u.a. das zu Grabe Tragen (Amsti), das Aufrichten (Hapi), der Schutz (Duamutef) und auch die Reinigung (Kebehsenuef); vgl. hierzu zusammenfassend und mit weiteren Literaturangaben Heerma van Voss in: LÄ III, 52-53, s.v. "Horuskinder".
30 *mw rnp* ist gut belegt, s. Wb II,433,25.
31 Oder zu *sḥḏ.n=s* "sie erleuchtete" zu emendieren? bei *sḥḏ n=f* wäre vor *sḥḏ* ein *ḥr* o.ä. zu erwarten.
32 Oder auch hier zu *stj.n=s* zu emendieren? Oder *stj n=f* "(sie) leuchtet ihm"?

Chenti-irtj, du hast mir gebracht[33] [meinen(?)] Vater,
Thot, stark ist er durch deine Verklärungen,
Jun,[34] komm doch zu [...] Fest,
[...] ist gekommen(?) in ihrem Zauber,
Horus, oh(?) [...] deine Mutter(?)[35] und deinen Vater,
Thot, wenn er gerufen wird, dann kommt er.
Preis sei dir, der ruht auf seinen Opfern,
es erhebt dich [Horus(?)],[36] die Stütze seiner Mutter,
Er hat vereinigt(?) deine [...],[37] er hat dir geräuchert,
er hat dich vollendet als(?) Auge des Horus(?).[38]
Jubel und Jauchzen sind in der Träne(?) des Horus,
der Herr des Lebens(?)[39] --?--[40] für ihren(? sic) Herrn,
Freude <über(?)>[41] das Geschehene ist in ganz Abydos,
[.................................]

[33] Bzw. "bringe mir".

[34] *Jwn* ist ein Götterbeinamen, vor allem auch des Osiris, s. Wb I, 53,19-20. - Viel kann in der Lücke nach *r* nicht fehlen, evtl. überhaupt nur *ḥb*.

[35] *mw.t=k*: die Ergänzung ist unsicher; außerdem wäre wohl die Nennung der Mutter vor dem Vater ungewöhnlich.

[36] Die Ergänzung zu *Ḥr* ist wahrscheinlich; laut Wb ist das Epitheton *Jwn-mw.t=f* nur als Bezeichnung für Horus belegt.

[37] Wenn zuvor *jʿb* "zusammenfügen" steht, dann dürfte hier ein Wort wie *ḥʿw=k, jwfw=k, ʿw.t=k, qsw=k* zu ergänzen sein, vgl. etwa P. BM 10208,2,6: *jʿb n=k ʿw.t=k*, s. Haikal (1970), 60.

[38] Ob *wḏꜣ.t* hier nur als Determinativ zu verstehen ist bzw. als Verschreibung aus diesem?

[39] Wenn so zu verstehen, dann ist sicher der Sarkophag gemeint.

[40] Ob "ist zugerechnet" o.ä. (*jp*)?

[41] Ob *ḥr* zu ergänzen ist?

col. x+6

Der Feind[42] ist gefallen, die große Überschwemmung ist gekommen,

jedermann freut sich über[43] Osiris, den Herrn der Götter,

seine Knochen sind(?) [...],[44] angenehm(?) ist Re,

sein Sonnenglanz erhellt den Himmel mit seiner Sonnenscheibe in der Unterwelt (?),[45]

Sonnenglanz [...] die Unterweltlichen,

jꜣ.t ꜣḫw(?)[46] ist erleuchtet von seiner Farbe,

Naref[47] ist gefestigt in alle Ewigkeit,

er ist Herrscher, seit er herauskam aus dem (Mutter-)Leib.

Oh Herr, komm zu deiner Stadt,

die(?) dein Sohn Horus für dich auf der Erde gegründet hat,(?)[48]

die Propheten geben Preis deinem Bild,

die Gottesväter vollziehen das Ritual[49] für deinen Ka,

42 Oder: "die Feinde".

43 *ḫntš* "sich freuen über", Wb III, 311,14.

44 Unklar; die Zeichenreste nach *qsw* sind nicht zu lesen; *dmḏ* scheidet aus.

45 In der Lücke nach *jmꜣw* ist wohl nur  : *jmꜣw[=f]* zu ergänzen. Zu *m jtn=f* vgl. Assmann (1969), 39, Nr. 2: *nṯr ꜥꜣ jmj jtn=f* "der Große Gott, der in seiner Scheibe ist", speziell als Bezeichnung der Nachtgestalt des Sonnengottes.

46 Im Papyrus steht scheinbar *ꜥ.t (j)ꜣḫw* "Zimmer des Sonnenglanzes(?)", aber das ergibt keinen rechten Sinn und ist im übrigen m.W., zumindest in diesem Zusammenhang, nicht belegt. Es ist daher zu vermuten, daß hier eine (Ver-?) Schreibung von *jꜣ.t ꜣḫw* vorliegt, das zum einen als Bezeichnung für eine unterweltliche Region, zum anderen als Bezeichnung für Edfu belegt ist, s. Gauthier (1925-1929), I, 22. Wegen des folgenden Naref ist vielleicht eher an letztere Möglichkeit zu denken.

47 Zum Ort Naref vgl. bes. Assmann (1969), 69, Nr. 32 und Limme in: LÄ IV, 348, s.v. "Naref"; dort bes. auch zur Bedeutung als Kultort des Osiris. In Naref befand sich auch ein Osirisgrab, s. Bonnet, RÄRG 506.

48 Oder doch: "dein Sohn Horus ist 'installiert' für dich auf der Erde"?

49 Wohl *ḫs* "Ritual", Wb III, 332, 1-3.

der Vorlesepriester verliest die Kulthandlungen,

beim Bereitstellen (o.ä.) deiner Kultgeräte in [...],

das Tempelgut wird gezählt(?)[50] [...] dein [...]

Osiris Chontamenti, komm zu deinen [...] und zu deinem Haus,

Ptah-Sokar-Osiris in *štꜣj.t*,

[...] dein Sohn [Horus(?) ... nicht wird(?)] zugrunde gehen dein Herz,[51] wenn er feiert dein Fest in Ewigkeit,

Osiris Chontamenti, komm, viermal, Osiris N., komm [...], viermal,

komm zu deinem Tausend an Brot, zu deinem Tausend an Bier, zu deinem Tausend an Rindern, zu deinem Tausend an Geflügel, zu

deinem Tausend an Gazellen, zu deinem Tausend an weißen Säbelantilopen, zu deinem Tausend an Steinböcken, zu deinem Tausend

an Gänsen, zu deinem Tausend an Kranichen, zu deinem Tausend an *srj*-Gänsen, zu deinem Tausend an jeder

guten, reinen Sache, von der der Gott lebt. Das Horusauge <gehört(?)>[52] deinem Ka, sie sind rein <für(?)> deinen Ka,

Osiris *Ns-bꜣ-nb-ḏd mꜣꜥ-ḫrw*, Sohn der *Ns-Ḫnsw mꜣꜥ-ḫrw*, du bist groß dort,[53] du bist stark,

du bist hoch dort, du bist verklärt dort, du bist angesehen dort, du bist verständig dort, du bist groß dort,

du lebst dort, du verwaltest dort, du bist erhaben dort, du bist göttlich dort in Ewigkeit.[54]

---

[50] Wb I, 124, 17-18.

[51] *rf* als Partikel verstanden; oder doch: "... nicht --?-- dein Herz gegen ihn"? Diese Lösung erscheint vorerst weniger wahrscheinlich.

[52] "ist dein Ka" erscheint mir zu ungewöhnlich.

[53] Oder jeweils "dadurch".

[54] *r ḏ.t* oder evtl. auch *n ḏ.t*.

Hymnus an Osiris

Formale und inhaltliche Gliederung

Innerhalb dieses durch das einleitende *dwꜣ* als Hymnus qualifizierten Textes[55] lassen sich, wie auch sonst in diesem Textcorpus, verschiedene Abschnitte fassen, die sowohl durch inhaltliche wie durch äußerlich-formale Kriterien eindeutig bestimmbar sind. Im Unterschied zu einigen dieser Texte (etwa der Sortie en procession de Ptah-Sokar-Osiris oder dem Sokarisritual) sind hier aber auch deutliche Kriterien faßbar, die über die übergeordnete Abschnittsgliederung hinaus eine Binnengliederung erlauben. Die Ergebnisse einer entsprechenden Untersuchung seien im folgenden detailliert dargelegt.

1. 3.25: Einleitung ("introduction").[56]

Von den die Einleitung üblicherweise konstituierenden Elementen: Definition des Textes, Einführung des Rezitators, Benennung des Adressaten, Benennung der Begleitumstände bzw. des Anlasses fehlt hier die Einführung des Rezitators; der Beginn der wörtlichen Rede wird durch einfaches *ḏd mdw* markiert.

2. 3.26 - 3.27(?): Anrede ("salutation").[57]

Dieser Teil, der nun schon Bestandteil des eigentlichen Hymnus ist,[58] umfaßt im vorliegenden Text mindestens die beiden Verse 3.26 - 3.27. Die Zerstörungen der folgenden drei Zeilen der Kolumne verhindern deren inhaltliche Bestimmung.

55 S. zusammenfassend Assmann in: LÄ III, 103-110, s.v. "Hymnus"; von den beiden Typen von Osirishymnen: a) Kult-, und b) Totenhymnen, kommt, wie schon aus dem ersten Vers hervorgeht, nur die erste Möglichkeit in Betracht; zu dieser Thematik s. Assmann (1975), 76.

56 S. Barucq (1962), 25; Assmann in: LÄ III, 105, s.v. "Hymnus"; nach Barucq a.a.O. ist dieser Vers die - nicht zum eigentlichen Hymnus gehörende - "introduction".

57 S. Barucq und Assmann a.a.O.

Der Rest der Kolumne ist zerstört. Nach Ausweis des in diesem Papyrus vorausgehenden Sokarisrituals fehlen ca. 5-8 Zeilen.[59]

3. 4.1 - 4.28: Gebet ("prière")

Nach dem üblichen Schema wäre als nächstes Element nach der Anrede das "Lob" ("developpement laudatif")[60] zu erwarten. In diesem Fall ist die Reihenfolge umgekehrt, d.h. es folgt zunächst das "Gebet" und erst im Anschluß daran das "Lob"; s. dazu auch unten zu Nr. 4.

Die Gliederung dieser Passage in Haupt- und Teilabschnitte ergibt sich bereits bei einem mehr oberflächlichen Blick auf den Text, durch ins Auge fallende Kriterien wie anaphorische Versanfänge und weitere eher äußerliche Merkmale. Morphologisch-semantische und inhaltliche Gesichtspunkte bestätigen diese Gliederung dann auch im Detail.

Hauptabschnitt 1: 4.1 - 4.14

Das am meisten ins Auge fallende Merkmal dieser Strophe ist der gleichlautende, der Passage die Form einer Litanei gebende, Beginn mit *Wsjr ...,* zunächst gefolgt von *Ḫntj Jmntjw,* d.h. einer Anrede an den Gott Osiris (4.1 - 4.5), dann von einer Anrede an *Ns-bꜣ-nb-ḏd,* d.h. den Verstorbenen. Zudem fällt hier die ungewöhnliche Häufung der Bitte "komm" - insgesamt siebenmal - auf, die dieser Aufforderung eine ungewöhnliche, mir aus keinem vergleichbaren Text bekannte, Intensität verleiht.

Innerhalb der Strophe lassen sich vielfältige Bezüge und Verknüpfungen beobachten, die einerseits den Zusammenhang des Ganzen, andererseits weitere, enger zusammenhängende Unterabschnitte kennzeichnen. Auf diese Weise ergibt sich eine Dreiteilung der Strophe, deren erster und dritter Teil durch die schon genannte Bitte "komm" geprägt ist, der zweite unter anderem durch das Fehlen dieses Merkmals.

58 S. Barucq a.a.O.

59 S. Burkard (1986), 60, Nr. 8.

60 S. Barucq und Assmann a.a.O. (oben Anm. 56).

Teilabschnitt a: 4.1 - 4.3

Diese drei Verse sind vollkommen parallel konstruiert: 1. Anrede, 2. imperativischer Anruf "komm", 3. Präposition + Nomen als Angabe des Zieles. Die einzigen variierenden Elemente sind der Wechsel der Präposition (4.1: *r*, 4.2 - 4.3: *n*) und die darauf folgenden Begriffe. Inhalt der Passage ist die dringliche Aufforderung an den Gott, zu "kommen".

Teilabschnitt b: 4.4 - 4.9

Das Fehlen der Bitte "komm" in diesem Abschnitt wurde bereits erwähnt. Neben der dadurch markierten Trennung von den Abschnitten a und c wird andererseits auch über b hinausgewiesen, d.h. die Verbindung zu a und c hergestellt: 4.4 - 4.5 weisen durch die Beibehaltung der Anrede *Ḫntj Jmntjw* auf Abschnitt a, 4.6 - 4.9 durch die Anrede *Ns-bꜣ-nb-ḏd* auf Abschnitt c.

Die Verbindung der sechs Verse untereinander wird durch verschiedene versübergreifende Merkmale deutlich, deren kunstvolle Verzahnung die durch die anaphorischen Versanfänge gegebene Gefahr der Eintönigkeit geschickt vermeidet:

Die Verse 4.5, 4.8 und 4.9 verbindet inhaltlich die Beschreibung der metallenen Körperglieder des Osiris - s. hierzu die Übersetzung mit Anm. 10 - und der dazugehörende Wunsch der Unvergänglichkeit des Gottes. Die räumliche Trennung des Verses 4.5 von den beiden anderen ist nicht durch einen - an sich denkbaren - Überlieferungsfehler, sondern bewußt entstanden: dies zeigt der Wechsel in der Anrede von *Ḫntj Jmntjw* (4.5) zu *Ns-bꜣ-nb-ḏd* in 4.8 und 4.9.

Die Zusammengehörigkeit der Verse 4.6 - 4.7 ist aus inhaltlichen Gründen wie durch die identische Konstruktion evident. Unsicher ist damit lediglich die Zuordnung von 4.4, freilich vielleicht nur aufgrund einer zerstörten Stelle bzw. Korruptel im Text: man möchte das 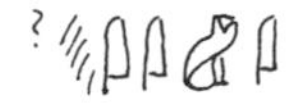 wie in 4.6 und 4.7 gerne als negierten Imperativ verstehen, doch erlaubt dies die erhaltene Schreibung nicht ohne weiteres und die folgende Zerstörung verhindert eine sichere Lösung.

Das inhaltlich verbindende Moment dieser Passage, das sie ebenfalls von a und c trennt, sind Wünsche für Osiris.

Teilabschnitt c: 4.10 - 4.14

Die Zusammengehörigkeit der Verse 4.10 - 4.13 ist durch das verbindende *mj* ebenso wie durch die jeweils folgende Verbindung von Präposition + (inhaltlich verwandtem) Nomen - hierin der Passage 4.1 - 4.3 vergleichbar und damit auf sie verweisend - klar erkenntlich. Ebenso eindeutig ist auch die Zugehörigkeit des die Passage abschließenden Verses zu diesem Abschnitt, wie durch zwei Indizien klar wird: Diese beiden verbindenden Elemente sind zum einen die Nennung von Räumlichkeiten: "herrliche Kammer" (4.13) und "Tempel" (4.14), zum anderen das dem *mj* "komm" entsprechende, seinerseits nun das Ergebnis dieses Wunsches voraussetzende" bleib da" (*m ḥr*, wörtlich: "entferne dich nicht") in 4.14.

Dieses "bleib" resümiert diesen Abschnitt c, der inhaltlich wieder als dringliche Bitte "komm" zusammengefaßt werden kann, weist damit auch zu Abschnitt a hinauf und bildet somit einen markanten, überzeugenden Abschluß des 1. Hauptabschnitts.

Hauptabschnitt 2: 4.15 - 4.28

Der Beginn in 4.15 ist durch den deutlichen Neuansatz oder besser das Ende der anaphorischen Versanfänge mit 4.14 klar markiert. Sein Ende mit 4.28 anzusetzen, erscheint zunächst nicht so zwingend, zumal die dann folgende Lücke bis zum Ende der Kolumne Spielraum für andere Überlegungen, zumindest aber für eine gewisse Unsicherheit läßt. Interne Kriterien und auffallende Regelmäßigkeiten lassen diese Einteilung aber doch als sehr plausibel erscheinen, wie im folgenden erläutert werden soll.

Diese Regelmäßigkeiten scheinen im übrigen bereits damit zu beginnen, daß sowohl Hauptabschnitt 1 wie dann Hauptabschnitt 2 je 14 Verse aufweisen. Doch ist m.E. gerade diese Beobachtung nicht als Kriterium geeignet: Sollten solche numerativen Elemente Relevanz besitzen, müßten sie regelmäßiger beobachtet werden können. Dies ist bislang jedoch nicht der Fall und vor allem auch im Fortgang des vorliegenden Textes nicht mehr zu beobachten.

Der innere Aufbau dieser Strophe ist aufgrund inhaltlicher und morphologisch-semantischer Indikatoren deutlich als vierfach gegliedert erkennbar: letztere sind etwa die erneut zu beobachtenden anaphorischen Versanfänge in 4.18 - 4.20 oder die Aufforderung *mj* "komm" in 4.25 - 4.28; erstere etwa die Beschreibung des Jubels in 4.15 - 4.17 oder auch 4.21 - 4.24 ebenso wie die direkte Anrede an Osiris in 4.18 - 4.20 und 4.25 - 4.28. Im Einzelnen:

Teilabschnitt a: 4.15 - 4.17

Gemeinsames Merkmal dieser drei Verse ist der Ausdruck der Freude über das Erscheinen des Gottes, direkt ausgedrückt wie in 4.16 - 4.17, oder auch indirekt ("werden dich empfangen"), wie in 4.15. Erstmals ist der Gott hier nicht mehr Adressat einer Bitte, vielmehr hat sich der Sprecher gewissermaßen - ihn weiterhin ansprechend - von ihm ab- und seiner eigenen, irdischen Umgebung zugewandt, deren Reaktion er nun schildert.

Bewußter Gestaltung (s. auch Teilabschnitt c) entspringen sicher auch die gleichlautenden bzw. gleichgestalteten Versanfänge in 4.15 und 4.17 mit *wn* + Ortsname, und die vergleichbaren Versenden mit Präposition + Verbum.

Inhaltliche und auch wörtliche Bezüge verweisen im übrigen deutlich auf die zweite, vergleichbare Passage dieses Hauptabschnitts in 4.21 - 4.24, s. unten bei Teilabschnitt c.

Teilabschnitt b: 4.18 - 4.20

Die Verbundenheit dieser drei Verse wird durch die anaphorischen Anfänge wie durch die inhaltlichen Parallelen trotz der zerstörten Versenden sehr deutlich. Gemeinsames inhaltliches Merkmal ist hier wieder die Aufforderung "komm", direkt durch *mj* ausgedrückt in 4.18 und 4.19, indirekt durch (sc. "komm und") "ruhe" in 4.20. Dieser stilistische Kunstgriff war auch in der Beschreibung der Freude in Teilabschnitt a zu beobachten, s. oben, so daß die Annahme seiner bewußten Einsetzung - bei einer Aufteilung von jeweils 2 (direkt) : 1 (indirekt) Versen - gerechtfertigt ist.

Zu Teilabschnitt d bestehen deutliche Bezüge durch die auch dort gegebene direkte Anrede an den Gott durch dort konsequent verwendetes *mj* "komm".

Teilabschnitt c: 4.21 - 4.24

Wie in Abschnitt a ist die Freude über das Erscheinen des Gottes das Thema dieses Abschnittes. An einer Reihe von Stellen werden dabei Bezüge zu Teilabschnitt a deutlich, die die sorgfältige Komposition des Ganzen belegen:

- in 4.15 und 4.21 das Wort *ꜣbḏw*

- in 4.16 und 4.22 - und in 4.23 - das jeweils zweimal stehende *nb* "Herr"
- in 4.17 und 4.23 das *ḥʿʿ.tj* bzw. *ḥʿʿ*.

Auch innerhalb der vier Verse des Teilabschnitts c lassen sich solche Bezüge erkennen:

- in 4.21 und 4.24 die Nennung jeweils eines Ortsnamens (*ꜣbḏw* bzw. *Ḥw.t-nnj-nswt*) und des Begriffs "Freude" (*ḥʿʿ.tj* bzw. *hj*)
- in 4.22 und 4.23 der gleichlautende Beginn mit *mk* "siehe" und das je zweimal stehende *nb* "Herr".

Diese verschiedenen Bezüge - einmal zwischen den Teilabschnitten a und c, zum anderen innerhalb dieser Teilabschnitte - werden in der Transkription besonders deutlich; die übergreifenden Bezüge sind dabei durch größere Schrift, die internen durch spitze Klammern markiert:

4.15 *<wn ꜣ**bḏw**> ʿ.wj=s <r šsp[=k(?)]>*
4.16 ***nb** ʿnḫ m jhj ʿq.n **nb** hnw*
4.17 *<wn wꜣs.t> nḫt.tj **ḥʿʿ.tj** <n jw=k>*

4.21 *<ꜣ**bḏw**> špsj **ḥʿʿ.tj** r ḫ [...]=k*
4.22 *mk <**nb**=s> ḥbs <**nb**> [...]w ḥb hr rn=k*
4.23 *mk <**nb**> smj.t(?) --?-- <**nb**=s> (?) [...] m **ḥʿʿ***
4.24 *<Ḥw.t-nnj-nswt> m <hj> [...]*

Teilabschnitt d: 4.25 - 4.28

Verbindendes Merkmal dieser Passage ist inhaltlich die erneute Hinwendung an den Gott mit der Bitte "komm", die in allen vier Versen einheitlich *mj r* "komm zu ..." lautet. Dies verbindet, wie schon erwähnt, diesen Teilabschnitt auch mit Teilabschnitt b. Der Aufbau dieser vier Teilabschnitte läßt sich somit auch mit der Formel a-b-a-b kennzeichnen.

Der Umfang des fehlenden Restes der Kolumne ist nicht sicher feststellbar, er dürfte um 8 - 10 Zeilen betragen haben.[61] Mit 50.1 scheint dann wieder ein neuer Abschnitt zu beginnen, s. dazu weiter unten.

4. 5.1 - 6.8: Lob ("developpement laudatif")[62]

Vom Inhalt her zweifellos zu dieser Kategorie gehörend, fällt diese Passage insofern etwas aus dem Rahmen, als sie i.d.R. der erste Hauptbestandteil im Aufbau eines Hymnus ist, also dem Gebet vorausgeht. In diesem Fall ist die Reihenfolge umgekehrt, s.a. oben unter Nr. 3.

Mit 5.1 beginnt, dies ist aus äußeren wie aus inhaltlichen Gesichtspunkten klar zu erkennen, ein neuer Abschnitt. Das ist etwa schon daraus ersichtlich, daß der Imperativ *mj* "komm", der den Abschnitt "Gebet" so prägte, hier - mit einer Ausnahme in 5.18 - praktisch keine Rolle spielt. Besonders charakteristisch ist aber der damit zusammenhängende grundsätzliche Wechsel im Sprechbezug: Bisher war Osiris der Adressat, der fast durchgehend direkt angesprochen wurde. Im Abschnitt 5.1ff bleibt Osiris natürlich die Bezugsperson, aber der Blick wendet sich von ihm ab und es werden die Handlungen geschildert, die verschiedene Götter für ihn und an ihm vollziehen. Das Ganze geschieht unter dem Aspekt des wiederbelebten und triumphierenden Osiris, und in diesem Sinne lassen sich die Worte von 5.1: *Wsjr (NN) mꜣꜥ-ḫrw m mꜣꜥ-ḫrw* als Überschrift dieses Abschnitts deuten.

Der Unterschied zwischen dem "Gebet" und dem "Lob" läßt sich vielleicht am prägnantesten zusammenfassen, wenn man den Inhalt des "Gebets" unter "Osiris, komm", den des "Lobes" unter "Osiris ist erschienen" subsumiert.

Auch die Binnengliederung des "Lobes" weist Unterschiede gegenüber dem "Gebet" auf: Ließen sich dort zwei Hauptabschnitte und ihre Untergliederungen feststellen, dominieren hier die kleineren Einheiten, die im Umfang den Teilabschnitten von Hauptabschnitt 3 entsprechen und daher hier auch so bezeichnet seien. Diese Teilabschnitte bestehen zunächst abwechselnd aus vier oder sechs Versen, die ihrerseits sehr klar eine Gliederung in Verspaare aufweisen.

[61] Vgl. Burkard (1986), 60, Nr. 8.
[62] Vgl. Barucq (1962), 25; Assmann in: LÄ III, 105-106, s.v. "Hymnus".

Teilabschnitt a: 5.2 - 5.5

Im ersten Verspaar werden Isis und Horus eingeführt, noch in der dritten Person; im zweiten Verspaar redet der Sprecher von sich in der 1. Person. Wer spricht, wird nicht gesagt, doch geht aus dem Folgenden (etwa 5.6: *jt=j* "mein Vater") hervor, daß dies Horus ist.

Teilabschnitt b: 5.6 - 5.11

Hier sind die vier Horussöhne die Träger der Handlung, in ihrer Funktion als Teilnehmer an der Wiederbelebung des Toten, s.a. oben die Übersetzung mit Anm. 29.

Auch diese sechs Verse sind in drei Verspaare gegliedert: im ersten werden in je einem Vers die Tätigkeiten von Amsti und Hapi geschildert, Duamutef ist das Subjekt des zweiten, Kebehsenuef das des dritten Verspaares; in diesen beiden Fällen sind die Bezüge zwischen den Versen durch Wortspiele besonders markiert: 5.8/9: *sꜣ=f* "sein Schutz" - *sꜣ=f* "sein Sohn"; 5.10/11: *Qbḥ-snw=f* - *qb.n=f*.

Teilabschnitt c: 5.12 - 5.15

Prägende Begriffe dieses Abschnitts sind die Worte "erleuchten" bzw. "leuchten", die seine inhaltliche Einheit und die Abgrenzung zum Folgenden verdeutlichen; 5.12: *sḥḏ;* 5.13: *stj*; 5.14: *sḥḏ*. Das erste Verspaar zeigt einen klaren Parallelismus in der Konstruktion (Subjekt - Prädikat - Objekt/adverbielle Ergänzung), das zweite entspricht durch die Vollendung der Aussage mit dem zweiten Vers dem Typ des Gedankenpaares.[63] Subjekt der Handlung ist die leuchtende und zugleich schützende Uräusschlange, in deren Gefolge die Götter - in der 1. Person Plural, d.h. unter Einbeziehung des noch immer sprechenden Horus - aufgefordert werden, Osiris das Geleit zu geben.

Teilabschnitt d: 5.16 - 5.21

Das verbindende Element ist hier die direkte Anrede an einzelne Götter: meist in der zweiten, nur in den beiden Versen, in denen von Thot die Rede ist (5.17 und 5.21),

[63] S. dazu zuletzt zusammenfassend Burkard (1983), bes. 86 - 87.

in der dritten Person. Deutliche Verbindungslinien sind zwischen dem 1. und 5. und dem 2. und 6. Vers herzustellen:

Im ersten Fall durch Chentj-jrtj/Horus und *jt* "Vater", jeweils an gleicher Stelle im Vers stehend, im zweiten Fall durch Thot und die parallele Konstruktion der beiden Verse (*wsr sw m ꜣḫw=k / njs sw jw=f*). Die beiden mittleren Verse 5.18 - 5.19 sind zu zerstört, so daß sich keine klaren Bezüge erkennen lassen.

Teilabschnitt e: 5.22 - 5.25

Mit *jnḏ ḥr=k* wird nunmehr wieder Osiris direkt angesprochen; diese direkte Anrede ist auch das verbindende Element der vier Verse dieses Abschnitts.

Teilabschnitt f: 5.26 - -?-

Erneut vollzieht sich ein Themenwechsel: Die folgenden Verse schildern den Jubel über die Wiederbelebung des Osiris, mit deutlichen Anklängen an die Schilderung des Jubels in 4.15ff. (Stichwörter etwa *ꜣbḏw* oder *nb ꜥnḫ*). Nach 5.28 ist der Rest der Kolumne zerstört, so daß der ursprüngliche Umfang dieses Teilabschnitts f unbekannt bleibt. Sicher ist, daß er nicht nur die drei erhaltenen Verse umfaßt haben kann. Vom rein schematischen Standpunkt aus wäre in der Abfolge der Teilabschnitte dieser Kolumne ein Umfang von sechs Versen zu erwarten, doch muß dies Spekulation bleiben, ebenso wie die weitere Gliederung des zerstörten Restes der Kolumne. Diese Unsicherheit überträgt sich dann auch auf den Beginn von col. 6, obwohl die Worte in 6.1: "der Feind ist gefallen, die große Überschwemmung ist gekommen" aus inhaltlichen Gründen mit großer Wahrscheinlichkeit den Beginn eines neuen Abschnitts markieren.

Teilabschnitt g:[64] *6.1 - 6.8*

Neben der eben genannten kleinen Unsicherheit bei der Abschnitteinteilung enthält dieser Teilabschnitt durch kleinere Zerstörungen und unklare Stellen - s. hierzu jeweils die Anmerkungen zur Übersetzung - einige Schwierigkeiten, die vor allem die Frage der

[64] Die Benennung mit "g" erfolgte ohne Rücksicht auf die mögliche Existenz eines weiteren Abschnitts nach f im zerstörten Teil von col. 5.

Binnengliederung betreffen. Die inhaltliche Zuweisung zum "Lob" steht dagegen außer Zweifel.

Sicher ist die Zusammengehörigkeit der Verse 6.1 und 6.2; auch 6.7 und 6.8 bilden wohl ein Verspaar. Die restlichen vier Verse 6.3 - 6.6 sind wegen einiger klarer Bezüge untereinander (etwa *dꜣ.t* 6.4 - *dꜣ.tjw* 6.5; *jmꜣw* 6.4 - *jꜣḫw* 6.5 - evtl. *jꜣ.t-ꜣḫw*(?) 6.6) vielleicht als zusammengehörige Gruppe anzusehen.

Die Aussage in 6.8: "Er ist Herrscher, seit er herauskam aus dem Mutterleib" schließt das developpement laudatif ab. Der Beginn der neuen Passage ab 6.9 ist wieder klar durch einen Wechsel der Blickrichtung markiert: Osiris wird jetzt wieder direkt, d.h. in der zweiten Person, angesprochen, bezeichnenderweise gleich in diesem Vers durch *mj* "komm".

5. 6.9 - 6.26: Schlußgebet ("présentation de soi")[65]

In dieser Passage stellt sich normalerweise der Sprecher selbst vor und beschreibt die für den Gott vollzogenen Kulthandlungen. Dies ist auch hier der Fall, mit einer auffallenden Besonderheit: Es ist keine Einzelperson, die sich hier vorstellt, sondern die Gesamtheit der am Ritualvollzug beteiligten Priester: *ḥmw-nṯr*(6.11), *jtw-nṯr* (6.12) und der *ẖrj-ḥb* (6.13). Der ganze Hymnus schließt dann mit einer in dieser Ausführlichkeit mir sonst nicht bekannten Liste der dargebrachten Opfer, zu deren Entgegennahme der Gott letztmals durch zweimaliges *mj* "komm", verstärkt jeweils durch *sp-4* "viermal", d.h. durch den achtmal wiederholten Ausruf, aufgefordert wird. Ein Preis auf Osiris schließt 6.24 - 6.26 den Hymnus ab.

Diese letzte Passage besteht aus zwei Teilabschnitten, wie hier bereits das Schriftbild deutlich macht: Mit 6.19, dem Beginn der Aufzählung der Opfergaben bzw. der Aufforderung "komm", wird die bisher geübte Praxis der stichischen Schreibung verlassen bzw. das Prinzip der Versgliederung infolge des Listencharakters des Abschnitts aufgegeben. Dies ist zum einen daran erkennbar, daß die Zeilenbreite sich fast verdoppelt, zum anderen, daß Zeilenende und Sinnabschnittsende teilweise nicht mehr zusammenfallen.

65 S. hierzu Assmann in: LÄ III, 106, s.v. "Hymnus"; ders. (1969), 217-220; Barucq (1962), 26.

Teilabschnitt a: 6.9 - 6.18

Die Binnengliederung dieses Abschnitts ist klar: Vers 6.9 - 6.10 bilden eine inhaltliche Einheit; das gleiche gilt für 6.11 - 6.15 mit der Präsentation der Kultpersonen und der Beschreibung der Kulthandlungen. Den Abschluß des Teilabschnitts bilden 6.16 - 6.18 mit erneuter direkter Anrede an Osiris.

Teilabschnitt b: 6.19 - 6.26

Die Aufgabe der Versstruktur in diesem Abschnitt wurde bereits genannt. Inhaltliche Kriterien legen eine Zweiteilung dieses Abschnitts nahe: in die Aufzählung der Opfergaben mit zugehöriger Anrufung: 6.19 - 6.23, und in den abschließenden Preis des Osiris 6.24 - 6.26.

Dieser Teilabschnitt b mit der "Opferliste" und dem Preis ist inhaltlich, auch wenn nicht mit *sꜣḫ* überschrieben, ein Verklärungstext, wie nicht zuletzt das *ꜣḫ=k* "du bist *ꜣḫ* = verklärt" in 6.25 zeigt.[66]

[66] Zur Überlieferung von Einzelsprüchen dieser Gattung außerhalb der Zyklen von Verklärungen s. Assmann in: LÄ VI, 1000, Nr. 3, s.v. "Verklärung".

Literaturverzeichnis

Allam (1959): S. Allam, Beiträge zum Hathorkult (bis zum Ende des Mittleren Reiches). Diss. Göttingen 1959 (maschinen- schriftlich)

Allen (1974): The Book of the Dead or Going Forth by Day. Translated by Thomas George Allen, Prepared for Publication by Elizabeth Blaisdell Hauser. Chicago 1974 (Studies in Ancient Oriental Civilization 37)

Alliot (1946): M. Alliot, Les rites de la chasse au filet, aux temples de Karnak, d'Edfou et d'Esneh, in: RdE 5, 1946, 57 - 118

Alliot (1949-1954): M. Alliot, Le culte d'Horus à Edfou au temps des Ptolémées. Le Caire 1949 - 1954 (BdE 20)

Alliot-Barucq (1964): A. Barucq, Les textes cosmogoniques d'Edfou d'après les manuscrits laissés par Maurice Alliot, in: BIFAO 64, 1964, 125 - 167

Andreu-Cauville (1977/78): G. Andreu, S. Cauville, Vocabulaire absent du Wörterbuch, in: RdE 29, 1977, 5 - 13 und RdE 30, 1978, 10 - 21

Assmann (1969): J. Assmann, Liturgische Lieder an den Sonnengott. Berlin 1969 (MÄS 19)

Assmann (1980): J. Assmann, Grundstrukturen der ägyptischen Gottesvorstellungen, in: BN 11, 1980, 46 - 62

Assmann (1983): J. Assmann, Sonnenhymnen in thebanischen Gräbern. Mainz 1983 (Theben 1)

Assmann (1984): J. Assmann, Ägypten. Theologie und Frömmigkeit einer frühen Hochkultur. Stuttgart 1984

Barguet (1962): P. Barguet, Le papyrus N. 3167(S) du Musée du Louvre. Le Caire 1962 (BdE 37)

Barguet (1962 B): P. Barguet, Le temple d'Amon-Rê à Karnak. Essai d'exégèse. Le Caire 1962 (Recherches d'archéologie, de philologie et d'histoire 21)

Barguet (1967): Le livre des morts des Anciens Egyptiens. Introduction, traduction et commentaire du Paul Barguet. Paris 1967

Barta (1973): W. Barta, Untersuchungen zum Götterkreis der Neunheit. München 1973 (MÄS 28)

Barta (1975): W. Barta, Untersuchungen zur Göttlichkeit des regierenden Königs. München 1975 (MÄS 32)

Barucq (1962): A. Barucq, L'expression de la louange divine et de la prière dans la Bible et en Egypte. Le Caire 1962 (BdE 33)

Beinlich (1984): H. Beinlich, Die "Osirisreliquien". Zum Motiv der Körperzergliederung in der altägyptischen Religion. Wiesbaden 1984 (ÄA 42)

Bergman (1968): J. Bergman, Ich bin Isis. Uppsala 1968

Bidoli (1976): D. Bidoli, Die Sprüche der Fangnetze in den altägyptischen Sargtexten. Glückstadt 1976 (ADAIK 9)

Blackman (1938): A.M. Blackman, Some Remarks on a Clay Sealing Found in the Tomb of Hemaka, in: Studia Aegyptiaca I, Roma 1938, 4 - 9 (Analecta Orientalia 17)

Bleeker (1956): C.J. Bleeker, Die Geburt eines Gottes. Eine Studie über den ägyptischen Gott Min und sein Fest. Leiden 1956 (Studies in the History of Religions 3)

Borghouts (1970): J.F. Borghouts, The Magical Texts of Papyrus Leiden I, 348. OMRO 51, 1970

Boylan (1922): P. Boylan, Thot, the Hermes of Egypt. Oxford 1922

Brunner-Traut (1938): E. Brunner-Traut, Der Tanz im Alten Ägypten. Glückstadt 1938 (ÄgFo 6)

Burkard (1983): G. Burkard, Der formale Aufbau altägyptischer Literaturwerke: zur Problematik der Erschließung seiner Grundstrukturen, in: SAK 10, 1983, 79 - 118

Burkard (1986): Grabung im Asasif 1963 - 1970. Band III: G. Burkard, die Papyrusfunde. Nach Vorarbeiten von Dino Bidoli. Mainz 1986 (AV 22)

Burkard (1988): G. Burkard, Ptahhotep und das Alter, in: ZÄS 115, 1988, 19 - 30

Burkard (1993): G. Burkard, Überlegungen zur Form der ägyptischen Literatur: Die Geschichte des

Schiffbrüchigen als literarisches Kunstwerk. Wiesbaden 1993 (ÄAT 22)

Caminos (1977): R.A. Caminos, A Tale of Woe. Oxford 1977

Cerny (1976): J. Cerny, Coptic Etymological Dictionary. Cambridge 1976

Cerny-Groll (1984): J. Cerny and S.I. Groll, A Late Egyptian Grammar. Third, Updated Edition. Rome 1984

Chassinat/Daumas (1978): E. Chassinat, F. Daumas, Le temple de Dendara. Tome VIII. Le Caire 1978

Daumas (1959): F. Daumas, Les mammisis de Dendara. Le Caire 1959

Daumas (1962): F. Daumas, Les moyens d'expression du Grec et de l'Egyptien comparés dans les décrets de Canope et de Memphis. Le Caire 1952 (ASAE Suppl. 16)

Derchain (1965): Ph. Derchain, Le papyrus Salt 825. Bruxelles 1965

Derchain-Urtel (1981): M.-Th. Derchain-Urtel, Thot à travers ses éptithètes dans les scènes d'offrandes des temples d'epoque gréco-romaine. Bruxelles 1981 (Rites Egyptiens III)

Donadoni (1959): S. Donadoni, La religione dell' antico Egitto. Bari 1959

Edel (1955/64): E. Edel, Altägyptische Grammatik I und II. Roma 1955 und 1964 (Analecta Orientalia 34 und 39)

Edel (1963): E. Edel, Zu den Inschriften auf den Jahreszeitenreliefs der "Weltkammer" aus dem Sonnenheiligtum des Niuserre. II. Teil. Göttingen 1963

Edwards (1986): I.E.S. Edwards, The Shetayet of Ro-setau, in: Egyptological Studies in Honor of Richard A. Parker, ed. by Leonard H. Lesko. Hanover and London 1986, 27 - 36

El-Sayed (1978): Ramadan El-Sayed, A propos de l'activité d'un fonctionnaire du temps de Psammetique I à Karnak après la stèle du Caire 2747, in: BIFAO 78, 1978, 459 - 476

Erman (1933): A. Erman, Neuägyptische Grammatik. 2. Auflage Leipzig 1933

Fairman (1943): H.W. Fairman, Notes on the Alphabetic Signs Employed in the Hieroglyphic Inscriptions of the Temple of Edfu, in: ASAE 43, 1943, 191 - 318

Faulkner (1933): R.O. Faulkner, The Papyrus Bremner-Rhind (British Museum No. 10.188). Bruxelles 1933 (Bibliotheca Aegyptiaca 3)

Faulkner (1935-1938): R.O. Faulkner, The Lamentations of Isis and Nephthys, in: Mélanges Maspero (MIFAO 66), Le Caire 1935-1938, 337 - 348

Faulkner (1936/1937/1938): R. O. Faulkner, The Bremner-Rhind Papyrus I-IV, in: JEA 22, 1936, 121 - 140; JEA 23, 1937, 10 - 16 und 166 - 185; JEA 24, 1938, 41 - 53

Faulkner (1969): R.O. Faulkner, The Ancient Egyptian Pyramid Texts Translated into English. Oxford 1969

Faulkner (1972): R.O. Faulkner, Boat-Building in the Coffin Texts, in: RdE 24, 1972, 60 - 63

Gaballa-Kitchen (1969): G.A. Gaballa - K.A. Kitchen, The Festival of Sokar, in: Orientalia 38, 1969, 1 - 76

Gardiner (1931): A.H. Gardiner, The Chester Beatty Papyri, No. 1, Oxford 1931

Gardiner (1957): A.H. Gardiner, Egyptian Grammar. 3rd ed. Oxford, 1957

Gauthier (1925 - 1929): H. Gauthier, Dictionnaire des noms géographiques contenus dans les textes hiéroglyphiques. Le Caire 1925 - 1929

Germond (1986): Ph. Germond, Les invocations à la bonne année au temple d'Edfou. Genève 1986 (Aegyptiaca Helvetica 11)

Gilula (1969): M. Gilula, Rez. H. Satzinger: Die negativen Konstruktionen im Alt- und Mittelägyptischen, Berlin 1986 (MÄS 11), in: JEA 56, 1970, 205 - 214

Goyon (1967): J.-C.Goyon, Le cérémonial pour faire sortir Sokaris. P. Louvre I. 3079, col. 112-114, in: RdE 20, 1968, 63-96

Goyon (1969): J.-C. Goyon, Textes mythologiques. I. "Le Livre de protéger la barque du dieu", in: Kêmi 19, 1969, 23 - 65

Goyon (1974): J.-C. Goyon, La littérature funéraire tardive, in: Textes et langages de l'Egypte pharaonique III, Le Caire 1974 (BdE 64), 73 - 81

Goyon (1975): J.-C. Goyon, Textes mythologiques. II. "Les Révélations du mystère des quatres boules", in: BIFAO 75, 1975, 349 - 399

Goyon (1978): J.-C. Goyon, La fête de Sokaris à Edfou, in: BIFAO 78, 1978, 415 - 438

Graefe (1979): E. Graefe und Mohga Wassef, Eine fromme Stiftung für den Gott Osiris-der-seinen-Anhänger-in-der-Unterwelt- rettet aus dem Jahre 21 des Taharqa (670 v.Chr.), in: MDAIK 35, 1979, 103 - 118

Grimm (1986): A. Grimm, Die altägyptischen Festkalender in den Tempeln der griechisch-römischen Epoche. Diss. München 1986 (maschinenschriftlich)

Guglielmi (1991): W. Guglielmi, Die Göttin Mr.t. Entstehung und Verehrung einer Personifikation. Leiden 1991 (Probleme der Ägyptologie 7)

Gutbub (1973): A. Gutbub, Textes fondamentaux de la théologie de Kom Ombo. Le Caire 1973 (BdE 47)

Haikal (1970/1972): Fayza Mohamed Hussein Haikal, Two Hieratic Funerary Papyri of Nesmin. Bruxelles. Part one: Introduction, Transcription and Plates. 1970. Part two: Translation and Commentary. 1972

Hassan (1928): S. Hassan, Hymnes religieux du moyen empire. Le Caire 1928

Helck (1952): W. Helck, Die Herkunft des abydenischen Osirisrituals, in: Archiv Orientalni 20, 1952, 72 - 85

Hornung (1963): E. Hornung, Das Amduat. Die Schrift des verborgenen Raumes. 1. Text. 2. Übersetzung und Kommentar. Wiesbaden 1963 (ÄA 7)

Hornung (1967): E. Hornung, Der Mensch als "Bild Gottes" in Ägypten, in: Oswald Loretz, Die Gottebenbildlichkeit des Menschen, München 1967, 123 - 156

Hornung (1971): E. Hornung, Der Eine und die Vielen. Darmstadt 1971

Junker (1911): H. Junker, Die Stundenwachen in den Osirismysterien nach den Inschriften von Dendera, Edfu und Philae. Wien 1911

Junker (1942): H. Junker, Der sehende und der blinde Gott. München 1942 (Sitzungsberichte der Bayer. Akad. der Wissenschaften, phil.-hist. Abtlg., 1942,7)

Kees (1912): H. Kees, Der Opfertanz des ägyptischen Königs. Leipzig 1912

Kees (1924): H. Kees, Horus und Seth als Götterpaar. 2. Teil. Leipzig 1924

Köhler (1975): U. Köhler, Das Imiut. Wiesbaden 1975 (Göttinger Orientforschungen IV.4)

Kuentz (1925): Ch. Kuentz, La "stèle du mariage" de Ramsès II., in: ASAE 25, 1925, 181 - 238

Lacau/Chevrier (1977): P. Lacau, H. Chevrier, Une chapelle d'Hatshepsout à Karnak. I. Le Caire 1977

Mariette (1871): A. Mariette: Dendérah. Tome III. Paris 1871

Mariette (1873) A. Mariette, Dendérah. Tome IV. Paris 1873

Meeks (1977/1978/1979): D. Meeks, Année lexicographique. Paris. I. 1977 (1980); II. 1978 (1981); III. 1979 (1982)

Möller (1900): G. Möller, Über die in einem späthieratischen Papyrus des Berliner Museums erhaltenen Pyramidentexte. Berlin 1900

Nelson (1940): H.H. Nelson, Medinet Habu. Vol. 4. Festival Scenes of Ramses III. Chicago 1940

Otto (1938): E. Otto, Die Lehre von den beiden Ländern Ägyptens in der ägyptischen Religionsgeschichte, in: Studia Aegyptiaca I (Analecta Orientalia 17), Rom 1938, 10 - 35

Piankoff-Rambova (1957): A. Piankoff, E. Rambova, Mythological Papyri. New York 1957 (Bollingen Series XL.3)

Pleyte (1881): W. Pleyte, Chapitres supplémentaires du livre des morts. Leyde 1881

Posener (1979): G. Posener, Tâche prioritaire, in: First International Congress of Egyptology, Cairo October 2 - 10, 1976. Acts. Ed. by Walter F. Reineke, Berlin, 1979, 519 - 522

Posener-Krieger (1976): P. Posener-Krieger, Les archives du temple funéraire de Néferirkare-Kakai (les papyrus d'Abousir). Le Caire 1976 (BdE 65)

Quaegebeur (1975): J. Quaegebeur, Le dieu égyptien Shai dans la religion et l'onomastique. Leuven 1975 (Orientalia Lovaniensia Analecta 2)

Reymond (1977): E.A.E. Reymond, From Ancient Egyptian Hermetic Writings. Wien 1977

Roeder (1960): G. Roeder, Mythen und Legenden um ägyptische Gottheiten und Pharaonen. Zürich 1960

Säve Söderbergh (1953): T. Säve-Söderbergh, On Egyptian Representations of Hippopotamus Hunting as a Religious Motive. Uppsala 1953 (Horae Soederblomianae III)

Sandman-Holmberg (1946): M. Sandman-Holmberg, The God Ptah. Lund 1946

Sauneron (1963): S. Sauneron, Remarques de philologie et d'étymologie, in: RdE 15, 1963, 49- 62

Sauneron (1970): S. Sauneron, Le papyrus magique illustré de Brooklyn. New York 1970

Schäfer (1904): H. Schäfer, Die Mysterien des Osiris in Abydos unter König Sesostris III. Leipzig 1904 (UGAÄ 4)

Schlögl (1980): H.A. Schlögl, Der Gott Tatenen. Freiburg (Schweiz) 1980 (OBO 29)

Schott (1954): S. Schott, Die Deutung der Geheimnisse des Rituals für die Abwehr des Bösen. Wiesbaden 1954

Schott (1954 B): S. Schott, "Zweimal" als Ausrufungszeichen, in: ZÄS 79, 1954, 54 - 65

Schott (1955): S. Schott, Eine ägyptische Bezeichnung für Litaneien, in: Ägyptologische Studien (Festschrift Grapow), hrsg. von O. Firchow, Berlin 1955, 289 - 295

Schott (1956): S. Schott, Totenbuchspruch 175 in einem Ritual zur Vernichtung von Feinden, in: MDAIK 14, 1956, 181 - 189

Spencer (1984): P. Spencer, The Egyptian Temple. London 1984

Szczudlowska (1972): A. Szczudlowska, Liturgical Text Preserved on Sekowski Papyrus, in: ZÄS 98, 1972, 50 - 80

Vandier (1935 - 1938): J. Vandier, La stèle 20.001 du Musée du Caire, in: Mélanges Maspero I (MIFAO 66), Le Caire 1935 - 1938, 137 - 154

Vandier (1950): J. Vandier, Mo'alla. La tombe d'Ankhtifi et la tombe de Sébekhotep. Le Caire 1950 (BdE 18)

Vandier (1961): J. Vandier, Le papyrus Jumilhac. Paris 1961

Vandier (1961 B): J. Vandier, Memphis et le taureau Apis dans le Papyrus Jumilhac, in: Mélanges Mariette (BdE 32), Le Caire 1961, 105 - 123

te Velde (1967): H. te Velde, Seth, God of Confusion. Leiden 1967

Vernus (1978): P. Vernus, Athribis. Le Caire 1978 (BdE 74)

Vernus (1979): P. Vernus, Un décret de Thoutmosis III relatif à la santé publique (P. Berlin 3409, v° XVIII - XIX), in: Orientalia 48, 1979, 176 - 184

Ward (1986): W. Ward, Some Remarks on the Root *gbj/gbb*, "to be weak, lame, deprived", in: ZÄS 113, 1986, 79 - 81

Weber (1969): Beiträge zur Kenntnis des Schrift- und Buchwesens der alten Ägypter. Köln 1969

Weill (1951): R. Weill, Le verbe d'existence *p3* et ses dérivés, in: RdE 6, 1951, 49 - 82

de Wit (1958): C. de Wit, Les inscriptions du temple d'Opet, à Karnak. Bruxelles 1958

Wohlgemuth (1957): G. Wohlgemuth, Das Sokarfest. Diss. Göttingen 1957 (maschinenschriftlich)

Ziegler (1977): Chr. Ziegler, Tambours conservés au Musée du Louvre, in: RdE 29, 1977, 203 - 214

Ziegler (1979): Chr. Ziegler, Les instruments de musique égyptiens au Musée du Louvre. Paris 1977

Zivie (1976): Chr. Zivie, Giza au deuxième millénaire. Le Caire 1976 (BdE 70)

In Abkürzung zitierte Literatur

Edfu I ff.:	E. Chassinat, Le temple d'Edfou I ff. Le Caire 1897 ff.
KRI I ff.:	K.A. Kitchen, Ramesside Inscriptions I ff. Oxford 1968 ff.
LÄ I ff.:	Lexikon der Ägyptologie Band I - VI. Wiesbaden 1975 - 1986
RÄRG:	H. Bonnet, Reallexikon der ägyptischen Religionsgeschichte. Berlin

Im übrigen wurden die Abkürzungen des Lexikons der Ägyptologie verwendet.

Indices

In den folgenden Indices wird jeweils auf die Seitenzahl und ggf. auf die Nummer der Anmerkung verwiesen. Die erste Zahl nennt jeweils die Seitenzahl, die Nummer der Anmerkung folgt nach dem Komma; mehrere Verweise sind durch Semikolon voneinander getrennt.

Im Index I "ägyptische Wörter" bedeutet ein eingeklammertes Fragezeichen innerhalb der Anführungszeichen, daß die Übersetzung des jeweiligen Wortes fraglich ist. Außerhalb der Anführungszeichen verweist es auf die Fraglichkeit des jeweiligen Belegs.

I. ägyptische Wörter

jhj "klagen; Klage" *230,17*

jhj "klagen" (?) *26,25*

jhb "tanzen; Tanz" *51,24*

jḥ.tj Schreibung für *ḥtj.t* "Kehle" *230,10*

jḫjw --?-- *23,3*

js.t "Truppe" *23,3*

jsf.tjw "Feinde" *65f.,26*

jsdn Bez. für Thot *155,129*

jtn n Rˁ "Sonnenscheibe des Re" *25,18*

Jwn Götterbeiname *254,34*

ˁwbbw Fischart *70,57*

ˁb "schädigen (?)" *69,56*

ˁb "Feind" (?) *193,113*

ˁb "feindlich handeln (?)" *193,113*

ˁbꜣꜣ Fischart; Fischgottheit *70,57*

ˁbjw Fischart (?) *70,57*

ˁm jb "geheimhalten" (?) *185,36*

ˁm jb "bereuen" (?) *185,36*

ˁnḫ.t "Westen" *188f.,77*

ˁḥ "fangen, die Arme breiten" (?) *210,34*

ˁḫ "sich erheben" (?) *142,77*

ˁẖ "fliegen" (?) *142,77*

wpj "öffnen" *181,3*

wnj "vorbeigehen, abweisen" (?) *25,23*

wr.wj "die beiden Großen": Schu und Tefnut *111,1*

wrm Vogelart *68,40*

wrns "Wernes" *114,24*

wdj "angreifen" (?) *191,103*

wdj ḫn Ritus *236f.,68*

wdnw "Opferlitanei" *211,45*

bꜣ dmḏj "Ba-Demedj" *23f.,6*

bjꜣ tꜣ --?-- *85,18*

bjf "weinen" *192,111*
bjt "krankhafter Zustand des Auges" *192,111*
bjdj "krankhafter Zustand des Auges" *192,111*
bt "Salbkegel(?)" *153,124*
bṯw "Bösewicht" (?) *184,28*
bṯnw "Rebell, Frevler" (?) *184,28*
bd.t "Emmer" *99,12*

pꜣ jꜣw jꜣw "der zweimal Alte" *84,2*
pr.t ꜥꜣ.t "große Trauer" *132,21*
pẖꜣ "ausstatten" *211,43*
pẖr "dienen" *115,31*
pšš "ausspreizen, ausbreiten" *84,9; 139,57*
pqr "Peqer" *28,39*
pqr.tj "die beiden Peqer" (?) *28,39*
ptr "Teil des Himmels" *111f.,4*
ptr.wj zwei Himmelsöffnungen *111f.,4*

fnṯw "Maden" *77*

mꜣ "neu" *180,1*
mꜣꜥ.tj "der Gerechte" (?) *47,1*
mꜣꜥ.tj "die beiden Wahrheiten" *47,1*
mꜣw.t "Trauer" *192,109*
mꜣwt "Tränen" *134,27*
mꜣṯ "klagen, trauern" *142,79; 181,6*
mwj "Same" (?) *31,57*
mwj.t "Feuchtigkeit" = "Überschwemmung" *31,57*
mfkꜣ.t Gegend im Sinai *232,41*
mn.tjw = jmn.tjw "die Westlichen" (?) *26,28*
mnmn "sich bewegen, sich rühren" *189,84*
mr nẖꜣ.wj "Messersee" *114f.,28*
mr.t "Sängerin" *87,30*
mḥ "bewässern" (?) *194,126*
mḥw "Ertrunkener" *29,45*
msj "bringen" *133,23*

msbb ḥr "sich zuwenden zu" *190,89*
msn "harpunieren" *28,44*
msnj "Messer" *192,108*
msnw "Harpunierer" *192,108*
msẖꜣ "sich freuen" *187,63*
mstjw "Abkömmling" *189,79*
mk.t "Schutz" (?) *233,47*
mk.t mk.t-Stätte *85,14*
mk.t "Stelle, Platz" *233,47*
mkꜣ "hören" *151,113*
mkj "schützen" (?) *233,47*
mtnw profaner Name von Aphroditopolis *138,55*
mtnw "beschreiben, beschriften" *130,8*
mtr ꜥ ḥr "vor (?)" *190,88*
mdw ḥr "Fürsprache einlegen" *185,40*
mḏḥ "umwinden" *130,4*

nj-jb "Liebling" *181,4*
nꜥj "fahren" *230,21*
nꜥj "drehen" eines Seiles *230,21*
nb ꜥb.wj "Herr der beiden Hörner" *181,3*
nb ḥrw "Herr von Gesichtern" *228,2*
nbj "brennen" *189,81*
nbḏ "Böser" *136,42*
npḏj "Messer" *192,107*
nmj.t "Bahre" *112,6*
nḥꜣ "wild, schrecklich" *183,22*
nḥjw "die Schrecklichen (?)" *183,22*
nḥm-n "doch" *194,22*
nẖj "klagen" *188,68*
nṯr ꜥꜣ jmj jtn=f Bez. d. Nachtgestalt d. Sonnengottes *255,45*
nṯrw "Iseum" *112,10*
nḏ.t.t "Schützerin" (?) *187,60*
nḏr.t "Gefangenschaft" *67,36*

r bnr n "hinaus aus" *228,1*

rw.t "Tür" (?) *66,32*
rwj "beseitigen" *65,24*
rwj.t "Stroh" (?) *66,32*
rmj "weinen" (?) *187,59*
rr "Bild, Standbild, Geschmückter" *228,7*
rhn "sich stützen" *180,11*

hꜣ Verstärkung des Imperativs *252,22*
hꜣb "senden, werfen" *137,46*
hb "betreten" *189,83*
hbw "Zerstörung" (?) *193,115*
hnj kultischer Gestus *147,100*
hnj Beiname des Osiris *151,114*
hkr "Sieger, Held" (?) *28,38*

ḥw.t-wṯs Ortsbezeichnung (?) *66f.,33*
ḥw.t-nb Bez. für den Tempel des Ptah *213,49*
ḥw.t-sꜥḥ "Balsamierungsstätte (?)" *87,35*
ḥw.t-sr Name eines Ortes oder Tempels (?) *87,34*
ḥw.t-sšr.t Name eines Ortes oder Heiligtums *87,34*
ḥwj "betreten" *194,126*
ḥwj "fließen, fluten" *48,7*
ḥwꜥ "verkürzen" *66,28*
ḥw.wt "Kapitel, Gesänge" *130,1*
ḥwnw "der Verjüngte, der sich Verjüngende" *131,10*
ḥbs.t-nṯr Beiname der Chuit von Athribis *29,48*
ḥbsj.t "die Verhüllende" (?) *29,48*
ḥm "weichen, zurücktreiben" *184,27*
ḥmw.t-rꜣ "und so fort" *64,10*
ḥnw "Barke des Sokar" *85,13*
ḥr.t-jb Gebäudeteil im Tempel *213,58*
ḥtm "vernichten" *184,27*
ḥdj "umspannen, ausbreiten" *207,11*
ḥdb "werfen, niederwerfen" *70,59*
ḥḏj.t "weißer Stoff (?)" *66,27*

ḫ3bw Vogelart *72,69*
ḫbj "tanzen" *187,63*
ḫbn "Verbrechen, Schuld" *196,148*
ḫbn.t "Richtstätte" *67,37*
ḫbs Vogelart *67,39*
ḫbs jb "ergrimmen" *67,39*
ḫpr "Verkörperung" *228,6*
ḫprw "Erscheinungsform" *251,13*
ḫmj "umstürzen, angreifen" (?) *187,72*
ḫmw "Duft" *143,80*
ḫmt "bedenken" *188,72*
ḫn Ritus *236f.,68*
ḫnj.t "musizierende Tänzerinnen" *182,8*
ḫn.wt "Musikantinnen" *182,8*
ḫntw Fischart (?) *70,58*
ḫntš "sich freuen über" *255,43*
ḫr.tj Nisbe zu *ḫr* "Grab, Nekropole" *25,18*
ḫrj.t "Rind" *208,18*
ḫs "Ritual" *255,49*
ḫsf "sich nähern" *146,97*
ḫt n ʿnḫ Bez. für die pflanzliche Nahrung *145,92*
ḫtj "ritzen" (?) *66,29*
ḫtjw "Bahre" *24,13*
ḫdw Fischart *70,58*

Ḫntj-n-jr.tj "Chentj-jrtj" *27,34*

ẖ3b.t "Unrecht, Sünde" *183,24*
ẖpt "ärgerlich sein; Ärger" *64,11*
ẖms "Kornähre" *209,25*
ẖnw.t Räumlichkeit im Tempel (?) *213f.,59*
ẖnnw "Aufruhr" *180f.,2*
ẖrj b3k=f Name einer Gottheit *212,51*
ẖssw "Ecken" eines Gebäudes *196,145*
ẖtj "schinden" (?) *66,29*

s.t wr.t Bez. für den Tempel von Edfu *212,48*
s.t-ꜥ "Handeln" (?) *132,19*
sꜣ.tj "Kinderpaar" *113,13*
sꜣjw Fischart *69,50*
sꜣw "zerbrechen" *139,58*
sꜣt "besudeln, lästern" (?) *63,5*
sꜣd Kaus. von *ꜣd* "wütend sein" *63,5*
sjꜣṯ "betrügen, verstümmeln" *68f.,48*
s.wt nt ꜥnḫw "Wohnsitze" *65,25*
swꜣ "fällen, abhacken, zerhacken" *66,31*
swḥ.t Beiname der Hathor *232,38*
sb.t "Locke" (?) *145,91*
sbj "Genosse" (?) *72,64*
sbnbn "umhergehen, wandern" *69,53*
sptjw "Kugelfisch" *69,52*
spd "bereit machen, ausrüsten" *111,2*
spdd "bereit machen, ausrüsten" *111,2*
spdḏ "bereit machen, ausrüsten" *111,2*
smꜣ Bez. für Seth *208,18*
smꜣ "Rind" *208,18*
smnḫ.t "Wohltäterin" (?) *64,13*
snb "verbrennen" *189,81*
snḫ "aufziehen, verjüngen" (?) *188,68*
sr "Handpauke" = "Tambourin" *130,7*
sr "Haar, Perücke" *130,5*
srwj "vertreiben" *65,24*
srḫ "anklagen" (?) *188,73*
shꜣb "Verwaltung, Ordnung" *133,25*
sḥwj "sammeln, zusammenfassen" *191,103*
sḥwꜥ "verkürzen" *66,28*
sḥb "festlich machen" *51,27*
sḥsḥ "niedertreten" *207,7*
sḥtm "versehen mit" *188,75*
sḫ.t "Schlag" *135,34*
sḫb Kaus. zu *ḫbj* "tanzen" *187,63*
sḫm.wj "die beiden Mächtigen" : Schu u. Tefnut *111,1*

sẖnn "einreißen, zerstören" (?) *188,68*

sẖnn "erregen" *188,68*

ssꜣ "ablegen, beenden" (?) *180,2*

sswn "bestrafen" *188,71*

sšw "Schriften" *186,47*

sšp "leuchten" 86,25

sšm "Bild" *251,14*

sšn jb "abfallen" *68,44*

sšn.t "Harpune" *68,46*

sšnn "einreißen, zerstören" (?) *188,68*

sštꜣ "Art Mumienbinde" (?) *185,42*

sštꜣ "schmücken" (?) *185,42*

sštꜣ "Geheimnis" (?) *29,47*

sštꜣw Leichnam des Sonnengottes = Osiris *27,32*

sšd "schmücken" (?) *185,42*

sk "abwischen" *191,98*

st.t "Schleimstoffe, Krankheit" *138,53*

stp "auslösen, zerlegen" *183,21*

stpw "die Vertilgten (?)" *183,21*

sṯs "auf dem Rücken liegen" *72,63*

sḏ "zerbrechen" *189,80*

sḏ.tj "Kind" *139,59*

špt "ärgerlich sein; Ärger" *64,11*

sfdw "Papyrusrolle" *180,1*

šn.tj Bez. für Isis und Nephthys *112,11*

šsp.t nt dḥnw "Chor, Corsänger" *236f.,68*

štꜣj.t Name des Sokaris-Heiligtums *228,2*

štꜣw Leichnam des Sonnengottes = Osiris *27,32*

šṯ "schmücken, bekleiden" (?) *185,42*

štj.t Name des Sokaris-Heiligtums *228,2*

šd "Retter" *181,5*

šd ḏꜣr "sich vergehen gegen" *187,58*

qbb.t "Kehle" (?) *195,127*

qbḥw "das Kühle", mythischer Ort *115,33*

qrj "sich gesellen zu" *86,21*
qrr "sich gesellen zu" *86,21*

kꜣ "Ka" *50,19; 52,21*
kꜣ ḏw "Böses sinnen" *49,13*
kꜣ.t "Vulva" (?) *147,104*
kꜣ.t "Arbeit" *50,19*
kꜣr "Vulva" (?) *147,104*
kw Pronomen 2.sg.m. *111,3*
kr "Vulva (?)" *147,104*
khb "stoßen" *192,106*

gꜣbgw Vogelart *68,43*
gwꜣ "zusammenziehen" *116,37*
gbj "schwach sein; schädigen" *67,34*
gbj "töten" *68,42*
gbgꜣ Vogelart *68,43*
gbgb "töten" *68,42*

tpj "bester Leinenstoff" *73,76*
thw "Frevler" *183,23*
ṯḫn "verbergen; verborgen sein" (?) *192,110*
ṯꜣj.tj sꜣb "Richter" *141,74*
ṯꜣṯꜣj.tj "der von der Thronempore" *23,5*
ṯm "die Augen niederschlagen" (?) *187,59*
ṯnj (?) "Thinit" (?) *27,33*
ṯnṯꜣ.t "Thronestrade" *23,4*

dꜣjw "Leinenstoff" *73,75*
dbꜣ dmḏ "der den Vereinigten umhüllt" *23f.,6*
dbꜣ dmḏ "Deba Demedj" *23f.,6*
dbn ... ḥꜣ "umgeben (?)" *66,27*
dp "kosten" (?) *187f.,67*
dmḏ "Demedj" *23f.,6*
dšr.tj "die beiden Rinder" = Isis und Nephthys *26,24*
dgꜣ "gehen" (?) *112f.,12*

II. Papyri

III. Sonstige Quellen

IV. Stichwörter

Hieroglyphische Transkriptionen

Es folgen die Kolumnen 33 und 34 des P. BM 10.081 (Ritual zur Vernichtung von Feinden) sowie sämtliche bekannten Versionen der "Osirisliturgie" in hieroglyphischer Transkription.

Die Handschriften der "Osirisliturgie" werden mit den gleichen Abkürzungen bezeichnet wie im Text: S = P. Berlin 3057 ("Schmitt"), B = P. BM 10.252, A = die Handschrift der Asasifpapyri, P. Kairo JdE 97249, Papyrus 12. Die im P. BM 10252 überlieferte "Übersetzung" ist dort teilweise neben die entsprechenden Zeilen des Haupttextes geschrieben, teilweise auf die Rückseite des Papyrus, teilweise beginnt die Übersetzung neben der Zeile und wird auf dem Verso fortgesetzt. Aus Gründen der Ökonomie wird diese Version hier einheitlich und ohne eigene Zeilenzählung als B,RG (= B, "Randglosse") zitiert.

P. BM 10.081

col. 33

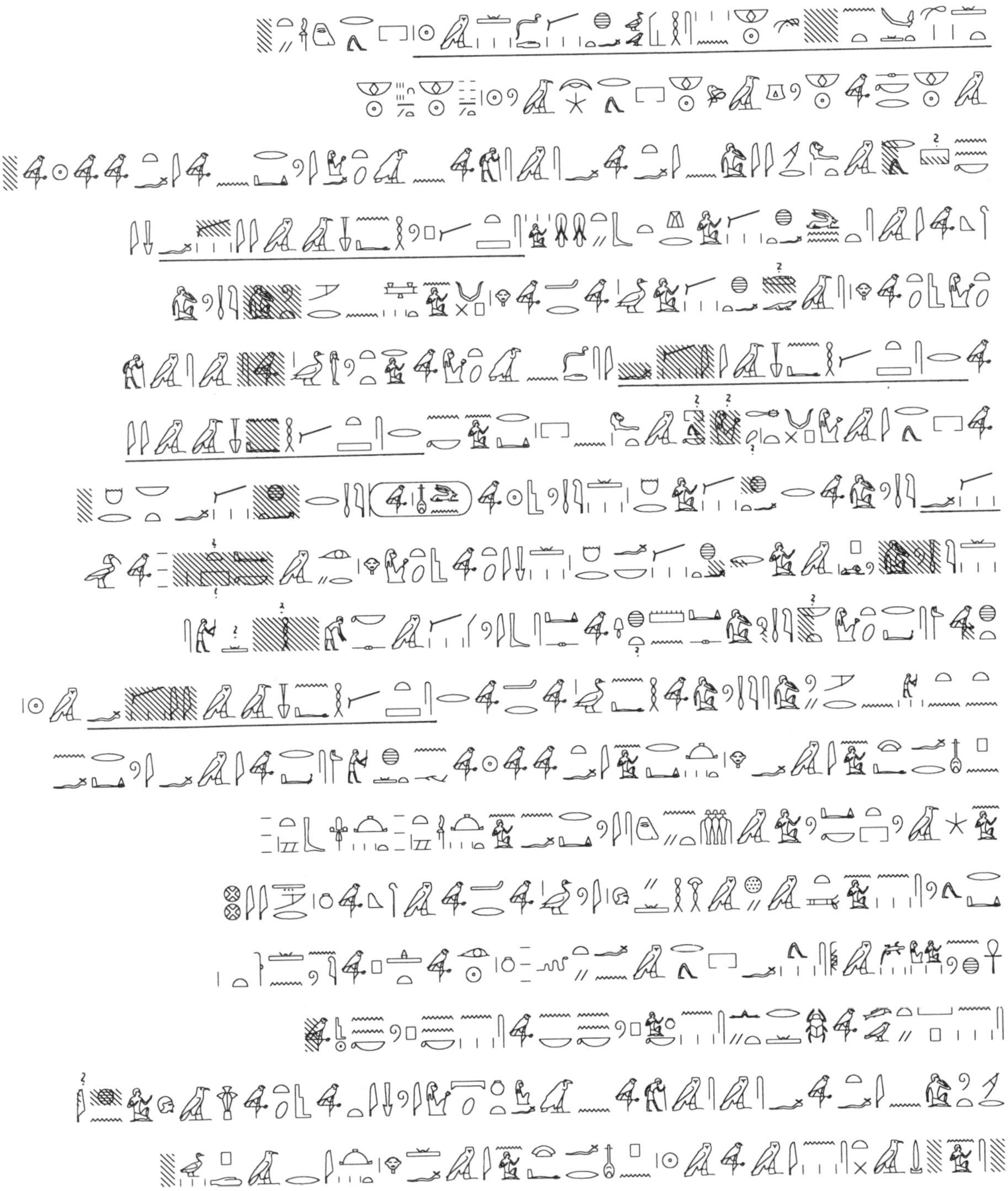

spatium

spatium

spatium

spatium

sic ?

sic

sic

col. 34

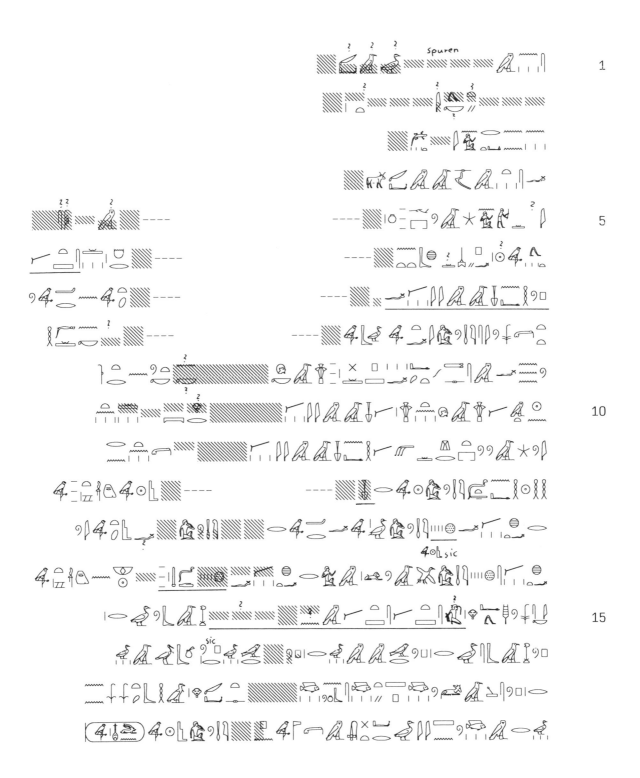

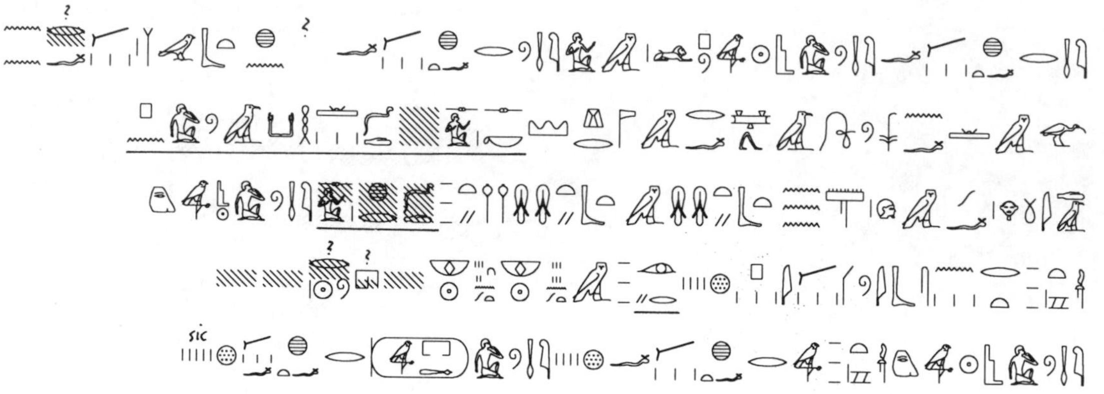

S 4.20
B 28.7
B, RG

S 4.21
B 28.7
B, RG

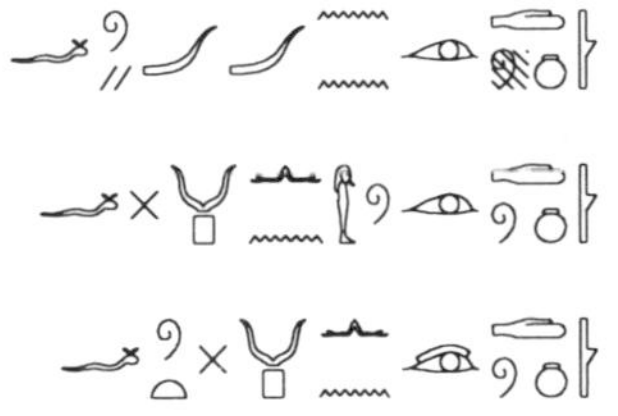

S 4.22
B 28.8
B, RG

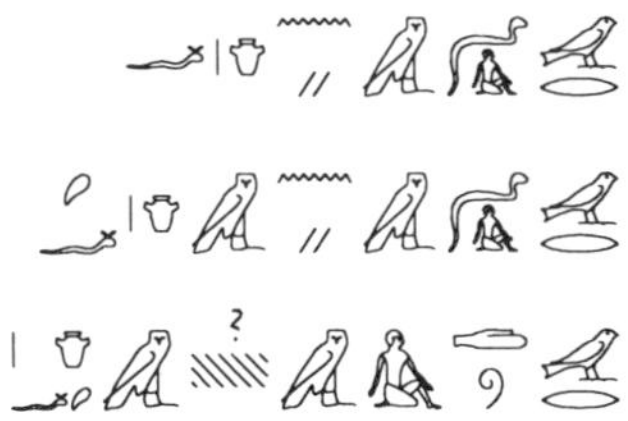

S 4.23
B 28.9
B, RG

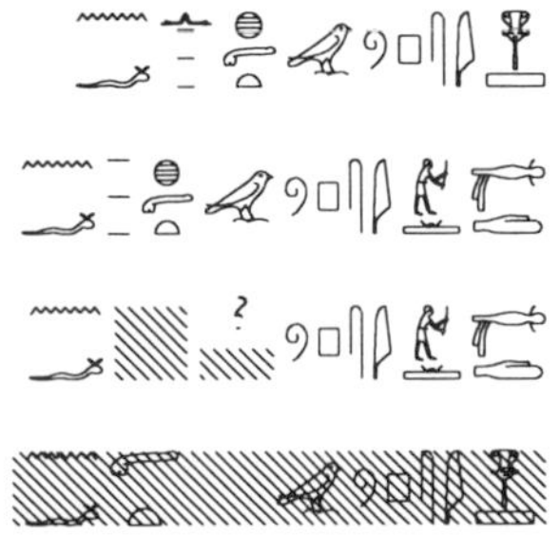

S 4.24
B 28.9
B, RG
A2.x+1

S 4.25

B 28.9

B, RG

A2.x+1

S 4.26

B 28.10

B, RG

- fehlt - A2

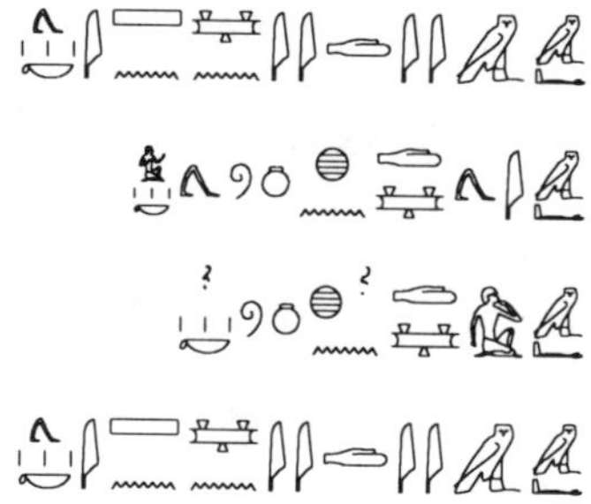

S 4.27

B 28.11

B, RG

A2.x+3

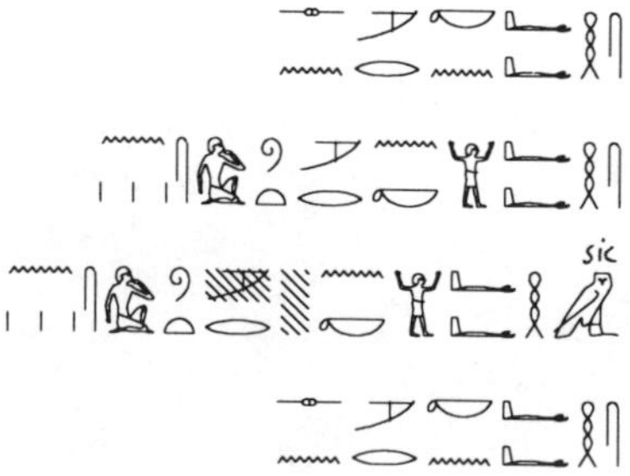

S 4.28

B 28.11

B, RG

A2.x+4

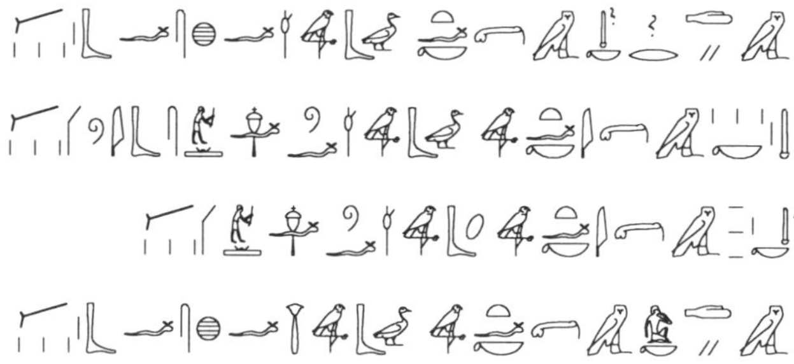

S 4.29

B 28.12

B, RG

A2.x+5

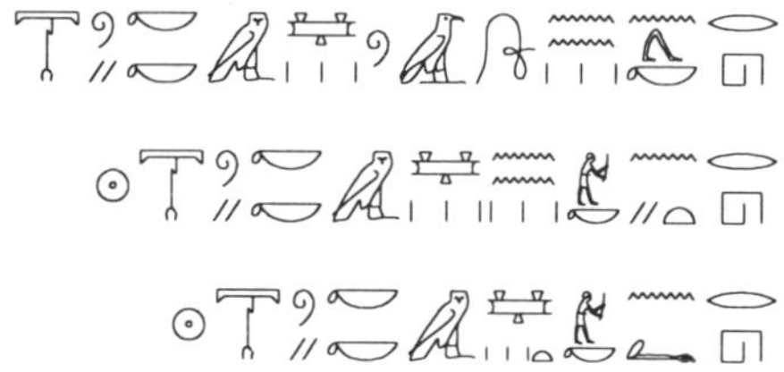

S 4.30

B 28.13

B, RG

- fehlt - A2

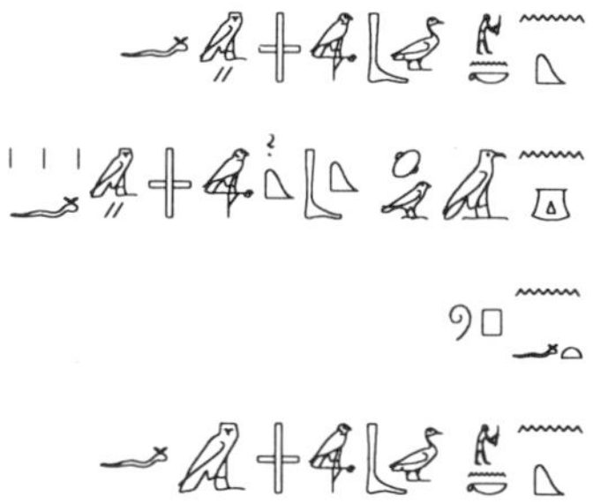

S 4.31

B 28.14

B, RG

A2.x+6

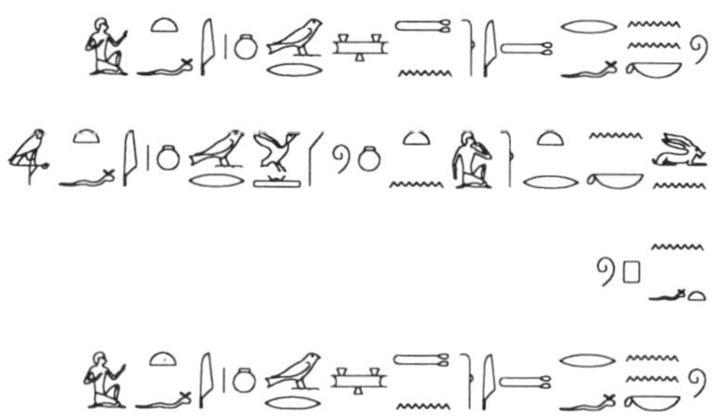

S 4.32

B 28.15

B, RG

A2.x+7

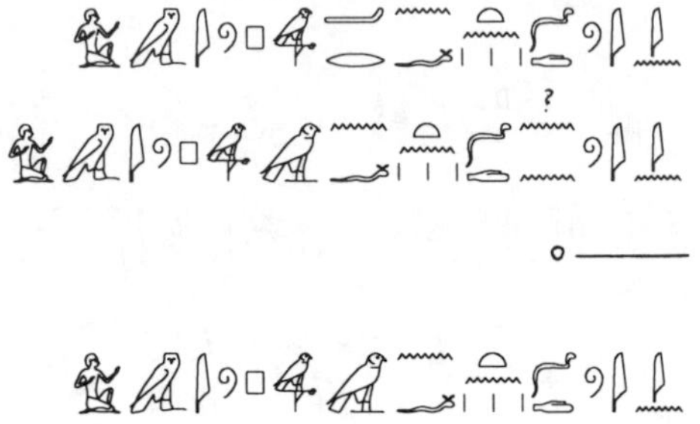

S 4.33
B 28.16
B, RG
A2.x+8

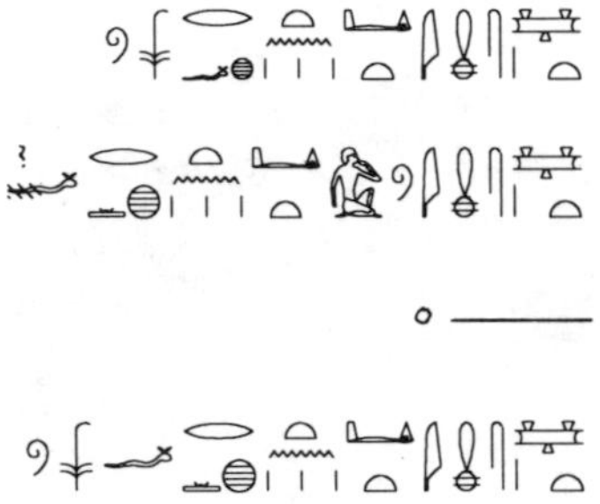

S 4.34
B 28.17
B, RG
A2.x+9

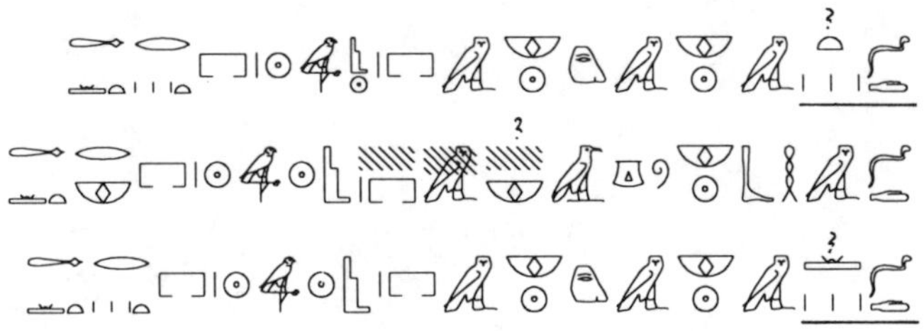

S 4.35
B 28.18
A2.x+10

S 4.36
B 28.19
A2.x+11

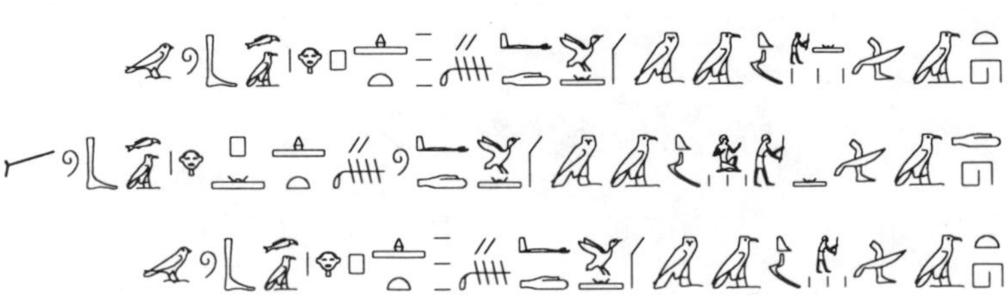

S 4.37
B 28.20/21
A2.x+12

S 4.38

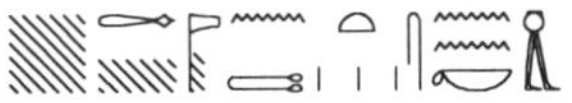
B 28.21

A2.x+13

S 4.39

B 28.22

A2.x+14

S 4.40

B 28.23

A2.x+15

S 4.41

B 28.24

- fehlt -
A2

S 4.42

B 28.25

A2.x+16

 S 4.43

 B 28.26

 A2.x+17

 S 4.44

 B 28.27

 A2.x+18

 S 5.1

 A2.x+19

 A2.x+20

 A2.x+21

 A2.x+22

 A2.x+23

 A2.x+24

 A2.x+25

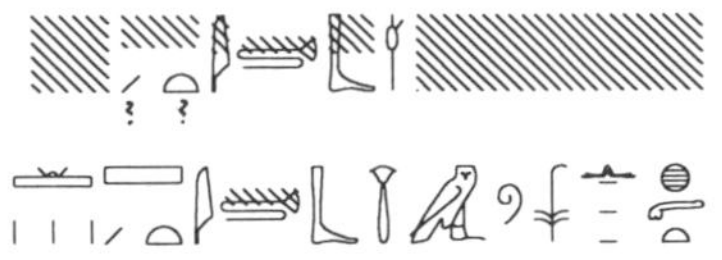

S 5.8
A2.x+26

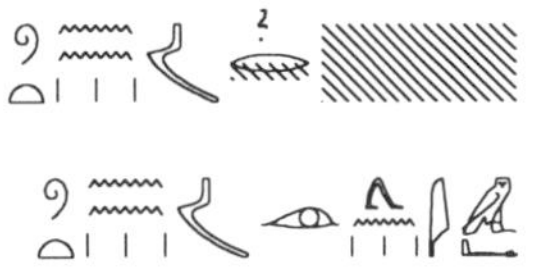

S 5.9
A2.x+27

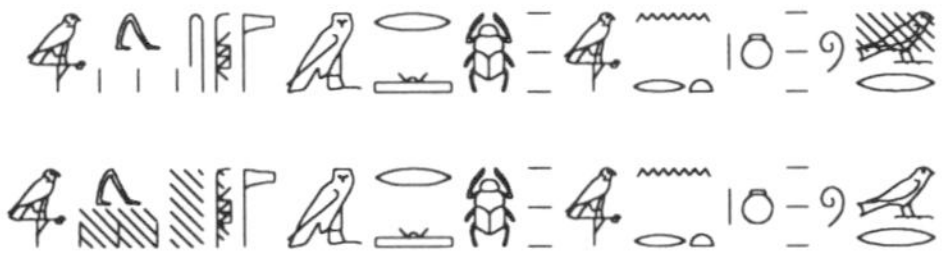

S 5.10
A2.x+28

S 5.11
A2.x+29

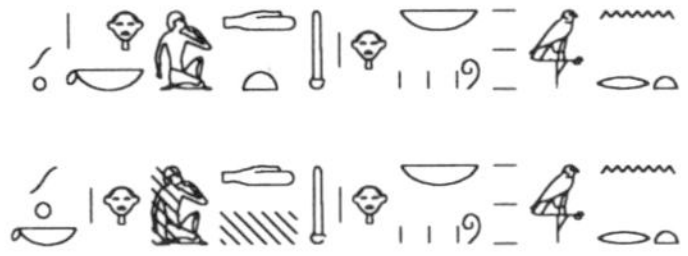

S 5.12
A2.x+30

S 5.13
B 29.1
A2.x+31

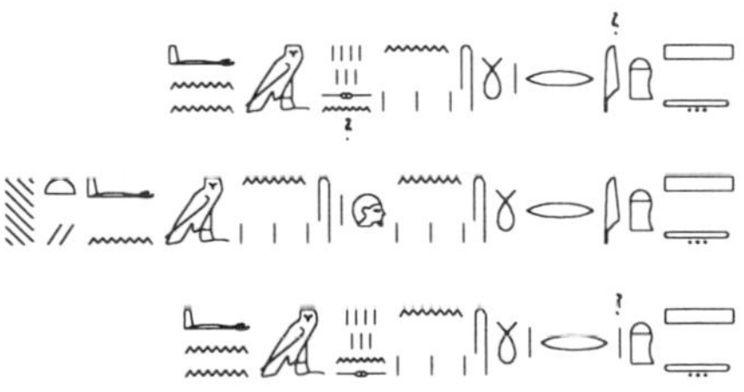

S 5.14
B 29.1/2
A2.x+32

 S 5.15

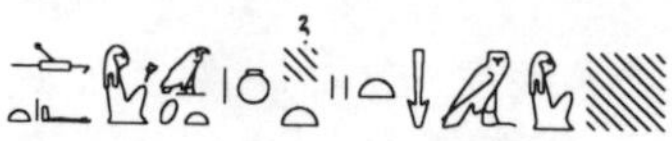 B 29.2/3

 A2.x+33

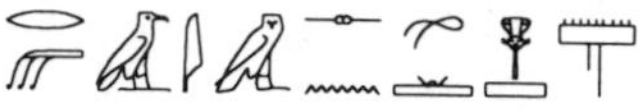 S 5.16

 B 29.4

 A2.x+34

 S 5.17

 B 29.5

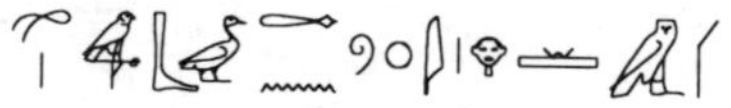 S 5.18

 B 29.6

 S 5.19

 B 29.7

 S 5.20

 B 29.7

 S 5.21

 B 29.8

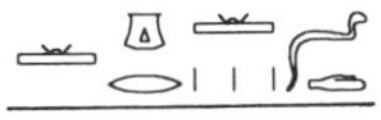 S 5.22

 B 29.9

 S 5.23

 B 29.9

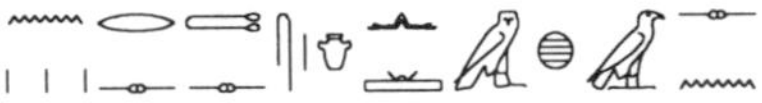 S 5.24

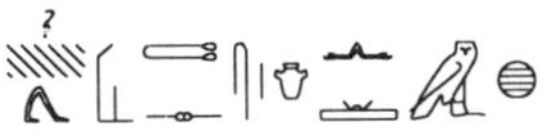 B 29.9

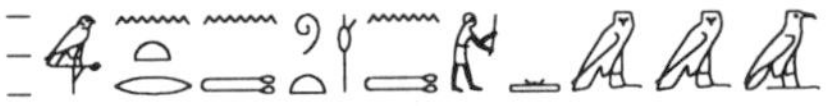 S 5.25

 B 29.10

 S 5.26

 B 29.10

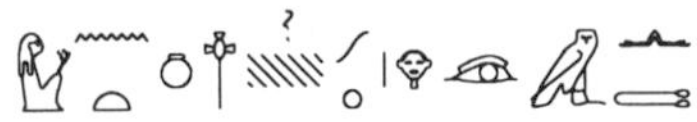 S 5.27

 B 29.11

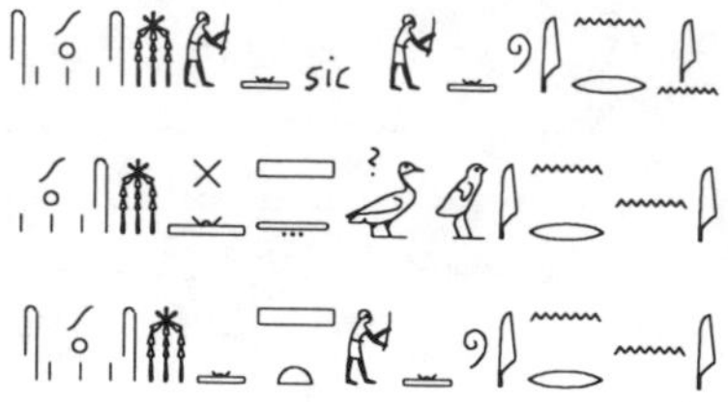

S 5.28

B 29.11

A 3.1

S 5.29

B 29.12

A 3.2

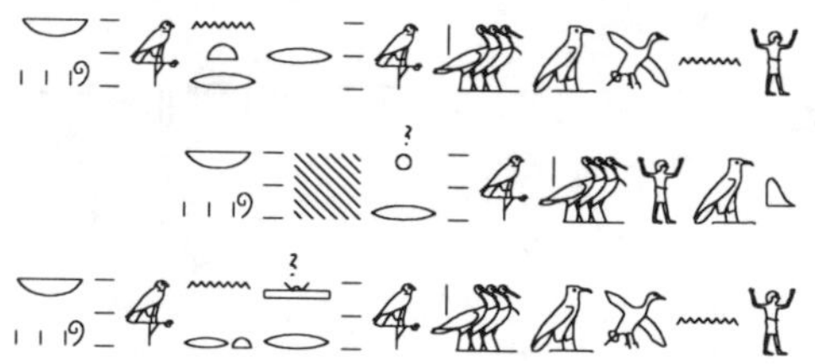

S 5.30

B 29.12

A 3.3

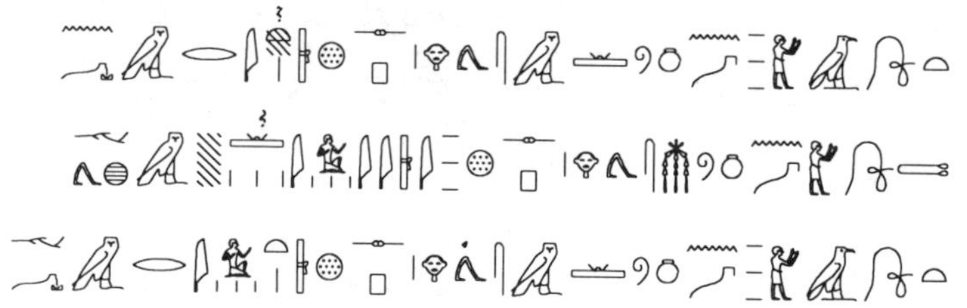

S 5.31

B 29.13

A 3.4

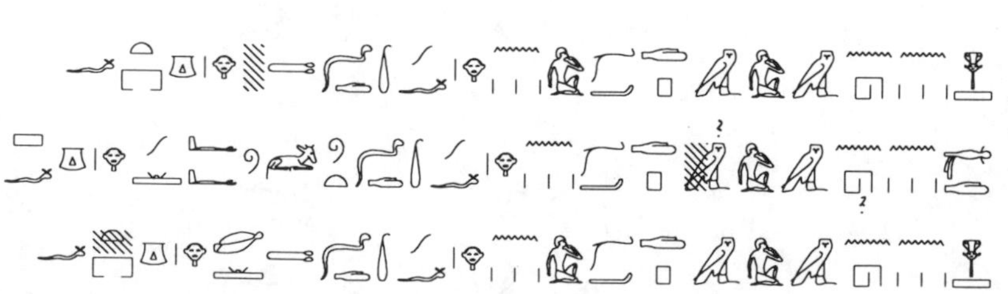

S 5.32

B 29.14

A 3.5

S 5.33

B 29.15

○ ——— B, RG

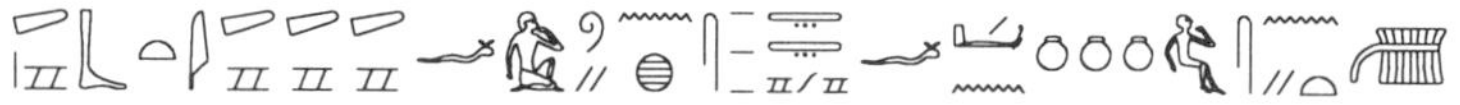
A 3.6

S 5.34

B 29.16

○ ——— B, RG

A 3.7

S 5.35

B 29.17

A 3.8

S 5.36

B 29.17/18

○ ——— B, RG

A 3.9

 S 5.37

 B 29.18

 A 3.10

 S 5.38

sic 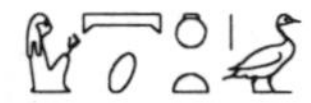 B 29.19

 A 3.11

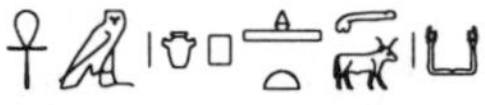 S 5.39

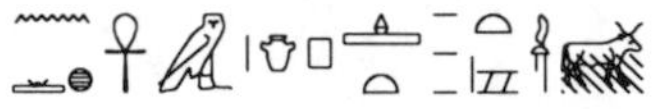 B 29.19

○ ——— B, RG

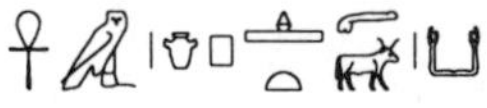 A 3.12

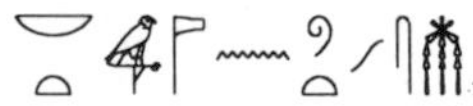 S 5.40

 B 29.20

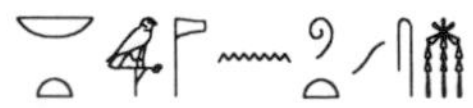 A 3.13

 S 5.41

 B 29.20

○ ——— B, RG

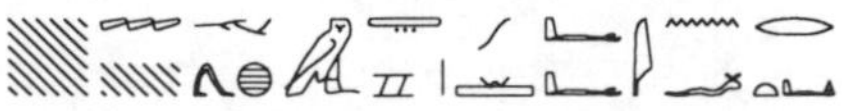 A 3.14

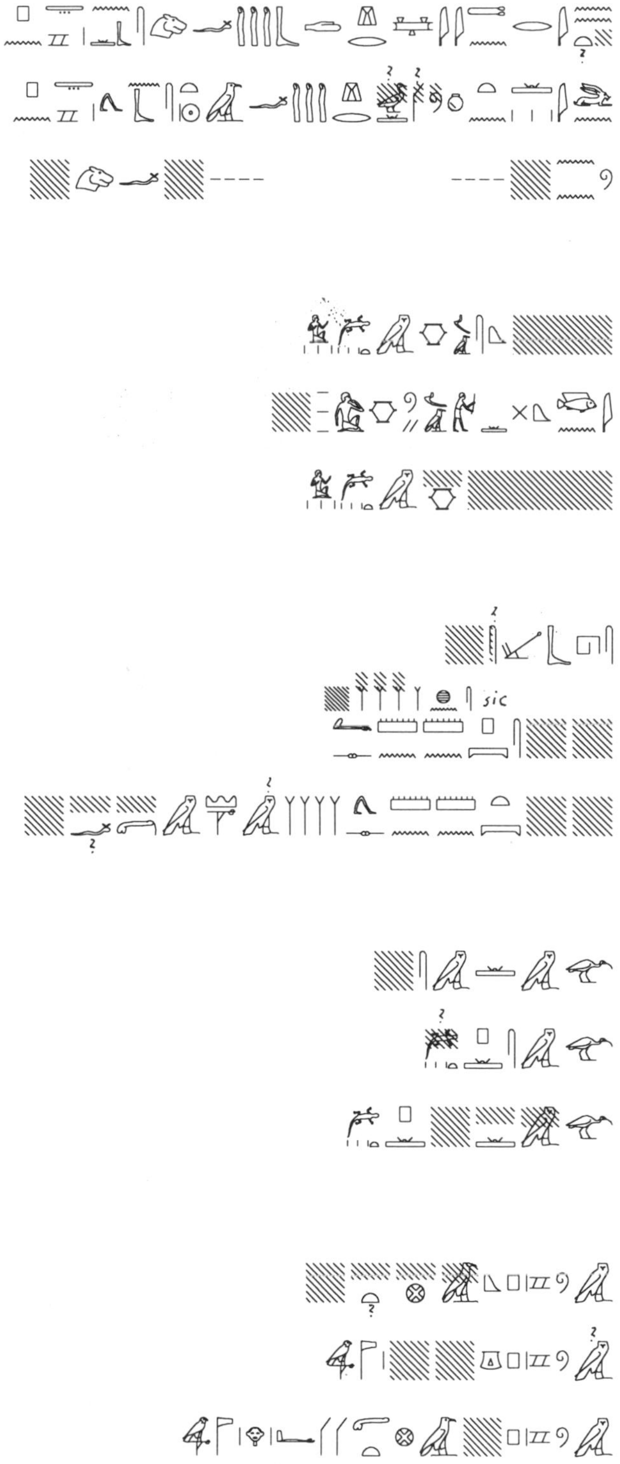

S 5.42

B 29.21

A 3.15

S 5.43

B 29.22

A 3.16

S 6.1

B 29.22

A 3.17

S 6.2

B 29.23

A 3.18

S 6.3

B 29.23

A 3.19

S 6.4

B 29.24

A 3.20

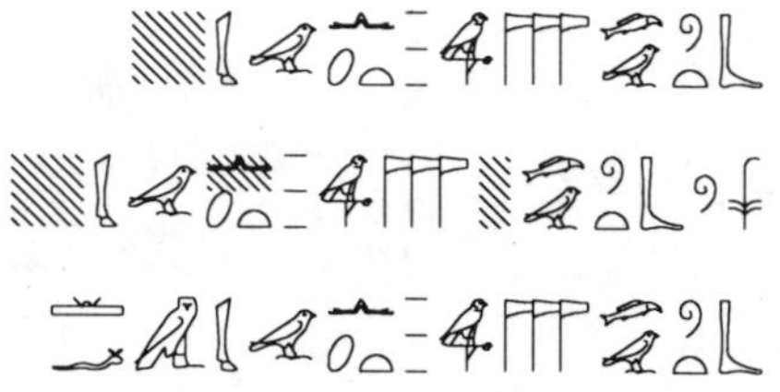

S 6.5

B 29.25

A 3.21

S 6.6

B 29.26

A 3.22

S 6.7

B 29.26

A 3.23

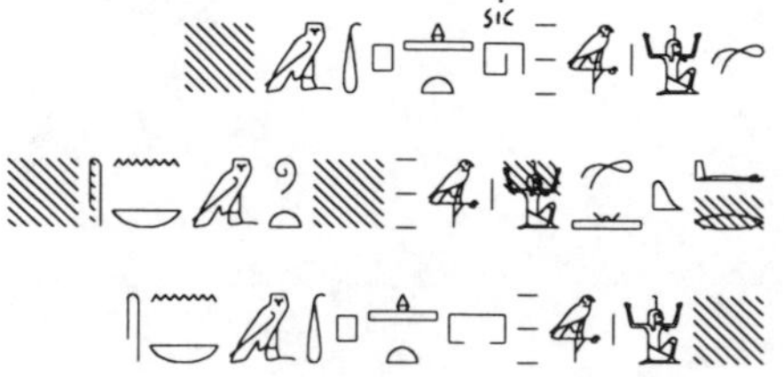

S 6.8

B 29.27

A 3.24

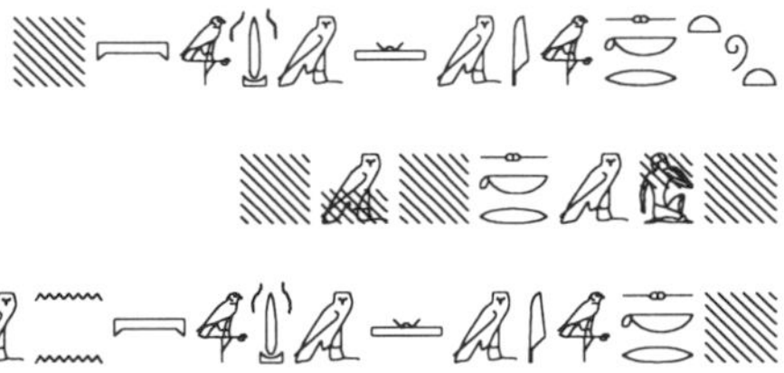

S 6.9
B 29.28
A 3.25

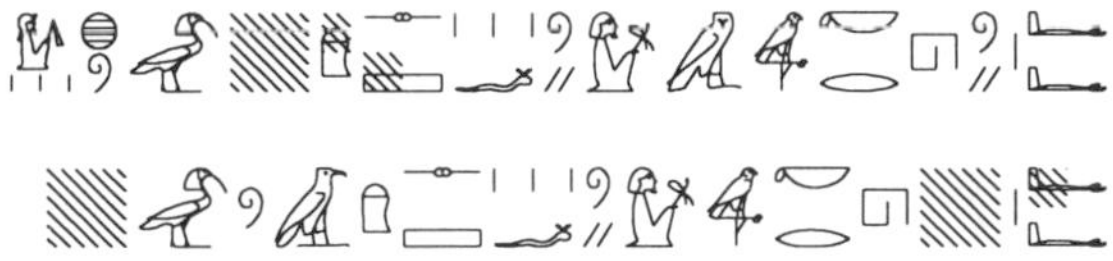

S 6.10
A 3.26

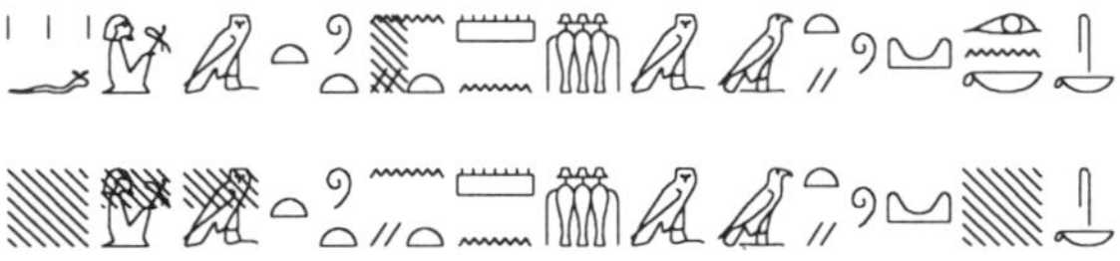

S 6.11
A 3.27

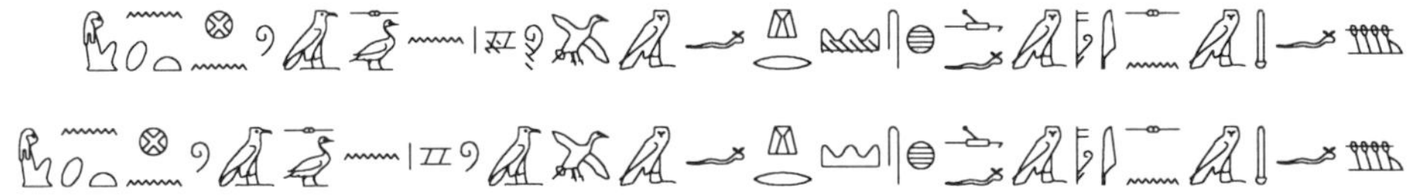

S 6.12
A 3.28

B 30.1

B 30.2

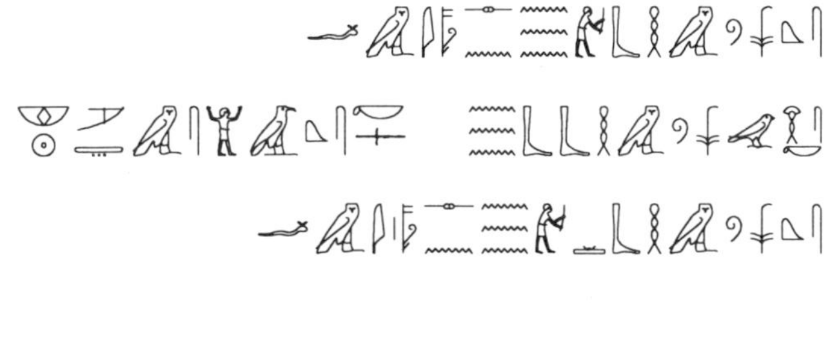

S 6.13
B 30.2
A 3.29

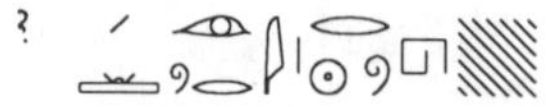 B 30.3

 S 6.14

 B 30.4

 A 3.30

 S 6.15

 B 30.5

 A 3.31

 S 6.16

- fehlt - B

 A 3.32

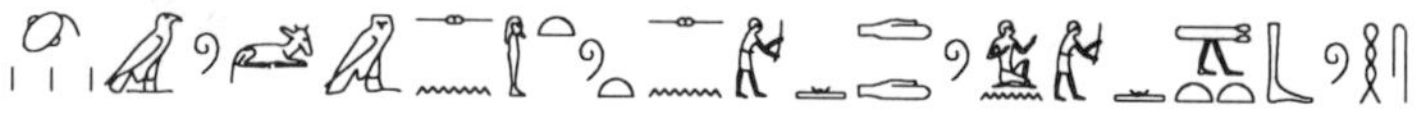 S 6.17

 B 30.6/7

 A 3.33

 S 6.18

 B 30.8

 A 3.34

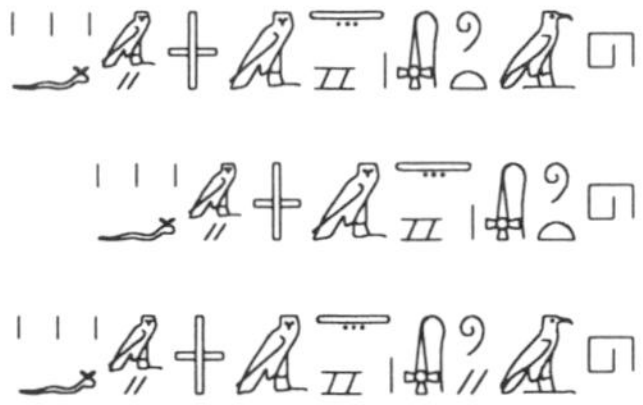

S 6.19

B 30.9

A 3.35

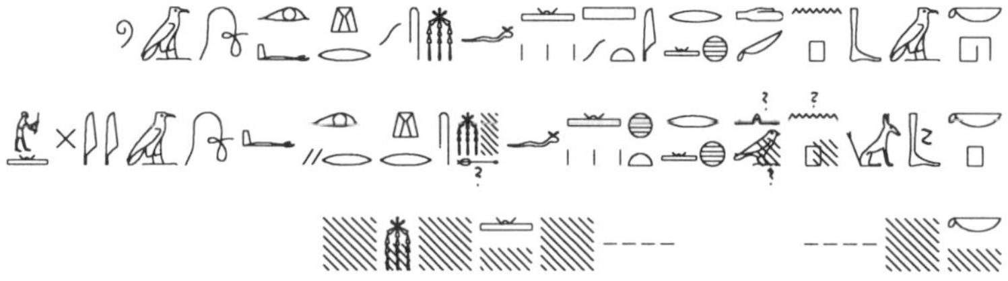

S 6.20

B 30.10/11

A 3.36

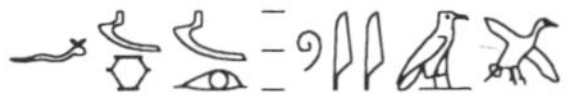

S 6.21

- fehlt -

B

S 6.22

- fehlt -

B

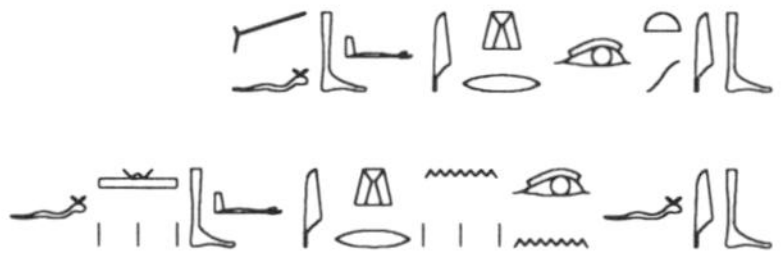

S 6.23

B 30.12

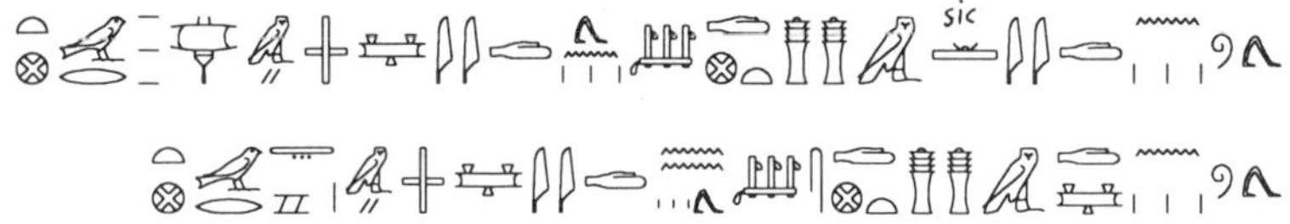

S 6.24

B 30.13/14

S 6.25

B 30.15

S 6.26

B 30.16

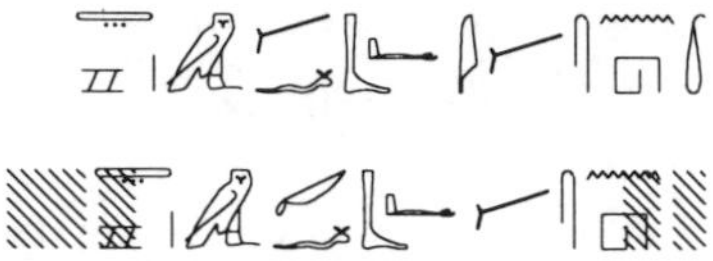

S 6.27

B 30.17

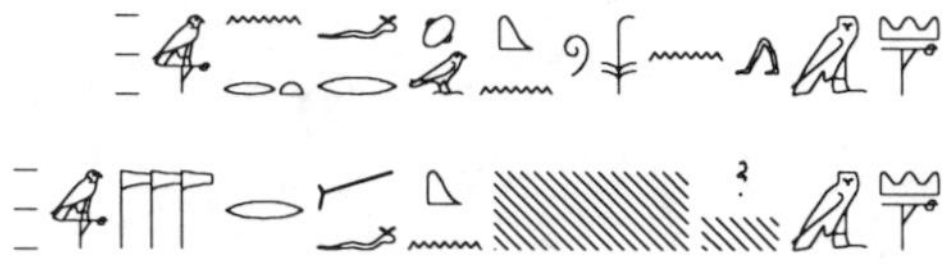

S 6.28

B 30.17/18

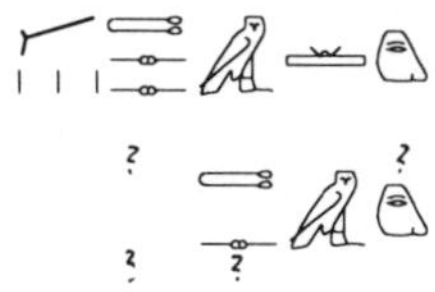

S 6.29

B 30.18

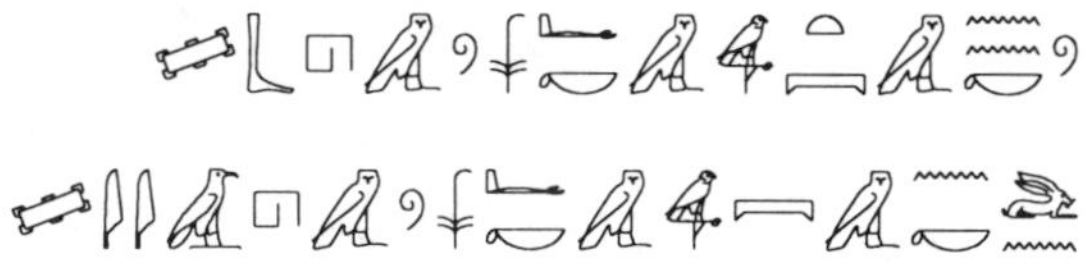

S 6.30

B 30.19

S 6.31

B 30.19/20

S 6.32

B 30.21

S 6.33

B 30.22

S 6.34

B 30.22

A 4.1

S 6.35

B 30.23

A 4.2

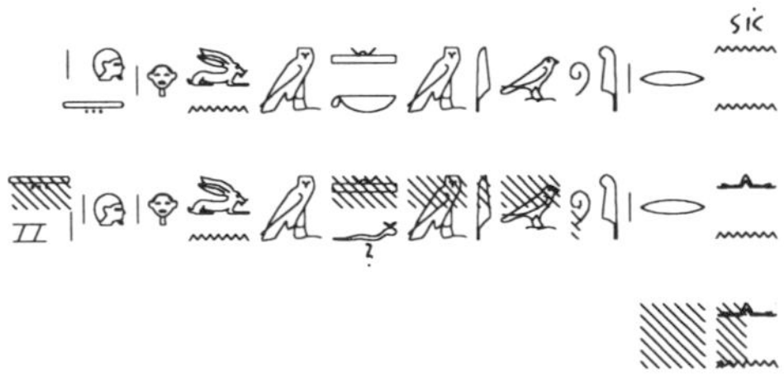

S 6.36

B 30.24

A 4.3

S 6.37

B 30.25

A 4.4

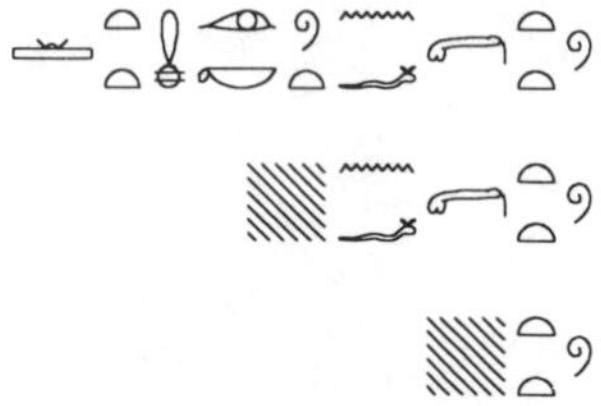

S 6.38
B 30.25
A 4.5

S 6.39
B 30.26
A 4.6

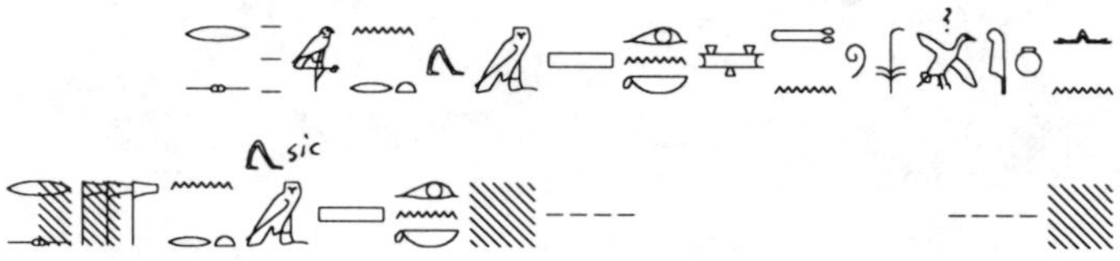

S 6.40
B 30.26/27

- Ende von A -

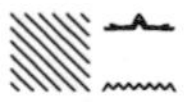

A 4.7

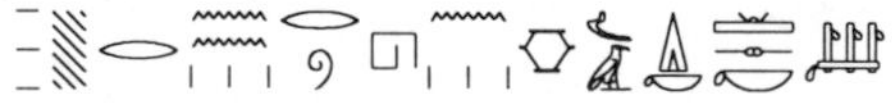

S 6.41

S 6.42

S 6.43

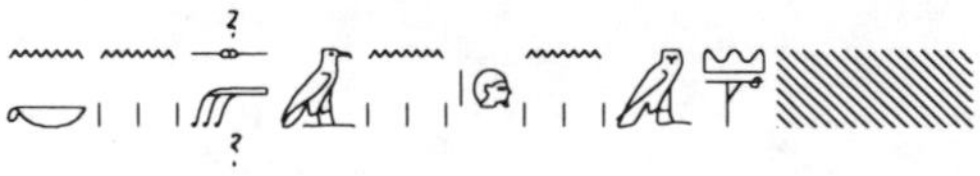

S 7.1

S 7.2

 S 7.3

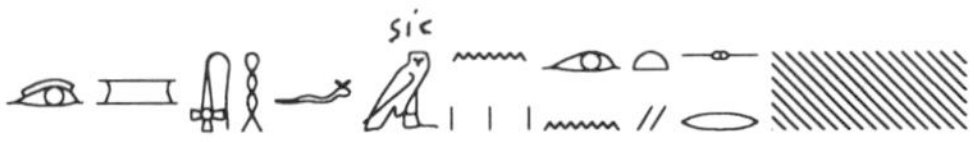 S 7.4

 S 7.5

 B, RG

 S 7.6

 B, RG

 S 7.7

 B, RG

 S 7.8

 B, RG

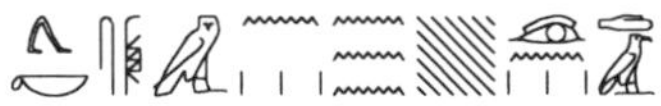 S 7.9

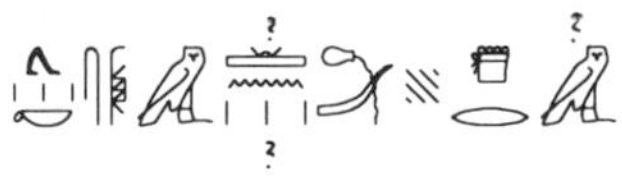 B, RG

 S 7.10

 B, RC

S 7.11

B, RG

S 7.12

B, RG

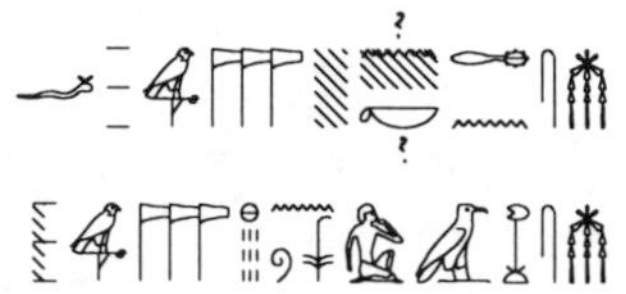

S 7.13

B, RG

S 7.14

B, RG

S 7.15

B, RG

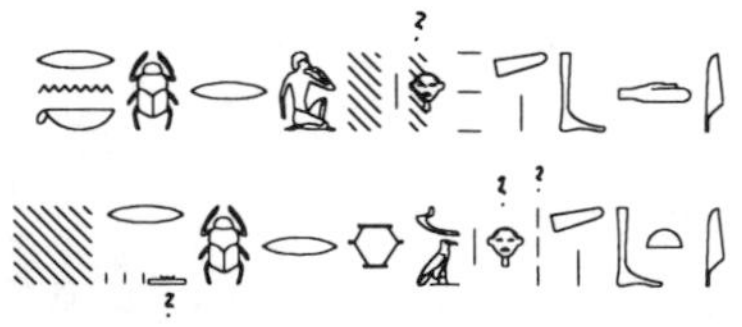

S 7.16

B, RG

S 7.17

B, RG

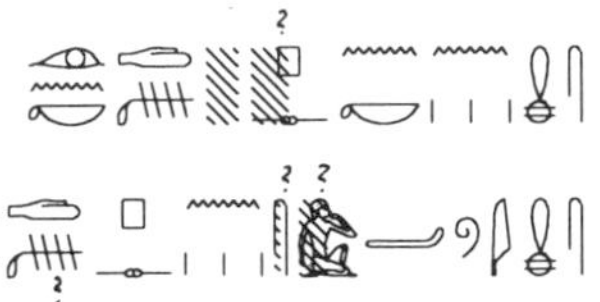

S 7.18

B, RG

S 7.19

B, RG

S 7.20

B, RG

S 7.21

B, RG

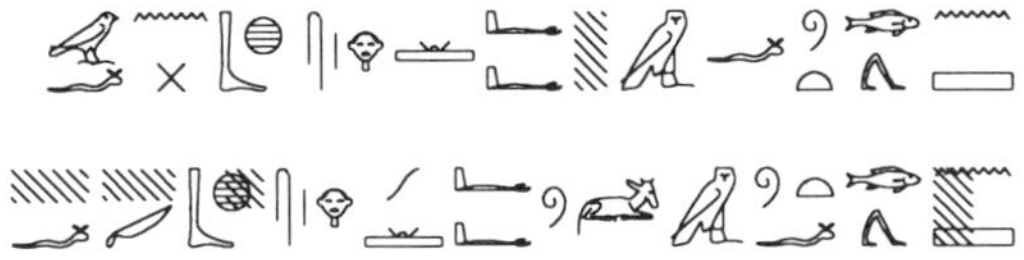

S 7.22

B, RG

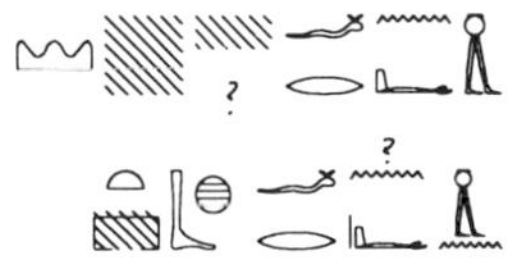

S 7.23

B, RG

S 7.24

B, RG

 S 7.25

 S 7.26

 B 31.1

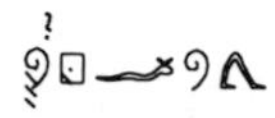 S 7.27